教育部哲学社会科学研究重大课题攻关项目：推动
智库建设健康发展研究（17JZD009）

南大智库文丛
李刚 主编

思想产业

悲观主义者、党派分子及财阀如何改变思想市场

［美］丹尼尔·W. 德雷兹内 著

李刚 邹婧雅 谢馥兰 等 译

Daniel W. Drezner

The Ideas Industry:
How Pessimists, Partisans, and Plutocrats
Are Transforming the Marketplace of Ideas

南京大学出版社

中国特色新型智库建设的时代价值

——南大智库文丛序

2013年4月15日,习近平总书记对智库建设做出重要批示,明确提出"中国特色新型智库"的建设目标。2013年11月,十八届三中全会《中共中央关于全面深化改革若干重大问题的决定》中进一步明确提出,"加强中国特色新型智库建设,建立健全决策咨询制度"。经过紧张的起草和意见征集阶段,2014年10月27日,《关于加强中国特色新型智库建设的意见》提交"深改组"第六次会议审议,习近平总书记就智库建设再次发表重要讲话,他强调,要从推动科学决策、民主决策,推进国家治理体系和治理能力现代化、增强国家软实力的战略高度,把中国特色新型智库建设作为一项重大而紧迫的任务切实抓好。2015年1月20日,新华社公开播发了中共中央办公厅、国务院办公厅印发的《关于加强中国特色新型智库建设的意见》。五年来,新型智库建设是决策咨询系统和哲学社会科学界最热门的议题之一,新型智库建设也取得了不少令人瞩目的成绩,也暴露了一些发展中的问题。中共十九届四中全会再次强调了国家治理体系和治理能力现代化的命题,新型智库发展迎来了前所未有的历史机遇。

一、新型智库建设契合了中国深厚的理性政治与学为政本的传统

中国特色新型智库建设是健全完善决策体制机制的一项重要改革举措,是得到广大知识分子阶层衷心拥护的一项重要政策。

之所以如此,首先这是一项基于中国深厚文化传统的正确决策。陈寅恪曾经指出:"窃疑中国自今日以后,即使能忠实输入北美或东欧之思想,其结局当亦等于玄奘唯识之学,在吾国思想史上,既不能居最高之地位,且亦终归于歇绝者。其真能于思想上自成系统,有所创获者,必须一方面吸收输入外来之学说,一方面不忘本来民族之地位。此二种相反而适相成之态度,乃道教之真精神,新儒家之旧途径,而二千年吾民族与他民族思想接触史之所昭示者也。"(陈寅恪《冯友兰〈中国哲学史〉下册审查报告》)智库这个概念是"舶来品",来自西方社会,但是它之所以在当代中国政治生活中产生如此巨大的反响,得到知识阶层的广泛支持,原因就在于智库契合了中国的理性政治传统和知识分子以天下为己任的传统。

中国作为有上下五千年历史的文明古国,她的政治文化在西周时期已经摆脱了蒙昧的巫术政治文化,春秋战国时期又历经了诸子百家思想争鸣的洗礼,建立了理性的政治文化传统。比如,法家就是一种极其冷静和极其理智的基于计算的政治理论。春秋战国时期统治阶级之间竞相募士、养士和用士,出现了"稷下学宫"这样的著名智囊机构。汉代的太学是世界上第一所规模上万人的国立大学,也是汉代官僚集团成员的主要来源。隋唐时期确立了科举取士的传统,此后无论朝代如何变迁,倚重文人集团治理国家的格局几乎没有根本的变化。

也正因为养士和用士的理性政治传统,古代中国的知识阶层也以天下为己任,强调学术经世致用。"为天地立心,为生民立命,为往圣继绝学,为万世开太平"的"横渠四句"也就成为一代又一代中国士大夫的价值追求。

这就是新型智库建设这项重大改革举措深得知识阶层拥护的"文化基因",这个文化基因包含两个相辅相成的序列:一方面是政治理性主义传统,另一方面是士阶层的为"往圣继绝学,为万世开太平"的知识报国传统。智库在中国的兴起,恰恰符合陈寅恪阐述的西学东渐的机理——"一方面吸收输入外来之学说,一方面不忘本来民族之地位"。也可以说,智库并非舶来品,是我们文化自信的写照,它在中国社会有深厚的文化基础。因此,可以说新型智库倡议是一项合意程度较高,契合了中国的深厚历史文化传统,具有丰沛生命力和影响力的战略决策。

二、新型智库建设唤醒了决策咨询共同体的身份认同、专业认同和职业认同

中国共产党向来注重政策研究。早在1930年5月做寻乌调查期间,毛泽东就从理论上总结了调查研究与马克思主义世界观之间不可分割的关系。他在这次调查期间写下的《调查工作》一文中,对调查研究活动提出过许多重要的理论观点,其中最著名的是"没有调查,没有发言权"这一论断。1941年8月1日,毛泽东在起草《中共中央关于调查研究的决定》时表示:"党内许多同志,还不了解没有调查就没有发言权这一真理。还不了解系统的周密的社会调查,是决定政策的基础。还不知道领导机关的基本任务,就在于了解情况与掌握政策,而情况如不了解,则政策势必错误。"1948年3月20日,毛泽东在《关于情况的通报》中写道:"只有党的政策和策略全部走上正轨,中国革命才有胜利的可能。政策和策略是党的生命,各级领导同志务必充分注意,万万不可粗心大意。"1948年9月,中共中央在西柏坡成立了"中央政策研究室",彭真任主任,全部工作人员有23名,主要任务是起草文稿和调查研究。1949年以后,中国共产党依然保持了先开展调查研究然后决策的民主集中制模式,也创造了走村住户的"蹲点"和解剖麻雀等调查研究新方式,但是,有时候由于党内政治生态紊乱,调查研究经常流于形式,脱离实际的决策不少,导致一系列重大政策失误。改革开放后,为应对改革开放过程中出现的新形势、新问题,提高政府决策的科学化水平,党大力恢复决策咨询和调查研究体系,建立了党委系统的政策研究室和政府系统的研究室。以国务院发展研究中心、中共中央政策研究室、中国现代国际关系研究所为代表的各级党政部门下属的发展研究中心、政策研究室、研究所等决策咨询机构纷纷建立、发展。应该说经过近40年的发展,中国共产党建立了以党委政策研究室和政府研究室为主体,社科院、党校行政学院为辅助的完整的、系统的内部调查研究和决策咨询体系,也就是党委政府的"内脑"系统。但是这个系统一直缺乏一个明确的身份认同,《关于加强中国特色新型智库建设的意见》为党委政府的"内脑"系统赋予了一个现代的全球性的身份认同标签——"智库"。这个身份认同标签还被其他系统,比如高校、科研院所、大型国企的政策性研究机构援用,这样我国就形成了包括"内脑"和"外脑"两类主体构成的具有明确身份认同、专业认同和职业认同的"智库共同体"。

"智库"概念的出现促进了决策咨询的分工,有利于提升我国决策咨询工作的专业化、职业化和科学化。党委政府内的研究室系统一部分继续以往的以文稿服务为主的工作,另一部分则逐步摆脱繁琐的文稿服务,把主要精力放到政策研究和政策服务上。高校里以政策研究为主要任务的机构都明确了智库属性,学科建设任务淡化,智库研究比重大大加强。各级社科院更以官方主导智库为主要定位。市场化的咨询公司也分化出一部分专门服务党委政府决策咨询工作的部门。这样,我国就出现了一个横跨党委政府、高校科研机构、社科院和党校行政学院等机构组成的多元化的"智库共同体"。各类机构以服务党委政府决策咨询为主要任务,拥有统一的身份认同、专业认同和价值认同。

三、新型智库成为发展协商民主的主渠道之一

人民通过选举、投票行使权利和人民内部各方面在重大决策之前进行充分协商,尽可能就共同性问题取得一致意见,是中国社会主义民主的两种重要形式。《中共中央关于坚持和完善中国特色社会主义制度 推进国家治理体系和治理能力现代化若干重大问题的决定》指出:"坚持社会主义协商民主的独特优势,统筹推荐政党协商、人大协商、政府协商、政协协商、人民团体协商、基层协商以及社会组织协商,构建程序合理、环节完整的协商民主体系,完善协商于决策之前和决策实施之中的落实机制,丰富有事好商量、众人之事由众人商量的制度化实践。"2014年9月,习近平同志在庆祝人民政协成立65周年大会上的讲话指出,各类智库是十种协商渠道之一。这就从非常明确地赋予了新型智库作为协商民主重要渠道的地位。因此,从政治上来

说，新型智库建设就不仅仅是具有服务党委政府决策咨询的工具性功能，还具备了发扬社会主义协商民主的政治功能。这首先体现在新型智库团结和联系知识分子的统一战线功能。其次，新型智库还是贯彻党的群众路线的一种切实机制。通过新型智库，党委政府倾听和征求了各级各类专家学者对治国理政的批评和建议，也密切了和专家学者的联系，统一了思想，凝聚了社会共识。

四、新型智库建设催生了哲学社会科学的"智库范式"

中国共产党一直提倡哲学社会科学必须经世致用。革命战争时期，毛泽东同志曾为丁玲题诗："纤笔一枝谁与似？三千毛瑟精兵。"笔杆子和枪杆子一样都是革命武器。

改革开放以来，我们大规模输入西方哲学社会科学概念和思潮，在丰富我们知识体系的同时也影响到中国哲学社会科学的自主性和有效性，加上社会科学评价体系唯西方主流期刊马首是瞻，一度形成了"言必称希腊"的错误倾向。党中央及时地提出了"关于加快构建中国特色哲学社会科学的意见"，目标之一就是解决中国社会科学的主体性有效性问题。哲学社会科学贵在求真，贵在求用。求真体现在哲学社会科学的"学术范式"，求用体现在它的"智库范式"。如果我国哲学社会科学不能发展出自己的"智库范式"，那么，哲学社会科学的"知行合一"问题就没有彻底解决。新型智库建设找到了哲学社会科学从学术范式到智库范式的创造性转换路径，学术范式和智库范式都是加快构建中国特色哲学社会科学所不可或缺的。经过五年的新型智库建设，哲学社会学科的智库范式已经具备如下几个特征。

第一，智库范式体现在研以致用的"知行合一"特征。智库是基于事实的独立的公共政策和战略研究机构，公共政策分析追求规范性和实证性的目的指向政策分析的可操作性。智库不仅重视"知"，强调"真知"和"实知"，而且要在理论和实践之间，要在学术界和实务界（政界、产经界、媒体等）之间承担沟通、创造性转换、双向反馈，使哲学逻辑指导实践逻辑，使实践逻辑刺激哲学逻辑的演化。如果说学术范式关注的是事物或者现象的理论逻辑，那么智库范式关注的更多是实践逻辑。智库范式的"知行合一"特征就体现在智库学者能够根据理论界或者自身发现的事物发展的客观规律，根据社会经济基础和上层建筑的实际环境，提出切实可行的政策组合和政策实施路径，从而达到改变世界的目的。

第二，智库范式还体现在研究的"需求导向性"和"强烈的问题意识"。康德有一句名言："位我上者，灿烂星空；道德律令，在我心中。"对于康德而言，哲学研究从来没有考虑实用，超越和永恒才是他的追求。而智库范式的逻辑起点是"问题意识"，智库的研究具有"临床医学"的属性，很多智库研究直接导致政策变革和社会变革。

第三，智库范式体现在咨询与研究并重。现代咨询业兴盛于工商管理领域，主要咨询形式包括公司的战略咨询、风险管理咨询、技术咨询、财务咨询、IT咨询等。改革开放以来，我国的管理咨询产业也取得了长足的进步，但是面向党委政府的决策咨询工作既无亮眼的理论建树，也无大量的案例积累，这是因为我国智库建设滞后，传统的决策咨询机构，比如政府内部的政策研究室忙于繁重的日常事务根本无暇从事决策咨询的案例积累和理论研究。对于大多数智库来说，决策咨询和政策研究同等重要，甚至有时难以区别哪些工作是咨询，哪些工作是研究。一般而言，政策分析和政策研究处于政策过程的前端，政策议程设置的理论基础、数据基础、可必要性分析、政策规划等是政策研究的主要内容。而决策咨询侧重政策实施的可行性分析、实施路径分析、实施方案制定、政策解读等政策实务。

第四，智库范式还体现在智库具有强烈的经营意识。学术范式并不赞成对学术研究过程加以"经营"，学术研究的成果形式相对简单，论文和著作是主要的两种形式。学术成果的传播交给学术期刊，学术共同体自身并不可以去"吆喝"自己的研究成果。智库不同于学术机构，它的组织文化更接近现代咨询公司的组织文化。本质上，大部分智库都是一种特殊类型的咨询公司，智库和咨询公司的形式区别有两条，智库是非营利的，而咨询公司是营利，智库从事的公共政策研究咨询，主要服务对象是政府。因此，许多一流的智库都学习咨询公司的营运模式，比如智库强调自己的机构治理，强调研究产品的设计，强调研究产品的传播，强调研究员的绩效考核，等等。

五、以新型智库为中心的决策咨询系统是"科学执政"的必要条件

《中共中央关于坚持和完善中国特色社会主义制度 推进国家治理体系和治理能力现代化若干重大问题的决定》提出"健全提高党的执政能力和领导水平制度"。执政党的执政能力与领导水平决定了党的领导制度体系是不是具有旺盛的生命力，是不是具有现代效能，是不是具有坚强领导力的关键。《决定》指出："健全决策机制，加强重大决策的调查研究、科学论证、风险评估，强化决策执行、评估、监督。"可以清晰地看到，《决定》是从"政策过程"的科学性上来阐述执政能力的内涵的。如果从政策科学的视角而言，"把方向、谋大局、定政策、促改革"就是战略管理、议程设置、决策与政策落实。科学执政则是指整个政策过程必须符合规律、符合实际、政策供给合理，实施过程坚强有力，评估监督贯彻全过程，及时反馈，及时进行政策的中期调整。

"坚持和完善党的领导制度体系，提高党科学执政、民主执政、依法执政水平"的时代要求为对新型智库建设提出了更高的要求。"健全决策机制，加强重大决策的调查研究、科学论证、风险评估，强化决策执行、评估、监督。"这就赋予了新时代中国特色新型智库建设丰富的内容和具体的任务。可以说十九届四中全会《决定》虽然一个字没有提及智库，但是突出了加强中国特色新型智库建设的战略性、基础性、迫切性和必要性，对新型智库建设的政治性、科学性、政策性、功能性等提出了更高的要求。因此，十九届四中全会以后，中国特色新型智库建设不仅不应该被淡化，还应该被加强，应该以更高的目标和更高的标准，加强内涵发展和内容创新。

新型智库建设是中国政治迈向理性化、科学化和民主化的重要途径之一，是国家治理体系现代化的一个时代符号,是知识阶层超越学术象牙塔投身政治和社会实践的历史机遇,它的时代价值会随时代之进步越发彰显。

中国特色新型智库是全球智库版图上迅速隆起的高原,是现代智库大家族的新成员。现代智库发展的历程、现代智库的经验教训、现代智库的运行规律无疑对中国特色新型智库建设有借鉴价值。《南大智库文丛》就是以全球的视野致力于沟通中外,既输入世界智库研究优秀的著作,也面向世界介绍中国新型智库建设的成就。《南大智库文丛》已经出版译著7种,南京大学中国智库研究与评价中心编著《中国智库索引》和《CTTI智库报告》等4种。有些译著已经多次重印,得到了学术界的好评。尤其《思想产业:悲观主义者、党派分子及财阀如何改变思想市场》一书入选"2019新京报年度阅读推荐"图书,说明本套丛书大部分译著的选题、翻译、编校和装帧设计水准得到了学界的充分肯定,这也会鼓励我们继续交通中西智库的历史、理念、知识和方法。

李 刚

2019 年 12 月 23 日

《思想产业》译者名单

姓名	翻译章节
谢馥兰	致谢、前言、第 1 章
朱怡雯	第 2 章、第 3 章
俞靖	第 4 章、第 5 章
周瑞	第 6 章、第 7 章
冀琳	第 8 章、第 9 章、结论

全书校对：邹婧雅　谢馥兰

谨以本书献给埃文高中和威廉姆斯学院那些鞭策我成为一名作家的老师们：

伊芙琳·布利策、罗伯特·巴克利、罗格·丹尼斯、蕾娜塔·卡登、肯·卢卡西维兹、珍妮特·施瓦茨、艾丽西亚·威利特、山姆·科瑞恩、罗伯特·怀特赛，以及特别的吉姆·谢波德。

目 录

致 谢 / i

第一篇

引 言 思想市场的变形 / 003
第一章 思想重要吗？/ 023
第二章 悲观主义者、党派分子及财阀如何改变思想市场 / 049

第二篇

第三章 对学术机构的常规批判 / 087
第四章 为什么经济学繁荣发展，而政治学只能勉强生存 / 119
第五章 时移世易：这已经不是父辈时代的智库了 / 145
第六章 蓬勃发展的公共思想私募市场 / 172

第三篇

第七章 知识分子"品牌"的希望与危机 / 205
第八章 思想产业在正常运转吗？/ 232
第九章 推特传播思想：不可不说的社交媒体 / 256
结 论 思想产业的黑暗骑士理论 / 279

参考文献 / 299

索 引 / 325

致　谢

本书的写作过程迅速而又伤脑。迅速是因为在开始写作后不久笔者就意识到，原来在此前超过十年的时间里，笔者一直在反复思考《思想产业：悲观主义者、党派分子及财阀如何改变思想市场》的核心主题。本书中的论点、证据和轶事皆源自笔者二十多年来理解和应对现代思想市场的经历。伤脑是因为，在《思想产业：悲观主义者、党派分子及财阀如何改变思想市场》的第一稿进行到一半的时候，笔者意识到它只不过是一本名义上关于国际关系的书籍。虽然本书的主题是外交政策思想市场，其中的论点事实上却是关于美国政治的变迁。和传统的公共知识分子一样，笔者在提出论点时多少超出了笔者主要的专业领域。

本书对笔者而言是一个全新的领域，因此笔者要特别感谢在本书的写作过程中提供帮助的众多人士。首先，笔者必须感谢牛津大学出版社的戴维·麦克布赖德和尼科·芬德，先前在笔者对本书仅有一个模糊的想法时，是他们给予了笔者最初的鼓励和热情的支持。同时，笔者也要感谢凯瑟琳·韦弗、卡特·博伊德、罗布·威尔金森、玛丽·哈珀和文字编辑希瑟·汉布尔顿，他们在本书由电脑稿件变成印刷体的过程中给予了指导。

在本书的写作过程中，笔者得到了一些机构的鼎力支持。在弗莱彻学院，詹姆斯·斯塔夫里迪斯院长和史蒂文·布洛克教务长创造了氛围活跃的空间供笔者思考。笔者也要感谢弗莱彻学院的同事泽伊内普·布卢特吉尔、南希·海特·鲁宾、凯丽·西姆斯·加拉格尔、萨尔曼·汗、迈克尔·克莱因、艾琳·巴比特、伊恩·约翰斯通、巴斯卡·查卡拉沃迪以及耶特·克努森，感谢他们的反馈和深刻见解。感谢里歇尔·布朗、谢里·卡伦德、保莉特·福尔金斯、梅格·格利福德、阿尔农·梅拉斯、埃斯特法尼亚·马钱、埃米莉·摩根斯特恩、梅拉尼·里德和莫汉纳德·阿尔·萨万丹提供了行政和研究上的支持，这些支持极其宝贵。作为布鲁金斯学会的非常驻高级研究员，笔者从布鲁斯·琼斯、汤姆·赖特和塔玛拉·科夫曼·威特斯的反馈中获益匪浅。在芝加哥全球事务委员会，迪娜·斯梅尔茨在公共舆论方面与笔者进行了讨论，给予了笔者帮助。

基金会的支持是思想产业背后的一个关键驱动力，同时也是《思想产业》成书过程中的一个关键推动力。迈克尔和安德烈·亚利文基金会为本书的研究和起草工作提供了重要的资金支持。卡耐基公司的"严谨性与相关性倡议"为弗莱彻学院提供了一笔资助，且该项目成果对笔者修改底稿大有裨益。洛克菲勒基金会在他们的贝拉吉奥中心为笔者提供了一处住所，在那里笔者完成了本书的收尾工作。

2014至2016年间，笔者在弗莱彻学院组织了四次以思想产业为主题的系列会议，从思想市场的不同维度展开讨论。这些会议、小组会议及其间闲谈，对笔者理解现代思想市场的成因具有极其宝贵的作用。感谢参加这些会议和帮助会议顺利开展的每一个人。此外，笔者还硬将本书底稿的初期版本下发给了笔者2016年春季"治国理政"这门课的学生们，感谢他们的反馈，特别感谢丹尼丝·巴尔图斯克尼斯、乔恩·彻特伍德、凯特·乔登、伊恩·卡普泽、玛特·凯勒、克尼·佩利克、塞思·特纳以及迈克·瓦肯罗伊特，感谢他们的深刻见解。

本书中的许多观点、看法乃至段落在笔者的博文和为其他新闻机构撰写的文章中均有来源。感谢《外交政策》杂志的本杰明·波克尔，"政客新闻网"的苏珊·格拉瑟和布莱克·霍恩谢尔，《高等教育纪事报》的埃文·戈尔茨坦，以及《华盛顿邮报》的迈克·马登和亚当·B.库什纳，感谢他们的编辑指导。在他们的帮助下，拙著看上去更像样了一些。本书第五章的早期缩略版刊登在2015年12月发行的《国际杂志》上，感谢该杂志的编辑同意笔者把这部分编入书中。

为了更好地把握本书的主题，笔者通过正式和非正式访谈，与思想产业领域的众多参与者进行了对话。尤其感谢吉迪恩·罗斯、法里德·扎卡利亚、尼尔·弗格森和

致 谢

约瑟夫·奈，他们抽出时间回答了笔者许多问题。感谢富兰克林·弗尔、尼古拉斯·克里斯托夫、杰弗里·萨克斯以及纳西姆·塔勒布，感谢他们与笔者进行通信和交谈。感谢209位回复者在百忙之中抽空回答了笔者开展的关于精英调查的问卷，是他们使本项目进展得更加顺利。

对书稿主题感兴趣的人还有很多，笔者只是其中一个。在写作书稿的过程中，笔者从许多认真阅读本书的读者中获得了极其有益的反馈。感谢贝萨尼·艾伯森、德博拉·埃文特、纳达·巴科斯、贝尔·布朗梅勒、乔希·巴斯比、克里斯廷·布彻、斯蒂芬妮·卡文、查利·卡彭特、布拉德、德朗、史蒂夫、戴尔·罗索、迈克尔·德施、罗布·法利、亨利·法雷尔、贾斯廷·福克斯、苏珊娜·弗赖、戴维·戈登、希瑟·赫尔伯特、莱斯莉·约翰斯、萨尔曼·汗、罗恩·克雷布斯、迈克尔·霍洛维茨、迈克尔·利瓦伊、雅各布·利维、乔纳森·柯什那、凯特·麦克纳马拉、杰弗里·艾萨克、乔纳森·蒙顿、丹尼尔·内克松、米莱娜·罗德班、玛丽·萨洛特、伊丽莎白·桑德斯、劳拉·西伊、兰迪·施韦勒、埃琳·辛普森、迪娜·斯梅尔茨、迈克·蒂尔尼、吉尔·乌尔坦、林恩·瓦莱克，以及黛安娜·维格，他们的评论为本书增益良多。本书若尚存谬误之处，纯属笔者个人之过。

最后，笔者必须要感谢笔者的家人。作为思想产业领域的参与者和观察者通常意味着离家参加各类大会、座谈会或是研讨会。历经困难试炼，笔者才慢慢在参加这些活动和照顾家庭之间找到平衡点。每次笔者外出远行或是闭关修改稿子，埃丽卡、萨姆和劳伦都表现出极大的耐心和体贴，笔者永远无法表达出对他们全部的感激之情。他们教会笔者的东西对大多数人来说显而易见，对大部分学者而言却模糊不清：生命的意义远不止于思想。

第一篇

引 言　思想市场的变形

> 在我看来,没有什么比美国的知识和道德社团更值得我们关注了。
>
> ——阿历克西·德·托克维尔

美国的外交政策思想市场已经发生了改变。外交事务领域的知识分子正试图不断将关于国家权力和国家意志的新观点引入公共辩论之中。然而,现今宣传新思想的"最佳秘诀"正在演化,这些秘诀甚至可以影响世界上最有权力的人。

为了了解这些变化,不妨考察一下贝拉克·奥巴马和唐纳德·特朗普两位总统对外交政策的思考。可以说这两个人对待思想的态度大为迥异。但有趣的是,思想市场对待他们的方式却如此相似。

奥巴马当选之初,这位有史以来首位非裔美国总统被誉为是一位罕见的政治家,因其同时也是一名真正的知识分子。① 在参加总统竞选之前,他的身份是法律教授和广受尊重的作家。他首次参加总统竞选的一块基石便是对现有外交政策的有力批评。他呼吁在外交事务领域采取"一种新的领导视野","一种源自过去而不囿于陈规的视野"。② 然而,他也足够包容反对观点,支持"一众对手"进入其组建的政府中任职。他留用乔治·沃克·布什的最后一任国防部长罗伯特·盖茨在内阁任职。他任命他在党内的强劲对手希拉里·克林顿担任国务卿。在内阁之外,奥巴马努力接触

---

① James Kloppenberg, *Reading Obama: Dreams, Hope, and the American Political Tradition* (Princeton, NJ: Princeton University Press, 2011).

② Barack Obama, "Renewing American Leadership," *Foreign Affairs* 86 (July/August 2007): 3.

各种评论性专栏作家和外交政策专家——包括那些在意识形态上与其立场不一致的人。① 作为即将上任的总统，奥巴马想要融入外交政策的思想市场。

在任职期间，奥巴马努力想要影响占统治地位的外交政策叙事，然而在此过程中他越来越感到挫败。用来概括他第一个任期内外交政策的短语似乎是"幕后领导"，该短语由奥巴马一位不具姓名的顾问提出，用以描述2011年对利比亚事件的干预过程中美国的角色。② 这个短语在外交政策界引发了一片嘲讽之声。在他的第二个任期内，那个广为传播的外交政策短语出自奥巴马本人——"不做蠢事"。③ 批评家嘲笑这个口号，认为它只是对美国宏伟的国家战略所做的狭隘传达。④ 甚至连希拉里·克林顿也批评这句口号，她在一个采访中说："伟大的国家需要有组织性的指导原则，而'不做蠢事'不是一个有组织性的原则。"⑤ 面对中东地区的诸多危机，有人呼吁采取更加强硬的军事应对手段，而奥巴马在军事干预上一贯小心谨慎的态度——利比亚事件的后果最终强化了军事干预——致使他对此类呼声不屑一顾，反复保证说外交政策前线一切都好。对于奥巴马的冷静态度，许多批评家做出强烈回应，疾呼世界已经着火了。⑥

来自外交政策界的批评越来越多，使得奥巴马总统及其国家安全部门的员工愤懑不平。执政期间，奥巴马一直是新闻评论如饥似渴的读者，尽管其中许多观点他都

---

① Sam Stein, "Obama and Conservatives Break Bread at George Will's House," *Huffington Post*, February 13, 2009; Michael Calderone, "How Obama Plays the Pundits," *Politico*, March 8, 2009; Paul Starobin, "All the President's Pundits," *Columbia Journalism Review*, September/October 2011; Dylan Byers, "President Obama, Off the Record," *Politico*, November 1, 2013.

② Ryan Lizza, "The Consequentialist," *The New Yorker*, May 2, 2011.

③ Mike Allen, "'Don't Do Stupid Sh—' (Stuff)," *Politico*, June 2, 2014.

④ Michael Grunwald, "The Selling of Obama: The Inside Story of How a Great Communicator Lost the Narrative," *Politico*, May/June 2016.

⑤ 克林顿的话引自 Jeffrey Goldberg, "Hillary Clinton: 'Failure' to Help Syrian Rebels Led to the Rise of ISIS," *The Atlantic*, August 10, 2014。

⑥ Colin Campbell, "Ted Cruz: 'The World Is on Fire,'" *Business Insider*, December 2, 2014; Jake Sherman, "Boehner in Israel: 'The World Is on Fire,'" *Politico*, April 2, 2015; Charles Krauthammer, "Obama's Ideological Holiday in Havana," *Washington Post*, March 24, 2016.

不赞同。① 在外交政策领域尤其如此。正如他的一位前国家安全委员会工作人员所说："不管何时只要华盛顿的有识之士达成了一个共识，奥巴马的第一反应就是拒绝它。"②而对于华盛顿外交政策既得利益集团的煽动性理念，奥巴马的工作人员则越来越反感。本·罗兹曾担任奥巴马的国家安全事务副顾问及外交政策秘书，他发泄道："华盛顿的话语变得就像最高纲领主义者外交政策的自舔雪糕筒，自我授命，自我消费……这就是你的智库文章有人阅读的原因。"③在另一个采访中，罗兹将华盛顿的外交政策界讥讽为"变形怪体"。④

在第二个任期即将结束的时候，奥巴马对外交政策思想市场已是满腹牢骚。在接受《大西洋月刊》（*The Atlantic*）的杰弗里·戈德堡采访时，奥巴马对美国外交事务的各个方面作了评论，其评论体现了这一点。同时，与外交政策界出现意见分歧时的懊恼情绪在总统的陈述中也尤为凸显。2013年8月，奥巴马政府正处在对叙利亚发起军事打击的边缘，他感到自己受困于"总统必须展示决心"的外交政策共识。奥巴马拒绝使用武力，这惹恼了许多外交政策观察家——包括一些在他的政府内任职的观察家。戈德堡总结道："奥巴马大体认为他暗自藐视的华盛顿外交政策既得利益集团迷信'公信力'——尤其是用武力买来的公信力。"⑤对于外交政策领域的主导思想对他总统职权的限制，奥巴马也坦诚地表达了自己的感受：

在华盛顿有一个总统应当遵行的剧本。它由外交政策既得利益集团打造。这个剧本为不同的事件写明了应对之策，而且这些应对之策都倾向于采取军事行动。当美国受到了直接威胁时，这个剧本行之有效。但同时它

---

① Grunwald, "The Selling of Obama." 同时参见 Byers, "President Obama, Off the Record".
② Derek Chollet, *The Long Game* (New York: Public Affairs, 2016), xvi.
③ 罗兹的话引自 Robert Draper, "Between Iraq and a Hawk Base," *New York Times Magazine*, September 1, 2015.
④ 罗兹的话引自 David Samules, "The Aspiring Novelist Who Became Obama's Foreign Plicy Guru," *New York Times Magazine*, May 5, 2016.
⑤ Jeffrey Goldberg, "The Obama Doctrine," *The Atlantic*, April 2016.

也可以变成一个陷阱,导致产生负面的决策。身处国际挑战之中,如果你不按照剧本行事,你就会受到严厉的批评,即使你有充分的理由证明剧本在这种情况下不适用。①

最后,奥巴马在叙利亚问题上仍对放弃使用武力深以为然。然而有趣的是,奥巴马对戈德堡承认,与外交政策知识分子的对抗让他在政治上付出了代价。确实,他在叙利亚问题上的决定,再次引起了关于公信力和声誉在国际事务中的重要性的激烈争论,此争论至今尚未尘埃落定。② 这或许可以解释为什么像叙利亚这种事件在奥巴马的总统任期里属于例外。通常来说,涉及美国是否需要使用武力的问题时,奥巴马会尊重外交既得利益集团的意见,遵循上述剧本行事。③ 作为总统,他努力塑造外交政策的思想市场,但同时也发现自己受到了该市场的约束。

与此同时,有预测指出唐纳德·特朗普作为候选人将逐渐淡出总统角逐,但实际上他却逆流而行,奥巴马对此表示不满。与奥巴马形成鲜明对比,特朗普发起了过去半个世纪以来最为离经叛道的外交政策运动之一,并为此得意不已。虽然这位纽约房地产大亨对外交政策的细节缺乏了解,但是他在国际关系如何运行方面建立了前后一致的零和博弈世界观。④ 他采用"美国优先"的口号来解释他的外交政策观点,而不管该口号与20世纪30年代孤立主义之间的关联。特朗普抨击美国建立的诸多多边体制,包括北大西洋公约组织、世界贸易组织和联合国,指责它们与美国的国家

---

① Jeffrey Goldberg, "The Obama Doctrine," *The Atlantic*, April 2016.
② Daniel W. Drezner, "Swing and a Miss," *Foreign Policy*, September 16, 2013; Max Fisher, "The Credibility Trap," *Vox*, April 29, 2016.
③ 参见 Mark Landler, "For President, Two Full Terms of Fighting Wars," *New York Times*, May 15, 2016。
④ Tom Wright, "Donald Trump's 19th Century Foreign Policy," *Politico*, January 20, 2016; Jeer Heer, "Donald Trump's Foreign Policy Revolution," *New Public*, March 26, 2016.

利益背道而驰。① 他主张美国的盟友需要在安全防范方面向美国支付更多费用。他认为韩国、沙特阿拉伯和日本应该发展核武器以对抗安全威胁——即使他还一边谴责核扩散是世界上最大的威胁。他还认为,为了美国的利益,应该彻底改写自由的国际经济秩序。②

特朗普遭到了众多精英阵营的强烈反击。在《华盛顿邮报》(Washington Post)和《纽约时报》(New York Times)最初对他的采访中,他表现得对世界政治毫无了解;后续关于此话题的采访也看不出任何他有在学习了解的迹象。③ 在竞选运动中,他回答外交政策问题时支支吾吾的现象层出不穷,于是便有说法指出他不具备在竞选运动中获胜的能力。④ 经济学家、政治学家和历史学家集体冷落特朗普。⑤ 整个意识形态领域的外交事务分析家对他的声明发出严厉批评。⑥ 现实主义者按理说应该

---

① Ashley Parker, "Donald Trump Says NATO is 'Obsolete,' UN is 'Political Game,'" *New York Times*, April 2, 2016.
② Binyamin Appelbaum, "On Trade, Donald Trump Breaks with 200 Years of Economic Orthodoxy," *New York Times*, March 10, 2016.
③ "A Transcript of Donald Trump's Meeting with the *Washington Post* Editorial Board," *Washington Post*, March 21, 2016; Maggie Haberman and David Sanger, "Transcript: Donald Trump Expounds on His Foreign Policy Views," *New York Times*, March 26, 2016; Bob Woodward and Robert Costa, "Transcript: Donald Trump Interview with Bob Woodward and Robert Costa," *Washington Post*, April 2, 2016; Maggie Haberman and David Sanger, "Transcript: Donald Trump on NATO, Turkey's Coup Attempt and the World," *New York Times*, July 21, 2016.
④ Maggie Haberman and David Sanger, "Donald Trump's Trial Balloons Are Catching Up With Him," *New York Times*, April 9, 2016; Zack Beauchamp, "Republican Foreign Policy Experts Are Condemning Trump. It Matters More Than You Think," *Vox*, August 8, 2016.
⑤ 关于经济学家,参见 Ben Leubsdorf, Eric Morath, and Josh Zumbrun, "Economists Who've Advised Presidents Are No Fans of Donald Trump," *Wall Street Journal*, August 26, 2016。关于历史学家,参见 http://www.historiansagainsttrump.org/。
⑥ 例如,对特朗普首次主要的外交政策演讲的反应,参见 Fareed Zakaria, "Trump's Head-Spinning and Secret Plans for Foreign Policy," *Washington Post*, April 28, 2016; Fred Kaplan, "A Mess of Contradictions," *Slate*, April 27, 2016; Julia Ioffe, "On Trump, Gefilte Fish, and World Order," *Foreign Policy*, April 27, 2016; Charles Krauthammer, "The World According to Trump," *Washington Post*, April 28, 2016; Joseph Nye, "How Trump Would Weaken America," *Project Syndicate*, May 10, 2016; "Look Out, World," *Economists*, April 27, 2016。

是最认同特朗普世界观的外交政策专家,连他们也有意回避他。① 经济学人智库甚至将特朗普列为2016年地缘政治十大风险之一。②

外交政策既得利益集团的自由派人士一致谴责特朗普的辞令。然而,保守派知识分子对他的批评也同样激烈。③ 最有影响力的保守派新闻机构如《国家评论》(*National Review*)杂志发行专号反对特朗普。共和党专栏作家如戴维·布鲁克斯、罗伯特·卡根、查尔斯·克劳萨默、马克斯·布特和乔治·威尔声明他们绝不会支持特朗普。大部分保守派智库对特朗普的政策避而远之。④ 2016年3月,超过120位共和党外交政策专业人士在一份公开信上签名,明确表示在大选中不会支持特朗普。⑤ 在随后的七个月里,类似的共和党请愿书接踵而至。即使共和党在国会的领导层默许了特朗普的做法,共和党外交政策界人士仍然坚持反对他的竞选运动。⑥ 正如罗斯·多赛特指出,"保守派知识分子——记者、智库人士以及学者表现出明显的抵制。"⑦

---

① Stephen Walt, "No, @realDonaldTrump Is Not a Realist," *Foreign Policy*, April 1, 2016; Walt, "Donald Trump: Keep Your Hands Off the Foreign-Policy Ideas I Believe In," *Foreign Policy*, August 8, 2016; Emma Ashford, "The Unpredictable Trump Doctrine," *Philadelphia Inquirer*, April 1, 2016; Ryan Cooper, "Donald Trump's Deranged Foreign Policy," *The Week*, August 17, 2016.

② 参见经济学人智库的解释,网址为 https://gfs.eiu.com/Article.aspx? articleType=gr&articleId=2866。

③ Tevi Troy, "How GOP Intellectuals' Feud with the Base Is Remaking U.S. Politics," *Politico*, April 19, 2016; Victoria McGrane, "Trump's Policy Stances Baffle Think Tanks," *Boston Globe*, May 27, 2016.

④ Molly Ball, "The Repubican Party in Exile," *The Atlantic*, August 18, 2016.

⑤ 该公开信可在以下网址中找到:http://warontherocks.com/2016/03/open-letter-on-donald-trump-from-gop-national-security-leaders/。笔者也是该公开信的署名者之一。

⑥ Tim Mak, Andrew Desidero, and Alex Corse, "GOP National Security Experts Are #ReadyForHer," *Daily Beast*, June 30, 2016; Michael Crowley and Alex Isenstadt, "GOP Foreign Policy Elites Flock to Clinton," *Politico*, July 6, 2016; Michael Hirsh, "Role Reversal: The Dems Become the Security Party," *Politico*, July 28, 2016; David Sanger, "50 G.O.P. Officials Warn Donald Trump Would Put Nation's Security 'at Risk,'" *New York Times*, August 8, 2016.

⑦ Ross Douthat, "Trump and the Intellectuals," *New York Times*, October 1, 2016. Jeremy Herb, "Will Trump Flunk the Commander-in-Chief Test?," *Politico*, January 22, 2016; Victoria McGrane, "Trump's Policy Stances Baffle Think Tanks," *Boston Globe*, May 27, 2016.

如果美国的外交政策界人士猛烈抨击特朗普,特朗普便立即予以回击。在初选中,有亲共和党的智库主动表示愿意在世界政治问题上给予特朗普指导,但他的竞选团队拒绝了大部分这样的服务。用特朗普自己的话来说,他明确地否认现有外交政策专业知识的价值。2016年4月,在一场关于外交政策的演讲中,特朗普提出:"是时候给美国外交政策除锈了,是时候引入新的声音和新的愿景了。"他继续说道,他的外交政策顾问不会是"那些有着完美简历,除了应该对长期的失败政策和持续的战争损失负责之外毫无值得夸耀之事的人"。① 在总统大选即将落幕的时候,特朗普将外交政策辩论塑造成了平民民族主义者和精英全球主义者之间的辩论,警告人们提防"一小撮特殊的全球利益集团操纵外交体系"。②

通过发表这些观点,特朗普公开质问美国外交政策的主流叙事,并取得了一定的成功。少数几位保守派评论家就特朗普对共和党正统的外交政策提出质问这点表示欢迎。鲍勃·科克是参议院外交关系委员会主席,他赞赏特朗普"挑战存在已久的外交政策既得利益集团"③。《纽约时报》的玛吉·哈伯曼和戴维·桑格指出:"特朗普先生的言论格外引人注目的原因在于美国国家安全的基本原则正在得到充分的讨论。"④ 亨利·基辛格总结道:"特朗普现象很大程度上是美国中产阶级就知识分子和

---

① 完整的文章可在以下网址中找到:https://www.donaldjtrump.com/press-releases/donald-j.-trump-foreign-policy-speech。

② Libby Nelson, "Read Donald Trump's bizarre, frightening speech responding to sexual assault allegations," *Vox*, October 13, 2016; McKay Coppins, "Trump Gets Desperate," *Buzzfeed*, October 13, 2016. Jacob Heilbrunn, "The GOP's New Foreign-Policy Populism," *The National Interest*, Feebruary 17, 2016; John Allen Gray, "Trump vs. Conservative Intellectuals," *The National Interest*, June 7, 2016. 出于对特朗普的公平,在主流政治话语中有他某些观点的苍白附和。例如,奥巴马也抱怨美国的盟友在提供全球安保工作中是"搭便车者"的角色。参见 Goldberg, "The Obama Doctrine"; Eli Lake, "The Trump-Obama Doctrine," BloombergView, March 11, 2016。

③ 科克的话引自 Gregory Krieg, "Corker Praises Trump for 'Challenging the Foreign Policy Establishment,'" CNN, April 29, 2016; Felipe Cuello, "A Defense of Donald Trump's Foreign Policy Chops, *Foreign Policy*, February 26, 2016; Haberman and Sanger, "Donald Trump's Trial Balloons Are Catching Up With Him"。

④ 例如参见 Peggy Noonan, "A Party Divided, and None Too Soon," *Wall Street Journal*, June 2, 2016。

学者群体攻击其价值观所做出的回应。"①

"政客新闻网"的迈克尔·格伦沃尔德总结道:"当一个主要党派的提名者称墨西哥人为强奸犯,认为全球贸易战争不是什么大事,还说疫苗对儿童有害,他就引发了整个思想市场的短路。"②但是特朗普的辞令比这要更为复杂。泽伊内普·图菲克希是一位研究社会运动的学者,她认为特朗普的民粹主义竞选运动已经深刻影响了公共辩论的格局。她总结道:"特朗普先生不仅仅在说骇人的谎言;他也在揭露事实真相……被严重忽略了的真相,特别是为共和党精英所忽略的。"的确,特朗普的成功当选让有些人认为,新保守主义思想在共和党外交政策话语中的统治地位即将终结。③许多保守派人士担心,他们党派的整座思想大厦已然坍塌。④ 奥巴马强烈感受到思想市场的束缚,而特朗普却为打乱外交政策剧本的条条框框欣喜不已。然而,在特朗普的整个任期内这种状况是否会持续还很难说。

奥巴马和特朗普的故事说明了两点:第一,思想市场甚至可以限制最有权力的政治参与者;第二,外交政策思想市场的运作可能并不完美。

如今,外交政策的思想市场令人感到困惑。对于思想领袖来说,这是最好的时代。对于公共知识分子来说,这是最坏的时代。而对于其他人来说,它是最易迷失方向的时代。

---

① Jeffrey Goldberg, "The Lessons of Henry Kissinger," *The Atlantic*, November 10, 2016. Accessed at http://www.theatlantic.com/magazine/archive/2016/12/the-lessons-of-henry-kissinger/505868/.

② Michael Grunwald, "Do Ideas Still Matter in the Year of Trump (and Clinton)?" *Politico*, September/October 2016.

③ Zeynep Tufekci, "Adventures in the Trump Twittersphere," *New York Times*, March 31, 2016; Mike Konczal, "Trump is Actually Full of Policy," *Medium*, September 21, 2016, accessed at https://medium.com/@rortybomb/trump-is-actually-full-of-policy-f8bfdb6389e8#.kaiilnavq; Max Fisher, "Twilight of the Neoconservatives," *Vox*, March 10, 2016.

④ Matthew Continetti, "The Coming Conservative Dark Age," *Commentary*, April 12, 2016; Yuval Levin, "The Next Conservative Movement," *Wall Street Journal*, April 15, 2016; Zack Beauchamp, "A Republican Intellectual Explains Why the Republican Party Is Going to Die," *Vox*, July 25, 2016.

这些词语需要好好剖析一番。说到"思想市场",笔者指的是外交事务相关的众多知识产品和观点意见,以及决策者和公众对这些思想观点的接受程度。当一位学者出版著作解释为什么美国的外交政策需要重新思考,这本著作就对思想市场有所贡献。当一个智库发行报告评估治国之术的某个方面,这篇报告就对思想市场有所增益。① 当一个全球知名的战略家发表 TED 演讲,畅谈应如何像管理对冲基金那样管理国家的气候变化政策,他的观点也可能会进入思想市场。

就本书的写作目的而言,当提到"公共知识分子"的时候,笔者指的是那些造诣极高且训练有素、能够对广泛的公共政策问题发表评论的专家。正如弗里德里克·冯·海耶克所说,公共知识分子是"思想领域专业的二手经销商"。② 他们在民主话语中为一个极为重要的目标服务:揭露伪装成智慧且广为接受的陈旧思想。公共知识分子是批评家,而批评那些兜售有害政策产品的人是民主政体的一项必要功能。一位公共知识分子对思想市场最大的贡献是,当皇帝没有穿衣服时,将真相道出。如果公共知识分子失去了声望,政客和假行家便能凭借他们巨大且不倦的意志力,更加容易地将某个观点推入公共意识,而不管这个观点本身是否可取。

"思想领袖"这个词语出现得要比"公共知识分子"晚得多。然而,只需在谷歌趋势上浏览一眼便知,截至 2012 年,前者的使用量已经大大超过了后者。③ 思想领袖和公共知识分子的区别在哪里呢?《纽约时报》专栏作家戴维·布鲁克斯精通该领

---

① 一些自认为是知识分子的人士非常不喜欢"思想市场"这个词,因为它使用了一个经济学隐喻来表征一个现象,而他们认为该现象应该摆脱新自由主义的禁锢。这些知识分子要么接受他们在这个问题上福柯式的失败,否则就别再费事继续阅读本书了。

② Friedrich A. von Hayek, "The Intellectuals and Socialism," *University of Chicago Law Review* 16 (Spring 1949): 417–433. 现有的对"公共知识分子"的定义比笔者的定义更加宽泛一点。在 *Public Intellectuals* 一书中,Richard Posner 给出的定义是"面向受过良好教育的公众,就政治或意识形态本身或受其影响的一系列问题发表观点的人"。Russell Jacoby 是使该词流行起来的人,在 *The Last Intellectuals* 一书中,他给出的定义是"向普通大众或者受过良好教育的受众发言的作家和思想家"。笔者的定义相对而言更为狭窄,反映的是公共知识分子和思想领袖——或者说批评家与创造者之间的差异——这将是本书余下内容的驱动力所在。

③ 参见 http://www.google.com/trends/explore#=q=public%20intellectual%2C%2thought%20leader, accessed at September 1, 2016.

域,他狡黠地将思想领袖定义为"一类高飞在空中、善于从一艘快艇跳到另一艘快艇的概念兜售商贩"。① 布鲁克斯带着揶揄口吻的描述可能会博人一笑,但是对于本书的目的来说,这还不够。私立部门大谈特谈"思想领导力",却从未明确其含义。

就本书的写作目的而言,思想领袖是知识的传道者。思想领袖们打造自己独有的透镜解释世界,然后劝说听力所及范围之内的每一个人相信他们的世界观。公共知识分子和思想领袖都参与智力创造活动,但是他们的行事风格和目的不同。公共知识分子对许多事物均有相当了解,能够指出知识骗子。思想领袖了解一个宏大的事物,相信他们的重要思想将会改变世界。

表0.1阐明了这两种典型人物的差异。用以赛亚·伯林的话说,公共知识分子是狐狸,而思想领袖是刺猬。前者是怀疑者,后者是真信徒。前者是批评家,后者是创造者。一位公共知识分子愿意、乐意而且能够告诉你其他人的世界观到底哪里出了问题。一位思想领袖急于告诉你他自己的信条有多么正确。如果承认奥巴马和特朗普都是知识分子,那么奥巴马属于公共知识分子,而特朗普则是思想领袖。

表0.1 公共知识分子 vs. 思想领袖

公共知识分子	思想领袖
批评家	创造者
狐狸	刺猬
怀疑者	传道者
演绎推理	归纳推理
专业知识优先	经验优先
悲观主义者	乐观主义者

公共知识分子和思想领袖并非完全不同的生物,二者都是在思想领域从事买卖、交换和交易的知识分子群体。这两类人之间的对立有可能是实质的对立,也有可能

---

① David Brooks, "The Thought Leader," *New York Times*, December 17, 2013.

只是风格的对立。其实,在不同时代、不同场合,同一个人既可以是公共知识分子,也可以是思想领袖。① 正如伯林在他那篇提出狐狸和刺猬理论的著名文章中所言,太严格的二元区分并非明智之举。但他同时也提到,若果真如此,这样的区分可以提供"真正研究的开端"。② 将人划分成公共知识分子和思想领袖可以让我们对现代思想市场的认识更加明晰。本书将会论证,现代思想市场惠及所有知识分子,但思想领袖从中得到的好处远大于其他人。

为什么会这样呢?这又意味着什么?

如今,思想市场已经变成了思想产业。21 世纪的公共领域比以往任何时候都更庞大、更喧嚣、更有利可图。公共领域的这场工业革命目前已经进行有一段时间了。戴维·布鲁克斯早在 15 年前就曾指出,知识分子阶层再也不会远离市场、社会和国家,正如 20 世纪 50 年代《党派评论》(*Partisan Review*)的投稿者那样。③《外交政策》(*Foreign Policy*)杂志每年都会发布全球百大思想家榜单,为了推出该榜单有时甚至会举办庆典。高水平的专家咨询组、巡回会议以及演讲者大会数量激增,知识分子因此有机会结交其他政治、经济和文化精英,这种方式在半个世纪以前是无法想象的。美国大思想(Big Idea)活动已呈爆炸趋势——TED 演讲、西南偏南人会、阿斯彭思想节、米尔肯研究所全球会议,以及《大西洋月刊》赞助的各种活动——它们均利用"吊胃口的"思想家满足参加者的好奇心。与此同时,全球范围内大思想会议也在蓬勃开展,例如达沃斯世界经济论坛、博鳌亚洲论坛和瓦尔代辩论俱乐部。致力于传播有吸引力的思想的各种平台、论坛和新闻机构的数量也在爆炸。

显而易见,令人眼花缭乱的众多新兴新闻机构在推动思想市场转变为思想产业

---

① 在 Nina Munk 的 *The Idealist* 一书中描绘的杰弗里·萨克斯明显是一位思想领袖。在 *Project Syndicate* 上面就贫困和外交政策问题撰写专栏文章的杰弗里·萨克斯却是一位公共知识分子。更多关于萨克斯的内容见下个章节。
② Isaiah Berlin, *The Hedgehog and the Fox: An Essay on Tolstoy's View of History* (Princeton, NJ: Princeton University Press, 2013), 437.
③ David Brooks, *Bobos in Paradise* (New York: Simon and Schuster, 2000), chapter 4. 下章将会讲到,Brooks 关于 20 世纪 50 年代知识分子的描述有些夸大其词。

的过程中起了作用。需求的激增惠及整个知识分子阶层，但是还有另一个有趣的影响。如今，思想产业给思想领袖带来的好处远大于公共知识分子。这归因于塑造现代思想市场的三个相互交织的趋势：权威公信力的下降、美国政治的极化以及愈加严重的经济不平等。

在过去的半个世纪里，人们对享有盛名的机构和专业的信任一直在缓慢减弱。详论起来，这种惨败可追溯至越南战争，随着伊拉克自由行动持续进行，并延续至今。进入21世纪，"9·11"事件带来了权威和权威人物公信力的急剧上升，但之后一直呈持续下降趋势。在外交事务领域尤其如此。权威公信力的下降使思想产业内的竞争变得更加激烈。在权威人物受到尊敬的领域，知识社团的把关人可以用学位、著作或是相关经验等前提条件来限制准入。由于这些学阀的权力式微，思想领袖超越传统权威的能力提升。思想市场的民主化使得传统公共知识分子更难以权威自居。这样有利于产生新概念，但同时也更难暴露坏思想。

美国社会以及美国政治体制的极化是另一个影响思想市场的现象。受众分割产生了不同的平行群体，他们支持意识形态纯粹的知识分子，导致了新型思想领袖的诞生。如今，保守派知识分子可以在希尔斯代尔学院求学、在传统基金会实习、在布赖特巴特新闻网工作、赢得科赫奖金、为莱格尼里出版社写书、从某个保守派演讲者事务处获得签约合同，然后在福克斯新闻频道讲述这些经历。他们可以在没有反对观点的信息生态系统里繁荣发展。将上面的名字换掉，例如将科赫换成索罗斯，自由派人士差不多也能这么做。当越来越多的资金汇集起来，用以推销极化的政治议程，双方的党徒都将有更多机会从思想市场的这方面获利。

然而，最重要的趋势是经济不平等的加剧，以及思想市场中富豪捐助人越来越重要的影响力。位于收入顶端的人群财富大量积累，成为催生及推广新思想一个新的资金来源。随着美国的精英越来越富裕，他们有财力做想做的任何事情。事实证明，他们当中有许多人想要重返校园——或者，更有甚者，让学校走向他们，这样的人数量之多让人惊讶。一个世纪前，美国的富豪们将财富捐至大学、智库或者慈善基金会。今天,他们建立起自己的知识沙龙和出版平台——而且不会对以自己的名义创造的知识成果放任不管。同时他们还参加引人注目的"大思想"集会。由于潜在的资助人能够提供资金来源,知识分子会展开激烈竞争,以获取富豪捐助人的关注。在推出能够让富豪产生共鸣的观点方面,思想领袖会比公共知识分子更具优势。

这三个因素让思想领袖在向富豪和广大公众兜售思想产品时变得越来越有利可图。成功的知识分子拥有自己的思想品牌,成为超级明星,在从前只属于大亨、名流和运动员的领地中占据一席之地。这种说法听起来有点夸张——直到大家看见获奖作家尼尔·弗格森和阿雅安·希尔西·阿里取代名流上了通俗小报的封面,诺贝尔经济学奖获得者保罗·克鲁格曼在大投资电影中客串角色,以及政治学家梅利莎·哈里斯·佩里离开微软全国广播公司一事登上新闻头条。①

这些力量有助于解释在公共知识分子受到贬低的同时,思想领袖如何被大加称赞。这种转变在许多方面由来已久。思想领袖的崛起显示了人类天生是如何处理思想的。在现代思想产业获得成功的一个极为重要的风格因素是信心。认知心理学显示,比起或然的预测,人们更喜欢有信心的预测,即使所有的经验证据都表明前一种方法能产出更好的预测结果和更具弹性的思想。正如《超预测》(*Super forecasting*)一书的作者菲利普·泰洛克和丹·加德纳指出:"持续的自我审查令人疲惫,而了如指掌的感觉如此诱人。"②思想领袖擅长展示他们的超凡信心,相信自己的思想绝对正确,公共知识分子则在这方面表现不佳。对受众来说,思想领袖的这种信心使他们感到放心,甚至连思想领袖的批评者也承认思想领袖充满信心的推销辞令具有巨大

---

① 关于弗格森,参见"The History Man and Fatwa Girl," *Daily Mail*, February 12, 2010。克鲁格曼的互联网电影数据库网页网址为 http://www.imdb.com/name/nm1862259/。关于哈里斯·佩里离开微软全国广播公司,参见 Josh Koblin, "After Tense Weeks, Melissa Harris-Perry's MSNBC Show Is Cancelled," *New York Times*, February 28, 2016。

② Philip Tetlock and Dan Gardner, *Superforecasters: The Art and Science of Prediction* (New York: Crown Books, 2015), 231. See also Daniel Kahneman, *Thinking, Fast and Slow* (New York: Farrar Strauss Giroux, 2011), chapter 10; and Kathryn Schulz, *Being Wrong* (New York: Ecco, 2010).

的诱惑力。

这一切对公共领域来说意味着什么？由于这些构造力中没有一个显示出减弱的迹象，新兴思想产业的推动力也不会减弱。但不是每个人都为此感到欣喜，已经有许多人在批评知识分子的"企业化"现象了。在今天知识分子的行话中，"思想市场"比"思想产业"听上去更舒服。① 前者使人联想起技艺精湛的匠人，而后者让人想到充斥着简单机械劳作的工厂。工匠精神比工业化更好听。思想领袖受到的嘲讽远多于公共知识分子。② 因此容易推断出的是，思想主场向思想产业的转变并非是一件好事。

然而，如果进一步延伸这个隐喻，真正的工业革命在带来狄更斯式恐怖故事的同时，也促成了中产阶层数量的爆炸性增长，这点值得牢记。③ 在思想领域，现实远比"现在不如以前"要更加复杂。认为思想领袖使公共话语变得廉价的这一批评令人不解。思想领袖满足了人们对新思想真实的渴求，也是外交政策专家公信力下降的原因所在。几十年以来，批评者一直在抱怨美国文化的粗俗化现象，而如今，思想领袖这诉求更多的亚文化群出现了，他们对其却不屑一顾。任何一个关心思想领域的人都绝不应该对思想领袖地位的上升感到沮丧。

21 世纪的思想产业可以带来巨大的好处。当然，值得注意的是，对新思想以及活跃的思考世界的方式出现了强大需求。但是，和其他的革命一样，其中有赢家也有

---

① 当然，有些知识分子对这两个词都不喜欢，因为它们依赖于经济学隐喻。这些读者应该马上跳到第 4 章，或者干脆别再继续阅读本书了。

② Evgeny Morozov, "The Naked and the TED," *New Public*, August 2, 2012; Morozov, *To Save Everything, Click Here* (New York: Public Affairs, 2013); Felix Salmon, "Jonah Lehrer, TED, and the Narrative Dark Arts," Reuters, August 3, 2012. See also Justin Fox, "Niall Ferguson and the Rage Against the Thought-Leader Machine," *Harvard Business Review*, August 23, 2012.

③ 例如参见 David Landes, *The Unbound Prometheius* (Cambridge: Cambridge University Press, 1969); Nathan Rosenberg and L. E. Birdzell Jr., *How the West Grew Rich* (New York: Basic Books, 1986); Andrew Clark, *A Farewell to Alms* (Princeton, NJ: Princeton University Press, 2007); Angus Deaton, *The Great Escape: Health, Wealth, and the Origins of Inequality* (Princeton, NJ: Princeton University Press, 2013)。

输家。这些趋势同时也给更多在大学或智库中工作的传统思想供应者带来不利影响。公共知识分子更加依赖的资金来源不是进入了停滞期，就是处于减少状态。虽然一些机构里面的某些知识分子个人已经适应了新的思想生态系统，但是这些机构本身却没有这么快的适应速度。结果，如同以往的农业革命和工业革命一样，知识分子阶层出现了巨大的波动。

有些人在这场知识的创造性破坏中受挫，于是对现状产生抱怨，这并不奇怪，但这并不意味着他们的批评是完全错误的。这种现象中隐藏着一些普遍的议论，它们有些令人忧虑。其中最明显的问题是，当某些思想得到宣扬的时候，思想产业是否同时也生产批判性的反驳。例如，在观看 TED 演讲的时候，我们看到的都是推销辞令。超过一半的 TED 演讲以全场起立喝彩结束，观众的反应全是肯定，没有任何建设性的批评意见。① 然而，真正重要的是这些思想如何经受住批评言论的挑战。尤其是对于外交政策思想来说，最好有一个公共领域可以去刺探并测试每一个最新的思想。

这里需要的是一种相互依存——不仅仅是 TED 演讲，而且是有讨论者的 TED 演讲。消除思想产业弊病的对策不是回去寻求权力更大的把关人，而是寻求更多不同的意见和讨论。其实，现在比以往任何时候都更需要公共知识分子。他们为一个至关重要的新目标服务，他们需要分析并批评受欢迎的思想领袖。如果要从假行家中过滤出优质的思想者，公共知识分子必不可少。

思想市场影响到的远不仅仅是知识分子。尽管美国社会中对反智主义声潮迭起，但思想对于美国政策和政治极为重要。《华盛顿邮报》的专栏作家乔治·威尔曾指出，"虽然很多知识分子认为美国的政治理论不够精密，但是它对美国政治实践的作用超过了其他国家政治理论对实践的作用。"② 甚至可以说，理论对外交政策领域思想的作用曾最为重要。从冷战时期的遏制政策，到自由主义者和现实主义者之间

---

① Nathan Heller, "Listen and Learn," *New Yorker*, July 9, 2012.
② George Will, "An Anti-Authority Greed," *Washington Post*, January 23, 2011.

不间断的拉锯战,到新保守主义的起落,再到新古典主义经济学对对外经济政策的影响,思想曾深刻影响了外交事务的实践。最近,一项学术评估总结道,"从20世纪初到21世纪初,美国拥有世界上最为智慧的外交政策。"①

到目前为止,知识分子在美国外交政策的发展过程中发挥了极为重要的作用,而且未来也将如此。即使是最为博学的官员也很难进行深入的思考——日常事务繁重,他们无暇深思。比尔·克林顿的最后一任国家安全顾问桑迪·伯杰说道,"在华盛顿,紧急的事情总是压倒重要的事情。"②伯杰的继任者康多莉扎·赖斯有一次曾对笔者说,决策者一上任,他/她的智力资本股票就开始贬值。还是候选人的时候,奥巴马能够挑战占主导地位的外交政策叙事;当上总统之后,他就受到了更多限制。不论好歹,决策者需要思想市场来为他们在政界的所作所为阐发或补充理由,并使之经受挑战。③

当宏大思想和表达这些思想的知识分子离掌权者越来越近的时候,他们尤其需要接受审查。官员非常可能利用或滥用思想市场。乔治·沃克·布什政府曾大力推进民主和平论,该理论的一位领头学者承认,"许多民主和平论的倡议者现在的感觉和许多原子科学家在1945年的感受可能是一样的……我们的创造被滥用了。"④对于布什政府对实用政治辞令的挪用,现实主义者表达了相似的沮丧情绪。⑤

就算当权者不会为了给自己的行为寻找正当理由而利用思想,有些知识分子也

---

① David Milne, "American's 'Intellectual' Diplomacy," *International Affairs* 86 (January 2010): 50.

② 伯杰的话引自 David Rothkopf, "The Urgent vs. the Important," *Foreign Policy*, December 2, 2015。

③ Ronald Krebs, *Narrative and the Making of US National Security* (New York: Cambridge University Press, 2015).

④ Bruce Russett, "Bushwhacking the Democratic Peace," *International Studies Perspectives* 6 (September 2005): 396.

⑤ 参见 Jack Snyder, "Imperial Temptations," *The National Interest* 71 (Spring 2003): 33-34; Daniel W. Drezner, "The Realistic Tradition in American Public Opinion," *Perspectives on Politics* 6 (March 2008): 99-100。

会出于为权力服务的目的而渴望那样做。已经有人为知识分子和当权者的联盟做出了辩护。这些论证包括在棘手的政策问题上提供专家咨询的有效性,以及向掌权者说出真理这个更为重要的任务,等等。① 这些都是有力的论点,但是历史给出了一个让人清醒的反驳。正如理查德·霍夫施塔特在《美国生活中的反智主义》(Anti-Intellectualism in American Life)一书中所承认的那样,"没有办法保证一个知识分子阶层在使用其影响力的时候会做到谨慎和克制。"②有这么一类作品,它们的内容是一些知识分子猛烈抨击其他知识分子所犯下的一连串政治罪行。③ 在20世纪,当知识分子离权力近在咫尺的时候,他们为最令人发指的行为提供正当理由。④ 21世纪的情况同样恶劣。"9·11"恐怖袭击之后,许多保守派知识分子重申支持重建美利坚帝国的观点。在外交政策领域,知识分子可以带来多少好处,就可以造成多大害处;当一位知识分子越接近权力,就越有可能为不道德的行为正名或申辩。正如国际关系学者贾尼丝·格罗斯·斯坦在告诫她的同事时所说的:"我们会因想掌握权力而受到诱惑,会为了继续享有权力而掩盖我们所说的话。"⑤正是因为思想产业掺杂着有钱人和掌权者,所以值得进一步解释。

剖析思想市场的困难之一是分析工具有限。即使是在大数据时代,评估公共领域的各种趋势仍然停留在主观印象性的初级层面。笔者会将笔墨集中在自己最熟悉的领域——美国的经济及外交政策领域话语;并依据现存对公共领域状况的评论、经过同行评审的对于现代思想产业背后推动力的研究、公共舆论方面的数据以及某些

---

① Benjamin Barber, *The Truth of Power* (New York: W. W. Norton, 2001), 35.
② Richard Hofstadter, *Anti-Intellectualism in American Life* (New York: Knopf, 1962), 45.
③ Paul Johnson, *Intellectuals* (New York: Harper and Row, 1989); Thomas Sowell, *Intellectuals and Society* (New York: Basic Books, 2009); Walter Russell Mead, "The Crisis of the American Intellectual," *The American Interest*, December 8, 2010.
④ 参见 Mark Lilla, *The Reckless Mind: Intellectuals in Politics* (New York: New York Review Books, 2001).
⑤ 引自 Daniel Byman and Matthew Kroenig, "Reading Beyond the Ivory Tower: A How To Manual," *Security Studies* 25 (May 2016): 317.

公共知识分子和思想领袖的叙述,从而描述思想产业的演变和影响。此外,笔者还就一系列问题对思想产业领域的400多位参与者进行了调查,同时采访了现代思想市场的众多参与者。①

笔者的实证支持同时也会包括另一类数据来源——笔者本人的亲身经历。现代思想产业所带来的变化——对"影响力"的学术探寻,"大思想"会议的遍地开花,网络在线平台的发展,富豪捐助人的增多,外交政策领域营利性部门的增长——都是笔者所亲历的现象。笔者在大学执教有20年,但也建立并发展了自己的在线课程。② 笔者发表了超过50篇经过同行评审的期刊文章和书籍章节,写博文的时间也超过了10年,其中一半的时间花在《外交政策》和《华盛顿邮报》上。笔者在众多学术会议上发表过观点,在大学出版社出版了许多著作,但同时也发表过TED演讲,参加过圣迭戈国际动漫展的座谈。笔者已渐渐远离保守的世界观,但同时也接受过保守派基金会的资助。当谈到思想产业的时候,笔者了解自己所写的内容。

然而,笔者本人的经历并不能代替真正的民族志研究。利用某人原有背景信息的危险在于,个人经验可能无法归纳所描述的其他现象。其实,这也是思想领袖的一个共同缺点。然而,承认这一点的同时也要附加说明,迈克尔·波拉尼称之为"隐性知识"的几种特定内部信息是存在的。③ 获得这种知识的最佳方法便是通过经验。在写作思想市场的转变时,笔者将受到因参与公共领域而获得的隐性知识的启发。

最后一点:虽然笔者会将精力集中在美国外交政策的思想市场上面,但笔者还认为,塑造美国思想产业的力量也存在于其他政策领域和其他国家。本书集中探讨美国的外交政策是因为这是笔者最熟悉的领域,也因为其本身的重要性。但公共知识

---

① 最后一项包括过去两年里笔者在弗莱彻学院组织的一系列"思想产业"相关会议上与一群学者、记者、从业者以及思想领袖进行的对话。

② "Foundations of Economic Prosperity"这个课程是为 The Teaching Company 公司录制的,可以在以下网址中找到:http://www.thegreatcourses.com/courses/foundations-of-economic-prosperity.html。

③ Michael Polanyi, *The Tacit Dimension* (Chicago: University of Chicago Press, 1966).

分子和思想领袖也存在于国内政策领域。同样,权威公信力的下降、政治极化的增强以及经济不平等的加剧并不仅仅是美国独有的现象。其他国家的思想市场不是美国思想市场的复写本。然而,这些结构性的力量如此强大,足以表明笔者在此描述的现象也有可能正在全球范围内发生。

本书主体内容的组织结构如下。第一部分是正式论述前的准备工作。第一章举例说明我们为什么应该关注思想市场。愤世嫉俗者和社会学家可以轻易地说思想事务不过是区区诡辩术的运用。虽然这样说很容易,但这种说法其实是愚蠢的,往往适得其反。思想当然重要,否则权威人士和社会学家一开始就不会进行写作了。① 运转良好的思想市场对于一个有活力的民主政体来说必不可少。第二章进一步考察了塑造新兴思想产业的三个系统性力量:既定权威公信力的削弱、受众的政治极化以及最重要的一点——使富豪获得权力的经济不平等的加剧。这三种趋势共同增加了对全体知识分子的需求——但对思想领袖尤其有利。

第二部分研究现代思想产业的出现是如何影响了思想市场的某些主要供应者。第三章考察思想最古老的来源:学术机构。大学发现自己被指控犯下了多种"罪行",包括蒙昧主义、脱离现实以及政治同质性。可事实更加复杂。象牙塔内许多教授已成功在思想产业中生存下来并繁荣发展。然而,塑造了现代思想市场的几种力量使高等教育所处的知识环境变得更加具有挑战性。第四章对比了两类社会科学学科命运的相同点和不同点。经济学在现代思想市场中获得了繁荣发展,政治学却仅仅是生存了下来而已。这并非是由于经济学模型和方法的优越性,而是因为经济学的知识风格和实质与思想产业的新兴推动力更加同步。第五章由超脱的象牙塔转入雾谷②沼泽中的智库。智库曾是抽象理论和具体政策之间的桥梁,由于思想产业的发展,智库要维持这一地位面临着新的压力。虽然智库在快速适应思想产业带来的变

---

① 面对现实吧,如果你觉得思想不重要,你现在就不会在看这条脚注了。
② 译者注:美国国务院等政府机构所在地。

化，其方式却是不得不在原先拥有合法性和自主性的做法上做出妥协。第六章则研究公共思想的私募市场。不管是在像麦肯锡全球研究院这样的企业型智库，欧亚集团这样的政治风险咨询机构，还是像 *Jigsaw*（谷歌智库）一样的混合型机构，私营行业一直在反复灌输思想领导力是一种商业战略。思想产业已将这种战略当作一个强有力的选择。

本书的第三部分探讨了思想产业作为一个市场的运作状况，以及这个市场是否有改善的可能。第七章讨论知识分子中的"超级明星"。现代思想市场奖励有能力将自己塑造成"品牌"的知识分子。思想产业已让许多思想企业家成了巨头。即便如此，在思想和批评领域，某个人成为品牌也就更容易遭到过度曝光。像法里德·扎卡利亚和尼尔·弗格森这样的超级明星在该领域出错后的生存状况如何呢？在某种程度上，这取决于他们的自我定位是思想领袖还是公共知识分子。第八章论述了现代思想市场和金融业一样容易变成泡沫。公共知识分子的影响力下降，思想领袖因此能够扩张其思想影响力，乃至远远超出适当的范围。正如资产泡沫一样，思想潮流会从一个有趣的思想萌芽开始蓬勃发展，而后迅速扩张，最后轰然倒塌。第九章考察思想产业和网络世界的关系。在21世纪，所有的知识分子都得通过参与社交媒体活动来推销政策思想。然而，数字环境的负面因素使知识分子更容易抵制网络批评。遗憾的是，这也产生了滑坡效应，使他们同时更容易抵制实质性批评。最后一章更加个人化，笔者反思了迄今为止理解和应对思想领域的亲身经历。此外，笔者还为有兴趣在思想产业活动的个人提供了一些建议，并对现代思想市场能否进一步改善做出了思考。

然而，在探究现代思想产业的形成原因之前，有个问题简单却值得一问：这些思想真的重要吗？

第一章 思想重要吗?

> 国际关系是在冷战时期受到信任的可替代的知识产业之一。国际关系专家凭借专业必要性,栖居在充满想象和推测的幻境之中。
>
> ——斑卡吉·米什拉

杰弗里·萨克斯是一位杰出的经济学家,他自己非常乐意告诉你这一点。"作为一位年轻的大学教师,我授课广受好评,广泛发表作品。1983年我28岁,那时我就以极快的速度获得了终身职位。"这样在书里描述自己的人绝不会是谦逊之人。①

然而,上述自夸还不是他在《贫穷的终结》(The End of Poverty)一书中最大胆的话语。那时萨克斯初涉发展经济学,但他非常相信自己的分析能力,宣称自己发现了终结极端全球贫困的秘方。他提出的方法是,在接下来的20年里,世界上的富裕国家将对外援助预算的总和增加至每年1500亿美元。萨克斯认为,合理分配更多的发展援助有可能在2025年之前消除极端全球贫困——每日生活费不足1美元的状况。

萨克斯提出这样一个大胆的计划也并非不同寻常。许多学者、智库研究员和政策企业家都在提出雄心勃勃的项目,以期让世界变得更加美好。然而,有几点让萨克斯从中脱颖而出。第一,他提出了发展援助可能起作用的观点。这与大家在21世纪前十年中期的共识产生了反差:政府腐败是发展的主要障碍,所以增加援助是徒劳的

---

① Jeffrey Sachs, *The End of Poverty: Economic Possibilities for Our Time* (New York: Penguin, 2005), 90-91.

行为。用《外交政策》的话说,这种共识是"一种极度消极的思维模式,妨碍了对这一问题新的思考"。① 希望是发展经济学领域强效的灵药。

第二,萨克斯拥有足够的思想威望和政治资本强迫人们聆听他的观点。他发表反贫困宣言的时候是联合国秘书长的顾问,受命设计对抗贫困的国际性办法。此外,不久前哥伦比亚大学刚把他从哈佛大学猎走,授予了他四个头衔,包括哥伦比亚大学地球研究所所长,该研究所运行预算超过 1000 万美元。② 这位出色的教授继续出任许多撒哈拉以南非洲国家的顾问,包括埃塞俄比亚、肯尼亚、尼日利亚和乌干达。③

第三,萨克斯具备向每一位愿意聆听的人介绍他的思想所需的自信心和不屈不挠的意志力。尼娜·芒克在《理想主义者》(The Idealist)一书中巧妙地记录了萨克斯实施他政策思想的运动:

> 日复一日,萨克斯似乎一刻也不停歇,一场接着一场地在发表演讲,多达一天三场。同时他还在游说国家首脑,在国会面前发表证词,举办新闻发布会,参加研讨会,为政府官员和立法者出谋划策,参加专家讨论会,接受采访,在学术期刊上发表论文,为报纸和杂志撰写观点评论,并且寻找任何一位,真的是任何一位可能帮助他传播观点的人。似乎他唯一慢下来的时候就是睡觉的时候,但每晚也绝不超过四五个小时。④

他的宣传和营销工作取得了巨大成果。例如,《贫穷的终结》登上了《时代》(Time)周刊的封面。这对于有关发展经济学的书籍,甚至就书籍而言,都是不同寻常的。

---

① Paul Starobin, "Does It Take a Village?," *Foreign Policy*, June 24, 2013.
② Louis Uchitelle, "Columbia Gets Star Professor from Harvard," *New York Times*, April 5, 2002.
③ Starobin, "Does It Take a Village?"
④ Nina Munk, *The Idealist: Jeffrey Sachs and the Quest to End Poverty* (New York: Signal, 2013), 32.

第四，萨克斯善于结交盟友，特别是名流和慈善家。U2乐队主唱波诺为《贫穷的终结》写了序言，称萨克斯为"我的教授"。在一部音乐电视纪录片中，安吉利娜·朱莉说他是"世界上最聪明的人物之一"。① 他结交乔治·索罗斯和汤米·希尔菲杰，并从他们那里获得资助，试图将他的发展理论通过"千禧村计划"付诸实践。② 其实，索罗斯对萨克斯的想法极其信服，这位亿万富翁甚至驳回了他慈善顾问理事会成员的极端怀疑意见。萨克斯从众多国际组织和私人基金会那里吸引了数亿美元的资金。随后他的地球研究所试图在东非的一些村庄中实施他的计划。

随着萨克斯展开探索，他遇到了来自多方面的巨大阻力。发展援助界人士习惯于自身的标准运作程序，认为萨克斯救世主般的目标从最好的角度来看是幼稚的，在最坏的情况下还会适得其反。③ 事实证明他能够铲平那些官僚主义的障碍物。而来自发展经济学家的批评更为激烈，威廉·伊斯特利在一系列书籍中宣称，发展援助理论受困于"技术统治论的幻象"，以为贫困是个纯粹的技术专家问题，可以靠技术专家的办法解决，就像肥料、抗生素和营养增补剂那样，伊斯特利因此出名。④ 他还说，如果缺乏良好的治理体制，萨克斯的援助主张会比毫无用处还要糟糕。麻省理工学院贫困实验室负责人、《贫困经济学》（Poor Economics）一书的合著者埃斯特·迪弗洛担心萨克斯的观点只不过是弥漫在发展经济学领域的流行思潮。她提出警告说，如果不将萨克斯的干预结果和不接受任何干预的对照组村庄进行对比，就算村庄的情况得到了改善，也无法判定他的工作就是改善的原因。⑤ 全球发展中心负责人南希·伯索尔同意迪弗洛的批评，曾敦促萨克斯使用对照组。

萨克斯轻易地否定了这些经济专家的反对意见，如同他轻易地否定了那些来自

---

① Nina Munk, *The Idealist: Jeffrey Sachs and the Quest to End Poverty* (New York: Signal, 2013), 2.
② Starobin, "Does It Take a Village?"
③ Munk, *The Idealist*.
④ William Easterly, *The Tyranny of Experts* (New York: Basic Books, 2013), 6.
⑤ Munk, *The Idealist*; Abhijit Banerjee and Esther Duflo, *Poor Economics* (New York: PublicAffairs, 2011).

发展官僚机构的反对意见。他明确拒绝通过使用对照组村庄来衡量工作进展的建议。① 他和地球研究所奋力前进，初期结果看上去前景光明。萨克斯说，"千禧村计划"推动了免费抗疟疾蚊帐的广泛使用，转而减少了疟疾的传播。② 在《柳叶刀》(*The Lancet*)杂志2012年发表的一篇论文中，萨克斯及其合著者声称，在他进行试验的村庄中，儿童死亡率的下降速率是撒哈拉以南非洲整体下降率的3倍。③ 在为美国有线电视新闻网撰写的一篇社论中，萨克斯称赞这些"科学成果"，宣称"以最近的创新为基础，我们每年可以拯救几百万幼儿和母亲的生命"。④

然而，到了2013年，"千禧村计划"的光彩渐渐褪去。萨克斯和地球研究所试图从纽约对该项目进行管理。这造成了主要决策者在为村庄提供建议的时候，他们对现场的情况缺乏了解。无法避免的是，这种管理方式让当地代表感到受挫。⑤ 萨克斯忽视顾问团的建议，对不良后果和负面宣传做出临时应对，有时甚至和之前的计划相矛盾。外部评估总结道，由于萨克斯团队从未将他们援助的村庄和未接受援助的村庄进行对比，所以无法判定"千禧村计划"村庄的情况是否要好于其他村庄。在此期间，撒哈拉以南非洲经济发展强健，婴儿死亡率急剧下降。⑥ 如此一来便无法判定"千禧村计划"村庄所取得的积极效果是由于萨克斯的干预还是因为强劲的经济发展。事实上，一项评估显示，"千禧村计划"村庄婴儿死亡率下降的幅度要低于村庄所在国的平均水平。⑦ 这个问题，连同其他方法论错误，迫使萨克斯论文的第一作者向

---

① Starobin, "Does It Take a Village?"
② 来自与Jeffrey Sachs的电子邮件通信内容，2016年2月13日。
③ Paul M. Pronyk, Jeffrey Sachs, et al., "The Effect of an Integrated Multisector Model for Achieving the Millennium Development Goals and Improving Child Survival in Rural Sub-Saharan Africa: A Non-Randomised Controlled Assessment," *The Lancet* 379 (May 8, 2012): 2179-2188.
④ Jeffrey Sachs, "Global Health within Our Grasp, if We Don't Give Up," CNN.com, September 12, 2012.
⑤ Munk, *The Idealist*.
⑥ Gabriel Demombynes and Sofia Karina Trommlerova, "What Has Driven the Decline of Infant Mortality in Kenya?" World Bank Policy Research Working Paper 6057, May 2012.
⑦ Gabriel Demombynes, "The Millennium Villages Project Impacts on Child Mortality," *Development Impact*, May 10, 2012.

《柳叶刀》杂志写信承认，关于儿童死亡率下降速度"3倍快"的说法"无根据且具有误导性"。①

对上述指责，萨克斯的应对方法是试图追溯证明该计划取得的重大成效，并且邀请外部专家来帮助他。然而，这种做法并不可能重建该计划的可信度。萨克斯手下的一位研究人员告诉《自然》杂志："我期待的是，文章作者会总结道，即使我们无法证明'千禧村计划'起作用，我们也不能排除它起作用的可能。"②与萨克斯十年前的高调辞令相比，这是其宏大理想的巨大倒退。被萨克斯请来协助他的一位卫生专家承认，没有任何办法可以评估"千禧村计划"过去的成效。萨克斯之前的一位研究助手（现在是伯克利的经济学家）告诉《外交政策》杂志："在发展经济学领域，没有人真的把'千禧村计划'当作一个实验项目。"③比尔·盖茨拒绝资助萨克斯的项目，他总结道："萨克斯好像戴上了眼罩。"④当笔者问萨克斯他认为地球研究所最大的成就是什么，他的回答里没有提到"千禧村计划"。⑤

萨克斯之后出版的著作不如《贫穷的终结》那样热销，他随后角逐世界银行行长一事也没有引发任何关注。但萨克斯本人似乎已经释然了。当芒克询问他关于这一切的感受时，他回答道："事已至此……即使在一个充满不确定性的世界里，你还是可以拥有坚定的信念——事实上，这就是你能做的最好的事情，这也是我信念的本质所在。"⑥2014年之后，在多家期刊的专栏写作中，他放在发展经济学上的笔墨不如之前那么多。相反，他写的更多的是宏观经济学、外交政策以及解释肯尼迪刺杀案的理

---

① Paul M. Pronyk, "Errors in a paper on the Millennium Villages project," *The Lancet*, May 21, 2012.
② Jeff Tollefson, "Millennium Villages Project Launches Retrospective Analysis," *Nature*, August 12, 2015.
③ Starobin, "Does It Take a Village?"
④ Bill Gates, "Why Jeffrey Sachs Matters," *Project Syndicate*, May 21, 2014.
⑤ 与Jeffrey Sachs的电子邮件通信内容，2016年2月16日。
⑥ Munk, *The Idealist*, 230 and 232.

论。① 看来他似乎已经从思想领袖转型，重新变成了公共知识分子。萨克斯可能是发展经济学史上最成功的思想领袖。然而，在他事业起步十年后，现实结果即使在最好的情况下也出现了争议。

杰弗里·萨克斯的起起落落向知识分子提出了一个难题：这一切重要吗？有四种方式论证现在美国的思想辩论没有意义。第一种论点来自现实主义者：在更深层次的物质力量起支配作用的世界里，思想毫无意义。因此，萨克斯对抗现状的巨大惯性这一做法是愚蠢的。第二种论点来自失败主义者：媒体平台数量的激增使得任何一个知识分子的声音都无法得到聆听。就算"千禧村计划"获得了成功，相关新闻也会被大量不知内情的批评所淹没——就像在和疫苗、气候变化以及转基因食品有关的案例中存在人为策划的争论一样。第三种论点是民粹主义者的观点：宏大而抽象的思想注定失败。萨克斯计划的失败表明知识分子只会使事情变得更糟。最后一种论点是怀旧的观点：与过去相比，目前超级明星知识分子的思想成果腐化堕落，思想已经失去了意义，只不过是富人阶层和反动分子的合理化说辞而已。根据这个论点，如今根本就不存在伟大的知识分子。萨克斯之所以成为名人，一部分原因在于他结交音乐人和小明星。这种行为放在20世纪中叶的纽约，无疑会被权威知识分子所鄙视。

本章对这四种论点均进行了简要介绍和思考。剧透警告：思想仍然很重要，而且目前来说，分析思想市场的形成原因比以往任何时候都更加紧要。但是为了公平起见，让我们先认真聆听那些批评意见。

现实主义者的论点对于社会学家来说很熟悉，因为很多社会学家在讨论思想的作用时会使用现实主义的一些词汇变体。经济学家和政治学家论证的前提是，权力和利益是世界运转的推动力。几乎整个经济理论都在围绕着约束优化问题进行：在

---

① 例如参见, Jeffrey Sachs, "Hillary Clinton and the Syrian Bloodbath," *Huffington Post*, February 15, 2016。

一个资源严格受限的世界里,个人如何能实现效用的最大化?对于研究重要的思想而言,这种模式并不十分友好。政治学如出一辙:驱动整个学科的假设是,所有的政治家都对获得和把持权力(一种稀有的零和商品)感兴趣。而思想并不是该假设的重要内容。用社会学的语言来说,思想通过改变行为者的偏好体现其重要性;用通俗的语言来说,思想通过改变人们的想法体现其重要性。然而,大部分社会学家都认为个人和机构的偏好是固定不变的。换句话说,他们认为大部分人都不会改变想法,除非物质激励发生了变化。思想本身不具有说服力。

在美国的外交政策领域,现实主义观点具有非常巨大的影响力。例如,为什么2001年之后乔治·沃克·布什总统如此强调单边主义和民主促进?根据一些学者和专家的观点,美国想要单独行动是因为它的霸权实力增强了。① 根据一些实用政治学者的看法,美国在中东地区外交政策出现失误是因为存在一个力量强大、资金充足的亲以色列游说团。② 一旦有人说新保守主义曾对美国的中东外交政策产生过任何独立影响,美国的外交政策学者通常会立即加以抵制。但事实就是如此,即使公正看待布什政府的辞令,也很难忽略新保守主义的影响超过了实用政治。③ 大部分外交政策分析家将思想当作"鱼钩"——强大的利益集团为追求物质目的而推销的观点。

在现实主义者看来,萨克斯的例子是给想要扭转乾坤的知识分子的一个实际教

---

① Robert Kagan, "Power and Weakness," *Policy Review* 113 (June/July 2002): 3-28; G. John Ikenberry, "Is American Multilateralism in Decline?," *Perspectives on Politics* 1 (September 2003): 533-550; David Skidmore, "Understanding the Unilateralist Turn in US Foreign Policy," *Foreign Policy Analysis* 1 (July 2005): 207-228.

② John Mearsheimer and Stephen Walt, "The Isreal Lobby," *London Review of Books* 28 (March 2006): 3-12.

③ Brian C. Schmidt and Michael C. Williams, "The Bush Doctrine and the Iraq War: Neoconservatives Versus Realists," *Security Studies* 17 (June 2008): 191-220; Francis Fukuyama, *America at the Crossroads: Democracy, Power and the Neoconservative Legacy* (New Haven, CT: Yale University Press, 2006); Eric Van Rythoven, "The Perils of Realsit Advocacy and the Promise of Securitization Theory: Revisiting the Tragedy of the Iraq War Debate," *European Journal of International Relations* 22 (September 2016): 487-511.

训。他们会列出三个显著的事实,这三个事实决定了萨克斯在开始之前就注定失败。第一,萨克斯认为他可以轻易粉碎代表发展现状的众多政治契约形成的复杂网络。在此过程中他遭到反击并不令人惊讶。第二,他使用从别人那里艰难筹措的资金。由于对外发展援助是一个不受欢迎的政治预算项目,因此要为他想做的事创造必要的政治意愿总是不可能的。最后,缺乏政治支持注定了"千禧村计划"即使出现细微的错误也有可能让萨克斯的议程以失败告终。

失败主义者论证的出发点是任何思想都需要受众才能产生影响。而在我们目前生活的世界里,媒体平台数量的激增造成了受众的碎片化。在旧的外交政策思想市场,容易出现引起大家注意的文章。过去,《纽约时报》或者《金融时报》上的一篇专栏文章必定会引发讨论,《外交事务》上的文章更是如此。平台数量稀少意味着每个平台的价值都很高。这些平台的把关人对思想市场有着巨大的影响力。

有线新闻、谈话电台和在线内容数量的激增已经改变了这一切。今天,在Medium网站上发帖引发的关注度可以和《纽约时报》的专栏文章相媲美。内容供应者数量的剧增同时也意味着美国受众分裂成了上百个不同的亚文化群体。为了对抗受众的碎片化,个体知识分子便寻求更加极端的论证方式以吸引关注。戴维·弗拉姆曾经对博客圈的恶意言论表达过不满,他说:"这些批评如此主观,如此粗鲁,在语法上错误百出——只会激起其批评对象对抗性的嘲讽。"雅各布·海尔布伦也曾抱怨道:"在过去,评判(公共)知识分子的依据是他们的产出;而如今则是看他们制造的噪音和引发的评论。"① 这两种抱怨产生的时间都是大约在十年前,那时社交媒体还没有爆炸。如今,一些评论家认为博客"只是在已经充满了粗腔横调的思想市场制造了更多噪音而已"。② 失败主义者的结论是,如果街头公告员统治着公共领域,严肃

---

① David Frum, "Foggy Bloggom," *The National Interest* 93 (January/February 2008): 46 - 52; Jacob Heilbrunn, "Rank Breakers: Anatomy of an Industry," *World Affairs* 170 (Spring 2008): 36 - 46.

② Michael Desch, *The Relevance Question: Social Science's Inconstant Embrace of Security Studies*, forthcoming.

的知识分子就没有办法突围而出。

失败主义者的论点影响外交政策思想市场的方式主要是通过扩大涵盖一切的公共领域。在20世纪中叶被三大网络平台统治的时代,传统媒体机构觉得自己必须多多少少关注国际事务,以教育对国际事务漠不关心的公民。新媒体的爆炸很大程度上迎合了公众的趣味,而公众不大关心世界政治。例如,当芝加哥全球事务委员会对美国民众的外交政策观念进行调查时,结果明明白白:大多数美国人希望政府少关注国外事务,多关注国内事务。① 这也迫使传统的世界政治研究机构转移关注点。《外交事务》的主编吉迪恩·罗斯毫不隐讳地告诉笔者:"再也不存在什么外交政策杂志了,外交政策杂志是20世纪的功能。"②在罗斯的任期内,《外交事务》已经向传统国际关系之外的领域拓展。由于大部分公众对外交事务不感兴趣,更多的媒体机构可能会取消世界政治版块。

在这个公众不感兴趣的公共领域,唯一能引起众人共鸣的外交政策观点便只有那些极端的观点。使用武力处死恐怖分子的家人,或者在墨西哥边境建造一座城墙,类似这样的建议会得到聆听。如何重建国际维和力量,或者推进多边贸易体制的微妙看法则会遭到忽视。例如,2015年夏伊朗核协议谈判达成之后,美国以色列公共事务委员会等利益组织和捍卫民主基金会等智库机构共同做了大量工作批评该协议。从大量报道来看,该协议怀疑者投入广告宣传的花费很快超过了支持者。③ 这场闪电战取得了一定效果:在随后的民意调查中,皮尤研究中心发现反对该协议的声音明显增多。但同时皮尤也发现了其他东西:尽管围绕着伊朗核协议的宣传活动和

---

① Dina Smeltz and Ivo Daalder, *Foreign Policy in the Age of Retrenchment* (Chicago: Chicago Council on Global Affairs, 2014); Daniel W. Drezner, "The Realist Tradition in American Public Opinion," *Perspectives on Politics* 6 (March 2008): 51–70; Benjamin Page with Marshall Bouton, *The Foreign Policy Disconnect* (Chicago: University of Chicago Press, 2006).

② 来自对Gideon Rose的采访,纽约,2015年12月9日。

③ Catherine Ho, "Mega-Donors Opposing Iran Deal Have Upper Hand in Fierce Lobbying Battle," *Washington Post*, August 13, 2015; Julie Hirschfield-Davis, "Lobbying Fight over Iran Nuclear Deal Centers on Democrats," *New York Times*, August 17, 2015.

媒体报道铺天盖地，被调查者却表示，在争论开始两个月后，他们对该协议大体情况的了解反而要比争论刚开始时更少。这件事"没有让公众产生广泛共鸣"。① 失败主义者最后的结论是，媒体平台的爆炸制造了大量不和谐的声音。这些声音相互抵消，削弱了任何有关外交政策的文章或其他内容的重要性。当知识分子的唯一选择只剩夸大其词，思想市场就会变成一场逐底竞争。

失败主义者研究萨克斯的故事，结论是他从未有过成功的机会。如果公众没那么关心外交政策，他们对对外援助和国外经济发展就关注得更少。其实，舆论调查的一个重要结果是，绝大部分美国人都希望削减对外援助。与此同时，更多人严重高估了美国的对外经济援助支出。当被问到富裕国家应该提供多少援助时，美国人的回答总是美国实际对外援助费用的10倍。② 公众态度的这个悖论已经存在了数十年，然而还没有人对它进行过研究。萨克斯只不过是另一个受害者。他能够改变驱动力的唯一方式就是运用自己的名人号召力去激发大家对他事业的同情，但甚至是这个策略也注定沦为同情疲劳。③

民粹主义者的论点提出了一个基本的问题：是谁导致了公共知识分子主导这个世界？21世纪的美国经历了持续的战争、金融危机和经济发展停滞。精英阶层也引发了人们越来越强烈的不满。④ 根据民粹主义者的观点，这是因为我们依靠精英治理的社会过于推崇狭隘的学术技能。⑤ 精英依靠的是不切实际的思考方式。思想，特别是外交政策中华而不实的思想，都是一些抽象之物，仔细研究起来其实什么也没

---

① Pew Research Center, "Support for Iran Nuclear Agreement Falls," September 8, 2015.

② Smeltz and Daalder, *Foreign Policy in the Age of Retrenchment*, chapter 3; Stephen Kull and I. M. Destler, *Misreading the Public* (Washington, DC: Brookings Institution, 1999).

③ Daniel W. Drezner, "Foreign Policy Goes Glam," *The National Interest* 92 (November/December 2007): 22-29.

④ Martin Wolf, "The Economic Losers Are in Revolt against the Elites," *Financial Times*, January 26, 2016; Roger Cohen, "The Know-Nothing Tide," *New York Times*, May 16, 2016.

⑤ David Freedman, "The War on Stupid People," *The Atlantic*, July/August 2016; Edward Luce, "The End of American Meritocracy," *Financial Times*, May 8, 2016. 更多关于民粹主义的内容，参见 Jan-Werner Muller, *What is Populism*? (Philadelphia: University of Pennsylvania Press, 2016).

有。谈论外交政策指导原则的精英们脱离了那些思想的现实后果。公共政策辩论曲高和寡、远离实际,这并不令人奇怪。思想越是宏大,就越有可能脱离实际,比毫无用处还要糟糕。正如幽默作家帕特里克·杰克·奥罗克所说:"我不喜欢大思想。而且不止我一个人这样。对于宏大浮夸观念的厌恶感镌刻在我们的语言之中:'究竟何为大思想?'"①

民粹主义者会认为,冷战后美国外交政策的思想史体现了大思想的负面影响。在战争与和平的问题上,不谈大思想的政府可勉强应付,而推出宏大思想观念的政府却步履艰难。例如,值得注意的是,克林顿政府在如何践行外交政策方面没有宏大的思想。其实,克林顿的国家安全顾问桑迪·伯杰甚至对新闻界得意地表示自己在外交政策上缺乏宏大的战略,但优点在于擅长采取临时应对方法。② 在他的任期内,美国成功避免了长期、激烈的冲突。

相比之下,布什政府在"9·11"恐怖袭击之后明确传达了一个雄心勃勃、影响深远的国家安全战略。约翰·刘易斯·加迪斯是冷战历史的权威,他称赞布什政府的战略"更加有力,更加精巧,并且……与严肃的学术思想相一致"。他总结道,该战略是"半个多世纪以来美国宏伟战略最重要的重建"。③ 同样,布什的第二次就职演讲专注于民主促进的主张,充满了雄心壮志和宏大思想。关于如何重塑21世纪的世界,布什传达了一个清晰连贯且雄心勃勃的宏伟战略。当然,为了试图施行那些思想,美国陷入了两场费用高昂、损失惨重的战争。与布什政府高调宏大的理念相比,克林顿政府的临时应对方法,或是奥巴马政府"不做蠢事"的口号似乎更具吸引力。

民粹主义者的结论是,截至目前,知识分子对公共政策的影响通常来说是有害的,而且按照源自民意的常识性原则来说,应当对他们的影响彻底加以抵制。他们也

---

① P. J. O'Rourke, "Let's Cool It with the Big Ideas," *The Atlantic*, July/August 2012.

② David Halverstam, *War in a Time of Peace* (New York: Scribner, 2001), 408–409.

③ John Lewis Gaddis, "A Grand Strategy of Transformation," *Foreign Policy* 133 (November/December 2002), 51 and 57.

会说美国公众同意他们的看法。芝加哥全球事务委员会2014年的一项调查显示，美国民众觉得他们的声音应该在外交事务领域占据更多分量，而大学和智库的作用应该更小。① 正如在引言中提到，唐纳德·特朗普2016年总统竞选运动的一个核心吸引力是他说自己不受制于成为共识的思想，或者可以说是任何思想。尽管遭到了共和党内知识精英的强烈反对，特朗普还是在共和党内一路挺进。同样，尽管希拉里·克林顿几乎垄断了民主党内的决策精英，伯尼·桑德斯仍旧成为希拉里的一个心头大患。虽然桑德斯和特朗普缺乏外交政策经验和顾问，他们还是成功了。其实，两位候选人在竞选中都将他们缺乏专业智囊这点转化成了优势。②

民粹主义的复苏体现了美国人民对知识既得利益集团的抵制程度。精英采用世界性的世界观，与公民同胞的观念相违背，民粹主义修正了精英的这种趋势。正如美国企业研究所的查尔斯·默里所说，目前精英与他们自身之外的美国脱节得厉害，无法理解它："新式精英可能热爱美国，但是逐渐地，他们不再是它的一部分。"③ 成为世界性既得利益集团一分子的唯一好办法就是被称作知识分子。

就民粹主义者对杰弗里·萨克斯脱贫改革运动的关注程度来讲，他们可能会认为这场运动是宏大浮夸的知识分子计划注定失败的典型。最终，对撒哈拉以南非洲的极端贫困人群来说，更强劲的经济发展被证明是好得多的权宜之计。萨克斯募集了大量资金想要消除极端贫困。历史上民意测验一直显示，美国人认为联邦政府在对外援助上花费过高，应当加以削减，这并不奇怪。④ 萨克斯的失败代表的不仅是他

---

① Craig Kafura and Dina Smeltz, "Who Matters for US Foreign Policymaking?" Chicago Council on Global Affairs, June 19, 2015.

② 参见 Jacob Heilbrunn, "The GOP's New Foreign Policy Populism," *The National Interest* (March/April 2016)。

③ Charles Murray, "The Tea Party Warns of a New Elite. They're Right," *Washington Post*, October 24, 2010. 更近的内容，参见 Thomas Edsall, "How the Other Fifth Lives," *New York Times*, April 27, 2016。

④ Kull and Destler, *Misreading the Public*. 更近的例子，参见 Peter Moore, "Foreign Aid: Most People Think America Gives Too Much Away," YouGov, March 11, 2016。

一个人思想的失败,它代表所有大思想的失败。

最常见的批评是怀旧的论点。有观点认为过去的思想好于现在,目前公共辩论领域充满了对这种看法的怀疑。但此类怀旧主张并非完全是新的。自从精英群体形成以来,知识精英就一直在批判知识生活的衰退状态。[①] 这是一个世纪以来美国话语中的常见辞藻。从索尔斯坦·凡勃伦的《休闲阶级论》(Theory of the Leisure Class)到理查德·霍夫施塔特的《美国生活中的反智主义》,从艾伦·布卢姆的《美国精神的封闭》(Closing of the American Mind)到托马斯·索厄尔《知识分子与社会》(Intellectuals and Society),似乎每个围绕该主题写作的人都只是在悲叹知识精英每况愈下的质量和江河日下的名声。各个小集团为失去"己方的"推动己方事业的公共知识分子而悲恸。[②] 有人对美国知识领域的现状发表了悲观的议论,如苏珊·雅各比的《美国非理性时代》(The Age of American Unreason)和威廉·德雷谢维奇的《优秀的绵羊》(Excellent Sheep),它们的结论通常是,目前的知识领域是一片贫瘠的荒原。

从怀旧的观点出发,很容易将公共知识分子的衰落和思想领袖的崛起看成是美国辩论出现重大问题的标志——更糟糕的结论是,这问题让人无计可施。实际上,这些知识悲观主义者的主要争论点是追溯这种衰退和没落的开端。有些人认为始于互联网的出现,有些人认为始于冷战的序幕,而另一些苛刻的专家认为甚至更早,例如始于约翰·斯图尔特·米尔的鼎盛时期,乃至是苏格拉底的逝世。

20世纪众多公共知识分子的相继离世强化了公共话语中的怀旧观点。米尔

---

① Daniel Brouwer and Catherine Squires, "Public Intellectuals, Public Life, and the University," *Argument and Advocacy* 39 (Winter 2003), 203; Amitai Etzioni and Alyssa Bowditch, eds., *Public Intellectuals: An Endangered Species?* (New York: Rowman and Littlefield, 2006); Heilbrunn, "Rank Breakers."

② Eric Lott, *The Disappearing Liberal Intellectual* (New York: Basic Books, 2006); Howard Jacob Karger and Marie Theresa Hernandez, "The Decline of the Public Intellectual in Social Work," *Journal of Sociology and Social Welfare* 31 (September 2004): 51-68; Charlotte Allen, "Feminist Fatale," *Los Angeles Times*, February 13, 2005; Alan Jacobs, "The Watchmen," *Harper's*, September 2016. 然而,有一例外,参见 Michael Eric Dyson, "Think Out Loud," *New Republic*, September 8, 2015。

顿·弗里德曼、戴维·哈伯斯塔姆、约翰·肯尼思·加尔布雷思、苏珊·桑塔格、小威廉·F. 巴克利和戈尔·维达尔等人均在20世纪初离开了舞台,活着的人说他们无可取代。《纽约时报书评》的前编辑萨姆·塔嫩豪斯写道:"巴克利先生和梅勒先生代表着与众不同。他们不仅仅是公共知识分子,还是代表公民的知识分子,是时代伟大传奇的积极参与者,不断渴望在民主政体更为激烈的领域发展自己的思想。""沃克斯"(Vox)新闻网站的共同创始人埃兹拉·克莱因叹息道,"如果他们尚未离世,他们会写作严肃的政治分析作品,并热销数百万册——你得先阅读他们的作品才有资格自称是真正的政治迷。如今,他们的话语位置被(安)库尔特斯和(比尔)奥赖利等人所占据。"①戴维·布鲁克斯是《纽约时报》专栏作家,在为米尔顿·弗里德曼写的悼文中他说道:"从20世纪40年代到20世纪90年代中期,一系列里程碑式的书籍塑造了美国的政治生活:《目击者》(Witness)、《至关重要的中心》(The Vital Center)、《资本主义与自由》(Capitalism and Freedom)、《美国大城市的死与生》(The Death and Life of American Cities)、《美国精神的封闭》。然后20世纪90年代之后,再也没有出现过这样伟大的书籍了。"②

外交政策领域也出现了类似的对话。十年前乔治·凯南的辞世引发了一众悲叹之声,他们说再也无法造就像他一样的外交政策思想家。③ 凯南是美国国务院政策

---

① Ezra Klein, "RIP, William F. Buckley," *The American Prospect*, February 27, 2008, accessed at http://prospect.org/article/rip-william-f-buckley. Jacob Heilbrunn 附和了这一观点,他写道:"今天的知识分子通常屈从于名人文化,在福克斯新闻频道和微软全国广播公司的节目上大喊大叫,而不是在书本或者杂志上讨论思想。"Heilbrunn, "Rank Breakers," 42。

② Sam Tanenhaus, "Requiem for Two Heavyweights," *New York Times*, April 13, 2008; Klein, "RIP, William F. Buckley"; David Brooks, "The Smile of Reason," *New York Times*, November 19, 2006。

③ 例如参见 Ian Bremmer, "George Kennan's Lessons for the War on Terror," *International Herald Tribune*, March 24, 2005; Ian Lustick, *Trapped in the War on Terror* (Philadelphia: University of Pennsylvania Press, 2006); James Goldeiger and Derek Chollet, "The Truman Standard," *The American Interest* 1 (Summer 2006): 107 - 111; Ian Shapiro, *Containment: Rebuilding a Strategy against Global Terror* (Princeton, NJ: Princeton University Press, 2007); Aziz Huq, "The Ghost of George Kennan," *The American Perspect*, May 15, 2007。

规划司的第一任司长。冷战期间,他的遏制政策是指导当时美国外交政策的有效准则。凯南是一位真正的公共知识分子,离开国务院之后他去了普林斯顿高等研究院,并在此后很长一段时间里,围绕美国外交政策和其他许多话题写作了许多优质文章。他在思想领域取得了罕见的成就——在历史的关键时刻,他提出了有影响力且正确的宏大思想。多届政府以遏制政策为名犯下了许多错误,但是为了维护凯南思想的名誉,他们做的好事还是远多于坏事。

目前国际关系辩论中一个反复出现的主题是,今天的外交政策领域缺乏乔治·凯南和他同时代人所具有的智慧。① 回望过去,遏制政策的建造者成功设计出了一个连贯而又具有战术灵活性的战略。作为一个思想,遏制政策的力量如此巨大,乃至在冷战时期创造了一个为两党所共同拥护的强大共识。② 然而,在冷战结束后的时期,美国的外交政策却引起了两党一致的嘲讽。自由派和保守派人士都认为,在柏林墙倒塌后一代人的时间里,美国白白浪费了其难以估量的巨大优势。③ 这似乎既是对后来数任美国政府的严重控告,也是对外交政策思想家的严重控告。激进的批评家如格伦·格林沃尔德尤其强调这一点,反对"来自50年前冷战时期老旧僵化的正统思想"统治21世纪的外交事务辩论。④

关于这一论点的数据支撑,参见"普林斯顿国家安全计划"——一项历时多年、涉及多方,旨在设计出一个可以像冷战时期的遏制政策一样取得巨大成就的21世纪准则。数百位外交政策分析家参与组成一个"委员会版凯南"(包括笔者在内)。几十场会议之后,最终的报告总结道:"像遏制政策、扩大政策、平衡政策以及民主促进这样

---

① Richard Haass, *The Opportunity* (New York: PublicAffairs, 2005); Derek Chollet and James Goldgeier, *America Between the Wars: From 11/9 to 9/11* (New York: PublicAffairs, 2008); John Mearsheimer, "Imperial by Design," *The National Interest* 111 (January/February 2011): 16 - 34.

② Ronald Krebs, *Narrative and the Making of US National Security* (New York: Cambridge University Press, 2015), chapters 5 - 7.

③ Zbigniew Brzezinski, *Second Chance: Three Presidents and the Crisis of American Superpower* (New York: Basic Books, 2008).

④ Glenn Greenwald, "The Foreign Policy Community," *Salon*, August 8, 2007.

的组织性原则无法再造就。"①事实证明,委员会版凯南产出的思想成果远比凯南单独创作的成果更容易遭到遗忘。

怀旧的论点也适用于萨克斯的故事。虽然萨克斯一直强调其理论的原创性,但他在《贫穷的终结》一书中所做的论证其实是冷战时期经济发展领域"大推动"理论的重大重复。其实,萨克斯的许多论证可以由沃尔特·罗斯托 1960 年出版的《经济成长的阶段》(*The Stages of Economic Growth*)一书中的文章总结出来:"传统社会的中心事实是,每个人的最大产出水平存在上限。这个上限源自这样一个事实,即现代科学技术的潜能不是无法利用,就是应用得不均匀、不系统。"②不幸的是,萨克斯不承认他的论证是以上观点的翻版,因为如果他承认了,便有可能避免掉入罗斯托方法的陷阱。那个时期的浪费和腐败养肥了联合国机构和受资助国的政府机构,却让贫困群体为之付出了代价。

所以,回过头来说,有四种方式可以论证思想市场对我们目前的生活方式来说没有意义:第一,思想本身就没有意义;第二,现代媒体平台的大量增加意味着新的思想无法实现突围;第三,民粹主义者对知识精英的抵制使大思想的有效性受到质疑;第四,目前的思想市场不过是过去思想市场的影子。

类似的哀悼之词不难找到。但它们说服力还不够。

现实主义者的观点最容易反驳,因为它太极端了。思想通过多种方式对政策领

---

① G. John Ikenberry and Annie-Marie Slaughter, *Forging a World of Liberty under Law: U. S. National Security in the 21st Century* (Princeton, NJ: Princeton Project for National Security, 2006), 58. 笔者也是众多参与普林斯顿计划的人员之一。

② W. W. Rostow, *The Stages of Economic Growth: A Non-Communist Manifesto* (Cambridge: Cambridge University Press, 1960), 4.

域产生过切实的影响，思想史学家和社会学家已对它们做了详细的记载。① 强有力的思想可以使新的政策合法化，也可以使现行的政策失去公信力。在充满不确定的时代，思想可以像路线图一样用来指导宏大的战略——或者促进不同的国际参与者达成一致意见。② 在危机时期，外交政策领袖通常会寻求新思想，用以解释危机出现的原因和可能的解决措施。③ 如果众领域专家在一系列思想上达成了共识，这个共识便会对决策者形成强有力的约束。④

说明思想的重要性并不是要否认权力的重要性。相反，这里想表明的是，权力和思想无法像现实主义者所希望的那样截然分开。权力最重要的一点是"界定已有思想"的能力，它能发展一个观念使之成为每个人都接受的真理。⑤ 当参与者界定他们的利益、目标和战略的时候，他们的说辞建立在这些已有思想的基础之上。

如果知识分子将新的思想观点引入政治领域，那些概念便有可能成为实际的改变。例如，自由贸易使各国受益这个概念，其道理并非显而易见。经过好几代经济学家的阐发，自由贸易思想终于在政治上被接受了。经济史学家指出，真正具有革命性

---

① 例如参见 Peter Hall, "Policy Paradigms, Social Learning, and the State: The Case of Economic Policymaking in Britain," *Comparative Politics* 25 (April 1993): 275 - 296; Stephen Teles, *The Rise of the Conservative Legal Movement* (Princeton, NJ: Princeton University Press, 2008); Jennifer Burns, *Goddess of the Market: Ayn Rand and the American Right* (New York: Oxford University Press, 2009); Angus Burgin, *The Great Persuasion: Reinventing Free Markets since the Depression* (Cambridge, MA: Harvard University Press, 2012); Dani Rodrik: "When Ideas Trump Interests: Preferences, Worldviews, and Policy Innovations," *Journal of Economic Perspectives* 28 (January 2014); Deirdre McCloskey, *Bourgeois Equality: How Ideas, Not Capital or Institutions, Enriched the World* (Chicago: University of Chicago Press, 2016)。

② Judith Goldstein and Robert Keohane, eds., *Ideas and Foreign Policy* (Ithaca, NY: Cornell University Press, 1993).

③ Mark Blyth, *Great Transformations: Economic Ideas and Institutional Change in the Twentieth Century* (New York: Cambridge University Press, 2002).

④ Peter Haas, "Banning Chlorofluorocarbons: Epistemic Community Efforts to Protect Stratospheric Ozone," *International Organization* (Winter 1992): 187 - 224; Daniel Hirschman, "Stylized Facts in the Social Sciences," *Sociological Science* 3 (July 2016): 604 - 626.

⑤ Krebs, *Narrative and the Making of US National Security*; Michael Barnett and Raymond Duvall, "Power in International Politics," *International Organization* 59 (January 2005): 39 - 75.

的思想，例如自由贸易，其重要性不亚于重大的技术创新。① 同样，任何关于同性婚姻合法化的合理历史记载必定提及安德鲁·沙利文1989年发表在《新共和》(*The New Republic*)杂志上的那篇颇受争议的封面文章。② 任何有关伊拉克战争的如实叙述都承认国防政策知识分子在战略制定中发挥了关键作用，在他们之后布什政府才意识到该战略的必要性。③

最后，现实主义者反对思想市场的观点建立在狭隘的设想之上，众多指出思想具有独立政治力量的观察家对其并不认同。这些观察家绝非知识分子中的无能之人。亚伯拉罕·林肯认为"塑造舆论的人影响力胜过颁布法规和宣布决议的人"。④ 大约80年后，约翰·梅纳德·凯恩斯重申了类似的观点：

> 经济学家和政治哲学家的思想，不管对与错，其影响力都比我们通常认为的要更加巨大。其实，统治世界的就是他们的思想，并无其他。实干家认为自己不受任何思想的影响，但实际上通常是某位已作古的经济学家的奴隶。权力狂人从空气里得到指示，正从过去某位蹩脚学者身上汲取狂热。⑤

追求净利的商人或是认为物质利益驱动一切的愤世嫉俗者可能会对凯恩斯的观点嗤之以鼻。然而，学者和政治家表现的倾向表明凯恩斯关于思想影响力的断言在21世纪的效力甚至比20世纪还要大。2012年初，诺贝尔经济学奖获得者保罗·克

---

① 关于自由贸易，参见 Douglas Irwin, *Against the Tide: An Intellectual History of Free Trade* (Princeton, NJ: Princeton University Press, 1996); and Daniel Yergin and Joseph Stanislaw, *The Commanding Heights* (New York: Simon and Schuster, 1998); Daniel W. Drezner, *The System Worked: How the World Stopped Another Great Depression* (New York: Oxford University Press, 2014), chapter 6.

② Andrew Sullivan, "Here Comes the Groom," *New Public*, August 28, 1989.

③ Tom Ricks, *The Gamble* (New York: Penguin Press, 2009).

④ 引自 http://www.bartleby.com/268/9/23.html。

⑤ John Maynard Keynes, *The General Theory of Employment, Interest, and Money* (London: MacMillan, 1936), 383.

鲁格曼在《纽约时报》上发表博文，以平息网民希望他出任下一届财政部部长的热切呼声。克鲁格曼坦诚地说："如果专栏作家懂得如何有效运用自己的职位，他们在国家辩论中的影响要远大于大部分参议员。白宫关注我写作的内容，有谁质疑这点吗？"①

甚至有些前参议员也同意克鲁格曼的说法。2012年底，南卡罗来纳州参议员吉姆·德敏特本已稳得议席，却毅然辞职，转而出任保守派智库传统基金会的新任总裁。跳槽到传统基金会自然比担任参议员得到的报酬更高，但这似乎只是推动其决定的一小部分原因。② 更重要的原因是，德敏特认为担任智库负责人比担任国会议员可以行使的政治权力更大。在传统基金会的任期还不到一年，德敏特告诉美国国家公共电台："毫无疑问，我觉得现在我对公共政策的影响力要大于任参议员时期。"③在第四章我们会了解到他在传统基金会开展的工作毁誉参半。但是，克鲁格曼和德敏特均同意他们智力产出的重要性，这个事实是对现实主义者观点的最佳反驳。在政治权力和思想影响力之间，两个人都选择了后者。

显然，至少从有些精英人士的行为来看，思想市场依然重要。萨克斯在试图实现计划的过程中能够获得数亿美元的资助，证明其成功对抗了根深蒂固的利益集团。虽然他的政策没有达到预期，他成功做出了尝试也是对现实主义者论点的反驳。

失败主义者的论点也容易被反驳，因为它基于一个错误的前提。失败主义者认为，媒体平台的增长削弱了各个平台个体的影响力，因而公共知识分子和思想领袖难以接近受众。但所有的证据都显示了相反的情形。内容供应商数量的剧增为知识分子发表观点创造了新的平台。正如本书往后的章节所讲，思想产业的各个部门——大学和智库、非营利性组织和营利性组织——都在更加充分地利用所有可用的内容发布平台。

---

① Paul Krugman, "The Outside Man," *New York Times*, January 7, 2013.
② Rachel Weiner, "Jim DeMint Leaving the Senate," *Washington Post*, December 6, 2012.
③ David Welna, "Outside the Senate, DeMint Appears More Powerful Than Ever," NPR, September 26, 2013.

富有见地的观点拥有了更多供其发表的平台机构,这些机构促进而不是削弱了思想市场。正如金融评论家菲利克斯·萨蒙所言:"政策研究机构就像纽约第47街上的珠宝商店:并不是说尽管周围存在竞争每个机构还能够赚钱,而恰恰是竞争使他们获益……在社会网络时代,这种材料的潜在受众已呈数量级增长——而且,广告商寻求的正是受过高等教育且身家富裕的受众。"①像推特、脸书和红迪网之类的社交媒体网站能放大从嘈杂的背景音中突围而出的观点,而不是将之淹没。卡耐基国际和平基金会前总裁杰茜卡·塔克曼·马修斯说道:"出乎所有人意料的是,大体上未经编辑的新媒体平台数量的剧增反而使我们更容易发现质量上乘的作品,辨识出持续生产这些作品的个人和机构。"②当然,社交媒体也有缺陷,第九章将会对此进行讨论。但与失败主义者的担忧相反,最极端的思想观点不一定会上升至网络话语的最前沿。社交媒体存在一个良性循环,它会提升有趣的观点,而不是将它们排挤掉。

这种放大作用有其重要性,因为思想市场并非完全与新事物有关。埃利奥特·科恩从最初的学者变成了政策制定者,而后又重新成了学者,他对外交政策制定过程中局外人思想观点的作用有过相关论述。他认为,局外人施加影响的方式更多是通过重组现有的思想,而非阐发新思想:

> 最好的评论能产生影响的主要原因不在于提供新的思想观点(大多数思想观点都曾在内部得到过讨论,但是讨论得不完全),而在于它阐明了那些当局者只进行了模糊讨论或者讨论得不完全的难题和对策。一篇行文紧凑、手笔上乘、推理严谨的研究政策难题的文章可以将政府官员因缺乏时间或文学技能而无法精确描述的议题引入众人关注的中心。这样的分析非常

---

① Felix Salmon, "Is There a Wonk Bubble?" *Politico*, April 8, 2014.
② Jessica Tuchman Matthews, "Why Think Tanks Should Embrace 'New Media'," *Washington Post*, October 8, 2015.

值得阅读。①

最好的思想拥有启发式的力量——既清晰易懂，又使人信服。具有启发式力量的思想甚至可以让那些长久以来艰难地在思考某个难题的当权者以一种新的方式思考问题。同样，思想可以引导先前对政策问题漠不关心的公众开始关注某一政策难题。具有启发式力量的思想甚至可以促使不感兴趣的公民重新思考他们在某一问题上的立场。

在现代思想产业中，供应本身也创造需求。这当然也适用于国际关系学科的出版生态系统。过去十年中，可供发表严肃外交政策作品的机构数量呈爆炸性增长。《外交政策》杂志 2009 年面向在线网络的大推进举措在制造流量方面取得了巨大成功，其他新闻机构纷纷效仿。很快，其他杂志如《外交事务》和《国家利益》增加了它们的在线内容。众多仅存在于线上、致力于国际关系领域的出版发行机构大量涌现，包括《外交官》《开放民主》《战争困境》以及《世界政治评论》。② 其他政治新闻机构如《政客》《赫芬顿邮报》以及《太平洋标准》扩大了它们的国际关系相关版块，在线新闻机构的数量进一步增加。

萨克斯之前正是通过利用众多这样的平台成功建立了发展经济学议程。现代思想产业的确面临着许多难题，但缺乏出版发布平台并非其中之一。说平台数量的增长为知识分子制造了困难，就像是在说电视频道数量的增多让演员的处境变得更加艰难。

民粹主义者的批评犯了一个他们常犯的错误：夸大平民对于知识分子的不满。例如，民粹主义者认为民众对自由贸易和移民现象的不满情绪呈上升态势，但民调数据并没有显示这种不满情绪的复苏现象。盖洛普和皮尤民调数据均表明，自从 2008

---

① Eliot Cohen, "How Government Looks at Pundits," *Wall Street Journal*, January 23, 2009.
② 例如参见 Simons Owens, "How a Hobby Foreign Affairs Blog Became a Paywalled News Destination—and a Business," *NiemanLab* (blog), March 25, 2015。

年金融危机以来，美国民众对于自由贸易的态度是更为接受，而不是更加抵制。① 芝加哥全球事务委员会的民调结果显示，相较于2016年大选前夕，20世纪90年代民众对于非法移民现象的担忧要严重得多。② 在2016年的总统竞选中，虽然两大党的候选人都持贸易保护主义立场，但民意调查数据并没有显示贸易保护主义情绪的升温。民粹主义者可以轻易宣称自己担负了表达大众不满情绪的职责，但要证明平民确实对某些特定思想不满却更加困难。

这里并不是要否认美国反智主义的定期发作现象。更准确的说法是，美国民众对于知识精英的态度是周期性的，时好时坏。正如理查德·霍夫施塔特和其他思想史学家所记载的那样，在相当长的时间里，美国对知识分子的态度先是依赖、继而抵制。③ 思想市场和其他经济体一样，要经历商业周期。

民粹主义者正确注意到了美国目前的反智主义浪潮，这个现象将在第二章加以详述。然而，若果真如此，平民对于知识分子的不满则恰恰表明了知识分子的重要性。抵制大思想建立在一个假定之上，即那些观念确实影响了现实世界的结果。当然，有可能思想产业的成员只不过是民粹主义者容易找到的替罪羊而已，正如外国人和政府官僚。然而，在观念可以创造其自身现实的生活领域中，平民对于知识分子的不满反而可能会放大人们感知到的知识分子的影响力。

此外，民粹主义者批评的前提有误，他们认为，世界甚至可以不需要思想和知识分子的存在。所有个体，尤其是决策者，都依赖于思想流通——问题不过是他们在多大程度上意识到了他们的行为受到思想的支配。有些人依靠实用性方法或临时应对

---

① Justin McCarthy, "Americans Remain Upbeat about Foreign Trade," Gallup, February 26, 2016; Bruce Stokes, "Republicans, Especially Trump Supporters, See Free Trade as Bad for U. S," Pew Research Center, March 31, 2016; Matthew Yglesias, "Donald Trump Is Counting on an Anti-Trade Backlash That Doesn't Appear to Exist," *Vox*, March 18, 2016.

② Smeltz and Daalder, *Foreign Policy in the Age of Retrenchment*, 30.

③ Richard Hofstadter, *Anti-Intellectualism in American Life* (New York: Vintage, 1963); Louis Menand, *The Metaphysical Club: A Story of Ideas in America* (New York: Farrar Strauss Giroux, 2001).

办法解决问题并且引以为豪,他们拒绝详论抽象思想。然而,他们会急切地宣扬故事、类比和隐喻,好像那些观念和抽象思想全然不同。民粹主义者对外交政策应该如何运作有着自己坚定的看法;他们只是不愿将其称作思想。正如霍夫施塔特所言:"领头的反智主义者通常都深陷于思想之中,经常过度忙于这个或那个过时或已被摈弃的思想。"[1]民粹主义者宣称自己依靠的是常识而非思想,这是错误的。其实,无意识地宣扬类比或经验法则作为决策的一种方法,不过是突显了正常运作的思想市场的重要性。外交政策领域的知识分子可以指出指导民粹主义决策者的潜在理论假设——可能会让他们犯错的假设。

繁荣的公共领域不应该只奖励新的和有价值的观点,也应该使不好的观点失去公信力。正如凯姆·考夫曼针对国际事务所言:"思想市场有助于剔除没有根据的、虚假的和谋求私利的外交政策观点,因为这些观点的提出者无法避免其推理和证据在广泛的辩论中受到公众的审查。"[2]如果没有这样的辩论,决策者和公众可能会沦为错误观念和错误想法的受害者,转而做出灾难性的决策。[3]外交政策领域的知识分子一个未受称赞的美德便是大力抵制愚蠢和疯狂的想法。[4]正常运作的思想市场有其必要性和重要性。

最后,仅靠民意无法良好指导决策者,很大程度上因为公众通常不关心世界政治。大部分美国人都对外交事务"理性无知",他们很忙,无暇深入了解世界政治。所以,在需要专家意见的领域却依靠民意可能会造成麻烦。例如,美国人一方面认为联邦政府在发展援助上花费过多,另一方面却严重高估了政府的实际支出。近期民调显示,美国人通常认为联邦支出的 28% 用于发展援助,可实际上却不

---

[1] Hofstadter, *Anti-Intellectualism in American Life*, 21.
[2] Chaim Kaufmann, "Threat Inflation and the Failure of Marketplace of Ideas: The Selling of the Iraq War," *International Security* 29 (Summer 2004): 5.
[3] 例如参见 Jack Snyder, *Myths of Empire: Domestic Politics and International Ambition* (Ithaca, NY: Cornell University Press, 1991)。
[4] Evan Thomas, "Why We Need a Foreign Policy Elite," *New York Times*, May 4, 2016.

到1%。① 其实，在得知实际的支出数据后，大部分美国人都支持增加对外援助预算。② 公众可能会认为杰弗里·萨克斯促进经济发展的计划没有成功，但若被告知实际的对外援助预算，大多数美国人可能不会想放弃那份努力。

怀旧的论点建立在怀旧情绪通常产生的错觉之上。随着时间的推移，次要的知识分子逐渐消失在视野之中——只有经典人物留存。像桑塔格和弗里德曼那样的知识分子在如今能享有崇高地位是因为他们经受住了历史熔炉的考验。正如理查德·波斯纳所承认的那样："文化悲观主义的主要来源之一便是拿目前的一般事物和过去最好的事物相比较，因为时间的流逝可以过滤掉过去最坏的事物。"③因此大家自然会觉得过去时代的所有作家都是伟大的。但是，有一个沃尔特·李普曼（传播学大师）经受住了时间的考验，就意味着有十个沃尔特·温切尔（美国八卦新闻鼻祖）没有经受住考验。

即使将视线聚焦于过去的知识巨匠，目前的公共评论也更倾向于掩饰他们的重大错误，关注他们最伟大的时刻。为小威廉·F.巴克利所写的讣告掩饰了他在《国家评论》创刊初期支持种族隔离的言论，为约翰·肯尼思·加尔布雷思的思想遗产所写的称赞之词倾向于掩盖他的社会经济预言有多么离谱。如果说民粹主义者在夸大美国民众对于精英的反感程度，怀旧主义者则是在夸大过去知识分子的优点。不管厌恶知识分子的人怎么说，全国民众缓慢沦为无知或疯狂的情况是罕见的。

在外交政策领域也是如此。关于乔治·凯南外交政策智慧的溢美传记略去了他生平记录中的一些污点。④ 尽管对概念有着清晰的理解，凯南在许多预测中还是犯了错误。他反对北大西洋公约组织——世界历史上最成功的联盟的建立。直到20

---

① Ezra Klein, "The Budget Myth That Just Won't Die: Americans Still Think 28 Percent of the Budget Goes to Foreign Aid," *Washington Post*, November 7, 2013.

② 同上；Kull and Destler, *Misreading the Public*。

③ Richard Posner, *Public Intellectuals* (Cambridge, MA: Harvard University Press, 2001), 33; Rick Perlstein, "Thinkers in Need of Publishers," *New York Times*, January 22, 2002.

④ Thomas Wright, "Learning the Right Lessons from the 1940s," in *Avoiding Trivia: The Role of Strategic Planning in American Foreign Policy*, ed. Daniel W. Drezner (Washington, DC: Brookings Institution Press, 2008).

世纪 90 年代初期,他写了《崎岖山路:个人与政治哲学》(Around the Cragged Hill),在书中明确表示美国必将衰落。他声称美国缺乏"任何类型有识别力的政府",因此他提出了几项限制民主的举措。① 关于他对非白人盎格鲁-撒克逊新教徒的看法则是说得越少越好。虽然凯南对苏联的分析极为精到,但他对自己的国家却了解甚少。

持怀旧主义观点的人最后一个堡垒便是问道:"谁是现在的知识名士?"但是,要列举当前可以和凯南势均力敌的外交政策思想家并非难事。问题不在于列出一个都有困难,而在于要列举的人太多了:安妮·阿佩尔鲍姆、罗莎·布鲁克斯、埃利奥特·科恩、罗斯·多赛特、詹姆斯·法洛斯、尼尔·弗格森、弗朗西斯·福山、约翰·刘易斯·加迪斯、詹姆斯·戈德盖尔、理查德·哈斯、朱莉娅·约飞、约翰·伊肯伯里、罗伯特·卡根、罗伯特·D. 卡普兰、保罗·克鲁格曼、梅尔文·莱弗勒、沃尔特·拉塞尔·米德、约翰·米尔斯海默、佩姬·努南、约瑟夫·奈、萨曼莎·鲍尔、巴里·波森、罗伯特·帕特南、戴维·雷姆尼克、丹尼·罗德里克、鲁里埃尔·罗比尼、安妮·玛丽·斯劳特、劳伦斯·萨默斯、卡斯·桑斯坦以及法里德·扎卡利亚。虽然我不是同意这些人关于美国外交政策的全部观点,但是他们本可以和凯南一较高下,继续书写传奇。第七章将会讲到,凯南的巅峰时期与当下的不同并非在于当下缺乏重要人物,而在于重要人物太多了。

正如看待一般的公共知识分子一样,有人坚定地认为现在的外交政策界人士不过是曾经出类拔萃人物的苍白影像,而这是由于怀旧的过滤作用。出类拔萃——这个短语的出处值得铭记。正是美国东部既得利益集团中出类拔萃的人物对越南战争负有责任,这场冲突使美国四分五裂,其破坏力远超 21 世纪的任何一场战争。在戴维·哈伯斯塔姆写完《出类拔萃之辈》(The Best and the Brightest)之后还不到 15 年,埃文·托马斯和沃尔特·艾萨克森就写了《智者:六个朋友和他们制造的世界》(The Wise Men),对冷战时期的决策者做了更加正面的评价,按照怀旧效应这并不应

---

① George Kennan, *Around the Cragged Hill* (New York: W. W. Norton, 1993), 144.

该令人感到奇怪。换句话说,弗朗西斯·福山的《历史的终结与最后之人》(*The End of History and the Last Man*)回过头去看或许是错的,却并不比丹尼尔·贝尔的《意识形态的终结》(*The End of Ideology*)错得更离谱。同样,与冷战时期的某些经济发展的惨败比起来,萨克斯在解决极端贫困问题上的失败看上去也没有那么糟糕。①

无论如何,思想在公共领域显然还是重要的。杰弗里·萨克斯能够将他有争议的经济发展想法注入现实的公共政策辩论之中,这显示了思想的力量。他的想法没有达到他和支持者们的预期效果,这仅仅说明不是所有的思想都能成功,就其本身而言并不构成对整个思想产业的控告。

以上四个标准论点经常被引述,用以解释为什么思想市场的一切都是无意义或是令人厌恶的。但这些论点没有一个具有说服力。现实主义者的观点正确指出了权力和利益在国家事务中的重要影响力,但大部分研究思想重要性的学者并不反驳这一点。虽然权力和利益重要,思想仍然对世界具有重要和独立的影响。失败主义者的论点正确注意到了可供人们发表观点的平台数量剧增,从而可能导致激烈的意见分歧,但这是新兴思想产业的特点而非弊病。对于新内容的需求已经成为思想市场发展的动力之一。民粹主义者的论点正确指出了当前对知识精英的藐视,但这并不意味着思想本身不重要,而仅仅是说民粹主义者不喜欢现代思想产业的领军人物。怀旧主义者的论点简单地主张在纽约知识分子或先验论者作为美国知识精英的时代,一切都比现在要好。这个论点犯了所有的怀旧观点都犯的错误:扭曲的历史感加上对当前时代过度刻薄的态度。

目前,思想领袖的供应和需求都大幅增长,与此同时,对公共话语的藐视也在增强。分析思想产业的演进过程是项值得研究的工作。现代思想产业的主要推动力是什么?为什么思想领袖在取代公共知识分子?这对思想市场来说意味着什么?这对美国来说又意味着什么?

---

① William Easterly, *The Elusive Quest for Growth* (Cambridge, MA: MIT Press, 2001).

第二章 悲观主义者、党派分子及财阀如何改变思想市场

> 知识分子已经开始用资本主义的方式来看待他们的职业生涯。他们寻求市场利基,相互竞争以获取关注。从前,知识分子视思想为武器,而如今,他们更倾向于将思想看作一种资产。
>
> ——戴维·布鲁克斯

戴维·罗特科普夫作为外交政策专家的履历近乎完美,他曾在克林顿政府的商务部任职,后来陆续在所有最具影响力的咨询公司工作,并和所有那些最具影响力的智库都有来往。他著有关于外交政策制定的严肃的学术巨著,也著有内容相对轻松的书籍,例如《超富阶层》(Superclass)、《权力公司》(Power, Inc)。目前,罗特科普夫担任加藤罗特科普夫国际咨询有限公司总裁兼首席执行官,同时也是外交政策集团的总裁兼首席执行官,该集团发行的《外交政策》杂志(Foreign Policy),是世界上最有影响力的国际事务刊物之一。他也撰写像《站在十字路口的美国力量》(American Power at a Crossroads)这样具有预测性的周报专栏文章。罗特科普夫十分重视外交政策及其背后的驱动思想。如果说有人能够捕捉到知识分子群体的细微变化以及华盛顿外交政策圈子的动向,这个人就是罗特科普夫。

2014年秋天,罗特科普夫发表了一篇声讨华盛顿陈腐的知识氛围的文章。他认为,在首都华盛顿,"创新不仅不被赞赏,事实上,创新在制度上一直受到压制"。[1] 对

---

[1] David Rothkopf, "Dis Town," *Foreign Policy*, November 28, 2014.

44　此他提出了多种解释，但把主要的注意力集中在最近出现的一个现象上：

> 其中一个尤为可恶的元素，或许可称之为流行理智主义。重大而热门的思想被缩减成一部部短篇，相比那些要费点功夫才能领会的重要概念，这些短篇能为鸡尾酒会提供更多的谈资。想想《引爆点》(*The Tipping Point*)和《黑天鹅》(*The Black Swan*)……
>
> 更糟糕的是整个TED演讲现象，它为人们提供了一种轻松获取知识的途径，好比不用忌食圣代冰激凌和比萨就能在两周内减重10磅的特种饮食。在短短的18分钟内，人们就能听天才做一场不间断的热切演讲——一个营销巧妙的精神食粮品牌。①

罗特科普夫这番批判并非首创。知识分子对整个TED演讲现象的抨击远早于罗特科普夫的这篇专栏文章。多年来，TED品牌几乎无所不在，因此更容易受到讥讽。② 不寻常的是，在撰写这篇专栏文章之后，罗特科普夫即被邀请在2015年TED大会上发表演讲。他接受了邀请，并就华盛顿外交政策思想匮乏的问题做了演讲。③

没过多久，在罗特科普夫的又一篇专栏文章中，他对于TED现象的态度完全转变了。像大多数改变信仰的人一样，他对于新发现的信仰体系怀有极大的热情：

---

① David Rothkopf, "Dis Town," *Foreign Policy*, November 28, 2014.
② 关于批判，参见发起者 Alex Pareene, "Don't Mention Income Inequality Please, We're Entrepreneurs," *Salon*, May 21, 2012; Felix Salmon, "Jonah Lehrer, TED, and the Narrative Dark Arts," Reuters, August 3, 2012; Ted Frank, "TED Talks Are Lying to You," *Salon*, October 13, 2013; Benjamin Bratton, "We Need to Talk about TED," *Guardian*, December 30, 2013; Umaire Haque, "Let's Save Great Ideas from the Ideas Industry," *Harvard Business Review*, March 6, 2013. 关于讽刺，参见 Betsy Morais, "The Onion Tees up TED Talks," *New Yorker*, October 17, 2012.
③ 罗特科普夫的TED演讲可访问 http://www.ted.com/talks/david_rothkopf_how_fear_drives_american_politics? language=en.

我发现TED是一项无与伦比的活动，参与者都是一些了不起的人。它显然是我有幸参加过的这类活动当中运作得最好、构思最好的，但它对我的影响之深远不止于此。有好几次，在听科学家和技术专家就他们的工作发表演讲时，我几乎感动得落泪。事实上这种感觉更像是对现实的重重一击。我觉得自己简直是在华盛顿的废话工厂里浪费生命，而这些人真正在为了改变世界而努力……

参与活动的观众也是TED吸引力的来源之一，他们和演说者同样重要。通过他们自己的努力，网页边栏及茶余饭后的讨论变得像专家讨论一样活跃而富有启发性。我想，对于那些来参加TED演讲的观众来说，TED之旅至少在某种程度上是对新思想的探索，以及对机械的旧思想的矫正，这种刻板守旧的思想就像一个圈套，让人日复一日地在同一个行业同一个地方工作。①

罗特科普夫坚持说自己态度的转变绝非因为TED向他发出演讲邀请。说句公道话，这可能是真的。罗特科普夫一直抱怨华盛顿没有认识到国际政治领域技术变革的重要性。如果说TED有什么专长，那就是推广一个观念，即技术会打破所有现状，并能解决所有政策问题。难怪罗特科普夫会说："真正重塑全球事务的人……是这周在温哥华的这些人，而不是那些坐在办公室里挥舞旗帜或者被华盛顿的记者们团团围住的人。"②罗特科普夫此番言论是在应和奥普拉·温弗瑞。她曾说："TED是一群杰出者倾听另一群杰出者分享自己思想的地方。"③

罗特科普夫对颠覆所作宏论的正确性会在本书第八章中作具体阐述。这次

---

① David Rothkopf, "Objects on Your TV Screen Are Much Smaller Than They Appear," *Foreign Policy*, March 20, 2015.
② 同上。
③ Carmine Gallo, *Talk Like TED: The Public-Speaking Secrets of the World's Top Minds* (New York: St. Martin's Press, 2014), 5.

TED演讲经历也对罗特科普夫对待知识的态度产生了同样有趣的影响。在短短六个月的时间里,这位来自华盛顿的犬儒主义者的思想就发生了转变:他变成了一个满怀热情的新思想产业的布道者。到2016年,他以类似的方法撰写专栏文章为世界经济论坛辩护。① 罗特科普夫的思想转变证明了一个趋势,即思想领袖正在取代传统的公共知识分子。然而TED只是将思想传播到公共领域的一个渠道。是什么推动了TED和其他形式相仿的活动的产生?为什么思想领袖突然如此流行?

本章将会详细解读推动新思想产业形成的三大根本力量:对公认权威的信任缺失,政治极化的发展,以及经济不平等的加剧。需要强调的是,这三者在历史上并不罕见。稍通美国历史的人都知道,对公共机构的悲观主义看法,政治上的党派偏见,以及财阀对财富的控制在历史上都曾发生过。事实上,至少一些证据证明党派偏见和不平等是相互关联的。② 然而与以往不同的是,这三个因素在同一时间发展到了顶峰。③

这三个趋势共同作用并从两个方面对思想市场施加影响。第一,它们反而增加了思想市场对知识分子的总体需求,虽然这看似矛盾。在这三个因素的作用下,越来越多的人开始愿意听取与既定观点相异的思想。这也为那些有抱负的外交政策领域知识分子提供了更多挖掘思想市场的可持续利基的渠道。第二,这些结构性转变的本质造就了一个更加有利于思想领袖而非传统公共知识分子的环境。公共知识分子乐于对各种传统观点提出异议。然而,他们的天性又决定了他们不愿意提出迎合广

---

① David Rothkopf, "Davos Haters Gonna Hate, but It's Not Going Anywhere," *Foreign Policy*, January 29, 2016.
② Michael Barber and Nolan McCarty, "Causes and Consequences of Polarization," in *Negotiating Agreement in Politics*, ed. Jane Mansbridge and Cathie Jo Martin (Washington, DC: American Political Science Association, 2013).
③ 公众不信任与另外两个趋势之间的证据是微弱的。参见 Malcolm Fairbrother and Issac W. Martin, "Does Inequality Erode Social Trust? Results from Multilevel Models of US States and Counties," *Social Science Research* 42 (March 2013): 347 - 360. 相反的观点,参见 Dido Kuo and Nolan McCarty, "Democracy in America, 2015," *Global Policy* 6 (June 2015): 49 - 55。

大受众的、能够取代旧思想的新思想。思想领袖就不存在这种问题,他们渴望自己的思想能够颠覆或者转变现状。本章讨论的这些转变使公众对明确且具有吸引力的答案的渴望更加强烈了。

对权威和专家意见的信任缺失是新思想产业背后最明显的一个趋势。民意调查数据显示,对主要机构和行业的悲观情绪加剧是不争的事实。在过去的半个世纪中,公众对几乎所有重要公共机构的信任都在下滑。总的来说,公众对联邦政府的信任度暴跌,见图2.1的数据。根据皮尤的调查,1964年,公众对政府的信任度达到战后的峰值,为77%。此后的十年里,越南战事的升级和水门事件使这一比例减少了一半。之后的几十年间,信任度数值不断上下浮动,在"9·11"恐怖袭击事件发生后突然达到21世纪的峰值,为54%。但此后信任度数值就稳步下滑,并在2013年11月政府关门之后达到19%的历史最低点。① 盖洛普咨询公司于同一时间开展的一项调

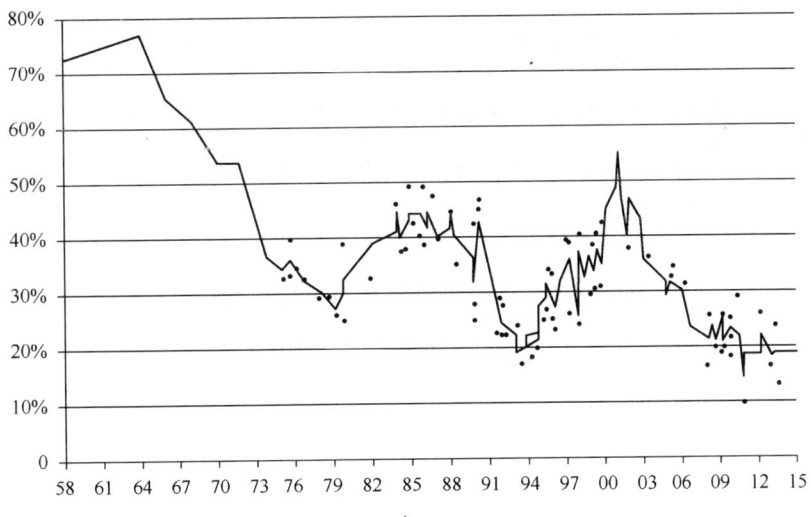

图2.1　公众对政府的信任度:1958—2015年

来源:皮尤研究中心。

---

① Pew Research Center, "Public Trust in Government：1958—2014," November 13, 2014,可访问 http://www.people-press.org/2014/11/13/public-trust-in-government/。

查发现,79%的美国人认为政府内部普遍存在腐败现象,为历史最高纪录。① 意料之中,皮尤总结道:"政府信任度仍然在历史低位徘徊。"②

对权威的信任消减并不仅仅针对联邦政府一个实体。盖洛普咨询公司就美国公民对特定公共机构的信任度进行了多次民意测验。如图2.2所示,结果并不乐观:1991年至2014年间,几乎所有被调研机构的信任度数值都降低了。③

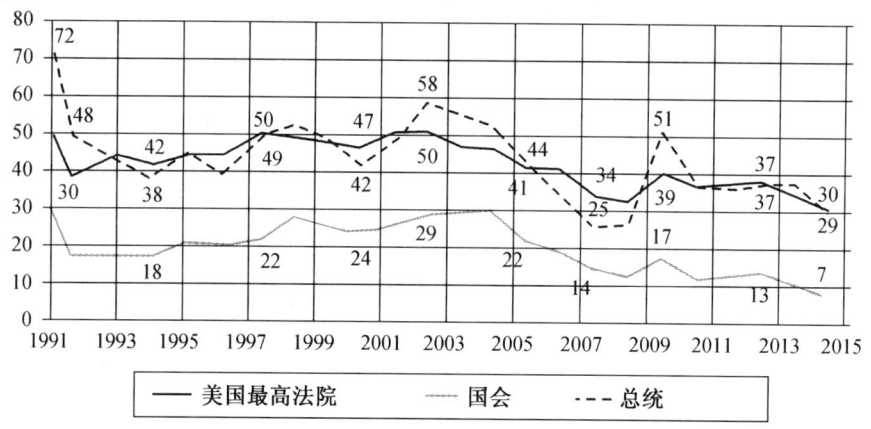

图 2.2　美国公众对联邦政府三大部门的信任度:1997—2015 年

备注:三大部门分别是美国最高法院、国会及总统;表中数据为表示信任度的百分数。
来源:盖洛普咨询公司。

调查数据显示,对国会的信任度下降得最快也最多,由1973年的42%下降为2014年年中的7%。然而,行政部门和司法部门的信任度数值也下降了。最高法院的信任度数值在1988年达到最高值,为56%;2015年下降到历史最低值32%。

---

① Gallup, "75% in U. S. See Widespread Government Corruption," September 19, 2015,可访问 http://www.gallup.com/poll/185759/widespread-government-corruption.aspx。
② Pew Research Center, *Beyond Red & Blue:The Political Typology*, June 26,2014,可访问 http://www.people-press.org/files/2014/06/6-26-14-Political-Typology-releaser.pdf,37。
③ Gallup, "Public Faith in Congress Falls Again, Hitting Historic Low," June 19,2014,可访问 http://www.gallup.com/poll/171700/public-faith-congress-falls-again-htis-historic-low.aspx。

1991年公众对总统的信任度为72%;2014年该数值跌至29%。① 2001年9月,对政府处理国际问题的总体信任度为83%;2014年9月下降到43%。② 当盖洛普咨询公司将相同的问题换一种方式表达,调查公众对于行政部门、立法部门、司法部门的信任度时,得到的结论是相同的:21世纪这些机构的信任度数值都呈现缓慢的下降态势。③ 其他民意调查,比如综合社会调查,也证实了这一趋势。④ 近几十年来唯一一个信任度上升的政府机构是联邦军队。然而,就算是该机构在千禧一代中的信任度也在消减。事实上,18岁到24岁年龄段(常被称为"千禧代"),对所有公共机构是最悲观的,甚至包括以政府形式存在的民主政体。⑤

信任缺失也不仅限于联邦政府。盖洛普咨询公司也对公众对其他机构的信任度进行了民意调查,包括当地警局、工会、公立学校、有组织的宗教系统、商业系统和医疗保健系统。如图2.3所示,所有对这些机构的调研结果都是相同的:他们都面临着不信任加剧的趋势。事实上,根据盖洛普公司的调查,过去十年间,大部分被调研机构的信任度数值都从未超过历史平均水平。

同样地,对大部分重要信息来源的信任度,包括电视新闻和报纸,也降到了历史最低点。⑥在过去几十年间,公众对期刊的信任度也在降低,远低于对脊椎指压治疗

---

① Gallup, "American Losing Confidence in All Branches of Gov't," June 30, 2014, 可访问 http://www.gallup.com/poll/171992/americans-losing-confidence-branches-gov.aspx。

② Gallup, "Trust in Federal Gov't on International Issues at New Low," September 10, 2014, 可访问 http://www.gallup.com/poll/175697/trust-federal-gov-international-issues-new-low.aspx。

③ Gallup, "Trust in U.S. Judicial Branch Sinks to New Low of 53%," September 18, 2015, 可访问 http://www.gallup.com/poll/185528/trust-judicial-branch-sinks-new-low.aspx。

④ Tom W. Smith and Jaesok Son, *Trends in Public Attitudes about Confidence in Institutions*, National Opinion Research Center, University of Chicago, May 2013, 可访问 http://www.norc.org/PDFs/GSS%20Reports/Trends%20Confidence%20Institutions_Final.pdf。

⑤ Institute of Politics, *Survey of Young Americans' Attitudes Toward Politics and Public Service: 25th Edition*, Harvard University, April 29, 2014, 可访问 http://www.iop.harvard.edu/sites/default/files_new/Harvard_ExecSummarySpring2014.pdf, 17 - 20。参见 Yascha Mounk and Roberto Foa, "The Democratic Disconnect," *Journal of Democracy* 27 (June 2016): 5 - 17。

⑥ Gallup, "75% in U.S. See Widespread Government Corruption."

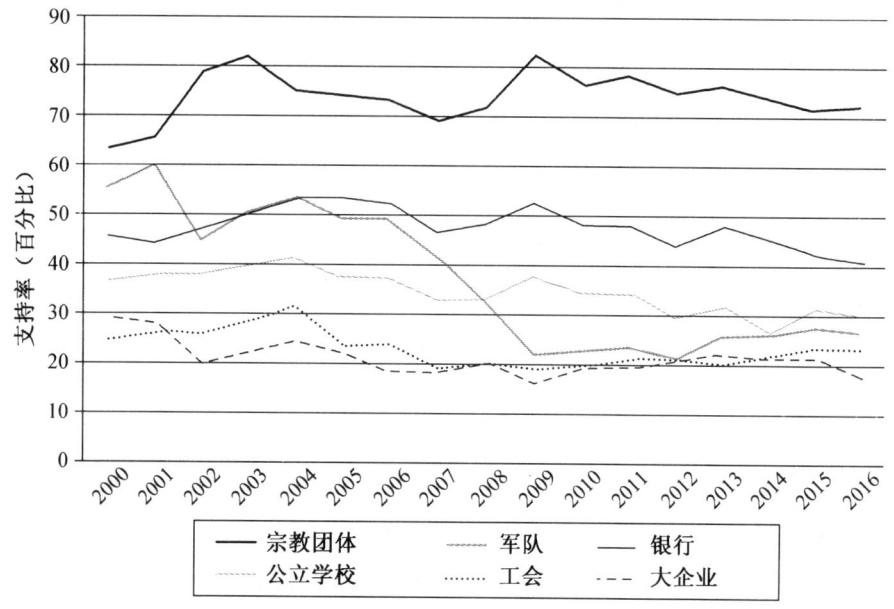

图 2.3 美国公众对机构的信任度：2000—2016 年

备注：这些机构包括有组织的宗教团体、军队、银行、公立学校、工会及大企业。
来源：盖洛普咨询公司，"对机构的信心"，http://www.gallup.com/poll/1597/Confidnece-institutions.aspx.

师的信任度。[1] 综合社会调查数据也显示，这种信任缺失是全面性的。[2] 其实除了军队，美国的每一个机构在 21 世纪都受到了更多怀疑。

目前还没有关于公众对社会科学信任度的调查数据，但根据其他民意调查结果，我们很容易就能推断出，对社会科学专家意见的不信任很可能也增加了。综合社会调查对美国公众进行民意调查以研究他们对学术及知识型机构的信任度，包括科学界、医学界、教育界以及有组织的宗教团体。1974 年，这些机构的平均信任度水平达

---

[1] Gallup, "Honesty/Ethics in Professions," 可访问 http://www.gallup.com/poll/1654/honesty-ethics-professions.aspx。

[2] Smith and Son, *Trends in Public Attitudes about Confidence in Institutions*.

到峰值,约为50%。到2012年,这些机构信任度的均值降到了31%。① 这类机构的信任度并不像政府的那样下降得么厉害。② 不过,民意调查依然显示人们对科学的不信任增加了。③ 美国公众也对先前被专家们否定的那些信仰体系持更加开放的态度。比如说,2012年,相信占星术具有一定科学依据的美国公众的数量比过去30年间的任何时候都要多。④ 对一系列科学问题,从气候变化到儿童疫苗,公众的怀疑却始终存在。⑤ 公众对于政治如何运作的看法与政治学家们达成的共识有很大的不同。⑥

笔者在2016年对舆论领袖进行的调查显示,在过去十年间,对社会科学的信任不断消减。2016年1月,我调查了440个受访者对思想市场的态度。他们当中有学者、智库研究员、报纸记者、评论专栏作家和外交政策公司高管。⑦ 当被问到与十年前相比,自己对于社会科学研究的信任度有无增减时,48%的人表示并无增减(见图2.4),但33%的人表示信任度较十年前有所消减,比例明显超过信任度增加的那19%。

需要强调的一点是,对权威悲观情绪加剧的现象不只发生在美国。2007年至2012年间,所有的发达工业经济体内部对政府的信任度都下降了约10%。⑧ 通常来

---

① Smith and Son, *Trends in Public Attitudes about Confidence in Institutions*.

② National Science Board, *Science and Engineering Indicators 2014*,可访问http://www.nsf.gov/statistics/seind14/content/chapter-7/chapter-7.pdf,32。

③ Cary Funk and Lee Rainie, "Public and Scientists' Views on Science and Society," Pew Research Center, January 29, 2015,可访问http://pewinternet.org/2015/01/29/public-and-scientists-views-on-science-and-society/。

④ National Science Board, *Science and Engineering Indicators 2014*.

⑤ Funk and Rainie, "Public and Scientists' Views on Science and Society"; Gabriel R. Ricci, "The Polarization of Science and the Use and Abuse of Technology." *International Journal of Technoethics* 6 (Fall 2015): 60–73.

⑥ Bryan Caplan, Eroc Crampton, Wayne Grove, and Ilya Somin, "Systemically Biased Beliefs about Political Influence," *PS: Political Science and Politics* 46 (October 2013): 760–767.

⑦ SurveyMonkey问卷于2016年1月20日至2016年2月7日间通过电子邮件方式进行。共计440位学者、专栏作家、新闻记者、编辑、智库官员以及前政策制定者参与调查。回复率超过47%,对于精英调查来说,该回复率已相当高。

⑧ Organization for Economic Cooperation and Development, *Government at a Glance* (Paris: OECD, 2013),可访问http://www.oecd.org/governance/governments-can-do-more-to-regain-trust-says-oecd-report.htm。

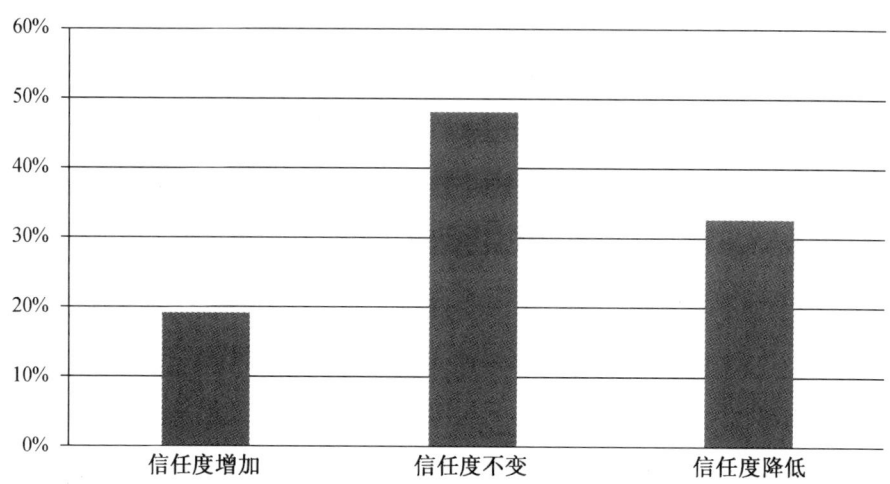

图 2.4　精英对社会科学研究的信任度

备注：思想产业精英调查回应："与十年前相比,你对社会科学研究的信任度有无增减？"（回答者数量＝196）

来源：笔者调研。

讲,在经济衰退时期,政府信任度会降低,但这并不足以解释当前的不信任浪潮。发达工业国家的公众对以政府形式存在的民主政体的信任度也在消减。① 爱德曼制定了一个年度信任度晴雨表来检测各个国家的公民对政府、商业、媒体、非政府组织的态度。2015 年的调查显示："在知情的公众看来,具有高信任度的机构的国家数量已经降到了历史最低点。"②

也许 2016 年 6 月的脱欧公投及公投前的论战就是对权威机构的信任消减这一现象不仅发生在美国的最好例证。在投票前夕,许多著名的经济组织都就英国脱欧的后果发表了分析。国际货币基金组织（IMF）、经济合作与发展组织（OECD）、英格兰银行、联邦储备系统、普华永道、巴克莱银行、穆迪公司以及经济学人智库都发出警

---

① Foa and Mounk, "The Democratic Disconnect"; Roberto Foa and Yascha Mounk, "The Signs of Deconsolidation," *Journal of Democracy* 26 (January 2017)：5-15.

② 2015 爱德曼信任度晴雨表可访问 http://www.edelman.com/insights/intellectual-property/2015-edelman-trust-barometer/trust-around-world。

告称，英国脱欧的代价将会是巨大的。被问及这些分析时，脱欧阵营领袖迈克尔·戈夫自信地回应道："我很庆幸这些组织不在我们的阵营里。……我相信英国民众已经受够这些专家了。"①一位保守党议员告诉《金融时报》（*Financial Times*）的记者："不仅是投票者与政治家之间的信任破裂，民众对英国广播公司（BBC）、英格兰银行、伦敦金融城等机构的信任也出现了裂痕。"②对专家的不信任使得大多数投票者站在脱欧支持者阵营里。

政治领域的观察员们当然也注意到了公众对权威机构的信任消减趋势。史蒂文·泰勒斯、希瑟·赫尔伯特和马克·施密特写道："科学机构、新闻机构以及其他单位机构的权威在20世纪60年代受到左倾势力的沉重打击，20世纪70年代又被右倾势力重创。这个国家失去了这些机构在公共话语中的中介力量，尤其是证实基本事实的能力。"③微软全国有线广播电视公司（MSNBC）评论员克里斯·海斯在《精英的黄昏》（*The Twilight of the Elites*）一书中提到，这种不信任是对体制的强烈控诉。坦白地说，对天主教会、哈佛大学、美国特勤局等具有声望的机构产生负面影响的一连串丑闻证明怀疑主义的升级并非毫无缘由。但正如海斯所说，怀疑主义将带来沉重的代价："在当今世界，我们不能指望权威机构具有多少能力和诚信，这一简单而骇人的认识带来的后果，就是这个低迷、诚信缺失的十年结束的时候人们生活的关键特征。"他还发出警告："如果整个专家群体不被信任，我们将会面对无尽的骗局。"④

虽然海斯政治立场为中间偏左，但是对权威的信任缺失本身就是两党共同的担忧。尤瓦尔·莱文在《华尔街日报》上发表文章，就过去几十年中"对机构的信任消

---

① 专家反对脱欧的调查，见 Keith Breene, "What Would Brexit Mean for the UK Economy?," World Economic Forum, March 23, 2016. 戈夫的评论，见 Robert Colville, "Britain's Truthiness Moment," *Foreign Policy*, June 9, 2016.

② Tobias Buck, "Middle England Drives Brexit Revolution," *Financial Times*, June 15, 2016.

③ Steven Teles, Heather Hurlburt, and Mark Schmitt, "Philanthropy in a Time of Polarization," *Stanford Social Innovation Review* (Summer 2014): 47.

④ Christopher Hayes, *Twilight of the Elites: America after Meritocracy* (New York: Crown Books, 2012), 13 and 25.

减"表示担忧。① 美国海军战争学院教授汤姆·尼古拉斯也在保守派网络杂志《联邦党人》(*The Federalist*)上发表了类似的抱怨：

> 我担心我们正在见证"专家意见之死"：一个由谷歌推动、以维基百科为基础、通过博客实现的专家与外行、学生与教师、知之者与不知者之间——或者说在某个领域有所成就者与一无所成者之间一切界限的瓦解。我说的不是那些实际的专门技术的死亡，也不是各个领域里将一些人与其他人区分开的关于特定事物的知识的死亡。各个领域总会有医生、律师、工程师和其他专家的存在。我担心已消亡了的是人们对那些能够转变我们的思想或改变我们的生活方式的专家意见的认可。②

对专业意见日益加剧的不信任和排斥对外交政策思想市场产生了深远的影响。大众对精英的不信任态度加上公众无权可能导致严重的后果。过去 30 年中，在对待美国外交政策问题的态度上，公众与精英之间的鸿沟不断加深。③ 劳伦斯·雅各布斯和本杰明·佩奇认为，关键精英团体的偏好对政策制定者的影响力比公众要大得多。④ 这些精英团体的偏好与政策之间的关联如此之强，所以雅各布斯和佩奇认为，在美国"外交政策既得利益集团"仍然存在，并且举足轻重。⑤

---

① Yuval Levin, "The Next Conservative Movement," *Wall Street Journal*, April 15, 2016.
② Tom Nichols, "The Death of Expertise," *The Federalist*, January 17, 2014.
③ 见 Benjamin Page with Marshall Bouton, *The Foreign Policy Disconnect* (Chicago: University of Chicago Press, 2006)。
④ Lawrence Jacobs and Benjamin Page, "Who Influences U. S. Foreign Policy?," *American Political Science Review* 99 (February 2005): 113.
⑤ 关于新闻记者，见 Zixue Tai and Tsan-Kuo Chanfe, "The Global News and the Pictures in their Heads," *Gazette: The International Journal for Communications Studies* 64 (June 2002): 251 - 265。关于学者，见 Susan Peterson, Michael Tierney, and Daniel Maliniak, "Inside the Ivory Tower," *Foreign Policy* 151 (November/December 2005): 58 - 63. 关于商人，见 PricewaterhouseCoopers, "9th Annual Global CEO Survey," January 2006。

普通公众缺乏影响力会导致他们对外交政策领域疏离,而公众对外交政策精英能力的质疑会进一步加深这种疏离。美国外交政策精英在21世纪并没有想方设法要使自己区别于普通公众。不论是操纵越南战争的出类拔萃之辈,还是第二次海湾战争的操盘者,或者是掌控2008年后外交政策的政敌团队,结果同样令人沮丧:一群受人尊敬的政策制定者上台掌权,把事情搞得一团糟。后冷战时期,没有哪一位美国总统在行使权力的过程中展现出始终如一的优秀能力。他们之间唯一的区别不过是所犯错误的大小。新保守主义者在伊拉克战争完败之后声名扫地。① 其他外交政策思想家也没有好到哪里去。《国家利益》(*The National Interest*)杂志的发行人兼顾问团主席说:"过去30年间美国外交政策讨论的质量明显下降了。"②

不过,公众对公共机构日益加剧的悲观态度反而对思想产业有利。信任缺失在一定程度上激活了美国的思想市场。当权威机构失去了公众的信任时,关于基本原则的争论卷土重来。对于像约翰·斯图尔特·米尔这样的思想家来说,否定专家共识使质疑"僵死的教条"成为可能,也使公开辩论重获生机。③ 以美国外交政策为例,对2016年总统选举的杂音使先前已经平息的关于出生公民权的延续、贸易自由化以及结盟在国际事务中的作用等问题的讨论重燃起来。对于任何批判现状的人来说,不相信专家共识是非常有益的。

然而,出于一些原因,信任缺失可能对思想领袖更为有利,而非公共知识分子。在思想市场里,传统公共知识分子的相对优势在于他们能够利用自身的权威参与辩论——他们拥有讲座教授席位,拥有麦克阿瑟天才奖、普利策奖等荣誉。用克里斯托弗·希钦斯的话说就是,在过去,赢得这些荣誉使公共知识分子有权"从远处给出回

---

① Francis Fukuyama, *America at the Crossroads* (New Haven, CT: Yale University Press, 2006); Jacob Heilbrunn, *They Knew They Were Right: The Rise of the Neocons* (New York: Doubleday, 2008).

② Richard Burt and Dmitri Simes, "Foreign Policy by Bumper Sticker," *The National Interest*, August 17, 2015.

③ 关于僵死的教条,更多内容请见Mill, *On Liverty*。

应,并就不同的问题发表观点"。① 公共知识分子能够从自己的权威中获利,特别是当他们探索自己专业之外的领域的时候。这种情形就好比法里德·扎卡利亚可以撰写评酒专栏文章,格雷格·伊斯特布鲁克能够发博文评论职业足球,或者卡斯·桑斯坦可以写一本关于《星球大战》(Star Wars)的书。

只有当权威被他人认可并给予应有的地位时,利用权威发表观点才是有效的。如果传统的头衔、奖项、证书不再具有从前的威望,公共知识分子必须更加努力才能使自己的观点具有一定的分量。信任缺失使思想市场的竞争趋向公平,也使思想领袖发声成为可能。即使思想领袖没有那些传统的证书,他们也可以根据自己的个人经验发表意见。在任何一个真实性备受重视的时代里,这种方法对思想领袖(通常通过经验归纳得出观点)来说更有效,而不是公共知识分子(通常通过演绎分析得出观点)。

虽然对学术专家意见的不信任整体上呈现增长趋势,但许多分析者都指出,这种不信任在保守派当中尤为突出。② 事实上,本人对舆论领袖的调查也显示,不论是保守主义者还是自由意志主义者,他们对于社会科学的信任度和其他人相比有很大的差别。如图2.5所示,许多受访者对社会科学研究的信任度较之十年前有所下降。这反映了推动新思想市场发展的第二个趋势:美国政治体的极化。

党派偏见加剧在美国并不是什么新鲜事。极化在过去几十年中时高时低,起伏不定。学者对近来政治极化的加剧进行了大量定性描述,中间派也为之哀叹。③ 大

---

① Christopher Hitchens, "The Plight of the Public Intellectual," *Foreign Policy* 166 (May/June 2008): 64.
② Gordon Gauchat, "Politicization of Science in the Public Sphere: A Study of Public Trust in the United States, 1974 to 2010," *American Sociological Review* 77 (April 2012): 167 – 187; Gauchat, "The Political Context of Science in the United States: Public Acceptance of Evidence-Based Policy and Science Funding," *Social Forces* (February 2015): 1 – 24.
③ 关于前者,见 Jacob Hacker and Paul Pierson, *Off Center: The Republican Revolution and the Erosion of American Democracy* (New Ornstein), *It's Even Worse Than It Looks: How the American Constitutional System Collided with the New Politics of Extremism* (New York: Basic Books, 2012)。关于后者,见 Stefan Halper and Jonathan Clarke, *The Silence of the Rational Center* (New York: Basic Books, 2007)。

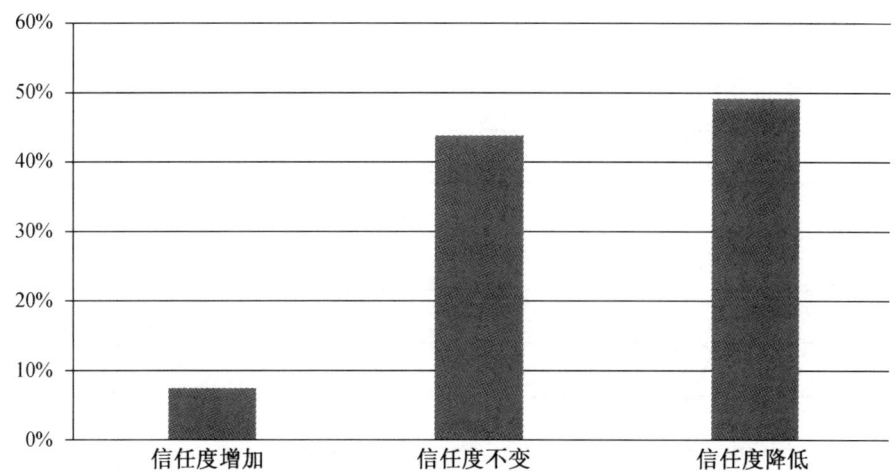

图 2.5　保守派对社会科学的信任度

备注：参见图 2.4，按照自称为"保守主义者"或"自由意志主义者"对回复进行筛选。（回复者数量＝39）

来源：笔者调研。

量证据显示，当前我们正处在极化发展到顶峰的时代。国会投票统计就是一个铁证。20 世纪 70 年代中期以后，党派分裂导致国会唱名表决的结果越来越分散。对意识形态的政治学测量显示，过去 40 年间，民主党人总体向左倾移动，而共和党人总体变得更加右倾。如图 2.6 所示，目前国会政治极化的情况比过去 125 年中任何时期都要严重。

国会内部的情况并非党派性程度加剧的唯一证据。其他对党派冲突的测量也显示出相似的结果，即政治极化加剧。[①] 根据 2014 年的皮尤调查，在过去 30 年里，坚持自由派或者保守派观点的市民数量翻了一番。[②] 不论是民主党还是共和党，党内

[①] Marina Azzimonti, "Partisan Conflict," Federal Reserve Bank of Philadelphia Working Paper No. 14-19, June 2014.

[②] Pew Research Center, "Political Polarization in the American Public," June 12, 2014，可访问 http://www.people-press.org/2014/06/12/political-polarization-in-the-american-public/。

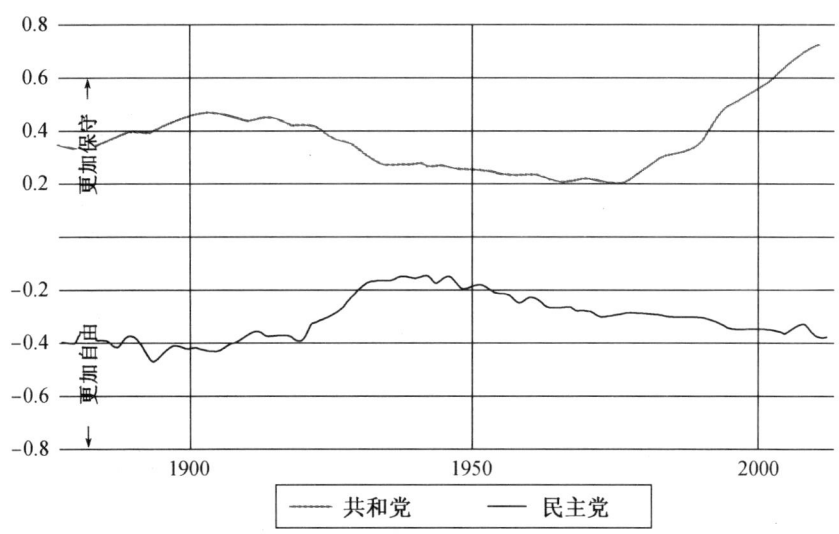

图 2.6 众议院的极化

备注：图中上箭头代表更加保守，下箭头代表更加自由。党派和区域指第一维度的动态加权提名分值(DW-NOMINATE)。
来源：VoteView. com.

精英在意识形态上都比党内其他成员更加极端。① 现在的政治精英在意识形态上比战后历史上的任何时期都要极端。一项皮尤调查总结道："那些在政治进程中参与度最高、最活跃的群体分化得最厉害。"②在最近几十年中，两大政治党派的意识形态构成都变得愈加同质化。民主党选民更倾向于支持民主党在不同政策上的立场，共和党选民则更认可共和党的政纲。政治学家将这一现象称为"政党选择"(partisan sorting)。

一些政治学家认为，政党选择加剧并不意味着公众极化加剧。但是，就连极化怀

---

① Joseph Bafumi and Michael C. Herron, "Leapfrog Representation and Extremism: A Study of American Voters and Their Members in Congress," *American Political Science Review* 104 (September 2010): 519–542；参见 Marc J. Hetherington, "Resurgent Mass Partisanship: The Role of Elite Polarization," *American Political Science Review* 95 (September 2001): 619–631。

② Pew Research Center, "Political Polarization in the American Public."

疑论者提供的数据也显示,从21世纪开始,公众的政治极化在不断加剧。①而且,单是政党选择就能引发冲击思想市场的心理效应。②通过意识形态界定一个人的党派身份后,指责和自己持有对立观点的人也就更方便了。最近一次民意调查分析显示:"党派认同感越来越像是政治世界中的一种摩尼教的、'敌我相对'的看法。"③简单地说,对一个党派团体的认同更容易使个体将其他党派团体的成员妖魔化。

大量证据显示,对立党派支持者之间的厌恶和不信任在加深。党派积极分子称,他们比二三十年前更讨厌对立阵营的党派积极分子。④1994年至2014年间,共和党和民主党内认为对方是"国家繁荣的威胁"的人数增加了一倍多。⑤而且他们都认为对方的智力水平比不上30年前了。最近的一项实验研究发现,美国人对政治党派的歧视比种族歧视、性别歧视还要严重。⑥或者,如戴维·布鲁克斯所说:"成为共和党人还是成为民主党人已经成为种族范畴的问题。"⑦

极化的加剧也分化了政治党派的信息来源。随着媒体机构的显著增长,大量媒体平台的受众与20世纪中期传统的三大电视网时期相比变得更加分裂。有线新闻节目、电台节目、演讲节目、网络节目层出不穷,受众可以根据自己的喜好进行选择。这造就了一个巴尔干化的媒体世界,在这个世界里,人们用那些可以强化他们既有兴

---

① Andrew Garner and Harvey Palmer, "Polarization and Issue Consistency over Time," *Political Behavior* 33 (June 2011): 225-246; Edward Carmines, Michael Ensley, and Michael Wagner, "Who Fits the Left-Right Divide? Partisan Polarization in the American Electorate," *American Behavioral Scientist* 56 (October 2012): 1631-1653; Seth J. Hill and Chris Tausanovitch, "A Disconnect in Representation? Comparison of Trends in Congressional and Public Polarization," *Journal of Politics* 77 (December 2015): 1058-1075.

② Lilliana Mason, "'I Disrespectfully Agree': The Differential Effects of Partisan Sorting on Social and Issue Polarization," *American Journal of Political Science* 59 (January 2015): 128-145.

③ Shanto Iyengar, Gaurav Sood, and Yphtach Lelkes. "Affect, not Ideology: A Social Identity Perspective on Polarization," *Public Opinion Quarterly* 76 (Fall 2012): 405-431.

④ Daron Shaw, "If Everyone Votes Their Party, Why Do Presidential Election Outcomes Vary So Much?," *The Forum* 10 (October 2012).

⑤ Pew, "Political Polarization in the American Public."

⑥ Shanto Iyengar and Sean Westwood, "Fear and Loathing across Party Lines: New Evidence on Group Polarization," *American Journal of Political Science* 59 (July 2015): 690-707.

⑦ 引自Marc Fisher, "The Evolution of David Brook," *Moment*, January/February 2016。

趣和信仰的新闻、信息"包裹"自己。① 保守派可以看福克斯新闻,听拉什·林博或者休·休伊特的节目,看布莱特巴特新闻网或者《国家评论》杂志,只买莱格尼里出版社和自由出版社的书。自由派可以看微软全国有线广播电视公司的新闻,听比尔·普莱斯或者埃德·舒尔茨的节目,看沙龙网络杂志(Salon)或者《民族周刊》杂志(The Nation),阅读泽得出版社或者沃索出版社的书。皮尤发现,保守派更倾向于怀疑几乎所有的主流媒体,自由派则对福克斯新闻持不信任的态度。

加剧的党派性与媒体包裹之间存在一种反馈效应。前者使后者加剧,后者又反过来强化前者。这种现象发展到极致,就会导致卡托研究所朱利安·桑切斯所谓的"认知闭合"现象:

> 当代保守主义运动的一个较为显著的特征是其向认知闭合发展的程度。保守派博客、电台节目、杂志以及福克斯新闻构成的多媒体相互关联交叉促进,共同定义了现实。所有与之冲突的信息都被不假思索地驳回,仅仅因为它们的来源是自由派媒体,据此就被判定为不可信。②

当然,反过来也是一样。自由派领军人物也更容易否定来自保守派媒体的报道,不论它们是否基于事实。2011年,《纽约时报》专栏作家保罗·克鲁格曼发博文介绍自己的信息来源:

> 有人问我有没有经常访问的保守派网站。答案是没有。我会阅读所有有趣或者发人深省的东西;但我不知道有哪个经济或者政治网站能定期提供我认为值得仔细研究的分析或者消息。我知道我们应该佯装这两派说得

---

① Cass Sunstein, *Republic. com* 2.0 (Princeton, NJ: Princeton University Press, 2009).
② Julian Sanchez, "Frum, Cocktail Parties, and the Threat of Doubt," March 26, 2010, 可访问 http://www.juliansanchez.com/2010/03/26/frum-cocktail-parties-and-the-threat-of-doubt/。

都有道理；但事实是，大多数情况下他们说得并没有道理。①

需要指出的是，政治极化的加剧也不只发生在美国。确实，在后冷战时期的大部分时间里，证据都表明欧洲政党事实上在去极化。② 然而，英国独立党的崛起和脱欧公投结果显示，欧洲范围内的政治极端主义也在加强。2008 年金融危机以来，发达工业经济体的现任政府都面临着不稳定性加剧的局面。③ 在欧洲所有的大型经济体中，本土政党都在扩张：法国的国民阵线，英国独立党，波兰的法律与公正党，德国的选择党。在许多受欧元区金融危机影响而陷入停滞的经济体中，激进的左翼党派都在壮大：西班牙的"我们能"党，希腊的激进左翼联盟和意大利的五星运动。在众多全球性问题上，反动和激进运动都呈现出全球蔓延的趋势。2008 年之后的占领运动已经越界开始反对全球化和全球精英了。保守派建立了民粹主义的"Baptist-Burqua"网络针对各种文化和制度问题发声。④ 俄罗斯和伊朗的反美运动也在致力于加剧发达工业国家在一系列有争议议程上的观点的两极分化。⑤

党派性加剧对思想市场有两大显著影响。一方面，对知识分子的整体需求增加了。原因很简单：每个意识形态集团都想拥有自己的内部知识分子。保守派对保守主义政策思想感兴趣，自由派则寻求自由主义的解决方案。每个集团都更倾向于信

---

① Paul Krugman, "Other Stuff I Read," *New York Times*, March 8, 2011.
② Andrea Nuesser, Richard Johnson, and Marc A. Bodet, "The Dynamics of Polarization and Depolarization: Methodological Considerations and European Evidence,"发布于2014 年 8 月于华盛顿召开的美国政治科学协会年会；Larry M. Bartels, "Party Systems and Political Change in Europe,"发布于 2013 年 8 月于芝加哥召开的美国政治科学协会年会。
③ Tom Pepinsky, "The Global Economic Crisis and the Politics of Non-Transitions," *Government and Opposition* 47 (April 2012): 135–161.
④ Clifford Bob, *The Global Right Wing and the Clash of World Politics* (New York: Cambridge University Press, 2012).
⑤ Gabrielle Tétrault-Farber, "Russian, European Far-Right Parties Converge in St. Petersburg," *Moscow Times*, March 22, 2015; Rosie Gray, "U. S. Journalist Regrets Attending Conspiracy Conference in Tehran," *BuzzFeed*, October 6, 2014.

任那些具有相同意识形态和背景的知识分子，而不是持异端观点的人。① 在任何政策问题上，都有知识分子为左翼或者右翼发声，也有试着做中间派的人。所以，除了一些中间派，现在还有各种意识形态的知识分子可供选择。

另一方面，极化对意识形态上同质的思想领袖特别有利。每个意识形态集团对思想的强烈需求都是明确的：完全属于"己方阵营"的知识分子。一个党派的人很容易有意识地去否定另一个党派的人提出的批评。遭到否定是因为他们的党派身份，而非思想家身份。对于那些异端公共知识分子来说，要他们理性批判自己所持有的信仰尤其困难。党派人士拥有一系列心理防御机制使他们能够抵御外界批评——事实上，这种努力通常会加深固有的误解。② 不管思想市场如何看待他们的观点，只要思想领袖愿意强化已有的党派信仰，他们就会被赞扬为有创见的思想家。

迪内希·德索萨是当代党派知识分子的成功典范。他最早是达特茅斯的一名保守派的狂热分子，先后担任过《政策评论》（Policy Review）杂志编辑、里根政府国内政策顾问、美国企业研究所（AEI）研究员等职位。他的成名作《非自由的教育》（Illiberal Education）被选录进《大西洋月刊》，该杂志通常不被认为是保守派出版物。③ 那些和他的保守主义世界观不甚吻合的杂志，如《新共和》和《纽约书评》（New York Review of Books）也对他的作品给予了高度赞扬。德索萨把这部书的成功归功于自己的编辑，正是这位编辑敦促他"为评论家写作""坚持高标准的论证"以及"说服聪慧且开明的对手"。④ 20 世纪 90 年代初期，德索萨还相当保守，但他能吸引政治圈内所有派别的注意。

大约 30 年以后，德索萨作为知识分子的声誉似乎有些不一样了。对他 1995 年

---

① 一个明显的例外是，来自另一阵营的知识分子在某一特定问题上反水从而支持对方阵营的观点。

② Brendan Nyhan and Josan Reifler, "When Corrections Fail: The Persistence of Political Misperceptions," *Political Behavior* 32 (June 2010): 303-330.

③ Dinesh D'Souza, *Illiberal Education: The Politics of Race and Sex on Campus* (New York: Free Press, 1991).

④ Mark Stricherz, "What Happened to Dinesh D'Souza?," *The Atlantic*, July 25, 2014.

至2016年间出版的作品比较客气的评价是"有争议",更准确的说法则是"荒唐可笑"。他在书里声称,种族主义在美国已不复存在;美国传统家庭价值观的崩坏使"9·11"恐怖袭击事件成为可能;奥巴马的执政理念植根于"肯尼亚反殖民主义";美国已经被好莱坞、学术界和主流媒体的内奸从内部扰乱了。①

这些书也没有受到知识分子群体先前那样的认可。《新共和》杂志撤回了出版《种族主义的终结》(The End of Racism)节选的邀约,因为编辑安德鲁·沙利文认为这本书没有达到标准。② 在德索萨的关于奥巴马执政理念一书的书评里,《标准周刊》(The Weekly Standard)指责他"误陈事实,逻辑跳跃,满是无意义的解释论证"。③ 虽然德索萨此后出版的一些书受到了纽特·金里奇等政治家的好评,但大部分保守派知识分子还是对德索萨的观点采取否定或是忽视的态度。在最近的访谈中,甚至德索萨本人也承认他有一些言辞过分了。④

有趣的是,这些批评对德索萨职业生涯的成功几乎没有任何影响。德索萨在一次采访中解释说:"《非自由的教育》出版后,图书出版业发生了改变,我发现,就算不为评论家写作,你也能赚钱,书评是无关紧要的。"⑤在另外一个采访中,他做了进一步解释:

> 我发现了两种比书评更有效的书籍推销方式:演讲和媒体。《非自由的教育》出版后,我收到大量的演讲邀请。我一度觉得自己像是一个政治候选

---

① Dinesh D'Souza, *The End of Racism* (New York: Free Press, 1995); D'Souza, *The Enemy at Home: The Cultural Left and its Responsibility for 9/11* (New York: Doubleday, 2007); D'Souza, *The Roots of Obama's Rage* (New York: Regnery, 2010); D'Souza, *Obama's America: Unmaking the American Dream* (New York: Regnery, 2012).

② Evgenia Peretz, "Dinesh D'Souza's Life after Conviction," *Vanity Fair*, May 2015. 事实上,根据安德鲁·沙利文的说法,在该书问世之后,德索萨(D'Souza)在《新共和》办公室的绰号变成了"Distort Denewsa"。

③ Andrew Ferguson, "The Roots of Lunacy," *The Weekly Standard*, October 25, 2010.

④ Petretz, "Dinesh D'Souza's Life after Conviction."

⑤ Stricherz, "What Happened to Dinesh D'Souza?"

人。我每天都在演讲……

接着我又意识到,还可以利用广播和电视。人们直接采访你对自己作品的看法。不需要中间人来告诉观众他们是不是喜欢这部书……

20世纪90年代末,我发现许多民粹主义的保守派受众想要学习,但是他们自己却不知道。典型的茶党成员并不是知识分子,但其对美国的建立有着真正的亲切感,他们相信回归到最初的原则能够拯救美国,并且想知道那些原则究竟是什么。不只是简单的概要,而是翔实的细节。我对自己说,我可以帮助他们,我能够做出比在矛盾的自由派之间周旋更有价值的贡献,如今在我看来那是一个非常狭隘的世界。①

由于党派演说家集团的兴起,对德索萨来说,相比于和整个思想市场打交道,给运动保守派做演讲更省脑力,获利也更多。②

近些年来德索萨一直丑闻缠身。他因性丑闻辞去剑桥大学国王学院院长职务。他向刑事法庭承认自己非法捐献竞选献金。③ 他作为党派思想领袖的声誉一落千丈。如今,大多数观察家都认同记者戴维·韦格尔对德索萨的评价:"好一个右翼权威,退化成平庸之辈。"④其他保守主义者也大肆抨击他的作品学术水平欠佳。⑤ 然而,他的新书却被《纽约时报》评为畅销书,基于这些书拍摄的两部纪录片也获利颇丰。即使在监禁中,他也乐于接受采访,迎合保守派阵营,让偏激的保守主义者为他

---

① Sam Tannenhaus, "Dinesh D'Souza Is Planning His Prison Memoir," *New Republic*, September 16, 2014.
② 见第七章中关于演讲经济的讨论。
③ Jonathan Mahler, "Heady Summer, Fateful Fall for Dinesh D'Souza, a Conservative Firebrand," *New York Times*, July 24, 2014.
④ David Weigel, "Dinesh D'Souza and the Soft Bigotry of Low Expectations," *Slate*, July 25, 2014.
⑤ 见,例如 Ramesh Ponnure, "Explaining Obama," *Claremont Review*, May 2, 2011.

辩护,说他是政治的殉道者。①

极化对外交政策思想市场也产生了相似的影响。可能有人会说,几十年来,美国外交政策界的主流共识一直都是自由国际主义。该主义将保守派对力量投送的偏好和自由派利用伙伴、盟友和多边支持施加影响的偏好紧密结合起来。然而,自由国际主义共识早已分崩离析。②查尔斯·库普钱和彼得·特鲁波维茨写道:"美国的极化严重冲击了两党在强权与合作之间的协定。这个国家选出的官员以及广大公众并没有坚持至关重要的中心,他们放弃了自由国际主义的协定,开始支持美国强权或国际合作,不过很少两者都支持。"③在他们提出该主张的十年后,唐纳德·特朗普宣誓就职美国总统。大多数民意调查也显示出美国外交政策上的分歧,这与之前的结论是一致的。在一系列的外交政策问题,如气候变化、反恐行动、移民、中东问题、俄罗斯问题以及使用武力上,美国公众的态度是两极分化的。④

如此一来,公共知识分子就难以对公众态度施加影响了。政治学家亚历山德拉·盖辛格和伊丽莎白·桑德斯进行了调查实验,探究在一系列外交政策问题上公众对精英的观点做何反应。⑤他们发现,在公众尚未出现两极分化的问题上,专家共识是能够改变公众态度的。当公众已经按照党派产生两极分化时,比如在气候变化

---

① Pamela Geller, "The Political Persecution of Dinesh D'Souza," *Breitbart*, July 15, 2015; Andrew McArthy, "How Dinesh D'Souza Became a Victim of Obama's Lawless Administration," *National Review*, December 19, 2015.

② Charles A. Kupchan and Peter L. Trubowitz, "Dead Center: The Demise of Liberal Internationalism in the United States," *International Security* 32 (Fall 2007): 7-44; Joshua W. Busby and Jonathan Monten, "Without Heirs? Assessing the Decline of Establishment Internationalism in US Foreign Policy," *Perspectives on Politics* 6 (September 2008): 451-472; Helen V. Milner and Dustin H. Tingley, "Who Supports Global Economic Engagement? The Sources of Preferences in American Foreign Economic Policy," *International Organization* 65 (January 2011): 37-68.

③ Kupchan and Trubowitz, "Dead Center," 9.

④ Dina Smeltz, Ivo Daalder, Karl Friedhoff, and Craig Kafura, *America Divided: Political Partisanship and US Foreign Policy* (Chicago: Chicago Council on Global Affairs, 2015).

⑤ Alexandra Guisinger and Elizabeth Saunders, "Mapping the Boundaries of Elite Cues: How Elites Shape Mass Opinion Across International Issues," working paper, George Washington University, April 2016.

问题上，精英的提示就毫无作用，甚至适得其反。事实上，党外专家的意见只会强化公众的既定立场。极化加剧严重制约了公共知识分子对公众态度施加影响的能力。但也正是极化为新兴思想领袖敞开了大门，让他们能够提出意识形态上可靠的外交政策理念。

然而，思想产业转变背后最重要的推动力是经济不平等的加剧。不论是工资、收入或者财富数据都清楚地显示：在过去三四十年中，美国最富有的那群人过得远比其他人好。事实上，当前美国国内的经济不平等程度已经达到了二战以来的最高水平。

图 2.7 显示了近几十年来收入不平等的加剧。1975 年，最富有的 10% 的美国人掌握了不到 30% 的国民收入；2010 年，这一比例已经超过了 45%。① 在这期间内，最富有的 1% 人口发展得尤其好，他们在国民收入中所占的份额在过去 40 年间翻了一倍多，从不到 10% 上升到超过 20%。② 事实上，1993 年到 2008 年间，最富有的 1% 人口掌握了国民收入增长总额的 52%；2009 年到 2012 年间，该比例攀升到 95%。③ 正如最富有的 1% 比最富有的 10% 发展更好，最富有的 0.1% 则比最富有的 1% 发展还要好。在同一时期内，富人中最富有的群体拥有的财富占国民收入的比例增加到原来的五倍多，从约 2% 上升到 11%。④ 同样地，1974 年到 2014 年间，最富有的 0.01% 拥有的财富占国民收入的比例增加了六倍，增至约 5%。当前美国的财富分配又回到了 1910 年镀金时代的水平。⑤

这一现象也不局限于美国。基尼系数是世界上使用最广泛的衡量收入不平等程

---

① Thomas Piketty, *Capital in the Twenty-First Century* (Cambridge, MA: Belknap Press, 2014), 图 8.5。

② 同上书，图 8.6。

③ Brenda Cronin, "Some 95% of 2009—2012 Income Gains Went to Wealthiest 1%," *Wall Street Journal*, September 10, 2013.

④ Atif Mian and Amir Sufi, "Measuring Wealth Inequality," *House of Debt* (blog), March 29, 2014, 可访问 http://www.houseofdebt.org/2014/03/29/measuring-wealth-inequality.htlm；参见 Derek Thompson, "How You, I, and Everyone Got the Top 1 Percent All Wrong," *The Atlantic*, March 30, 2014。

⑤ Credit Suisse Research Institute, *Global Wealth Report* 2014, 28 - 30.

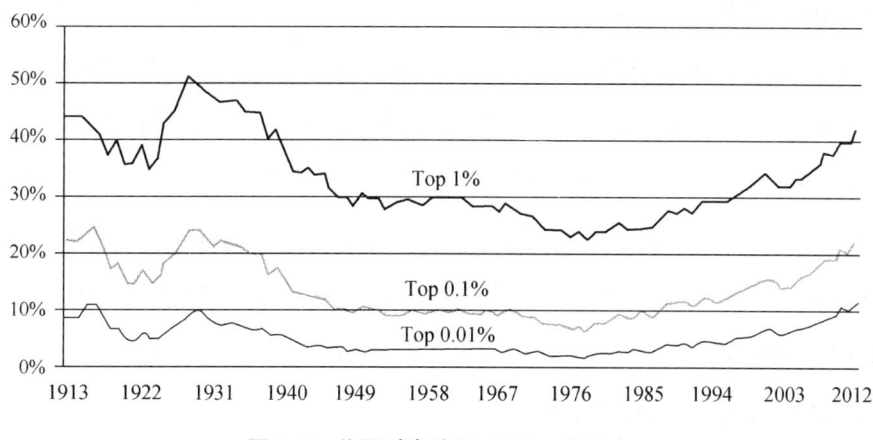

图 2.7　美国财富分配，1913—2012 年

来源：伊曼纽尔·塞斯与加布里埃尔·祖克曼，"1913 年以来美国的财富不平等：资本所得税数据提供的证据"，2015 年 8 月。

度的指标，1980 年到 2005 年间，80％发达工业经济体的基尼系数都上升了。根据瑞士信贷的数据，2008 年到 2014 年间，亿万富翁的数量增加了一倍多。① 虽然不平等加剧主要集中在美国，但这也折射出一个更为广泛的全球性现象。② 我们并不关心这一现象的成因究竟是全球化、金融的发展、超级明星经济学，还是资本主义的必然规律。重要的是财富和收入不平等都在加剧，我们完全有理由相信，财富集中在少数富人手中的现象将愈演愈烈。③

随着美国财富分配不平等的加剧，对政治生活贡献的不平等也在加剧。调查数据显示，富人在政治上远比普通公众消息更加灵通、活跃度更高。政治学家费伊·洛马克斯·库克、本杰明·佩奇、雷切尔·莫斯科维茨总结道："学者们发现，富人才是

---

① Credit Suisse Research Institute，*Global Wealth Report* 2014，28–30.
② Elhannan Helpman，*The Mystery of Economic Growth* (Cambridge, MA: Belknap Press, 2004); Piketty, *Capital in the Twenty-First Century*.
③ 关于该问题的有趣讨论，见 Daron Acemoglu and James Robinson, "The Rise and Decline of General Laws of Capitalism," *Journal of Economic Perspectives* 29 (January 2015): 3–28; and Thomas Piketty, "Putting Distribution Back at the Center of Economics: Reflections on *Capital in the Twenty-First Century*," *Journal of Economic Perspectives* 29 (January 2015): 67–88。

美国政体之下真正的优等公民。他们的政治生活参与度远超其他人。"①佩奇、拉里·巴特尔斯、贾森·西赖特等人的一项平行研究对富人进行了民意测验,发现84%的人大多数时候都很关注政治,99%的人在前一次的总统选举中投过票,40%的人与美国议员有私交。② 这些比例都远高于一般美国民众。这反映出富人与一般民众在政治活动中的贡献度差异。根据《纽约时报》的说法,在2016年选举周期的第一阶段,不到160个家庭提供了近一半的竞选献金,"当代政治捐赠者的集中程度前所未有"。③《华盛顿邮报》称,在竞选的最初阶段,仅仅50个家庭就为超级政治行动委员会提供了超过40%的资金。④

经济和政治上的不平等对思想产业有深刻的影响。一方面,收入不平等的加剧和收入流动性的降低引发了人们对美国梦现状的不满。自21世纪初以来,一次次的民意测验都显示,美国公众认为国家在往错误的方向走。2004年1月以来,盖洛普对美国走向的月度民调显示,大部分美国公民都对国家的现状表示不满。⑤ 这种不满情绪引发了形形色色的运动,比如占领华尔街运动和另类右翼运动。这种不满情绪也导致公众渴望获得新思想来诊断和解决那些困扰着美国的问题。如美国退出世贸组织这样的极端思想如今也引发了知识分子的讨论。

经济不平等加剧最为深刻的影响体现在思想产业的供给侧。大量财富集中在少

---

① Fay Lomax Cook, Benjamin I. Page, and Rachel Moskowitz, "Political Engagement by Wealthy Americans," *Political Science Quarterly* 129 (Fall 2014): 396.

② Benjamin I. Page, Larry M. Bartels, and Jason Moskowitz, "Democracy and the Policy Preference of Wealthy Americans," *Perspectives on Politics* II (March 2013): 54-55.

③ Nicholas Confessore, "The Families Funding the 2016 Election," *New York Times*, October 10, 2015. 详情参见 Benjamin I. Page, Jason Seawright, and Matthew LaCombe, "Stealth Politics by U.S. Billionaires," 该论文发表于在旧金山召开的美国政治科学协会2015年度年会。

④ Matea Gold and Anu Narayanswany, "The New Gilded Age: Close to Half of All Super-PAC money Comes from 50 Donors," *Washington Post*, April 15, 2016.

⑤ Gallup, "Satisfaction with the United States," 可访问 http://www.gallup.com/poll/1669/general-mood-country.aspx。

数富人手里，这一现象催生出了为新思想的产生和推广提供资金的新的捐赠人阶层。① 事实上，你很难找到对思想不感兴趣的亿万富翁。比尔·盖茨以收听美国大学教育课程"伟大的课程"系列为傲。从中受到启发后，他的大历史项目赞助打造了面向中学生和普通公众的免费大历史网络课程。他也是赞助和推动通用核心课程运动的关键人物。② 马克·扎克伯格最早的重大慈善行动之一就是为新泽西州纽瓦克的学校系统捐款1亿美元。后来他又在脸书上开设了每月一次的读书会。③ 查尔斯·科克向《金融时报》(Financial Times)炫耀自己每周日晚上给孩子们教授亚里士多德、米尔顿·弗里德曼和弗里德里克·冯·海耶克的思想。④ 一大批富有的出资人重振了像《华盛顿邮报》和《波士顿环球报》(The Boston Globe)这样的传统报纸，还有人创办了像《窃听》(The Intercept)这样的新杂志。

21世纪的捐赠人与20世纪的捐赠人截然不同，而且他们以这种不同为傲。20世纪的富豪捐赠人设立的基金会在他们去世后仍可以长期运作。尽管这些财阀大都对自己基金会的宗旨有自己的想法，但大部分人还是愿意相信自己任命的委员会。⑤ 比如说，约翰·D.麦克阿瑟根本没有对他的委员会做出任何指示："我会做好我最擅长

---

① David Rothkopf, *Superclass* (New York: Farrar Strauss Giroux, 2008); Rubin Rogers, "Why Philanthro-Policymaking Matters," *Society* 48 (September 2011): 376–381; Chrystia Freeland, *Plutocrats* (New York: Penguin, 2012); Gara Lamarche, "Democracy and the Donor Class," *Democracy* 34 (Fall 2014): 48–59; Alessandra Stanley, "Silicon Valley's New Philanthropy," *New York Times*, October 31, 2015; Kristin Goss, "Policy Plutocrats: How America's Wealthy Seek to Influence Governance," *PS: Political Science and Politics* 49 (July 2016): 442–448.

② 关于大历史项目以及他对通用核心课程项目的喜爱，见 Andrew Ross Sorkin, "So Bill Gates Pulled Off the Swift Common Core Revolution," *Washington Post*, June 7, 2014。

③ Richard Pérez-Pena, "Facebook Founder to Donate $100 Million to Help Remake Newark's Schools," *New York Times*, September 22, 2010; Amit Chowdhry, "Mark Zuckerberg Starts a Book Club as His New Year's Resolution," *Forbes*, January 5, 2015.

④ Stephen Foley, "Lunch with the FT: Charles Koch," *Financial Times*, January 8, 2016.

⑤ 见，例如 Andrew Carnegie, "Wealth," *North American Review* 148 (June 1889): 653–664。

的事情——赚钱。在我死后,你们得知道怎样去花这笔钱。"① 约翰·霍华德·皮尤和亨利·福特设立的基金会后来也开始鼓励那些与捐赠人的政治理念不一致的思想。②

21世纪的赞助人在赞助思想的过程中采取了一种更加亲力亲为的方式。他们附和富豪肖恩·帕克的观点,基本上都拒绝"传统慈善——一个由过时体制构成的奇怪而陌生的世界"。③ 在21世纪的财阀们看来,过去的捐赠人所犯的错误在于给了那些在他们去世后受托管理基金会的人太多自主权。一批"创投慈善家"或者说"慈善资本家"应运而生,激发了对一系列公共政策问题的新思考。④ 不同于以往的基金会,这些新兴慈善实体旨在清楚地传达与某一在世捐助人的意图相一致的理念。像盖茨基金会和奥米迪亚网络这样的组织已经在公共政策的重要领域留下了重要印记。

大部分新兴慈善基金会都喜欢"3M",即金钱(money)、市场(markets)和评估(measurement)。⑤ 潜在的颠覆性思想对财阀们来说可能就像猫薄荷。硅谷社区基金会的负责人,也是美国最富有的慈善家之一,对《纽约时报》称:"西海岸慈善的标志是创新,是关于颠覆、关于改变。"⑥ 一位富有的捐赠人向我解释道:"资金只会流向正确的思想。"所有这些场所和组织都利用大胆的思想家来满足参与者的好奇心。要记

---

① 引自 Paul Weingarten, "Chicago's Billion-Donor Baby," *Chicago Tribune*, May 9, 1982. 需要注意的是,第一代财阀,他们和当代的财阀一样,坚信"活着并且给予",并且管理自己的基金会以追求特定的政治目的。见 Carnegie, "Wealth"。更加根本的内容,见 Inderjeet Parmar, *Foundations of the American Century* (New York: Columbia University Press, 2012)。

② Adam Meyerson, "Philanthropy Goes Wrong," *Wall Street Journal*, March 9, 2012. 参见 Naomi Schaefer Riley and James Piereson, "What Today's Philanthropoids Could Learn from Andrew Carnegie," *National Review*, December 22, 2015。

③ Sean Parker, "Philanthropy for Hackers," *Wall Street Journal*, June 26, 2015.

④ 关于慈善创投社会学更详细的阐释,见 Matthew Bishop and Michael Green, *Philanthrocapitalism: How the Rich Can Save the World* (New York: Bloomsbury Press, 2008); and Darrell West, *Billionaires: Reflections on the Upper Crust* (Washington, DC: Brookings Institution Press, 2014)。

⑤ Rogers, "Why Philanthro-Policymaking Matters," 378.

⑥ 引自 Stanley, "Silicon Valley's New Philanthropy."

住,TED之所以能使戴维·罗特科普夫为之倾倒,不只在于大会本身,还在于那些才华横溢的参与者。

取悦赞助人的迫切想法对思想的内容和思想的提供者都产生了影响。正如哈佛商学院教授高塔姆·穆昆达所说,一小拨财阀就能对公共领域产生深刻的影响。

一个强大的集团能奖励赞同者,也能惩罚反对者,这种能力也使思想市场发生了变形。这无关腐败——信仰本来就会随着利益改变。正如厄普顿·辛克莱所说:"如果一个人的收入恰恰取决于不理解某些事情,那么你就很难让他去理解这些事情。"这可能导致整个社会服务于最有权势的群体,进一步强化该群体的权力,形成恶性循环。①

在思想产业领域里,思想领袖们彼此激烈竞争,以求得到富有的捐赠人的赏识。有学者分析指出,知识分子组织的负责人,如大学、智库以及其他类似组织,会自发地将自己改造得"高度符合机构内主要捐助人的需求、偏好和特质"。② 许多新兴慈善机构对偏好其他思想来源的传统社会科学有所戒备。福特基金会的一位官员称:"令我震惊的是,受雇于新兴'大慈善机构'的社会科学家竟然这么少。最吃香的反而是管理顾问、商业人士、前行业领袖或说客以及科学家。"③

如果此类新兴的捐赠人阶层都推销某些类似的思想,这就带来了另一个隐患。正如达雷尔·韦斯特所说:"超级富有的人,他们作为一个团体,持有和普通公民大为

---

① Gautam Mukunda, "The Price of Wall Street's Power," *Harvard Business Review*(June 2014): 77.

② Steven Teles, "Foundations, Organizational Maintenance, and Partisan Asymmetry," *PS: Political Science and Politics* 49 (July 2016): 457. 参见 Jeffery Berry, "Negative Returns: The Impact of Impact Investing on Empowerment and Advocacy," *PS: Political Science and Politics* 49 (July 2016): 437–441。

③ Kavita Ramdas, "Philanthrocapitalism: Reflections on Politics and Policy Making," *Society* 48 (September 2011): 395.

不同的政策观点。"①虽然财阀阶层的崛起为知识分子提供了良机,但这个良机向着更加自由主义的方向倾斜了。无论是对美国富人的调查还是对其世界观的主观描述都传达出这一讯息。根据佩奇、巴特尔斯和西赖特的观点,美国富人赞成削减在社会保障、医疗补助和国防上的政府开支。仅35%的富人支持为确保公立学校的良好运作提供必要的支出,和普通公众87%的支持率形成鲜明对比。诚然,与普通公众相比,富人更支持将公共支出用在基础设施和科研上。视财阀为纯粹的"理想主义者"的讽刺断然是错误的。然而总体来说,富人对失业保险、工人再培训、经济管制或政府收入再分配的支持远不如普通公众。②

全球富豪的生活经验进一步改变了他们在公共政策上的观点。如今的慈善家会出席高级的知识分子聚会,创办自己的知识分子沙龙或基金会,还会赞助其他高知名度的会议。他们很多人都会参加同样的活动,相互了解并将所有来自其他经济阶层的人排除在外。③ 因此,"大思想"活动的数量迅速增长,如流行科技大会、阿斯彭思想节、TED大会和世界经济论坛。正如克里斯蒂娅·弗里兰所说:"对21世纪的财阀来说,真正的共同体生活发生在一场场的国际会议中。"④

在经历了许多一成不变的国际会议后,某种特定的思维模式就开始僵化了。弗里兰说:"对超级精英来说,精英统治带来的成就感助长了他们的利己主义,而这种利己主义——尤其是当他们把自己禁锢在一群想法一致的人里时——就会导致他们对别人的痛苦既不觉又冷漠。"⑤心理学研究证实,由于富人的周围也主要是富人,他们

---

① West, *Billionairs*, 9.
② Page, Bartels, and Seawright, "Democracy and the Policy Preferences of Wealthy Americans."
③ 见,例如 Robert Frank, "For the New Superrich, Life is Much More Than a Beach," *New York Times*, June 20, 2015。
④ Freeland, *Plutocrats*, 67.
⑤ 同上。参见 West, *Billionaires*。

会高估别人的财富，却低估社会保险政策带来的好处。① 随着经济不平等的加剧，这一问题变得更加严重。② 这种孤立会导致政治触觉的退化，比如，企业家埃隆·马斯克对一同用餐的人说贫穷在南非并不是什么大问题。③ 还有一个例子是，在写给《华尔街日报》的信中，亿万富翁们把对不平等问题日益加剧的担忧比作水晶之夜的开端。④

慈善资本主义的崛起为外交政策思想市场带来了一些有趣的机遇和挑战。与广大民众相比，大多数财阀对全球性问题的兴趣要浓厚得多。于是外交事务知识分子抓住这一机遇吸引他们的关注，并鼓动他们赞助与我们目前所面临的问题相关的研究或活动。

另一方面，许多财阀也对那些困扰世界政治的棘手的政策问题怀有厌恶情绪。作家格雷格·弗兰斯坦对一百多位硅谷创始人进行了调研，为的是找出他们与普通大众在政治态度上的差别。⑤ 大多数硅谷精英不会把政治冲突看作一个根深蒂固的问题，而把它看成一段需要删除的错误代码。与公众相比，许多硅谷创始人更相信"社会主要群体之间不存在固有冲突（工人和企业之间，公民和政府之间，或者美国和其他国家之间）"。许多财阀会更支持完全绕开国家的政策方案，而非试着去改革已

---

① Rael J. Dawtry, Robbie M. Sutton, and Chris G. Sibley, "Why Wealthier People Think People Are Wealthier, and Why It Matters: From Social Sampling to Redistributive Attitudes," *Psychological Science* 26 (September 2015): 1389-1400.

② Stéphane Côté, Julian Hose, and Robb Willer, "High Economic Inequality Leads Higher-Income Individuals to Be Less Generous," *Proceedings of the National Academy of Science* 112 (November 2015): 15838-15843.

③ Musk 引自 Leila Janah, "Shouldn't We Fix Poverty before Migrating to Mars?," *Medium*, May 27, 2015, 可访问 http://medium.com/@leilajanah/migration-is-the-story-of-my-life-my-parents-and-grandparents-journeyed-across-four-continents-to-2ef2ced74bf#.yx7wtrxyq.

④ Thomas Perkins, "Progressive Kristallnacht Coming?," lettering to the *Wall Street Journal*, January 24, 2014. 相关案例，见 Monica Langley, "Texas Billionaire Doles Out Election's Biggest Checks," *Wall Street Journal*, January 22, 2013.

⑤ 所有结果来自 Greg Ferenstein, "What Silicon Valley Really Thinks about Politics," *Medium*, November 6, 2015, 可访问 http://medium.com/the-ferenstein-write/what-silicon-valley-really-think-about-politics-an-attempted-measurement-d37ed96a9251#.yvzcssoo2.

有的政策。然而,非国家行为体执行政策方案的能力明显参差不齐。① 财阀的无摩擦政治理论多少也有些问题。《纽约客》(*New Yorker*)的记者乔治·帕克写道:"在无摩擦的理想世界里,技术既是进步的推动力,又是财富的来源。但这一理想忽略了一个事实,即政治必然意味着利益冲突,必然会有赢家和输家。"② 即使财阀和知识分子最终目标相同,但他们对实现这些目标的最佳方式可能会有争执。

那些想要迎合财阀的知识分子发现自己难以抵制精英统治带来的成就感的诱惑。或者更坦率地说,在金钱面前,他们无法说真话。戴维·弗拉姆在谈到共和党的捐赠者阶层时说:"拥有大量财富会带来危险的快感,其中之一就是,你永远不会听到有人对你说你大错特错。"③ 可以理解,能在这种环境下获得成功的知识分子是那些强调颠覆、自强、创业能力的人——这些价值观念正是慈善资本家的核心特征。

毫不意外,经济不平等的加剧远对思想领袖更有利,而非公共知识分子。思想领袖擅长用振奋人心的话语来推销新思想。思想领袖会大力推进那些能推动颠覆性创新的思想或者政策,第八章将对此做进一步讨论。这些概念对成功留在全球经济顶层的人来说很有吸引力。与此相反,公共知识分子则对使富人达到他们所处的社会地位的体系结构持更加批判的态度。不仅如此,大多数公共知识分子都质疑财阀们完全靠自己的功绩取得社会地位的观点。在积极推动改变的思想家和只会抱怨的思想家之间,新兴的捐赠人阶层当然对前者更感兴趣得多。

三种构造作用力驱动着现代思想产业的发展。对传统权威机构的悲观情绪使美国人民对那些用权威说话的知识分子持更加怀疑的态度。这为那些能够依靠辩论获得自己的听众的思想家拓宽了领域。政治极化的加剧使某一阵营的党派成员更难说

---

① 见 Daniel W. Drezner, *All Politics Is Global* (Princeton, NJ: Princeton University Press, 2007)。

② George Packer, "Change the World," *New Yorker*, May 27, 2013. 参见 Evgeny Morozov, *To Save Everything, Click Here* (New York: PublicAffairs, 2013); and David Roberts, "Tech Nerds Are Smart. But They Can't Seem to Get Their Heads around Politics," *Vox*, August 27, 2015。

③ David Frum, "The Great Republican Revolt," *The Atlantic*, January–February 2016。

服对立阵营的成员接受自己的观点。党派的忠实拥护者越发需要自己的内部知识分子,因此他们对意识形态上值得信赖的思想家的需求也不断扩大。最终,经济不平等的加剧孕育了一个渴望全新、有趣思想的捐赠人阶层。财阀变得越来越富有,他们有实力去做任何想做的事情,也想听听有趣的思想家们的想法。知识分子通过迎合这部分听众获得的收入在其总收入中的比例越来越大。

需要再一次强调的是,如果孤立地看,这些趋势当中没有哪一个是新出现的。根据理查德·霍夫施塔特和其他思想史家的记录,美国之前出现的宗教浪潮也是由于对老牌权威机构的不信任。① 对于当下的美国来说,这一现象并不稀奇。美国政治子领域的很多研究都表明,美国的政治极化现象由来已久。同样,知识界泰斗们从富有捐赠人的赞助中获取收入的历史比美国历史还要悠久。② 新奇的是,在这个媒体平台不断激增的世界里,这三种驱动力结合在了一起。

出于以上原因,这三个趋势都增加了对思想家的需求。对传统专家的不信任为非传统思想家进军公共领域开辟了通道。政治极化的加剧为意识形态更加激进的知识分子找到自己的受众提供了机会。捐赠人阶层的崛起不仅对自由主义思想家有利,也对那些愿意飞到达沃斯或者阿斯彭去结交财阀的人有利。因此,现在的思想市场比几十年前更具异质性,尤其是外交政策领域。

与公共知识分子相比,这三个驱动力都对思想领袖更有利。在许多方面,以前那些更为激进的公共知识分子都存在一个问题,即他们为胜利付出了惨重的代价。他们对霸权主义思想的批判成了主流,却并不是按照他们预想的方式。对传统权威的不信任增加了。保守派不再相信自由派,自由派也不再相信保守派。富有的赞助人对那些致力于解决全球问题的新思想饶有兴趣。所有这些趋势都给那些乐观、自信、

---

① Richard Hofstadter, *Anti-Intellectualism in American Life* (New York: Random House, 1962); Samuel Huntington, *Americna Politics: The Promise of Disharmony* (Cambridge, MA: Belknap, 1981).

② Edward G. Andrew, *Patrons of Enlightenment* (Toronto: University of Toronto Press, 2006).

面对难题也能提出绝佳的解决方案的思想家带来了回报。而传统公共知识分子最多只能做到其中一条。在这三个驱动力的作用下,不论思想领袖的意识形态倾向如何,他们的风格和思想都得到了回报。

新思想产业对公共领域的另一个影响是,人们需要一遍又一遍地讨论基本原则。丹尼尔·帕特里克·莫伊尼汉有过一番著名的言论:"你有权发表自己的观点,但你不能说它一定就是事实。"在莫伊尼汉看来,当争议的焦点不是事实本身而是如何改变事实时,就会引发公共政策讨论。他说的那番话放在以前可能是正确的,但是现在不一样了。对专家信任的消减以及政治极化的加剧意味着,即使知识分子们达成了共识,也并非每个人都会接受那一套通用的典型化事实。为了兜售自己的政策思想,一些思想领袖很有可能会围绕一些不相干的事实展开辩论。因此,在诸多外交政策问题上,人们没有就一般情况下为辩论提供框架的"典型化事实"达成共识。① 这也就意味着,知识分子也会对这些辩论的基本原则进行辩论。结果就会导致更多的辩论,但未必是更有成效的辩论。

这些构造作用力的叠加影响也使外交政策思想领袖之间产生了有趣的分歧。一方面,它们助长了一部分人过度悲观的情绪。对公共机构的信心衰减,对立的意识形态阵营被妖魔化,中产阶级发展停滞,于是思想领袖就有理由大肆宣称,这个世界正处于水深火热之中。在外交事务权威意见的生态系统中,悲观主义是有销路的。② 本章所讨论的三个驱动力的好处在于,它们可以为国际关系不断恶化提供随手拈来的怪诞解释。那些雄心勃勃的思想领袖可能会怪罪于腐败、失信的体系,或其他党派,或财阀的崛起。与严肃地声称现状没有那么糟糕相比,怪罪这些更能引起 21 世纪受众的共鸣。

另一方面,这些驱动力也能为 TED 现象的盛行提供解释。TED 演讲的目的就

---

① Daniel Hirschman, "Stylized Facts in the Social Sciences," *Sociological Science* 3 (July 2016): 604-626.

② Drezner, *The System Worked*, 191.

是帮助思想领袖吸引有钱人。演讲都很短,不到 20 分钟——对潜在的赞助人来说,这种安排非常完美。那些有工作的有钱人都要赶行程。时间对他们来说是极宝贵的资源,而且他们的注意力时长是有限的。与那些更加细致深入的演讲相比,TED 这种长度的演讲更容易引起他们的共鸣。这种安排本身就对那些乌托邦式的思想更有利。TED 演讲没有讨论者,没有批评性的反馈。内森·赫勒在《纽约客》上说,如果 TED 有政治世界观,那它一定是"架构在宏大而无可争辩的东西之上:教育、环境可持续性以及平等权利"。① 这与硅谷的无冲突政治理论完全契合,该理论认为技术是解决问题的最好办法。作为一个欣赏情绪感染力和个人真实性的媒体,TED 对思想领袖远比对公共知识分子有利。

本书后面的章节将探索这些不同构造的作用力是如何对当前思想市场中那些存在已久的以及新兴的元素产生影响的。再往后,本书的主要关注点将是美国思想市场的现状,尤其是外交政策领域的现状。但值得注意的是,这里讲到的三个驱动力都不仅仅出现在美国。其他国家的人很可能会误以为现代思想产业完全是美国特有的发明。这当然是有可能的。但同样有可能的是,在未来,美国将成为未来全球思想市场的引领者,而非离群者。

---

① Nathan Heller, "Listen and Learn," *New Yorker*, July 9, 2012.

第二篇

第三章　对学术机构的常规批判

> 从古至今，就给没有学问的人留下印象或者强加影响的目的而言，深奥难懂的知识始终是一种有吸引力且有效的存在。
>
> ——索尔斯坦·凡勃仑

《纽约时报》的专栏作家也许是观察美国思想市场并对其加以阐释的最佳人选。即使在媒体割据的局面下，当《纽约时报》的专栏作家加入辩论的时候，其他知识分子也会停下来听一听他的观点。所以，当尼古拉斯·克里斯托夫在2014年某篇2月专栏中写道"在国内问题和国际问题方面某些最顶尖的思想家是大学教授，但在如今的大讨论中这些人大都变得不再重要"，整个思想产业注意到了这个问题。①

克里斯托夫称，学者们受到许多问题的困扰。学术正统观念使得教授们拒绝接受像社交媒体这样的新潮技术。此外，克里斯托夫还称，定量方法和"文风晦涩"的趋势导致社会科学家无法和公众沟通。学术机构"孕育了一种赞美晦涩费解、蔑视影响和受众的文化"。同行评审学术期刊"不发表就毁灭"的苛刻做法压制了为更广大的受众写作的动力。尽管不到800字，克里斯托夫的这番批判全面而详细。

克里斯托夫并非第一个对学术机构提出此番批判的人。但他的批判实在是太频繁了，因此我把他的种种批判统称为"常规批判"。在克里斯托夫撰写专栏的18个月前，麦克阿瑟基金会的负责人也提出了自己的常规批判版本："社会和人文科学的理论转向切断了学术话语与普通人、上班族说话及思考的方式之间的联系。"在克里斯

---

① Nicholas Kristof, "Professors, We Need You!," *New York Times*, February 15, 2014.

托夫撰写专栏的 5 年前,约瑟夫·奈在《华盛顿邮报》发文称:"学者对他们的工作如何关系到政策世界变得不那么关心了,在许多部门里,关注政策可能会损害一个人的事业。升职更快的往往是那些开发数学模型、提出新方法论或者新理论并用政策制定者听不懂的行话表达的人。"① 甚至在比这还早的时候,有一位公众评论员说:"学术机构的政治学家和经济学家大都"加入了瑞士近卫队",放弃了思辨思维的崇高权利。"这番话出现在 1930 年,由此可以证明,常规批判早就存在。②

在克里斯托夫提出他的论点之后,外交政策圈的许多著名评论员都表示了赞同。"谈点备忘录"新闻网(*Talking Points Memo*)的创始人乔希·马歇尔写道:"学术生活中的每一个动机都是为了避免接触学术机构之外的世界。除此之外没有别的解释。"③ 外交关系协会(CFR)主席理查德·哈斯在推特上写道,社会科学研究机构关注的是那些可量化的东西,而非重要的东西。《外交政策》杂志首席执行官戴维·罗特科普夫说得更绝。他完全赞同克里斯托夫的文章,他写道:"克里斯托夫说明了为什么我们《外交政策》杂志的人要回绝学术投稿——太多晦涩、抽象、冗长、无聊的文章了。"④

但是,克里斯托夫撰写的这篇专栏也引起了其他反响——一群社会科学家通过众多媒体表示强烈反对。这些反对意见没有出现在深奥的学术期刊上,而是出现在

---

① Alan Wolfe, "Reality in Political Science," *Chronicle of Higher Education*, November 4, 2005; Joseph Nye, "Scholars on the Sidelines," *Washington Post*, April 13, 2009; Robert Gallucci, "How Scholars Can Improve International Relations," *Chronicle of Higher Education*, November 26, 2012.

② Vernon Louis Parrrington, *Main Currents in American Thought*, Volume Ⅲ (New York: Harcourt, Brace, 1930), xxvii. 引自 Robert S. Lynd, *Knowledge for What: The Place of Social Science in American Culture* (Princeton, NJ: Princeton University Press, 1939), 4。

③ Josh Marshall, "Goodbye to All That-Why I Left the Academic Life," *Talking Points Memo*, February 24, 2014.

④ 推特,可访问 http://twitter.com/RichardHaass/status/435605662199201793; http://twitter.com/djrothkopf/status/435028506984980480。考虑到我当时是《外交政策》杂志的特约编辑,并且每周为该杂志写一篇专栏,该声明有些令人惊讶。省得罗特科普夫回拨电话,我随后很快辞去了在《外交政策》杂志的编辑职务。

《华盛顿邮报》《外交政策》杂志及"政客新闻网"（Politico）等地方。像科里·罗宾和塞缪尔·戈德曼这样意识形态不同的学者都驳斥了常规批判，并列出许多具体的社会科学家对公共领域做出贡献的反例。乔治城大学教授埃里克·富滕在《华盛顿邮报》撰文总结道："他（克里斯托夫）的文章完全是带有成见的无情批判。就像说专栏作家写的东西都是从出租车司机那里听来的，几乎不关注事实。许多政治学者的研究并非与现实毫无关联，他们努力地把自己的见解传达给普通大众，不论是通过博客、社交媒体、专栏、在线讲座还是其他方式。"①

富滕的观点仅是众多反对克里斯托夫及其支持者的观点当中的一个。② 最明显的一种批判是，克里斯托夫对于"价值"（relevant）的标准相当狭隘。除了与顶层政策制定者打交道，教授们还有许多其他方式来施加影响。事实上，政府之外的群体很少有机会能跟顶层政策制定者打交道。但学者可以通过许多途径对思想市场施加影响。③ 埃丽卡·切诺韦斯是非暴力运动研究的先驱，她写道："克里斯托夫的文章最使我感到惊讶的是：他认为只有当我们的工作直接影响到那些'重要的人'的时候，我们的工作才是有价值的。但假如一个人的工作沟通了传统权力体系之外的人们，这种影响就没有价值吗？"④

反对还在继续，克里斯托夫也承认学术机构的"愤怒爆发了"，但他基本上还是坚持自己的立场。《纽约客》的乔舒亚·罗思曼对这一论战做了调查，并得出这样的结

---

① Erik Voeten, "Dear Nicholas Kristof: We Are Right Here!," *Washington Post*, February 15, 2014.

② 同上。参见 Samuel Goldman, "Where Have All the Public Intellectuals Gone?," *The American Conservative*, February 17, 2014; Corey Robin, "Look Who Nick Kristof's Saving Now," February 16, 2014, 可访问 http://coreyrobin.com/2014/02/16/look-who-nick-kristofs-saving-now/; Wei Zhu, "Are Academics Cloistered?," *The Immanent Frame* (blog), March 5, 2014, 可访问 http://blogs.ssrc.org/tif/2014/03/05/are-academics-cloistered/。

③ 关于这一点，见 Michael Horowitz, "What is Policy Relevance?," *War on the Rocks*, June 17, 2015。

④ Erica Chenoweth, "A Note on Academic (Ir) relevance," *Political Violence at a Glance* (blog), February 17, 2014, 可访问 http://politicalviolenceataglance.org/2014/02/17/a-note-on-academic-irrelevance/。

论:"教授们的回应迅速、严谨、准确而周密……就算没能一击致命推翻这种批判,他们还是会慢慢积累并获得最终的胜利。"专栏文章问世一年之后,我问克里斯托夫他在这个问题上的立场是否有所改变,他回答说没有,但他也承认:"确实出现了一些进步的乐观迹象,特别是在政治科学领域。"①

至少,在这场论战中,学者们和克里斯托夫及其支持者打成了平局。但这也提出了一个问题,即常规批判为何被一而再再而三地提起。难道这只是所谓的"伪真相"支配了真正事实的一个案例?还是说克里斯托夫及其支持者的结论是正确的,即"总的来说……相比上一代人的时候,如今美国大学校园里的公共知识分子变少了"?

我自己也是一个学者,所以我的简短回答和其他学者一样令人沮丧:这个问题很复杂。更具体的回答会在本章后文中给出。许多学者已经对当代思想市场的变化加以利用。然而,对于许多深居象牙塔的人来说,思想产业的现状给那些努力想成为公共知识分子的人制造了新的重大障碍。换言之,对许多知识分子个体而言,常规批判并不适用,但其部分内容对学术机构整体来说是适用的。相比于思想产业的其他成分,学术机构在适应上一章所述的根本性变化方面落后了。

讽刺的是,大约 30 年前,社会评论家们还在悲叹学者们是仅剩的供给着思想市场的知识分子。1987 年,拉塞尔·雅各比在《最后的知识分子》(*The Last Intellectuals*)中提出,学术机构把其他所有思想家都排挤在思想市场之外。根据雅各比的观点,社会经济变化导致独立知识分子的波希米亚式生活在财政上变得不可能实现。20 世纪 60 年代开始的城市转型促使人口向郊区迁移,城市里所有独立的知识分子亚文化群也因此陷入危机。② 曾经独立的知识分子自然而然地向大学院校

---

① 克里斯托夫的第一处引用来自他在脸书上对专栏文章的回应,可访问 http://www.facebook.com/kristof/posts/10153827908840389;Joshua Rothman, "Why Is Academic Writing so Academic?," *The New Yorker*, February 20, 2014;我个人与克里斯托夫 2015 年 7 月 10 日的电子邮件通讯。

② Russell Jacoby, *The Last Intellectuals*:*American Culture in the Age of Academe* (New York:Basic Books, 1987), 5. 对此观点最近的复述,见 Craig Timberg, *Culture Crash*:*The Killing of the Creative Class* (New Haven, CT:Yale University Press, 2015)。

靠拢——20世纪60年代,为了接纳婴儿潮后数量激增的大学生,大学院校的规模有所扩大。在这种生态系统下,50年代的纽约知识分子圈子难以为继。而学术界却不断壮大。这个象牙塔成了那些有抱负的知识分子最后的避难所。雅各比叹息道:"想要做知识分子,你需要待在大学校园里。"①

大学院校在外交事务中的重要性更加显著。20世纪上半叶,美国力量不断发展,因此需要知识分子来厘清美国在世界舞台中扮演的角色。② 冷战的开始意味着联邦政府需要能够就苏联、总体战略、核威慑、国际经济等问题提出意见的专家。在苏联人造地球卫星发射之后,美国于1958年出台《国防教育法》,大大增加了联邦政府对大学教育的资金支持。1965年《高等教育法》和一些后续计划进一步增加了大学教育经费。③ 大学获得了数百万美元的研究经费,用以培养社会科学各个领域的研究生。在《权力精英》(The Power Elite)一书中,查尔斯·赖特·米尔斯称:"其实,一些大学成了军事组织的财务分支机构,他们从军队获得的经费是从所有其他来源获得的资金总和的三到四倍。"④米尔斯言过其实了,但后来的账目证实了学术机构与联邦政府在冷战期间关系紧密。⑤ 教授们在国家安全和外交政策话语中扮演着极为重要的角色。

冷战时期,象牙塔和国家机关之间的财务以及私人联系深刻地影响了学术机构对思想市场的贡献。著名学者们称其为"黄金时代",在这一时期,"学术研究影响了

---

① Jacoby, *The Last Intellectuals*, 220.
② Bruce Kuklick, *Blind Oracles: Intellectuals and War from Kennan to Kissinger* (Princeton, NJ: Princeton University Press, 2006), Chapter I; Michael Desch, *The Relevance Question: Social Science's Inconstant Embrace of Security Studies*, 正待出版。
③ Rebecca Lowen, *Creating the Cold War University* (Los Angeles: University of California Press, 1997).
④ C. Wright Mills, *The Power Elite* (New York: Oxford University Press, 1958), 217.
⑤ Lowen, *Creating the Cold War University*; Edward Shils, "Intellectuals, Tradition, and the Traditions of Intellectuals: Some Preliminary Considerations," *Daedalus* 101 (Spring 1972): 21–34; Thomas Mahnken, "Bridging the Gap between the Worlds of Ideas and Action," *Orbis* 54 (Winter 2010): 4–13.

美国的国家行为，尤其是核战略和军备控制方面"。① 乔治城大学政府系主任最近在写到关于冷战时期的内容时似乎携带了一丝怀旧的情绪："一个国家真正的霸权在于对其他国家内在情况的深入了解：他们的语言和文化，历史和政治体系，地方经济与人文地理。"② 20 世纪五六十年代也见证了行为主义革命的诞生——相信全部数据的集合能够使社会科学家得出社会的一般规律。在学术机构的努力之下，理性选择理论诞生了，该理论旨在创建关于决策制定的科学理论。一小群博弈理论家以及其他社会科学家帮助得出核威慑理论。③ 约翰·肯尼迪最好最明智的决策也是得到了哈佛大学教员的大力帮助。20 世纪六七十年代最重要的国家安全顾问沃尔特·罗斯托、亨利·基辛格以及兹比格涅夫·布热津斯基最初都是以学者的身份开始自己职业生涯的。西奥多·怀特在《生活》杂志（*Life*）滔滔不绝地谈论"行动知识分子"，他说："学者间志同道合的情谊已经成为对整个美国政府和美国政治最具推动力的影响因素。"④

并不是所有人都认为这些趋势纯粹是好事。纽约的很多知识分子都鄙视他们那些不羁的同僚向大学院校靠拢的做法。欧文·豪在他的论文《顺从的时代》（*The Age of Conformity*）中感叹：

> 当他们进入官方社会机构，他们不仅丢失了传统的叛逆属性，在一定程度上，他们也不再发挥知识分子的作用了。体制需要知识分子仅仅是因为

---

① Robert Jervis, "Security Studies: Ideas, Policy, and Politics," in *The Evolution of Political Knowledge: Democracy, Autonomy and Conflict in Comparative and International Politics*, ed. Edward Mansfield and Richard Sisson (Columbus: Ohio State University Press, 2004), 101.

② Charles King, "The Decline of International Studies," *Foreign Affairs* 94 (July/August 2015): 90.

③ Fred Kaplan, *The Wizards of Armageddon* (New York: Simon and Schuster, 1983); William Poundstone, *Prisoner's Dilemma* (New York: Doubleday, 1992); Lowen, *Creating the Cold War University*; S. M. Amadae, *Rational Capitalist Democracy: The Cold War Origins of Rational Choice Liberalism* (Chicago: University of Chicago Press, 2003).

④ Theodore White, "The Action Intellectuals," *Life*, June 9, 1967, 48.

他们知识分子的身份,并非要他们作为知识分子去发挥什么职能……

在此,通过与学术圈受压迫群体的对话,你会发现如今的博士学位系统,打压个性,使个性变得谨慎而趋同。① 这个系统比几十年前更加强大,因为对年轻学者来说选择实在太少了。

豪的说法言过其实。在越南战争不断推进的过程中,领导反战浪潮的是学院而不是独立知识分子。② 但学者和学生们都接受了豪的批判,并反对学院与政府在冷战时期的紧密关系。诺姆·乔姆斯基最初成名是他在《纽约书评》(New York Review of Books)发表《知识分子的责任》(The Responsibility of Intellectuals)之后。乔姆斯基猛烈抨击学者界参与支持越南战争的做法,呼应了豪十年前提出的观点。他鄙视那些"正在取代过去的独立知识分子的学者型专家",以及那些"建构出一项'价值无涉'的技术来解决当代社会出现的技术问题"的人。③

大学校园里政治混乱的扩大以及对专业化狭隘的关注使得学术知识分子从公共领域退回到单纯的学术论争当中。④ 越南战争结束后,《美国政治科学评论》(American Political Science Review)杂志文章中出现的具体政策建议数量暴跌。⑤ 托马斯·谢林在东南亚冲突结束之后说道:"我失去了权限、失去了读者,也不再有动力……"去影响政策制定者。⑥ 学术界的注意力转向内部。大约30年后,雅各比写

---

① Irving Howe, "This Age of Conformity," *Partisan Review* 21(I): 13 and 26.

② Seymour Martin Lipset and Richard Dobson, "The Intellectual as Crisis and Rebel: Wish Special Reference to the United States and the Soviet Union," *Daedalus* 101 (Summer 1972): 137 - 198. 纽约知识分子对思想市场的疏远一定程度上也被夸大了。关于这一点,见 Irving Howe, "The New York Intellectuals: A Chronicle and a Critique," *Commentary*, October I, 1968。

③ Noam Chomsky, "The Responsibility of Intellectuals," *New York Review of Books*, February 23, 1967.

④ 见 Brooks, *Bobos in Paradise*, 142 - 145。

⑤ Andrew Bennett and G. John Ikenberry, "The *Review*'s Evolving Relevance for US Foreign Policy 1906—2006," *American Political Science Review* 100 (November 2006): 651 - 658.

⑥ Schelling 引自 Gregg Herken, *Counsels of War* (New York: knopf, 1985), 313。

道:"学术界在扩张的同时也在收缩;它稳步入侵到更广阔的文化领域中,为那些受到认可的会员建立私人俱乐部。一个受过教育的美国成年人很难说出哪怕一个政治学家或者社会学家或者哲学家的名字,但这不能全怪他们;专家们已然抛弃了公共领域这个舞台。"①

这些批判提出了重要的一点,即学者究竟应该如何对外交政策思想市场做出贡献。一种可能性是,学者为政府提供建议——的确,正如许多思想史家所说,知识分子和政府是可以紧密联结在一起的。② 然而另一种可能性是学者批判政府的行为。越南战争时期,学者对美国外交政策的批判增多,导致在学科内部诞生了新政治科学核心小组。在冷战期间,即使是激进的学术批判也会引起官方的注意。③ 1957 年,伯特兰·罗素给两个超级大国的领导人写了一封公开信,呼吁举行一次首脑会议来讨论"共存的条件"。尼基塔·赫鲁晓夫代表苏联给予了回复,而约翰·福斯特·杜勒斯代表美国回复。双方交换了信件,虽然双方的信件交换没能带来任何政策上的变化,但两国政府都觉得必须对罗素有所回复,这个事实证明了该时期学术界知识分子的巨大影响力。

冷战的结束对学术界有多重影响。毫无疑问,越南战争和里根革命使得学术机构同政府渐行渐远。正如雅各比所说,教授们对进入政治领域这件事变得越来越谨慎。随着教授们的撤退,其他学术领域之外的思想生产者填补了空缺。如第五章论述的那样,智库作为为政府提供专家意见和分析的替代性思想来源出现了。④

与此同时,你也可以说这是学术机构对美国外交政策思想的影响最盛的时期。

---

① Jacoby, *The Last Intellectuals*, 190.
② Shils, "Intellectuals, Tradition, and the Traditions of Intellectuals"; Mark Lilla, *The Reckless Mind: Intellectuals in Politics* (New York: NYRB, 2001).
③ Lipset and Dobson, "The Intellectual as Critic and Rebel," 146-147.
④ 参见 Stephen Walt, "The Relationship between Theory and Policy in International Relations," *Annual Review of Political Science* 8 (2005): 41; Ernest J. Wilson Ⅲ, "Is There Really a Scholar-Practitioner Gap? An Institutional Analysis," *PS: Political Science and Politics* 40 (January 2007): 147-151.

苏联解体导致美国的遏制战略不再适用,于是美国政府官员就开始向学术机构寻求新思想。① 因此,知识分子开始努力地描绘后冷战世界——并为美国外交政策设计新战略。一些学术思想领袖也站出来为世界政治提供新思路。弗朗西斯·福山认为冷战的结束代表了历史的终结。约翰·米尔斯海默提出,冷战的终结会导致欧洲重新陷入不稳定的局面。约瑟夫·奈提出了他"软实力"概念中最重要的一点——要让别人也想要我们想要的东西。塞缪尔·亨廷顿警告说,文明冲突即将来临。全部文献都清楚地表示,随着更多的国家实现民主化,民主和平将显现并缓慢地扩张。还有人围绕美国在世界政治中的霸权的持续性和稳定性展开了讨论。② 就连怀疑学术机构对美国外交政策的影响力的人也承认,以上争论为政策制定者对后冷战世界的看法奠定了基本框架。③

这些海量的讨论中有几个值得注意的地方。第一,它们超越了学术期刊的范畴。前一段中提到的许多思想不仅出现在了学术期刊中,也出现在了更加亲民的《大西洋月刊》(*The Atlantic*)或《外交事务》等杂志中。这些思想极具争议,引得媒体对每个思想都进行了许多报道和评论。这些思想影响力巨大,相关的讨论已不局限于政策界和学术圈。像"历史的终结""文明的冲突""软实力"这样的流行语慢慢进入公共领域。事实上,这些思想的影响力实在是太大了,其提出者此后数十年间都在对其进行

---

① Daniel Byman and Matthew Kroenig, "Reaching beyond the Ivory Tower: A How To Manual," *Security Studies* 25 (May 2016): 309.

② Francis Fukuyama, "The End of History?," *The National Interest* 16 (Summer 1989): 3-18; Fukuyama, *The End of History and the Last Man* (New York: Free Press, 1992); John J. Mearsheimer, "Why We Will Soon Miss the Cold War," *International Security* 15 (Summer 1990): 5-56; Joseph Nye, "Soft Power," *Foreign Policy* 80 (Autumn 1990): 153-171; Nye, *Bound to Lead: The Changing Nature of American Power* (New York: Basic Books, 1990); Samuel Huntington, *The Clash of Civilizations and the Remaking of World Order* (New York: Simon and Schuster, 1996); Michael Brown, Sean Lynn-Jones, and Steven Miller, eds., *Debating the Democratic Peace* (Cambridge, MA: MIT Press, 1996); Clarks Krauthammer, "The Unipolar Moment," *Foreign Affairs* 70 (1990/1991): 23-33.

③ Stephen Walt, "Theory and Policy in International Relations: Some Personal Reflections," *Yale Journal of International Affairs* 7 (September 2012): 39.

反复讨论。① 和其他外交政策思想领袖一样,他们也不断地推销自己的观点。

第二,这些观点中有许多都被证明是部分有误或完全错误的。像米尔斯海默这样的现实主义者对后冷战世界的新秩序将如何影响北约、核扩散、暴力冲突以及其他国家对美国的制衡等问题做出了过度悲观的预测。② 事实上,苏联解体之后的20年中,几乎每一种政治暴力事件都显著减少了,尤其是国家间的战争。③ 亨廷顿的预测更有问题。虽然他的言论占据了更多头条,但事实证明,不同文明之间的冲突远不如文明内部的冲突发生得普遍。与发生在巴尔干半岛的文明冲突相比,逊尼派和什叶派之间,或者图西族和胡图族之间的战争更加血腥。一位历史学家认为亨廷顿的论点是"为什么政客永远不应该听从政治学家的意见的证据"。④ 福山关于"历史的终结"的乐观看法也许是错误的;近来他更加关注"政治衰败"的概念,承认即使是成功的、稳定的自由民主国家也未必能长存。⑤ 经证明,像软实力或者民主和平这样更加广为接受的概念也难以转化为切实可行的外交政策。

然而,当学者们就后冷战世界的大战略进行讨论时,苏联解体也意味着政府对于国际关系学术研究的支持度暴跌。冷战结束时刚好是联邦预算赤字达到历史最高峰的时期。在财政自律的大环境下,最容易被砍掉的就是那些关于国际事务的项目,比如对外援助、情报服务和外交活动。⑥ 像美国国家安全教育计划和外语援助计划这

---

① 奈发表了很多文章,重复提及他关于"软实力"的论点。亨廷顿多次参加关于文明的冲突的专题研讨会,并且就此写了一篇更具有争议的后续文章。福山被委托撰写文章庆祝"历史的终结"发表纪念。几十年来,关于民主和平可持续性的讨论都是国际关系研究的一个主题。

② Christopher J. Fettweis, "Evaluating IR's Crystal Balls: How Predictions of the Future Have Withstood Fourteen Years of Unipolarity," *International Studies Review* 6 (Winter 2004): 79–104.

③ Steven Pinker, *The Better Angels of Our Nature: The Decline of Violence in History and Its Causes* (London: Penguin, 2011); Joshua S. Goldstein, *Winning the War on War: The Decline of Armed Conflict Worldwide* (New York: Penguin, 2011).

④ 引自 Steven Del Rosso, "Our New Three Rs: Rigor, Relevance, and Readability," *Governance* 28 (April 2015): 127。

⑤ Francis Fukuyama, *Political Order and Political Decay* (New York: Farrar Strauss Giroux, 2014).

⑥ Joseph Nye, "The Decline of America's Soft Power," *Foreign Affairs* 83 (May/June 2004): 16–21.

样的项目也因此萎缩。① 这些预算的削减引发了那些对外部世界不感兴趣的美国公众的共鸣。1986 年,26% 的美国人认为国际问题是美国需要解决的一个问题;到 1998 年,只有 7% 的人还坚持这一观点。② 由于美国公众变得更加关注国内问题,给国际事务的慈善捐款也出现暴跌。20 世纪 90 年代,大多数基金会收到的捐款都增加了一倍多,但在安全研究领域,慈善捐助却减少了 7%。大学开设的安全研究课程更是锐减了 30%。③ 与冷战结束时的情形相反,"9·11"恐怖袭击事件并没有引起昔日学术界对大战略那样的广泛思考,这也许并非巧合。

恐怖袭击以及美国政府的回应对学术机构在公共领域的角色所产生的影响是不明确的。一方面,学术机构想要复兴越战时期知识分子批判活动的努力被证明是白费心机。发生在乔治·沃克·布什任期内的外交政策窘境凸显了这一点。在第二次海湾战争前夕,政治学家试图影响思想市场,却以惨败告终。这并非因为他们不够努力。2002 年秋,一个由著名国际关系学者组成的小组在《纽约时报》专栏页刊登了一则广告,警告不要入侵伊拉克。这些学者当中有许多人曾发表专栏文章或者论文反对这场战争。这些观点反映了国际关系学者群体的主流观点。然而,学者们的努力并没有引起多少新闻报道,更没怎么得到权力走廊中政策制定者的认可,正如凯姆·考夫曼所说:"很少有人(学术专家)提出全面的批判,得到媒体广泛关注的就更少了。"④

另一方面,联邦政府确实承认,他们重新开始需要学术机构的意见了。新的反叛

---

① King, "The Decline of International Studies."
② Daniel W. Drezner, "The Realist Tradition in American Public Opinion," *Perspectives on Politics* 6 (March 2008): 51 – 70; John E. Rielly, ed., *American Public Opinion and U. S. Foreign Policy* 1999 (Chicago: Chicago Council on Foreign Relations, 1999), 8.
③ David Abel, "War's Fall from Grace," *Boston Globe*, January 30, 2001.
④ Chaim Kaufmann, "Threat Inflation and the Failure of the Marketplace of Ideas: The Selling of the Iraq War," *International Security* 29 (Summer 2004): 45.

乱理论的出现很大程度上是由于军官与社会科学领域的接触。① 2009年,国防部启动了米内尔娃计划,即为了更好地了解那些"对美国国家安全政策具有战略重要性的"领域,给政治学家提供数百万美元的资金支持。② 在宣布这一计划时,国防部长罗伯特·盖茨明确提到了冷战时期联邦政府对"知识分子和思想"的积极态度。③ 2011年,美国国务院组建了外交事务委员会,为高层官员提供外部意见;该委员会由学者和前外交官组成。于是一系列制度化渠道和非正式渠道产生了,通过这些渠道,学者可以把他们的观点传达给政策制定者以及感兴趣的公众。

过去,学者对外交政策思想市场产生了重要影响。至少有证据证明,学者们现在可以继续发挥其影响力。但有一点是明确的,学术机构仍在努力处理提供咨询过程中与政府长期以来形成的紧张关系。一些社会学家渴望担当政府顾问的角色,另一些则表现出厌恶。但总的来说,政治学家们是愿意扮演这种角色的。然而,美国人类学学会明确拒绝了"人类地域系统"计划,一个由军方提出的旨在增进对恐怖主义多发地区土著民族了解的学术计划。该项目于2015年终止。④

虽然种种随意论断都声称学术机构对外交政策思想市场毫无影响力,但在过去几十年里,其作用其实是巨大的。⑤ 这种作用是否会延续呢?要想理解学术机构在当代思想市场中所面临的角色困境,我们应该回顾一下常规批判的详细内容,看看其中是否真的有一些正确的东西。

常规批判说得最准确的一点是,学者的专业动机并不完全是为了参与更广阔的

---

① Fred Kaplan, *The Insurgents: David Petraeus and the Plot to Change the American Way of War* (New York: Simon and Schuster, 2013).
② "The Minerva Initiative,"可访问http://minerva.dtic.mil/overview.html。
③ 盖茨于2008年4月14日对美国大学协会所做的演讲,可访问http://archive.defense.gov/Speeches/Speech.aspx?SpeechID=128。参见Patricia Cohen, "Pentagon to Consult Academics on Security," *New York Times*, June 18, 2008。
④ Cohen, "Pentagon to Consult Academics on Security."参见Scott Jaschik, "Embedded Conflicts," *Inside Higher Ed*, July 7, 2015。
⑤ David Milne, "America's 'Intellectual' Diplomacy," *International Affairs* 86 (January 2010): 49-68.

思想市场。对一个学者来说，最为重要的读者依然是其他学者。正如克里斯托夫之后的许多评论家所说，学术机构的专业化使同行评审类出版物的重要性被排在其他形式作品之前。教授们把绝大多数精力用于研究、写作和在自己领域的期刊上发表文章。对任何一位教授来说，尤其是资历尚浅的教授，其首要任务都是在知名同行评审类出版物上发表文章。即使是那些能够吸引到更广泛受众的学者也警告称这种做法占用了做研究的时间。① 如果学者也能把自己的思想传达给更多受众，这当然好。然而，在专业动机的要求下，这注定只能作为兴趣而非工作。②

二十一世纪，一般公众根本接触不到大部分学术论文。严格的付费门槛使得没有大学邮箱地址的人大多数时候都无法看到大部分学术文章。③ 研究报告通常是可以获取的。知名度高的论文的摘要和总结会出现在大众化的报纸和杂志上。一些出版社也会在合适的时机向感兴趣的公众开放部分论文。然而，互联网时代的出版经济学决定了这种情况很少发生。如果学术出版社将他们所有的期刊向公众永久开放，他们很快就会倒闭。

即使付费门槛消失，同行评审期刊论文对大部分一般公众而言仍然是"难以接近的"。事实上，大多数学者并不是为了一般读者而写作，也不懂如何为一般读者写作。④ 其原因仍在争论中。许多批评家抨击学术机构发表的文章"枯燥、沉闷、呆板、傲慢、笨拙、晦涩、难读、不可理解"。⑤ 每隔几年就会有这种说法流传出来：某位学者

---

① Lynn Vavreck and Steve Friess, "An Interview with Lynn Vavreck," *PS: Political Science and Politics* 48 (September 2015): 43-46; Stephen M. Walt, "How to Get Tenure," *Foreign Policy*, February 17, 2016.

② 甚至在公共政策学校也是如此，这些学校表面上更关注学术研究的政策效应。

③ 一些有事业心的大学从属人员通过充当学术出版物与有阅读兴趣的记者之间的中间人而获得收入。或者，反过来，商业记者可以为感兴趣的学者提供金融方面的研究报告。

④ 见，例如 Douglas A. Borer, "Rejected by the *New York Times*? Why Academics Struggle to Get Published in National Newspapers," *International Studies Perspectives* 7 (September 2006): vii-x.

⑤ Steven Pinker, "Why Academics Stink at Writing," *Chronicle of Higher Education*, September 26, 2014, 引自 Victoria Clayton, "The Needless Complexity of Academic Writing," *The Atlantic*, October 26, 2015.

写的全是后现代的废话,他的文章却被刊发了。①

但在此要重申一点,学者的学术文章是为他们最重要的读者写的:他们所在领域中的其他学者。这些读者对他们的任期、升迁、获奖、荣誉和补助金至关重要。同时,在为这些读者写文章的时候,教授们就可以随心所欲地使用行话了。为了沟通的高效,所有的学科、专业、职业都发展出了自己领域的行话。② 加州大学洛杉矶分校(UCLA)的政治学家林恩·瓦莱克写道:"行话存在于各学科之中,以促进专家间知识、信息快速高效的交换。"③换言之,行话对外行来说没有必要,对专家来说则是一种方便的简略表达。

举个例子,如果我写道,美国与越南之间新建的联盟可能会引发美国与中国之间的"安全困境",每个国际关系学者都会立刻明白我的意思。但如果我在一篇写给一般读者的文章里使用这个术语,就需要用好几句话来解释我的意思。安全困境是指:

(1) 一个国家察觉到安全威胁,于是加强自己的防御能力;

(2) 这种行为反过来也使竞争对手感到紧张,因为他们视这些措施为威胁;

(3) 这些国家于是也加强武装、建立自己的同盟;

(4) 一个国家为加强自己的安全所做的努力反而加剧了它的不安全。

我只要说"安全困境",我的同事就能准确理解我的意思。与使用通俗语言相比,社会学家以及一般学者使用专业行话能更高效地写作,彼此交流也会更顺畅。

许多关于非学者型的读者不喜欢学术文章的说法也反映出学术机构对语言藩篱的偏好。比如说,我的主要研究领域之一是经济制裁。我进行相关研究,撰写同行评审的文章或书籍来说明这种经济胁迫会在什么时候使用、在什么情况下能造成政治上的让步、有何消极的副作用以及如何随着时间流逝演化发展。但当我被要求将这

---

① 见,例如 Peter Dreier, "Academic Drivel Report," *The American Prospect*, February 22, 2016。

② 我给大众媒体写过很多文章,对"lede""tk""kicker"等印刷媒体术语已经很熟悉,但对外行来说这些词很难懂。

③ Vavreck and Friess, "An Interview with Lynn Vavreck," 43.

个主题写给一般读者看时，编辑必然要我提炼观点，以回答一个简单的问题："制裁是否有用？"结果必然是一场谈判，编辑想要一篇简单的论文，而我想要更细致地呈现自己实际的研究发现。

对几乎所有问题，典型的学术回答都是"视情况而定"。在学术期刊里，社会学家能够清楚地说明核心论点所有的限制性条件、例外以及修正。然而，学术文章所固有的语言藩篱使得它们很难被转化为更容易被一般读者理解的文章。编辑和读者希望写作者能够清晰有力地说明要点。在谈论如何通过主流媒体与受众进行沟通时，一位政治学家建议在论证中使用"简洁明了、带有丰富隐喻的语言"以及"蕴含情感的表述"。① 学者对这些隐喻相当戒备，因为它们传达的信息比学者原本观点的范围大得多。这是学术与沟通之间固有的冲突，想要吸引更多读者的学者以及不得不费力地阅读复杂而谨慎的学术文章的读者都对此非常不满。

学者该如何回应读者对学术文章充满行话、藩篱的指责？首先，我要指出，相当多的权威专家、政策制定者、政客抱怨学者语言晦涩。但实际上，我在政府工作的时候听到的行话远比我做学者的时候多。对政治辞令的批评远早于对学术话语的批评，而且理当如此。至少，学术行话是为了方便学者们彼此沟通；而许多政治行话只是把大白话变得晦涩难懂以迷惑公众而已。乔治·奥威尔在1946年写道："政治语言及其变体都旨在使谎言听起来真实，使谋杀看似正派，使纯粹的空谈显得无懈可击，所有的政党皆是如此，无论是保守派还是无政府主义者。"② 与其说给人以启发，不如说现代政治行话其实更容易使人迷惑。21世纪美国政客对"生存威胁""动态作用""高度谨慎""政治不正确"等短语的使用表明，学者远非英语的最大滥用者。③

---

① Rose McDermott, "Learning to Communicate Better with the Press and the Public," *PS: Political Science and Politics* 48 (September 2015): 86.

② George Orwell, "Politics and the English Language," in *Why I Write* (New York: Penguin Books, 1984), 120.

③ 可以说，唐纳德·特朗普在总统竞选中隐藏的一项优势是，尽管他讲话不总是对的，然而他平实的语言能引起选民的共鸣。见 Salena Zito, "Take Trump Seriously, Not Literally," *The Atlantic*, September 23, 2016。

还有一种不那么虚伪的回应是，对学者来说，就同一个观点为不同的读者写作不同的版本是有可能的。从《华盛顿邮报》到"五三八"（FiveThirtyEight）和"沃克斯"等众多网站都希望社会科学研究能够为大众做出转变。随着学者们扩大在公共领域的活动范围，他们开始进军主流媒体。近年来，《华盛顿邮报》把几个由社会科学学者运作的多作者博客纳入麾下，如"猴子笼"（The Monkey Cage）和"沃洛克阴谋"（Volokh Conspiracy）。① 在克里斯托夫的专栏开始运作的那一周，《纽约时报》聘请了两位政治学家、一位经济学家来帮助创立"结局"博客（The Upshot），一个基于分析的新闻项目。这些新兴的媒体平台促进了学术机构对外交政策思想市场的贡献。

常规批判声称教授们轻视主流媒体和社交媒体，这真是错得离谱。事实上，学者们热情地接受了新兴的网络平台，也乐于看到自己的舞台不再局限于同行评审出版物，可以向一般公众推销自己的观点。《外交官》杂志（*The Diplomat*）、"防务一号"网站（*Defense One*）、"战争困境"网站（*War on the Rocks*）等一系列媒体平台扩大了国际关系学者的影响力。博客存在已久，如今人们已经把它看成是教授们的兼职工作了。政治学家们很乐意给"猴子笼""党派斗争"（Mischiefs of Faction）或者"一瞥政治暴力"（Political Violence at a Glance）等博客投稿。社会学、经济学等其他学科也是如此。② 学者们也通过其他形式的社交媒体与政策制定者和公众进行沟通，比如推特和TEDx。克里斯托夫认为学者忽视新媒体的观点根本是错误的，在他自己的专栏开始运作之后，他本人也在推特上收到了许多回复，并由此意识到这一点。

纵使学者能够吸引大众读者，这样做是否对他们的事业有利呢？这是常规批判的另一部分内容。史蒂芬·沃尔特写道："（国际关系的）学术圈好比一个自治组织，个体事业的成功几乎完全依赖于其在同行中的声誉。因此，对学者而言，他具有很强

---

① 在我离开《外交政策》杂志后，他们（《华盛顿邮报》）也雇用了我。
② 见，例如 Kieran Healy, "Public Sociology in the Age of Social Media," *Perspectives on Politics*，正待出版。

的动机去遵守学科中的规范,并主要为其他学者写作。"①沃尔特对国际关系领域的这段描述适用于整个学术界。

要理解象牙塔中的人们对常规批判这部分内容的畏惧,看一看过去十年中发生在笔者身上的两桩轶事就知道了。2004年,我向《外交事务》杂志(*Foreign Affairs*)投了一篇关于离岸外包的论文,正好赶上离岸外包问题被全国媒体大肆报道,也许是运气好,也许是时机好,所以我在这一权威期刊上发表的第一篇论文就上了头条。这对一个尚未获得终身教职的学者来说是令人兴奋的好消息。那天晚些时候,我碰到了一位在芝加哥大学和我同一个部门的资深学者。自然,我告诉他我的论文成了《外交事务》杂志的头条文章。然后这位同事抬起头来,看着我问道:"为什么呢?"②我无法回答这个问题;对我来说,在读者最多的国际关系刊物上发表文章当然是一件好事。回想起来,我当时就应该认识到,我在芝加哥的前途已经岌岌可危。在他们拒绝给我提供终身教职后,我就成了一个反面教材,用以警示那些想要为公众写作的年轻学者。③

几年后,我以正教授的身份参加了一个小型会议,该会议致力于让学者和政策制定者坐下来共同商讨美国对另外一个超级大国采取的政策,在此不便说是哪个国家。促成这一会议的理念是,政府官员可以指出那些可能被教授们忽视的问题,反之亦然。一切都很顺利,直到一位政策制定者抱怨有一位学者的备忘录写得长了一点。作为回应,一位著名的国际关系学者——她在学界内部非常知名,在学界之外决意保持低调——怒斥了这位政客。她质问道,为什么华盛顿的那些政客不认真地读一读专家们对某一问题的见解。她怒气冲冲地说,政治学家不只是被边缘化了——即使

---

① Walt, "The Relationship between Theory and Policy in International Relations," 38.
② 为免读者认为我的例子只是个案,这里补充一个例子,Kathleen McNamara 五年前曾因在《外交事务》杂志上发表文章而受到普林斯顿大学指责。见 Alexauder Kafka, "How the Monkey Cage went Ape," *Chronicle of Higher Education*, January 10, 2016。
③ Scott Jaschik, "Too Much Information?," *Inside Higher Ed*, October 11, 2015; Steve Johnson, "Did Blogging Doom Prof's Shot at Tenure?," *Chicago Tribute*, October 14, 2005; Robert Boynton, "Attack of the Career-Kiling Blogs," *Slate*, November 16, 2005.

他们有好的见解,也会被完全忽视。

这挑起了好一场争论,后来,许多与会学者都围在那位著名政治学家身边称赞她所作的评论。我们还讨论了政治学家要如何更加活跃地参与到公共领域当中。有人提出,如果年轻学者在参与公共讨论时不用担心同行的反对,事情可能会简单一些。对此,她表示不赞成,说道:"不是这样。只有获得了终身教职,有了足够的出版量之后,学者才可以开始公开发声。在此之前是不可能的。"

这样的观点并不少见。过去十年中,《高等教育纪事报》(*The Chronicle of Higher Education*)有许多文章警告学者参与公共领域的危害。[①] 在一篇鼓励年轻学者接触广大一般读者的文章里,政治学家谢里尔·布德罗写道:"年轻学者普遍认为,他们的观点应当被读到,而非被听到。"[②]林恩·瓦莱克在许多学术期刊上发表过文章,现在是《纽约时报》的定期撰稿人。她给那些年轻的学者如下警告:

> 显然,我用来给《纽约时报》写作的那些时间不能同时用来撰写同行评审文章,这就是代价。你要准备好做出权衡。因此,我不建议助理教授们这样做,因为这占用了做研究的时间,而我们需要年轻学者搞科研。[③]

[①] Ivan Tribble, "Bloggers Need Not Apply," *Chronicle of Higher Education*, July 8, 2005; Tribble, "They Shoot Messengers, Don't They?," *Chronicle of Higher Education*, September 2, 2005; Jeffery Young, "How Not to Lose Face on Facebook, for Professors," *Chronicle of Higher Education*, February 6, 2009. 警告包括冒犯资深学者的危险,暴露自己的政治党派性,以及被认为在非学术活动上投入太多时间以至于损害了传统的学术责任。见 Christine Hurt and Tung Christine Hurt and Tung Yin, "Blogging While Untenured and Other Extreme Sports," *Washington University Law Review* 84 (April 2006): 1235 – 1255. 一些博客作者出于传统学术工作的压力而放弃博客。见 James Lang, "Putting the Blog on Hold," *Chronicle of Higher Education*, January 12, 2007. 还有一些人担心将新的信息技术方式融入他们的职业活动使得他们付出代价。见 Brandon Withrow, "Not Your Father's Ph. D.," *Chronicle of Higher Education*, April 18, 2008。

[②] Cheryl Boudreau, "Read but Not Heard? Engaging Junior Scholars in Efforts to Make Political Science Relevant," *PS: Political Science and Politics* 48 (September 2015): 51.

[③] Vavreck and Friess, "An Interview with Lynn Vavreck," 44. 参见 Walt, "How to Get Tenure"。

瓦莱克的建议有几点错误。第一，年轻学者通常处于社会科学研究的最前沿。以政治科学领域为例，年轻学者撰写或者合作撰写了顶尖学术期刊三分之二的论文。① 正是因为年轻学者发表的文章有新见、有创意，所以他们也应该尝试让自己的文章为更多人了解。第二，资深学者总认为撰写一段专栏文章或者博文花费的时间和写一段学术文章花费的时间一样。从我自己的经验来看，事实并非如此。要做一篇一万字的学术文章研究、写作、修改，即使不需要花费数年，至少也要花费几个月。而一篇四千字的《外交事务》杂志文章只要花费不到两周。《华盛顿邮报》的一篇专栏只需 30 分钟到 90 分钟就能完成。并非所有的文章都要花费同等的努力。这种误解导致学者们完全高估了参与公共领域需要花费的努力，认为参与公共领域会损害学术研究的误解也随之被夸大了。

更有问题的一种观点是，参与公共领域可以完全代替学术研究。媒体平台的扩张通过许多方式促进了学科发展。学术机构如此迅速地适应了社交媒体和网络发表，一部分原因是这些平台也为传统学术研究项目的推进提供了便利。② 博客或者推特可以代替期刊传统的信息交换方式。与公众或者政策制定者沟通有助于学者，尤其是政治学家，发现舆论或政策共识与公认的政治科学观点存在差异的地方。这为学者进一步介入这些问题制造了机会。

即使这种看法正在发生转变，事实也的确如此，这些观点揭示了问题的严重程度。瓦莱克的错误建议造成了一些后果。大部分想要获得社会科学博士学位的人都希望，当他们进入研究生院后能够对公共讨论有所影响。但学者也是墨守成规的人。在事业的成型期，他们受到旁人影响，只关注同行评审出版物，只为同行的学者写作。其实只需要资深学者提醒一下，他们就会反省自己的这种做法。如果运气好并且足够优秀，大部分社会科学家花费 10 年到 15 年就能获得博士学位，成为助理教授，然

---

① Boudreau, "Read but Not Heard?".

② Charli Carpenter and Daniel W. Drezner, "International Relations 2.0: The Implications of New Media for an Old Profession," *International Studies Perspectives* II (August 2010): 255 - 272.

后成为终身教授。几十年来，学者都忽视了与公众的沟通，如今突然指望他们积极参与公共领域是不现实的。这就像要求一位世界级的篮球运动员擅长棒球，只因为他小时候喜欢过棒球。

与此相关的一个问题是，思想产业中的声望等级制度与学界内部独有的等级制度并不完全匹配。在公共领域生存、发展所需的技能和传统学术领域不同。后者以原创性研究、仔细的真相核查、严格的同行评审、引用权威和相关学术文献为基础。善于参与公共领域的作家拥有不同的相对优势：快速、清晰、风趣，以及提供自信的实时分析的能力。这些能力在学术等级制度中的重要程度各不相同。副教授、研究生或者外行人在学术圈的传统范围内可能会遭到排挤；而在更广阔的思想市场中，他们的力量会大得多。

当代思想产业赏识那些愿意接触更多公众的知识分子。学者们赏识的是学术能力，不大关心这种与外界人士沟通的能力。但是有些学者可能两者都擅长，于是有些教授比其他人更擅长参与公共领域。这些技能突破了传统的学术机构把关人的控制，创造出使学者得到公众认同的新途径。而对学术权威的任何侵犯都会招致学术界现状最大受益者的怨愤和不满。引入与现存学术体制不相符的规范或等级体系自然会引发怀疑，招致不满。那些利用社交媒体推销自己学术成果的资深学者必须直面现实：虽然他们的学术声誉来之不易，但研究生们在推特上的粉丝比他们还多。

如果突破界限去接触更加广阔的受众，有些学者会产生罪恶感。我在大学的同事偶尔会对我说，我是一个好写手。对一般人来说，这听起来像是褒奖；然而，由于我以学者身份进行社交分享，我总觉得这恭维暗藏讽刺。如果一个人因为他是好作家而出名，言下之意就是，他的表述优于他的思想，但对教授来说思想才是最重要的。许多学者把表述清晰和思维简单混为一谈。约翰·肯尼思·加尔布雷思在很久以前就警告经济学家说："如果一位专家为了赚钱而冒险把自己的观点写得通俗易懂，那么他的工作就面临着严重的道德危机。他会因为写作过度简单而受到被指责。"①布德罗也谈到说:"一些年轻学者担心,如果他们用大众化的语言来写作或者呈现自己的研究,他们的研究将不被视为'真正的'政治科学。"②曾经有人告诉我,一些同事认为我的写作能力使我的水平中等的文章得以发表在顶级学术期刊上。

每次想到笔者的文字如此流畅优美以至于哄得同行评审人员抛弃了自己的批判能力,笔者总是觉得好笑。事实上,这种指责是荒谬的。加尔布雷思提道:"在社会科学领域,许多不清晰的写作是由不清晰或者不完全的思考导致的。对于一些尚未解决的问题,使用模糊的写作手法蒙混过去是完全可能的。但你不可能完全清晰地表达出那些你不理解的事情。因此,清晰表述能暴露出思想的缺陷。"③糟糕的作者更容易让糟糕的思想通过同行评审程序,除非审阅人承认其中一些模型、估算方法或者批判分析根本讲不通。④ 虽然如此,当有人认为笔者是一个好作家的时候,笔者的学术之魂就会感到一丝不安。

如果学者们的专业动机反对他们参与公共领域,那么当克里斯托夫重申常规批判时,为什么有那么多的学者提出反击呢？第一个原因是,在过去的短短十年里,规范已经发生了巨大的变化。大学管理人员和学界权威人士越来越赏识那些能够为一般读者写作的教授。此外,学校采取了一系列措施,确保年轻学者将自己的学术研究转化为更加通俗易懂的形式,尤其在社会科学领域。举例来说,"托宾项目"(Tobin Project)就赞助和政治辩论相关的学术研究。他们也安排政策制定者和学者共同参加会议,以促进思想交流。同样,卡耐基公司资助了"弥合差距计划"(Bridging the Gap),该计划联合了三所大学为年轻学者提供指导,并在他们与外交、防卫、情报圈

---

① John Kenneth Galbraith, "Writing, Typing, and Economics," *The Atlantic*, March 1978, 104.
② Boudreau, "Read but Not Heard?," 52.
③ Galbraith, "Writing, Typing, and Economics." 参见 Kieran Healy, "Fuck Nuance," *Sociological Theory*, 正待出版.
④ 据笔者的经验,教授们不情愿说的一句话是"我不清楚"。

的政策制定者之间牵线搭桥。"学者战略网络"（The Scholars Stragtegy Network）是著名社会学家、政治学家西达·斯考切波所领导的学者和研究员协会，它在国家、州和地方问题上也采取了相似的策略。① "专栏评论项目"（The Op-Ed Project）则主要训练女性学者为一般读者写作。

过去十年中发生了很多变化。在世纪之交的时候，很多向纯粹经院主义发展的趋势似乎已经到达了顶峰。甚至批评家也承认，这些趋势多少有点减弱了。② 对国际关系学者的一项项调查显示，他们对参与公共领域普遍表示接受。大部分国际关系学者称，他们早就开始向其他政治行为体咨询意见，参与游说以推销自己的专业意见，并根据现实世界的事件改变研究的主题。③ 根据 2012 年对国际关系教授的调查，超过 51% 的教授认为，博客改善了学术领域的发展现状。高达 90% 的受访者认为博客改善了外交政策的制定。④ 封锁这些平台的倒退做法轻易就被击退了。许多学者通过创建营运优质博客提升了自己的职业生涯。当然，一个学者不会仅仅因为他擅长使用社交媒体就得到职位，但如今学界已不再把与公众的接触视为不好的事情了。

如前所述，更广阔的媒体世界也在发生变化。斯坦福大学政治学家詹姆斯·费伦对克里斯托夫的专栏文章做出了直接回应，他表示，在克里斯托夫提出自己观点的同时，政治学家受到的媒体关注其实增加了，这和克里斯托夫的观点刚好相反。⑤ 2010 年，埃兹拉·克莱因在《华盛顿邮报》谈到政治科学的边缘化问题；四年后，克莱

---

① Theda Skocpol, "How the Scholars Strategy Network Helps Academics Gain Public Influence," *Perspectives on Politics* 12 (September 2014): 695 – 703.

② Lawrence Mead, "Scholasticism in Political Science," *Perspectives on Politics* 8 (June 2010), 459.

③ 结果请见 http://trip.wm.edu/reports/2014/rp_2014/index/php。

④ Daniel Maliniak, Sue Peterson, and Michael Tierney, "TRIP Around the World," 可访问 http://www.wm.edu/offices/itpir/_documents/trip/trip_around_the_world_2011.pdf。

⑤ James Fearon, "Data on the Relevance of Political Scientists to the NYT," *Washington Post*, February 23, 2014.

因在"沃克斯"新闻网(vox)发表观点称:"在我从事政治新闻业工作时期,对这一行业而言发生的最好的事情也许就是政治科学的兴起。"①讽刺的是,当政治科学刚开始被主流接受时,认为学者过于依赖定量方法的呼声达到了高潮。

即使常规批判的部分内容在过去很重要,但如今它对学界的影响力已经逐渐减弱了。象牙塔正朝着正确的方向发展。但如果糟糕的写作以及专业化不是学术机构问题的症结所在,那什么才是呢?造就了当代思想产业的那些变化也影响了学术机构对思想市场的影响力,而且大部分都不是什么有利影响。

曾经备受尊敬的学术机构如今面临着信任缺失的危机,这对象牙塔中而言是一个问题。试着参与公共事务的学者们恰好遭遇了"向大学开战"而导致的学术机构"合法性"危机。随着大学学费的增速持续超过通货膨胀和工资增长速度,财经作家发文谴责学生贷款的激增,并宣称已经出现了"高等教育泡沫"。越来越多来自各方的批评家不断批评大学的各种缺陷。一时间,向大学开战成了政治右派的主要活动。自从威廉·F.巴克利的《耶鲁大学里的神与人》(*God and Man at Yale*)出版后,保守派就一直抨击象牙塔的无神论、左派、狭隘孤立的倾向。保守主义者对大学的猛烈抨击持续了二三十年,从巴克利到艾伦·布卢姆的《美国思想的终结》(*The Closing of the American Mind*),再到罗斯·多塞特的《特权》(*Privilege*)和娜奥米·谢弗·赖利的《教师休息室》(*The Faculty Lounges*)。

最近保守派对大学的批判主要集中在言论限制上。格雷格·卢基亚诺夫和乔纳森·海特谴责了出于政治正确的考虑而溺爱学生的做法,即"清除校园中可能引起不安或者造成冒犯的言语、思想以及话题"。②卢基亚诺夫是个人教育权利基金会(FIRE)的负责人,该基金会记录了很多出于政治正确却走向失控的事件。卢基亚诺

---

① Ezra Klein, "Poli Sci 101: Presidential Speeches Don't Matter, and Lobbyists Don't Run D. C," *Washington Post*, September 12, 2010; Klein, "How Political Science Conquered Washington," *Vox*, September 2, 2014.

② Greg Lukianoff and Jonathan Haidt, "The Coddling of the American Mind," *The Atlantic*, September 2015.

夫和海特并不是唯一观察到并且指出这个问题的人。① 令人震惊的相关案例也不少。比如，西北大学的一位教授因为在学校中公开批评性骚扰诉讼程序而面临与《教育法修正案第九条》有关的调查；又如卫斯理大学的某份校报刊登了一篇有争议的专栏文章，该校学生就发起了一场要求撤销对校报资助的运动。② 每个例子都印证了这个看法，即在校园中，探索知识的精神被扼杀了。

保守派对学院的批判由来已久。然而与以往不同的是，直言不讳的批判如今来自左派。女权主义者抨击说大学成了猖獗的性侵犯行为的避难所。少数族裔群体抨击以白人和亚裔学生为主的学校里所谓的结构性特权。教授们则抱怨大学主次不分：终身教授不断减少，而行政和管理人员激增。③ 左翼批评家谴责说，大学成了精英主义、新自由主义、社团主义的堡垒，拔高高等教育的目标以安抚企业捐赠人。

举一个例子，威廉·德雷谢维奇《优秀的绵羊》(*Excellent Sheep*)一书的核心是批判大学对新自由主义原则的屈服。④ 他指责为了让学生为市场经济做好准备而牺牲高等教育的做法。在刊登于《哈泼斯》杂志(*Harper's*)上的后续文章中，德雷谢维奇加大了他的批判力度，指责大学为了适应市场原则牺牲了知识探索和伦理追问的目标："这是新自由主义时代的教育……用金钱衡量一切。一件东西的价值就是它的价格。一个人的价值就在于他拥有的财富。新自由主义告诉你，你的价值只由你的

---

① 见 Morton Schapiro, "The New Face of Campus Unrest," *Wall Street Journal*, March 18, 2015; Judith Shulivetz, "In College and Hiding from Scary Ideas," *New York Times*, March 21, 2015; Edward Schlosser, "I'm a Liberal Professor, and My Liberal Students Terrify Me," *Vox*, June 3, 2015; Nathan Heller, "The Big Uneasy," *New Yorker*, May 30, 2016。

② Laura Kipnis, "My Title IX Inequisition," *Chronicle of Higher Education*, May 29, 2015; Jake New, "Defunding of Diversity," *Inside Higher Ed*, September 23, 2015; Catherine Rampell, "Free Speech is Flunking Out on College Campuses," *Washington Post*, October 22, 2015。

③ 抽样见 Louis Menand, *The Marketplace of Ideas* (New York: Oxford University Press, 2011); Mark C. Taylor, *Crisis on Campus* (New York: Knopf, 2011); William Deresiewicz, *Excellent Sheep: The Miseducation of the American Elite and the Way to a Meaningful Life* (New York: Simon and Schuster, 2014)。

④ Deresiewicz, *Excellent Sheep*.

市场活动决定——用华兹华斯的话说就是,你的收入和消费。"①德雷谢维奇并不是唯一提出这种批评的人,其他人也对"美国大学不断蔓延的社团主义"感到不满。②

这些批判之间有根本性的冲突。卢基亚诺夫和海特认为,政治正确"教学生用一种全然不同的方式去思考。他们将难以应对以后的职业生涯,因为他们需要经常和志趣不相投的人以及可能错误的思想打交道"③。如果这是正确的,那么德雷谢维奇指责大学成为新自由主义的孵化器的说法就是错的。如果德雷谢维奇是对的,那么卢基亚诺夫和海特的假设就是言过其实。尽管如此,这两种批判同时盛行也说明两个党派都支持向大学开战,而且人们越来越鄙弃那些深居象牙塔的教授们。因此,决策者和市民更有理由反对学者介入公共领域了。毫无疑问,常规批判仍然能引发一些人的共鸣。

即使有人认为学术研究没有受到高等教育的弊病的影响,对学术机构的信任缺失还是出现了。许多顶尖教授因为剽窃丑闻而名誉受损。21世纪,像斯蒂芬·安布鲁斯、多丽丝·卡恩斯·古德温、查尔斯·奥格莱特里、劳伦斯·特赖布和马修·惠特克这样的成功学者也被发现抄袭了不知名学者的成果。人们还指责金融经济学家,说他们的学术工作与咨询工作间存在严重的利益冲突。④ 近年来其他学术欺诈事件也不断曝光。2011年,著名社会心理学家迪德里克·斯特普尔承认他的数据完全是自己捏造的。2015年,发表在《科学》杂志(Science)上的一篇政治科学论文被撤回后,《纽约时报》称:"这一事件不仅震惊了整个政治学家群体,也使公众对科学机构

---

① William Deresiewicz, "The Neoliberal Arts," *Harper's*, September 2015.
② Fredrik DeBoer. "Closed Campus," *New York Times Magazine*, September 13, 2015; 参见 Rebecca Schuman, "College Students Are Not Customers;" *Slate*, May 20, 2015; Jeffrey Di Leo, "Public Intellectuals, Inc. ," *Inside Higher Ed*, February 4, 2008; Ginsberg, *The Fall of the Faculty*。
③ Lukianoff and Haidt, "The Coddling of the American Mind."
④ Jessica Carrick-Hagenbarth and Gerald A. Epstein, "Dangerous Interconnectedness: Economists' Conflicts of Interest, Ideology and Financial Crisis," *Cambridge Journal of Economics* 36 (January 2012): 43 - 63. 参见 Neil Parmar, "Beware of 'Independent' Investing Research," *Wall Street Journal*, August 15, 2010.

审查学术新发现的方式产生了质疑。"①"撤稿观察"博客（Retraction Watch）的编辑们致力于揭露学术欺诈事件，他们说这种事件更容易出现在知名期刊上。②

即使是在没有发生学术欺诈的情况下，社会科学研究的可靠性也在不断受到质疑。美联储的两位经济学家调查了顶级经济学期刊上学术成果的可重复验证情况，他们发现自己只能验证其中三分之一的内容。他们得出结论："哪怕是在作者的帮助下，我们也只能验证出不到一半的研究成果，因此我们的结论是，经济学研究通常来说是不可验证的。"③最近对心理学期刊的一项研究总结称，仅有三分之一的研究成果可以被验证，该研究本身一时成为媒体的头条。当然，该研究本身也在方法论方面遭到了质疑。④ 对任何一般读者来说，这种翻来覆去的说法使他们更加不信任该学科的权威。许多社会科学学科都在试着提高验证结论的能力，但是这些做法也被强烈诟病为滥用标准。⑤ 鉴于这些丑闻、曝光以及论战，局外人当然会质疑学术机构的价值。

思想市场的其他变化，即政治极化以及经济不平等的加剧，也削弱了学者在当代思想产业发展壮大的能力。事实上，克里斯托夫对学术机构的政治同质性的谴责无

---

① Benedict Carey and Pam Belluck, "Doubts about Study of Gay Canvassers Rattle the Field," *New York Times*, May 25, 2015.

② Adam Marcus and Ivan Oransky, "What's Behind Big Science Frauds?," *New York Times*, May 22, 2015.

③ Andrew C. Chang and Phillip Li, "Is Economics Research Replicable? Sixty Published Papers from Thirteen Journals Say 'Usually Not,'" Finance and Economics Discussion Series 2015 - 2083, Board of Governors of the Federal Reserve System, October 2015, http://dx.dio.org/1.17016/FEDS.2015.083,3.

④ Open Science Collaboration, "Estimating the Reproducibility of Psychological Science," *Science* 349 (August 28, 2015): 4716. 关于该发现的新闻报道，见 Benedict Carey, "Many Psychology Findings Not as Strong as Claimed, Study Says," *New York Times*, August 27, 2015. 关于批判，见 Daniel Gilbert, Gary King, Stephen Pettigrew, and Timothy Wilson, "Comment on 'Estimating the Reproducibility of Psychological Science,'" *Science* 351 (March 4, 2016): 1037a.

⑤ 见，例如 Jeffery Isaac, "For a more *Public* Political Science," *Perspectives on Politics* 13 (June 2015): 269 - 283。

可辩驳,他在专栏文章中就此进行后续分析也就不奇怪了。① 政治极化的问题在于,学者们几乎全都站在政治领域的同一阵营里。民意调查或者竞选献金流向的数据是无可争议的:美国的学者远比这个国家的其他人更加信奉自由主义。② 过去对学者的调查显示,教授们始终比美国公众更加信奉自由主义。这种差异在过去25年间加剧了。UCLA的高等教育研究中心每三年对学者进行一次民调,调查数据显示,1990年,宣称自己是自由派和左派的学者数量和温和派人数几乎持平。如图3.1所示,2010年,自由派学者的数量是温和派的两倍多,是保守派的几乎六倍。在社会科学和人文学科学者当中,自由派和左派人数占比更高。③

需要明确的一点是,学术机构这种左倾的趋势未必会导致学术研究也带有政治偏见,就像武装部队军官的右倾倾向未必会损害到军民关系那样。军人和教授都是专业人士,不看政治倾向或者个人倾向的话,专业人士的工作建立在他们所受训练的基础上,而他们受到的训练是由所在专业的规范和标准决定的。这一思想从马克斯·韦伯的时代起就被学者接受了。④ 在军队中,这意味着士兵们要尊重指挥系统,遵守荣誉守则。而在学术机构,这意味着一个人的政治观点、研究成果与其课堂教学内容之间是彼此分离的。以科里·罗宾为例,他是美国政治团体中的相当左倾的人物,在课堂外也参与政治活动,不过他坚持将政治活动与教学和研究的专业工作分割开来。⑤

尽管专业性能够确保左倾的学者也能做好研究工作,但政治异质性的缺乏导致了更深层次的问题。一份社会心理学测试得出结论,自由派的政治偏见未使现有的

---

① Nicholas Kristof, "A Confession of Liberal Intolerance," *New York Times*, May 9, 2016; Kristof, "The Dangers of Echo Chambers on Campus," *New York Times*, December 10, 2016.

② 关于竞选献金,见 Andy Kierscz and Hunter Walker, "These Three Charts Confirm Conservatives' Worst Fears about American Culture," *Business Insider*, November 3, 2014.

③ Heterodox Academy, "The Problem,"可访问 http://heterodoxacademy.org/problems/。参见 Scott Jaschik, "Moving Further to the Left," *Inside Higher Ed*, October 24, 2012。

④ 再版 Max Weber, "Science as a Vocation," *Daedalus* 87 (Winter 1958):111–134。

⑤ Phoebe Maltz-Bovy, "Straight Outta Chappaqua," *Tablet*, January 7, 2015.

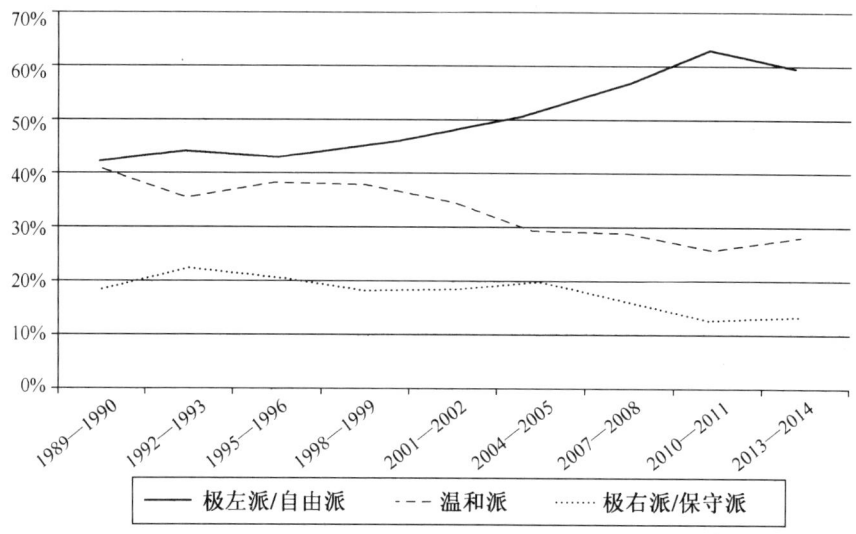

图 3.1　学术机构的政治倾向，1989—2014 年

来源：http://heterodoxacademy.org/problem.

研究作废，但确实会使未来的研究方向出现偏差。最重要的是，"研究者可能会重点关注那些对自由派观点有利的话题，而避开对其不利的话题"。① 社会学也存在同样的问题。一篇文章总结说，公共社会学的左倾苗头"压缩了可接受的学术研究的范围，限制了社会学的洞察力"。② 这些问题在其分支学科中普遍存在；其他研究也表明，学者的政治倾向与他们在国际关系研究、法学研究中的研究轨迹之间存在关联性。③ 学术机构的左倾趋势使得保守派很容易忽视或者嘲笑学者进行的公共干预。

---

① José L. Duarte et al., "Political Diversity Will Improve Social Psychological Science," *Behavioral and Brain Science* 38 (January 2015): 5.

② Chris Martin, "How Ideology Has Hindered Sociological Insight," *The American Sociologist* 47 (March 2016): 115–130.

③ 关于国际关系，见 Brain Rathbun, "Politics and Paradigm Preferences: The Implicit Ideology of International Relations Scholars," *International Studies Quarterly* 56 (September 2012): 607–622。关于法律，见 Adam S. Chilton and Eric A. Posner, "An Empirical Study of Political Bias in Legal Scholarship," Coase-Sandor Institute for Law and Economics Research Paper No. 696, University of Chicago, August 2014。

大学校园内的左倾苗头对校友捐赠有不利影响,但大学向当代思想产业寻求经济援助的做法带来了一个更大的问题。① 与其他机构相比,大学院校与慈善资本家之间的关系变味了。过去,美国财阀是象牙塔的最大支持者之一。在镀金时代,像约翰·洛克菲勒、J. P. 摩根、亨利·福特、安德鲁·卡耐基这样的大亨创立或者是资助了美国的部分顶尖大学。当然,大学如今仍然可以从特别富裕的校友那里获得大量的资金,但如今的财阀们甚至在他们的慈善事业中也显示出对"影响力投资"的兴趣。② 捐赠人希望自己的投入能对现实世界和思想市场产生直接的影响。但正如布鲁金斯学会达雷尔·韦斯特所说,大学院校并非实现这种个人主张的最佳载体:

> 随着高校越来越多地卷入纷杂的政策争论当中,要将学术慈善事业与捐赠者的主张分开就变得更难了。许多捐赠人非常强烈地希望教育机构围绕那些他们感兴趣的主题举行活动、发布报告或者提供相关的课程。高校想成为无党派机构,所以捐赠人的这种需求会使高校陷入困境。③

此外,一群更加敢于直言的富豪声称,大学的价值被大大高估了。其中一部分原因是:比尔·盖茨、史蒂夫·乔布斯、马克·扎克伯格都没有从大学毕业,但他们都在硅谷获得了巨大成功。博学网博客(Instapundit)的格伦·雷诺兹和其他一些评论员甚至认为,这就是大学价值被过分高估的证据,尽管大量数据都支持相反的结论。④

一些富豪进一步认为,现在的高校事实上阻碍了思想市场的发展。按照这种思

---

① Anemona Hartocollis, "College Students Protest, Alumni's Fondness Fades and Checks Shrink," *New York Times*, August 4, 2016.
② Paul Brest and Hal Harvey, *Money Well Spent* (New York Bloomberg Press, 2008).
③ West, *Billionaires*, 85.
④ Glenn Reynolds, "Scott Walker's National Education Effect," *USA Today*, February 15, 2015. 关于大学学位带来经济效益的支持证据,见 Pew Research Center, "The Rising Cost of Not Going to College," February 11, 2014, 可访问 http://www.pewsocialtrends.org/2014/02/11/the-rising-cost-of-not-going-to-college/。

路,大学不过是文凭工厂。贝宝的创始人彼得·蒂尔在这方面最极端。他设立了蒂尔奖学金,只要"辍学或者停学"参与两年的创业项目,就能够获得十万美元的奖金。① 蒂尔认为"大学是一个了解前人做了什么的好地方,但它也会阻止年轻人去尝试新的事情——尤其是在他们欠了学生贷款的时候"。在许多采访和专栏文章中,他不断重申这个观点。在《标准周刊》编辑威廉·克里斯托尔对他进行的一次采访中,蒂尔作了如下解释:

> 2014年的大学就好比是1514年的天主教堂……这些教授就好比神父,他们用不着做很多工作。为了得到世俗的救赎,人们购买赎罪券,好像这一纸书券就能使他们得到拯救似的,人们因此负债累累。我认为,和16世纪时宗教改革相似,一场改革很有可能将从大学外部开始。②

在其他采访和文章中,蒂尔用过不同的类比,比如将名校类比为零和博弈或是流行夜总会。③

为什么在大学院校和一个以斯坦福大学为地理中心的产业之间会存在对抗呢?平心而论,一部分原因在于,技术领域并不像其他经济领域那样需要大学文凭。但我想说,财阀对学者的敌意很大程度上其实源于其他两个方面。一是大部分社会科学研究倾向于否定"伟人"理论。下一章会对这一点进行详细解读,但此处要指出的是,大部分学者倾向于认为财阀之所以成功是因为他们站在了巨人的肩膀上。他们自己的能力也起到了一定作用,但还不足以使他们取得成功。这与财阀认为他们是依靠

---

① 见2015年6月蒂尔奖学金新闻稿,可访问 http://www.thielfellowship.org/2015/06/2015-thiel-fellows-press-release/。

② 克里斯托尔对蒂尔采访的文字本,可访问 http://conversationswithbillkristol.org/wp-content/uploads/2014/09/Thiel_conversations_transcript.pdf。

③ Peter Thiel, "Thinking Too Highly of Higher Ed," *Washington Post*, November 21, 2014; Conor Friedersdorf, "Peter Thiel Compares Elite Education to a Night Club with a Long Line," *The Atlantic*, June 1, 2015.

自己的力量取得成功的标准说法相矛盾,甚至会导致他们质疑自己的才智甚至是存在本身。

学术机构与财阀阶层之间最终的冲突是文化上的冲突。这两个集团都对思想很感兴趣,但他们对知识的态度迥然不同。21世纪的慈善家对行动感兴趣;教授们则对分析感兴趣。这种差异可以追溯到马克斯·韦伯的《以学术为业》(*Science as a Vocation*),在这篇演讲中,他恳请教授们将自己的学术工作同生活的其他领域尤其是政治领域区分开来。这并不是说学者不能参与公共领域,但韦伯认为教授的首要任务是"教导学生认识'麻烦的'真相"。韦伯还认为,政治行动是一种完全不同的活动,"一个人要成为杰出的学者或者教授所必要的素质和在现实生活中成为指示方向的领导者,或者更具体地说,在政治领域成为领导者需要的素质是不同的。"①对公共知识分子来说,成为公共知识分子就是试着同时扮演两个角色,但风险是他们可能一个都演不好。②

教授们很大程度上遵循了韦伯的远离政治的告诫。学者视社会为学习、研究、分析甚至发表意见的对象,而并不是要采取行动的对象。改变了的是其他人对学术机构的看法。如今某些学术领域遭人蔑视,而非受人尊敬。以汤姆·沃尔夫为例,他在一篇粗制滥造的关于学术知识分子的论文中总结说:"在知识分子的内心深处,他想要的仅仅是抓住一个世纪前的某个灵光闪现遗留给他的东西。如勒韦所说,知识分子除了想和乌合之众、无教养的人……'中产阶级'保持距离,他别无所求。"③对批评家来说,学者自视甚高是精英主义作怪。对潜在的捐赠人来说,这是向不作为投降。

针对象牙塔的常规批判不能说正确,也不能说不正确。毫无疑问,学术机构有许多癖好和缺点,比如充斥着行话的文章和专业动机。但克里斯托夫及其支持者认为

---

① Weber, "Science as a Vocation," 125–128.
② Corey Robin, "How Intellectuals Create a Public," *Chronicle of Higher Education*, January 22, 2016.
③ Tom Wolfe, "In the Land of the Rococo Marxists," *Harper's*, June 2000, 82.

正是这些特点导致学术机构难以对思想市场施加影响，这种观点是错误的。许多学者已经充分利用了新兴的思想产业。一些学者利用媒体平台的扩张接触到更多受众。一些社会科学家介入党派纷争当中，并设法生存下来，继续在政府供职，也保住了他们在政治圈的名声。还有一些学者设法讨好有兴趣赞助其研究的富有的捐赠人。

问题是，那些最有可能在思想产业获得成功的学者是那些采用思想领袖的语言技巧的人。一个学者言语中投射出来的自信程度对其他人如何看待他的观点有不可否认的影响。正如发表了的学术研究被认为是最有价值的，自信的学者能够对其他人的观点产生影响，这是不可否认的。我的同事中有些人会提出完全没把握但又大胆的预测，我非常羡慕他们这种风平浪静的自信。

尽管学者个体学会了如何在思想产业中生存和发展，但很难说学术机构作为整体也学会了。一部分原因在于学术规范，常规批判已有提及。还有一部分原因在于学术机构易受到党派的攻击。此外，还有很大一部分原因是，学者的很多研究结论都跟政策制定者、媒体、潜在资助者的世界观不一致。学者就像传统公共知识分子一样频繁介入思想市场，准备解释为什么一些新的政策思想不大可能起作用。赞助人更情愿资助思想领袖。思想领袖身上有两个备受捐赠人青睐的特质：积极地看待改变，以及坚信自己能够有所作为。

当然，"学术机构"这个词涵盖了许多不同的学科。在思想产业中，有些学科发展得比其他学科好，比如，经济学就比政治科学发展得好。原因是什么呢？

第四章　为什么经济学繁荣发展，而政治学只能勉强生存

> 想象一下，如果社会学家或政治学家的就业前景比经济学家还要好，那么经济学家一定会陷入无尽的恐惧。
>
> ——理查德·弗里曼

笔者在研究生院攻读经济学和政治学的时候，曾一再听到这个笑话：一位经济学家转到政治学专业，两个学院的平均智商都会提升。这个笑话虽然很巧妙，却不属实。不过，问题在于很多非常聪明的人都认为这是真的。

当尼古拉斯·克里斯托夫把对学术机构的抨击指向显而易见的象牙塔时，他集中主要火力抨击政治学。克里斯托夫悲叹道，他"曾经的爱——政治学，是一个特殊的罪犯，因为它一直试图扼杀自己的现实影响力"。① 提出这一控告的并不只有他一人。就在他发表这一评论大概六个月后，汤姆·里克斯在《外交政策》(*Foreign Policy*)上发表了和他几乎一模一样的言论，抱怨"政治学完全与现实脱节了"。②

政治学家就政治学所谓的罪恶进行自我鞭挞，这已经成了惯例。罗伯特·帕特南曾担任美国政治科学协会主席，他在2002年主席演讲中说道："如今，相比我们其他的职业权利和义务，服务公众（和公众利益）只是陪衬。"③几年后，艾伦·沃尔夫在

---

① Nicholas Kristof, "Professors, We Need You!," *New York Times*, February 15, 2014.
② Tom Ricks, "Given All That Is Going On, Why Is *International Security* So Damn Boring?," *Foreign Policy*, September 15, 2014.
③ Robert Putnam, "The Public Role of Political Science," *Perspective on Politics* 1 (June 2003), 250.

《高等教育年鉴》(Chronicle of Higher Education)中写道:"我们只能希望政治学家……可以回到那个理解现实比精进自己钟爱的方法论更重要的时代。"最近,著名国际安全学者史蒂夫·范·埃弗拉在博客中说:"美国的社科类学科被凝固在有毒的琥珀中……这种结构的学科孤岛只能培育出思想狭隘、缺乏实际价值的单一学术作物。"作为总结,迈克尔·德施说:"简而言之,问题就在于越来越多的学者将精确性与特定的技术方法(数学运算和模型)等价,却忽视了更广泛的与现实关联的标准。"①以上言论似乎都支持了克里斯托夫的论点。

但是,克里斯托夫的论点在以下两个方面还存在不足之处。第一,早在克里斯托夫发表那篇评论文章的几十年前,就已经有关于政治学脱离实际的抱怨了。1927年,美国政治科学协会主席查尔斯·比尔德对"周密却无关紧要的学术研究"在"积累信息的同时,却带来视野受限之虞"这一事实感到绝望。1939年,罗伯特·S. 林德评论说政治学的问题在于发展太慢,跟不上政策制定者的步伐。他还说:"学院派政治学家和不拘小节的选区政客相去甚远,政治学家的生活要文雅得多。"1951年,戴维·伊斯顿在《政治杂志》(Journal of Politics)中写道:"社会学家的工作与政客的工作被硬生生地分离开来。"②早在形式化建模或贝叶斯统计这样的工具在政治学中广泛应用之前,政治学家就抱怨他们能明显感觉到政治学已经脱离实际了。人们之所以认为新兴的方法论潮流是导致政治学边缘化的唯一原因,是因为他们选择性地失忆了。

第二,更大的问题是,所有在政治学中存在的所谓的罪恶,在经济学中也存在,而且更加集中。在所有社科类学科中,经济学在应用博弈论、高等经济计量学、随机对照试验以及其他更加晦涩难懂的方法论的道路上走得最远。社科类学科最令人不满

---

① Steven Van Evera, "U. S. Social Science and International Relations," *War on the Rocks*, February 9, 2015; Michael Desch, "Technique Trumps Relevance: The Professionalization of Political Science and the Marginalization of Security Studies," *Perspectives on Politics* 13 (June 2015), 378.

② Charles Beard, "Time, Technology, and the Creative Spirit in Political Science," *American Political Science Review* 21 (February 1927): 8; Robert S. Lynd, *Knowledge for What: The Place of Social Science in American Culture* (Princeton, NJ: Princeton University Press, 1939), 138 – 39; David Easton, "The Decline of Modern Political Theory," *Journal of Politics* 13 (February 1951): 48.

的就是令人困惑的技术手法、复杂的公式和晦涩的文风,经济学领域充斥着这些问题。公众能不能看懂经济学家写的文章纯粹靠运气。保罗·克鲁格曼是一位条理清晰的语言大师,但他也曾对读者坦言:"我希望你们能觉得我是一个合格的作家,不过一谈到经济学,英语对我来说就成了一门外语,因为我会先用方程式和图表思考,然后再翻译成英语。"① 克鲁格曼是经济学家中比较有自知之明的;其他大多数人一点都不关心自己的文章质量。如果克里斯托夫对学术机构的批判在因果关系上成立,那么经济学应该是所有社科类学科中影响力最小的。但正如大家所见,事实恰恰相反。的确,这两门学科在影响力和声望方面的差距非常大,所以从比尔德开始,政治学家们就一直渴望与经济学建立更加紧密的联系。然而,虽然经济学家的学派不尽相同,比如约翰·肯尼思·加尔布雷思和戈登·塔洛克,但他们有一个共同点,那就是诋毁政治学。②

克里斯托夫对政治学的特征描述并不一定是错误的,却张冠李戴了。虽然学术机构对外界的开放性整体上得以提升,但经济学才是最符合克里斯托夫夸张描述的社科类学科,也是思想市场里最具影响力的学科。为什么经济学繁荣发展而政治学只能勉强生存? 答案在于,现代思想产业是如何有区别地奖惩社科类学科及其背后原因。

所有对经济学和政治学相对影响力的评估都显示,经济学家在学术机构内外都非常有发言权。社会学家马里恩·富尔卡德曾表示,经济学家处于社科类学科阶层的顶端。③ 在所有社科类学科中,经济学家的平均收入最高。在社科类院校中,他们的人数最多。经济学家不仅仅在经济学院任职,他们还攫取了大部分商学院和公共

---

① Paul Krugman, "Economic Culture Wars," *Slate*, October 25, 1996.
② Beard, "Time, Technology, and the Creative Spirit in Political Science," 10; John Kenneth Galbraith, "Power and the Useful Economist," *American Economic Review* 63 (March 1973): 6; Gordon Tullock, "Economic Imperialism," in *Theory of Public Choice*, ed. James Buchanan (Ann Arbor: University of Michigan Press, 1972), 325.
③ Marion Fourcade, Etienne Ollion, and Yann Algan, "The Superiority of Economists," *Journal of Economic Perspectives* 29 (January 2015), 89.

政策学院的教职名额，就连法学院也遭到了蚕食。其他学科的学者经常在文章中引用经济学家的言论，但经济学家很少礼尚往来，在文中引用其他学科言论。著名经济学家丹尼·罗德里克解释说："因为经济学家共用一套语言和方法，所以他们就倾向于无视或轻视非经济学家的观点。"① 富尔卡德和她的同事总结如下：

> 大多数经济学家都对自己的附加值相当有把握。他们十分享受这种感觉，因为他们背后有高度统一的学科架构的支持；因为薪水更加丰厚，他们相信这多少体现了自己真实的基本价值；因为整套体制结构——从报社到国会委员会再到国际政策圈——都向他们寻求对策，尤其在困难关头。②

经济学的影响力远远超出了学术机构的范围。如前一章所说，人们对政治学家的关注度提高了，但政治学学科的影响力和政治学本身一样惨淡。相比其他社科类学科，政策制定者、媒体机构和大众好像更重视经济学专家说的话。当美国财政部或美联储官员在国会作证时，他们经常引用经济学的学术文献来论证自己的观点；但美国国务院或国防部却从未引用过国际关系学的学术文献。政治学家雅各布·哈克说："如果你去找政策制定者谈话，看见他的办公室里有一位社会科学方面的专家，她十有八九是个经济学家。"③

如果经济学家在某个紧急政策问题上达成高度共识，比如 2008 年秋天应该采取凯恩斯主义的经济刺激政策，他们的建议会左右政策的制定。④ 如果政治学家达成了某种共识，他们的建议对政策制定的影响几乎可以忽略不计。例如，2004 年秋，一

---

① Dani Rodrik, *Economics Rules*: *The Rights and Wrongs of the Dismal Science* (New York: W. W. Norton, 2015), 80.
② 同上，110.
③ John Balz, "The Absent Professor," *Washington Monthly*, January/February/March 2008.
④ Henry Farrell and John Quiggin, "Consensus, Dissensus and Economic Ideas: The Rise and Fall of Keynesianism During the Economic Crisis," manuscript, George Washington University, fall 2013; Drezner, *The System Worked*, chapter 6.

大群国际关系理论家成立了"理智外交政策安全学者"团体。该团体起草并联名签署了一份请愿书,要求改变美国外交政策方针,并委托公关公司进行媒体宣传。这些努力显然都是为了影响2004年的总统竞选。其组织者所谓的"韦伯式激进主义"之所以值得关注纯粹是因为它没能成功,媒体对这次请愿的报道也少得可怜。后来,"理智外交政策安全学者"的主要组织者说:"从教育公众的大目标来看,这场请愿活动惨败……我们的请愿书对国内思想市场的影响微乎其微。"①

对现任以及历任外交政策制定者的调查显示,他们对经济学研究的重视程度远高于政治学研究,这一结果令那些十分反感经济学研究方法的人感到困惑。② 在对高层政策制定者的调查中,政治学家迈克尔·德施和保罗·埃维发现,政治学理论和方法经常被归类为"不是很有用"或"完全没有用"。③ 相反,这些政策制定者非常重视经济学。笔者本人对公共政策意见领袖的调查也证实了以上结果,如下面图4.1所示。当被问及各社科类学科对公共政策和外交政策的影响时,他们认为经济学的影响力远超政治学、历史学、社会学以及其他学科。政治学的影响力排名第三,落后于经济学和历史学。

布鲁斯·詹特森和埃利·拉特纳发起了"弥合差距倡议项目",旨在增强政治学界与决策群体之间的联系。但他们也承认:"决策群体对走出华盛顿,与学者建立联系并阅读学术研究这样的事情兴趣寥寥。"④

媒体机构对经济学家和政治学家的态度与外交政策制定者相似。梅利莎·哈里斯·佩里是维克森林大学(Wake Forest)的一名政治学教授,曾在微软全国广播公司

---

① Patrick Thaddeus Jackson and Stuart J. Kaufman, "Security Scholars for a Sensible Foreign Policy: A Study in Weberian Activism," *Perspectives on Politics* 5 (March 2007): 96.
② Paul C. Avey and Michael C. Desch, "What Do Policymakers Want from Us? Results of a Survey of Current and Former Senior National Security Decision Makers," *International Studies Quarterly* 58 (December 2014): 227–246.
③ Avey and Desch, "What Do Policymakers Want from Us?"
④ Bruce W. Jentleson and Ely Ratner, "Bridging the Beltway-Ivory Tower Gap," *International Studies Review* 13 (March 2011): 8.

（MSNBC）担任时事评论员，她解释说："媒体对不同领域的专家的看法很不一样。经济学家拥有巨大的、与生俱来的影响力。人们认为，经济学家肯定对自己谈论的内容非常了解。"①不出意料，2006年后的十年间，《纽约时报》提到"经济学家"的次数是"政治学家"的7.5倍；从2008年开始，二者的差距愈加悬殊。②

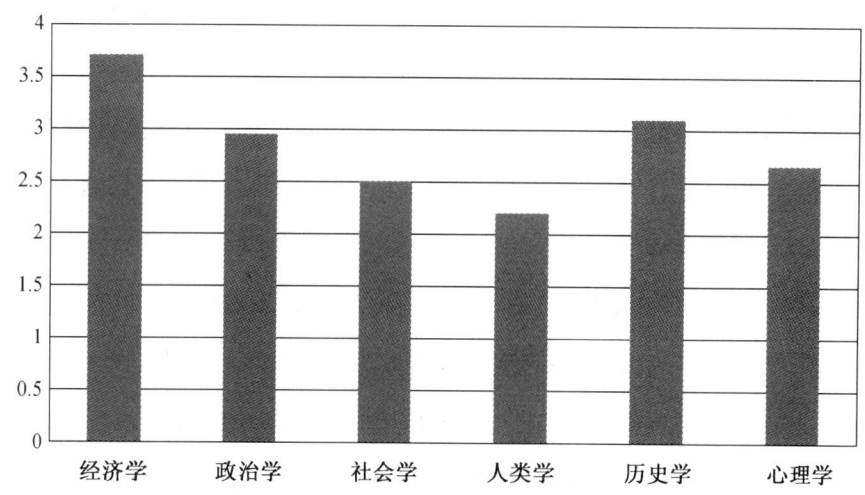

图4.1　社会精英对各社科类学科的外交政策影响力的看法

备注：思想产业精英调查问卷的问题是："你认为，以下社科类学科分别对公共政策和外交政策的制定有多大的影响力？"（调查人数：196人，信任等级范围：1～4）

来源：笔者调查。

至少从21世纪初开始，著名的知识分子更有可能拥有经济学而非人文学科背景。在理查德·波斯纳给出的21世纪之初以来前一百位知识分子名单里，经济学家的数量在所有学科中是最多的。③ 对思想领袖的网络影响力的最新分析也显示经济

---

① Melissa Harris-Perry and Steve Friess, "An Interview with Melissa Harris-Perry," *PS: Political Science and Politics* 48 (September 2015): 28.

② *Economist*, "Pushback," March 5, 2016; Kieran Healy, "Public Sociology in the Age of Social Media," *Perspectives on Politics*, 图1、图2。

③ Richard Posner, *Public Intellectuals: A Study of Decline* (Cambridge, MA: Harvard University Press, 2000), 215.

学家在所有学科中居于领先地位。① 十年前,史蒂文·莱维特出版了《魔鬼经济学》(*Freakonomics*),轰动一时。十年后,法国经济学家托马斯·皮凯蒂出版了《二十一世纪资本论》(*Capital in the Twenty-First Century*),一部 800 多页讨论不平等现象的专著,其英译本在亚马逊网站上销量排名第一。② 经济学似乎取代了文学批评的作用,成了超级明星知识分子的"通用方法论"。经济学这门沉闷的科学已经主宰了思想市场。

不只政策制定者和主流媒体存在以上观念方面的问题,大众好像也和政策制定者一样瞧不起政治学。2014 年,美国政治科学协会委任专门工作小组调查公众对政治学学科的看法。工作小组得出了一个令人沮丧的结论:"大众似乎并不认为政治学可以帮他们更好地理解政治或解决公共问题……就美国民众对政治学的了解程度而言,他们只知道政治学是大学的一门课程,并不知道它其实还有更广泛的用途。"③

经过无数的公共政策辩论,政治学脱离现实的特性已经被政治学家深深地内化了。在这个话题上,很多政治学家都会在文章里像小驴屹耳一样哀叹自己的无能。史蒂芬·沃尔特是最著名的国际关系理论家之一,备受争议的《以色列游说集团》(*The Israel Lobby*)的合著者,也是《外交政策》的固定撰稿人。2012 年,他写道:"学术理论,包括我自己的研究成果,对国家实际行为的直接或间接影响一直都比较小。学者们可能会觉得他们是在'向当权者献真言',但大多数情况下,当权者根本就不听他们的话。"④ 斯蒂芬·D. 克拉斯纳是一位知名的国际关系理论家,曾在国务院担任

---

① Karin Frick, Detlef Guertler, and Peter A. Gloor, "Coolhunting for the World's Thought Leaders," accessed at http://www.ickn.org/documents/COINs13_Thoughtleaders4.pdf.

② Piketty, *Capital in the Twenty-First Century*.

③ American Political Science Association, *Improving Public Perceptions of Political Science's Value* (Washington: APSA, 2014), 15.

④ Stephen Walt, "Theory and Policy in International Relations: Some Personal Reflections," *Yale Journal of International Affairs* 7 (September 2012): 35.

康多莉扎·赖斯的政策规划主任,他也发表过类似的评论。① 大大小小的研究和调查结果都显示,国际关系学者认为该学科已经偏离了原来的轨道,其关注点从与政策相关的学术研究转向了更加基础的部分,即便如此,大多数学者还是坚信自己的研究与政策紧密相关。② 美国政治科学协会承认:"很多人都一致认为……学者和想要深入了解政治学的读者之间的联系被切断了,但事情本不必如此。"③虽然"猴子笼"一类的博客扩大了政治学家影响思想市场的途径,经济学家泰勒·考恩依然说:"政治学还远远落后于经济学。"④

综上所述:所有证据都表明经济学处于社会科学金字塔的顶端;经济学是思想市场中最具影响力的学科。即使在国际事务领域,政治学的影响力也相对较弱。

在过去十年中,经济学家的表现非常糟糕,但经济学却在思想市场中取得了卓越地位,这尤其令人咋舌。2008 年之前,无数经济学家都说宏观经济理论的现状非常好,广泛的思想共识已经达成。诺贝尔奖获得者罗伯特·卢卡斯对这个共识做了明确说明:"就其本义而言,宏观经济学是成功的:从实际应用方面来看,预防经济危机的核心问题已经解决了,其实早在几十年前就解决了。"⑤国际货币基金组织(IMF)的首席经济学家奥利维尔·布兰查德在 2008 年 8 月发表了一篇非常不合时宜的文章,文章开头写道:"宏观经济的现状很好。"⑥在 2008 年金融危机爆发前,只有极少

---

① Stephen D. Krasner, "The Garbage Can Framework for Locating Policy Planning," in *Avoiding Trivia: The Roles of Strategic Planning in American Foreign Policy*, ed. Daniel W. Drezner (Washington, DC: Brookings Institution Press, 2009).

② Andrew Bennett and G. John Ikenberry, "The *Review*'s Evolving Relevance for US Foreign Policy 1906—2006," *American Political Science Review* 100 (November 2006): 651 – 658; Daniel Maliniak, Amy Oakes, Susan Peterson, and Michael J. Tierney, "International Relations in the US Academy," *International Studies Quarterly* 55 (June 2011): 437 – 464.

③ APSA, *Improving Public Perceptions of Political Science's Value*, 11.

④ 考恩引用自 Alexander Kafka, "How the Monkey Cage Went Ape," *Chronicle of Higher Education*, January 10, 2016。

⑤ Robert E. Lucas, "Macroeconomic Priorities," *American Economic Review* 93 (March 2003): 1.

⑥ Olivier Blanchard, "The State of Macro," NBER Working Paper No. 14259, August 2008, 2.

数的金融经济学家准确地警告过大众房地产泡沫的危害。① 2005年,当经济学家拉格拉姆·拉扬对过度的金融工程表示担忧时,劳伦斯·萨姆纳斯还指责他是"勒德分子"。有效市场假说等思想帮助催生了造成房地产泡沫的早期政策环境。②

2008年金融危机结束后,思想市场中的经济学家的日子依然不好过。经济预测员连连败北。行为经济学家理查德·塞勒评论道:"经济模型的预测经常失灵。"③他一点都没有夸张。自从雷曼兄弟投资公司破产后,美联储的经济学家一直都高估了经济增幅。IMF的预测员只能不停地修改下调他们对全球经济增长的短期预测。预测员的失败率实在是太高了,IMF甚至专门对此进行了调查。④ 但问题在于,经济学界在论功行赏时并不是很看重预测的准确性。正如经济学家诺亚·史密斯在彭博资讯公司所说:"那些获得一致推崇的理论往往都不是能在实际应用中取得成功的理论,而是新的理论,比如,应用了新的数学方法。"⑤宏观经济学领域已经犯下了许多严重的错误,用某个经济学家的话说,它的原始模型就是一个"针对外行大众的修辞诈骗"。⑥ 雷曼兄弟投资公司破产后,经济学家曾围绕凯恩斯主义达成了短暂的共识,但此后,更保守的经济学家开始表示反对。两篇关键的经济学文章为紧缩的经济政策提供智力援助。2009年10月,艾伯托·阿莱西纳和西尔维娅·阿尔达尼亚在美国国家经济研究局(NBER)发表了一篇文章,对紧缩的经济政策进行了一番论证。⑦ 2010年1月,卡门·莱因哈特和肯尼思·罗戈夫也在NBER发表了一篇支持

---

① Nate Silver, *The Signal and the Noise* (New York: Penguin, 2012), 20.

② 例如:John Quiggin, *Zombie Economics* (Princeton, NJ: Princeton University Press, 2012)。

③ Richard H. Thaler, *Misbehaving: The Making of Behavioral Economics* (New York: W. W. Norton, 2015), 4.

④ Davide Furcer et al., "Where Are We Headed? Perspectives on Potential Output," in *World Economic Outlook* (Washington: International Monetary Fund, 2015).

⑤ Noah Smith, "Economists' Biggest Failure," BloombergView, March 5, 2015.

⑥ 引自David Colander, "Intellectual Incest on the Charles: Why Economists Are a Little Bit Off," *Eastern Economic Journal* 41 (January 2015): 156。

⑦ Alberto Alesina and Silvia Ardagna, "Large Changes in Fiscal Policy: Taxes Versus Spending," NBER Working Paper No. 15438, October 2009; Carmen Reinhart and Kenneth Rogoff, "Growth in a Time of Debt," NBER Working Paper No. 15639, January 2010.

财政紧缩的文章,文中称,如果一个国家的债务占GDP的比率超过了90%,它将经历严重的经济放缓。保罗·克鲁格曼评论说,"与以往所有的经济学文章相比",莱因哈特和罗戈夫的文章"对公共辩论的影响最为即效"。① 作为思想领袖,这些经济学家提出政策建议的影响力,已经超出了他们的研究发现本身。他们提出的紧缩政策造成的后果,小到经济萎缩,大到甚至有毁灭性影响。② 虽然后续研究质疑了以上两篇文章观点的正确性,不过在此之前,紧缩政策已经给欧洲的经济和政治造成了极大的破坏。③ 难怪世界银行首席经济学家保罗·罗默说:"30多年来,宏观经济学一直在倒退。"④

芝加哥大学的经济学家路易吉·津盖尔思严厉批评了金融经济学这一学科分支,并承认"我们夸大了金融学的好处"。⑤ 斯坦福大学教授保罗·弗莱德雷尔谴责说,金融学者把模型当成变色龙一样使用,通过"理论的择优挑选"来推广自己毫无现实依据的想法。⑥ 投资顾问巴里·雷索茨曾多次抨击经济学家2008年金融危机前后提出的"僵尸想法"。⑦ 其他经济学家也承认,他们只关注了金融变量,所以没有抓

---

① Paul Krugman, "How the Case for Austerity Has Crumbled," *New York Review of Books*, June 6, 2013.

② Mark Blyth, *Austerity: The History of a Dangerous Idea* (New York: Oxford University Press, 2013); Drezner, *The System Worked*, chapter 6.

③ Jaime Guajardo, Daniel Leigh, and Andrea Pescatori, "Expansionary austerity? International evidence," Journal of the European Economic Association 12 (August 2014): 949 - 968; Thomas Herndon, Michael Ash and Robert Pollin, "Does High Public Debt Consistently Stifle Economic Growth? A Critique of Reinhart and Rogoff," Political Economy Research Institute Working Paper no. 322, University of Massachusetts at Amherst, April 2013.

④ Paul Romer, "The Trouble with Macroeconomics," *The American Economist*,即将出版。另请参看 Olivier Blanchard, "Do DSGE Models Have a Future?," Peterson Institute for International Economic Policy Brief 16 - 11, August 2016。

⑤ Luigi Zingales, "Does Finance Benefit Society?," AFA Presidential Address, January 2015, 3,来源网址:http://faculty.chicagobooth.edu/luigi.zingales/papers/research/Finance.pdf。

⑥ Paul Pfleiderer, "Chameleons: The Misuse of Theoretical Models in Finance and Economics," *Revista de Economia Institucional* 16 (July/December 2014): 23 - 60.

⑦ Barry Ritholz, "Why Don't Bad Ideas Ever Die?" *Washington Post*, December 15, 2012; Ritholz, "Zombie Ideas That Keep on Losing," BloombergView, October 20, 2014.

住金融危机及其余波的政治根源。① 一连串的失败印证了艾伦·布林德十年前的那句格言:经济学家争议最多的时候正是他们最受重视的时候。②

即使在他们达成强烈共识的领域,比如自由贸易,经济学家也犯了很多错误。大量调查显示,绝大多数经济学家都支持贸易自由化。他们一致认为自由贸易可以提高生产力,为消费者提供更多选择,而且长期来看,这些给就业带来的收益会比其他影响多得多。③ 然而,自由贸易并不像经济学家经常在政策辩论中吹嘘的那么好。④ 中国加入世贸组织后对美国经济产生了严重的分配效应,这就是一个很好的例证。在中国贸易冲击开始后的十年里,美国的许多部门都存在工资停滞不前、失业率居高不下的问题。不仅如此,那些因为中国进口商品而失业的人还经历了重大的工作变动,终生收入也被永久削减了。⑤ 一些经济学家曾叹息说,在公众面前,经济学家把支持自由贸易的理由说得如此简单,但其实他们自己都没搞清楚自由贸易到底能带来什么好处。⑥《纽约时报》的经济学通讯员本雅明·阿佩尔鲍姆说,就自由贸易而言,"经济学家过分吹嘘了"。⑦

诸如此类高调的错误非常多,经济学界也渐渐意识到了。⑧ 巴里·艾肯格林表示:"(2008年金融危机)让我们开始质疑以前我们对经济学的看法……现在,我们终

---

① Raghuram Rajan, *Fault Lines* (Princeton, NJ: Princeton University Press, 2010); Simon Johnson and James Kwak, 13 *Bankers* (New York: Pantheon, 2010).

② Alan Blinder, *Hard Heads, Soft Hearts* (Boston: Addison-Wesley, 1988).

③ 这里的提问方式和以下网址中对精英经济学家的调查提问方式几乎一样:http://www.igmchicago.org/igm-economic-experts-panel/poll-results? SurveyID=SV_odfr9yjnDcLh17m.

④ Rodrik, *Economics Rules*.

⑤ David Autor, David Dorn, and Gordon Hanson, "The China Shock: Learning from Labor Market Adjustment to Large Changes in Trade," NBER Working Paper No. 21906, January 2016.

⑥ Rodrik, *Economics Rules*; Noah Smith, "Free Trade with China Wasn't Such a Great Idea for the U. S. ", BloombergView, January 26, 2016.

⑦ Binyamin Appelbaum, "On Trade, Donald Trump Breaks with 200 Years of Economic Orthodoxy," *New York Times*, March 10, 2016.

⑧ Dani Rodrik, "Economists vs. Economics," *Project Syndicate*, September 10, 2015; Rodrik, *Economics Rules*; and Paul Romer, "Mathiness in the Theory of Economic Growth." *American Economic Review* 105 (May 2015): 89–93.

于意识到大多数我们原本以为正确的看法都是错误的。"保罗·克鲁格曼写道:"在我看来,经济学界走入歧途的原因是,经济学家整个群体将身穿华丽数学外衣的'美人'错当成了真理。"① 罗默曾对经济学学术辩论的"数学性"表示担忧。② 就连一向宽容的专家也开始写文章揭露经济学领域的内在缺陷了。③ 不过经济学学科并没有发生什么变化。相反,那些针对2008年金融危机发表了极其错误言论的经济学家的言论被引用的次数更多了。经济学"就像一个封闭、低效、准入门槛高的市场"。④

需要明确的是,批评经济学并不代表政治学表现得更好。像冷战和平结束、2011年"阿拉伯之春"运动、2016年共和党党内总统初选这样的重大事件,政治学家完全没有预料到。⑤ 即使是小事件,他们的预测也不准。⑥ 不过,有几件大事他们还是做得非常正确的。政治学家是最先对"暴力冲突中的平民伤亡都是因为'古老的仇恨'"这样的言论发起反击的。⑦ 大多数国际关系学者都反对2003年入侵伊拉克的决定以及入侵前夕的"国旗集会"。⑧ 政治学家用来预测2016年大选结果的模型考虑到

---

① Paul Krugman, "How Did Economics Get It So Wrong?," *New York Times Magazine*, September 2, 2009; Barry Eichengreen, "The Last Temptation of Risk," *The National Interest* 101 (May/June 2009): 8.

② Romer, "Mathiness in the Theory of Economic Growth."

③ Clive Crook, "The Trouble with Economics," BloombergView, October 11, 2015.

④ Federico Fubini, "The Closed Marketplace of Ideas," *Project Syndicate*, January 4, 2016.

⑤ John Lewis Gaddis, "International Relations Theory and the End of the Cold War," *International Security* 17 (Winter 1992/93): 5 – 58; Marc Morjé Howard and Meir Walters, "Explaining the Unexpected: Political Science and the Surprise of 1989 and 2011," *Perspectives on Politics* 12 (June 2014): 394 – 408.

⑥ Christopher J. Fettweis, "Evaluating IR's Crystal Balls: How Predictions of the Future Have Withstood Fourteen Years of Unipolarity," *International Studies Review* 6 (Winter 2004): 79 – 104; Philip Tetlock, *Expert Political Judgment* (Princeton, NJ: Princeton University Press, 2005.)

⑦ Benjamin Valentino, "Why We Kill: The Political Science of Political Violence against Civilians," *Annual Review of Political Science* 17 (2014): 89 – 103.

⑧ James Long, Daniel Maliniak, Sue Peterson, and Michael Tierney, "International Relations Scholars, U. S. Foreign Policy, and the Iraq War," working Paper, The College of William & Mary, December 2013. 本着充分披露的精神,我要说明,我并不是当初那些反对伊拉克战争的聪明的政治学家之一。

了经济状况和任期等参数,比那些只参考民意调查结果的预测准确多了。① 政治学家在某些方面的共识跟华盛顿官场非常不一样,他们认为政策制定者夸大了声誉在国际政治界的重要性,以及外国债权人对美国外交政策的影响有限。但是,政策制定者很少理会他们的建议。

外交政策精英们隐隐约约地感觉到,或许经济学本身存在某些问题。根据笔者调查,舆论精英人士认为经济学是最有影响力的学科,如前面图4.1所示。但是,当问到哪一门学科对自己最有用时,他们把经济学排在历史学后面,如图4.2所示。尽管如此,在所有的社科类学科中,最具影响力的还是经济学,其他本可以提供政策建议的学科却只能受它排挤。② 正如塞勒所说:"在所有社会科学家中,经济学家对公共政策的影响力最大。事实上,他们几乎垄断了提供政策建议的权利。其他社会科学家能提供建议的机会非常少,直到最近这种情况才略有改善。"③或者,如哈里斯·佩里所说,主流媒体都认为"不存在政治学家独有而经济学家无法获取的信息"。④

如果对比一下经济学家在20世纪70年代和过去十年里分别是如何应对智力危机的,结果会非常令人震惊。20世纪70年代,美国经济衰退使经济学发生了翻天覆地的变化。凯恩斯经济理论统治了战后时期的经济学,但在经济出现停滞性通货膨胀后就被摒弃了。⑤ 以个人选择、合理预期和市场力量为依据的经济举措很快就发挥了成效。2008年,经济学家依然利用这些举措来应对金融危机及其余波带来的巨变,但是失败了。不过,这次失败并没有像上次那样带来任何观念上的转变。确实,

---

① Daniel W. Drezner, "Why political science is not an election casualty," *Washington Post*, November 15, 2016; Seth Masket, "Did political science, or 'political science,' get it wrong?," *Vox*, November 15, 2016.

② 关于政治学请参见:Thomas Pepinsky and David Steinberg, "Is International Relations Relevant for International Money and Finance?," working paper, Cornell University, December 2014。

③ Thaler, *Misbehaving*, 5.

④ Harris-Perry and Friess, "An Interview with Melissa Harris-Perry," 28.

⑤ Daniel T. Rodgers, *Age of Fracture* (Cambridge, MA: Belknap, 2011), chapter 2; Blinder, *Hard Heads, Soft Hearts*.

曾有分析显示经济学堪称整个社会学领域里最顽固的典范。①

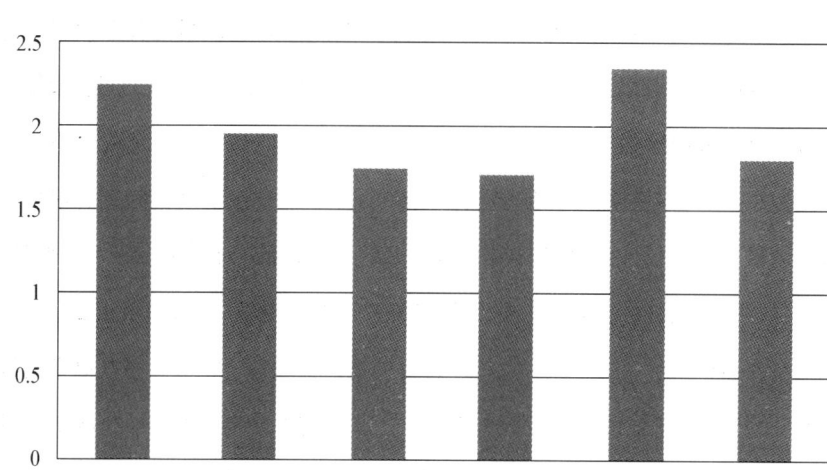

图 4.2　社会精英对各社科类学科的信心

备注：思想产业精英调查问卷的问题是："目前来看，您对以下社科类学科进行的研究抱有多大的信心？"（调查人数：198 人）

来源：笔者调查。

由此看来，克里斯托夫指控整个学界的种种罪行在经济学家身上全部成立。现实世界发生的种种令人不安的事件引发了人们对某些核心假设的质疑，即使这样，经济学学科也没发生什么大的转变，而经济学家依然在思想的产业里蒸蒸日上。这是为什么呢？

正如富尔卡德和其他学者所说，经济学家对其核心理论的正确性深信不疑，这也是他们对思想市场的影响力来源之一。② 经济学家坚信，他们使用的分析工具比其他社会科学家更高级。这种自信已经演变成一种肆意的傲慢。经济学家经常在其他

---

① Eliza Evans, Charles Gomez, and Daniel McFarland, "Measuring Paradigmaticness of Disciplines Using Text," *Sociological Science* 3 (August 2016): 757–778.

② 另请参见：Deirdre McCloskey, *Knowledge and Persuasion in Economics* (New York: Cambridge University Press, 1994).

社会科学家面前表现出一种近乎蔑视的傲慢。① 比如，丹尼·罗德里克在很多文章里都肯定了其他社科类学科的价值，但是在《经济学规则》(Economics Rules)一书中，关于经济学如何比其他社科类学科更严密，他却说了很多题外话："总体而言，经济学仍是社会科学领域唯一若不接受必需的研究生训练就几乎完全无法理解的学科。"② 即使在承认非经济因素也重要时，经济学家的言辞也是贬损的。在《这次不一样》(This Time Is Different)一书中，卡门·莱因哈特和肯尼思·罗戈夫认为，在判定国家相对富裕程度时，"制度、腐败和治理"远比资本劳动比重要，却把这些称作"'软'要素"。③ "软"是社会科学家们最不想听到的对自己研究的评价。

在经济素养低、不识数人口多的社会里，这种自信本身就是一种智力权力。经济学家的这种自信会自我强化；既然他们最受尊崇，那么他们一定也付出了自己的努力。

虽然经济学家的数学不如数学家好，但他们的收入更高。④ 这表明经济学家地位高并不是因为他们的分析工具更高级。但其他社科类学科，尤其是政治学，一直亦步亦趋地模仿经济学的方法、技巧和风格。1968年，在《美国政治科学评论》(American Political Science Review)上发表的定量研究文章还不到40%，到1998年，这一比例已经超过了60%。⑤ 20世纪70年代，经济学家开始使用博弈论，政治学家就紧随其后。20世纪90年代，经济学家转向实验法和随机对照试验，到了21

---

① 参见第7条脚注中的引文，另请参见：Barry Eichengreen, "Dental Hygiene and Nuclear War: How International Relations Looks from Economics," *International Organization* 52 (1998), 993 - 1061; Noah Smith, "Why Economists Are Paid So Much," BloombergView, December 2, 2014。

② Rodrik, *Economics Rules*, 31. 另请参见第30页、第78 - 79页；Richard Freeman, "It's Better Being an Economist (But Don't Tell Anyone)," *Journal of Economic Perspectives* 13 (Summer 1999): 139 - 145。

③ Carmen Reinhart and Kenneth Rogoff, *This Time Is Different: Eight Centuries of Economic Folly* (Princeton, NJ: Princeton University Press, 2009), 30.

④ Freeman, "It's Better Being an Economist (But Don't Tell Anyone)."

⑤ Lawrence Mead, "Scholasticism in Political Science," *Perspectives on Politics* 8 (June 2010): 460.

世纪初,政治学家也开始采用这些方法。

不管怎么说,这种科学转向至少帮政治学赢得了其他科学家的尊重。在国会削减了美国国家科学基金会给政治学的资助后,美国国家科学院在国会大厦外举行了抗议活动,抗议其对社科类学科资助的削减。① 科学领域的两大顶级杂志《科学》(Science)和《自然》(Nature)都发表社论谴责国会的做法。② 许多科学协会,包括美国物理协会和忧思科学家联盟,也纷纷发表声明攻击国会的该项举措。③

政治学家不仅模仿了经济学的方法论,还想模仿他们的自信。政治学家越来越倾向于在公众、政策制定者甚至彼此面前扮演科学专家的角色。有人将此称作"复苏的新实证主义"。④ 这对政治学家之间的相互交流产生了非常有趣的影响。在国际关系学术圈,有些学者声称范式辩论已经过时了。按照这个逻辑,像"现实主义""女权主义"或"建构主义"这些"主义"就都不如科学上的学术成就重要了。⑤ 一些知名的国际关系教科书反映了这一点,因为书中没有讨论范式方法,而是强调利益和制度。⑥ 劳伦斯·米德对政治学演讲做如下评价:

> 以前,政治学家在研讨会或大会上发表演讲时,人们会对其论点提出怀疑并就相关问题展开广泛讨论。如今,人们更关注方法论,而对具体论点并不感兴趣。与前辈相比,当今的政治学家在技术上更胜一筹,但与政治和国

---

① 美国政治科学协会(APSA), *Improving Public Perceptions of Political Science's Value*, 11。
② "A Different Agenda," *Nature* 487 (271), July 18, 2012; Kenneth Prewitt, "Is Any Science Safe?," *Science* 340 (6132), May 3, 2013, 525.
③ John Sides, "Why Congress Should Not Cut Funding to the Social Sciences," *Washington Post*, June 10, 2015.
④ Jeffrey Isaac, "For a More *Public* Political Science," *Perspectives on Politics* 13 (June 2015): 269.
⑤ 请参见,比如,David A. Lake, "Why 'isms' Are Evil: Theory, Epistemology, and Academic Sects as Impediments to Understanding and Progress," *International Studies Quarterly* 55 (June 2011): 465-480。
⑥ 这种方法最好的例子请参见:Jeffry Frieden, David A. Lake, and Kenneth Schultz, *World Politics: Interests, Interactions, Institutions*, 2nd ed. (New York: W. W. Norton, 2012)。

家治理相关的知识他们却懂得不多,也不够睿智。①

经济学家在相互交流时就是这样做的。这种思维模式也影响了政治学家与公众接触的方式——或抑制了政治学家与公众接触。比如,瓦莱克认为学院派政治学家不必用容易接受的方式呈现自己的成果,因为"让外行理解自己的科学成果并不是科学家要做的事"。② 在这一点上,两个学科之间的根本差异在于,经济政策制定者和商业领袖都认为,用经济学方法论和理论构建的规划是有价值的,可以用来指导政策的制定。政策制定者把经济学家看作专家,却把政治学家看作江湖骗子。很多外交政策界人士都明确表示,他们并不认为政治学方法论和技巧能够解释太多世界政治问题。曾在政府部门任职的政治学家证实了这一点。③ 经济政策制定者接受了经济学家的方法论和行话,但外交官员却没有以同样的方式接受国际关系学的方法论和行话。确实,关于国际关系问题,外交政策领袖显然自有一套理论,而且这些理论往往和学术上的不一样。④ 其他领域的知识分子也看不起政治学家。在《美国非理性时代》(*The Age of American Unreason*)中,苏珊·雅各比强烈抨击了政府官员拥抱"垃圾思想"而牺牲自然科学的做法。不过她也抨击了政治学家,因为:"在根据人类过去的行为推测人类未来的行为的时候,他们的论证极其不科学。"⑤

由此看来,无论在学术界还是公众面前,政治学家都处境凄惨。他们试着模仿促

---

① Mead, "Scholasticism in Political Science," 454.

② Lynn Vavreck and Steve Friess, "An Interview with Lynn Vavreck," *PS: Political Science and Politics* 48 (September 2015), 43.

③ Eliot Cohen, "How Government Looks at Pundits," *Wall Street Journal*, January 23, 2009. 这很有可能会随着时间的流逝而发生变化,因为能够很好地接受计量经济学的年轻一代的外交官也会理所当然地接受这些方法。关于这一点,请参见:Tanisha Fazal, "An Occult of Irrelevance? Multimethod Research and Engagement with the Policy World," *Security Studies* 25 (January 2016): 34–41。

④ Robert Jervis, "Bridges, Barriers, and Gaps: Research and Policy," *Political Psychology* 29 (Summer 2008): 576.

⑤ Susan Jacoby, *The Age of American Unreason* (New York: Vintage Books, 2008), 228.

使经济学家取得成功的偏狭气质,却未能赢得与经济学家一样的职业声望。而且,公众并不像信任经济学家那样信任他们。有可能,只是有可能,政治学家误解了经济学家能够在思想市场蓬勃发展的原因。

经济学家之所以能够处于社科金字塔的顶端,是因为他们不会在公众面前表现得像公共知识分子,而是像思想领袖。经济学家们都坚信自由市场、自由贸易、资金流动和企业家精神能带来很多好处。从亚当·斯密开始,经济学就一直在宣扬"双赢"学说。社会个体追求自身利益的同时,整个社会也会一起受益,仿佛有一只看不见的手在引导这个过程。20世纪70年代凯恩斯经济理论没落后,市场解放的力量愈发受重视。曾经批评自由市场的评论家,如约瑟夫·施蒂格利茨和保罗·克鲁格曼,也开始支持国家用市场力量解决市场疾病,甚至与自由经济有关的教科书也讲到了政府管理的低效。① 丹尼·罗德里克在《经济学规则》中提道:"在公共讨论中支持市场,在今天几乎已成为经济学家的职业义务……他们在公共领域的趋势是团结一致,支持自由市场、自由贸易。"②

经济学家能够向那些坚决拥护现代思想产业的人投其所好,让他们欣然接受自己的观点。对政府干预经济持怀疑态度的保守派人士一心一意地拥护自由放任主义。对自由市场持怀疑态度的自由派人士也会接受关于如何运用市场手段改进规则和激励措施的建议。对经济活力和技术革新深信不疑的财阀欣然接受了新古典经济学的观点。

现代思想产业的发展为经济学界提供了强有力的支持。正如托马斯·皮凯蒂在其关于不平等的学术巨著中所说:"在美国,学院派经济学家也属于高收入人群,他们中的许多人认为,美国经济运行得相当不错,特别是它能准确而恰当地对个人才能和

---

① Rodgers, *Age of Fracture*, 63.
② Rodrik, *Economics Rules*, 170.

成就予以物质回报。"①亦如克里斯蒂娅·弗里兰所说:"在顶级富豪圈所重视的那些领域工作的学者可以通过担任咨询师或为超级精英做演讲来成倍增加自己的工资……虽然这些学者对超级精英收演讲费,但他们也塑造了我们所有人对经济的思考方式。"②斯坦福大学的一位金融学教授向记者坦言道:"在经济学和金融学方面,如果我既可以写一些对银行家有利的内容,也可以写对他们有害的内容,那么我肯定会选择写对他们有利的内容,因为这样我才可能有机会和有权有势的人在曼哈顿共进晚餐。"③

与此相反,评论家却指责政治学无视"现实世界",不是真正的科学。④ 政治学学科在实证主义上加倍下注是不对的,原因如下。首先,政治学家缺少像经济学家那样的强烈的规范共识。撇开意识形态和方法不谈,几乎所有的经济学家都会强调"帕累托最优"。在经济学领域,帕累托改进就是在不使任何人境况变坏的前提下,使至少一个人的境况变得更好。如果某项经济政策符合这一标准,那么全世界的经济学家都会为之喝彩。配置效率原则是所有主流经济学的根本原则。虽然这种原则缩小了经济学家的辩论范围,但也为他们之间讨论政策提供了便利。

政治学缺少一个统一规范的内核,原因有很多。除了"高效"的制度,还有许多政治价值观也被看作是有价值的。像民主、主权、平等、秩序、安全、公正和自由这样的观念就很受重视,但它们之间也存在冲突。关于应该优先考虑哪些价值观念,政治学领域并没有达成共识。没有这项基本规范共识,政治学家就难以确定哪些是首要原则。如此一来,圈外人就更觉得政治学没吸引力了。

信任缺失,再加上政治学坚称自己是一门真正的科学,进一步削弱了该学科对普

---

① Piketty, *Capital in the Twenty-First Century*, 296. 另请参见:N. Gregory Mankiw, "Yes, the Wealthy Can Be Deserving," *New York Times*, February 15, 2014; Mankiw, "Defending the One Percent," *Journal of Economic Perspectives* 27 (Summer 2013):21-24。

② Chrystia Freeland, *Plutocrats* (New York: Penguin, 2012), 268.

③ 引自 Alan Jay Levinovitz, "The New Astrology," *Aeon*, April 4, 2016。

④ 每当我在网上发表与此相关的文章时,总会有类似于"一眼就能看出政治科学不是真正的科学,因为他们把'科学'二字放在了名字里"这样的评论出现。

通大众的影响力。例如,当国会迫使美国国家科学基金会削减提供给政治学的资助时,《自然》杂志发表了一篇社论批评这一举动:"让政客决定什么才是值得研究的,这样的想法非常危险。建立由专家组成的中立机构,然后把一切都放手给它们,这才是真正的民主。"①虽然这种管理方式可能迎合了某些进步人士的想法,但公民们会觉得这太精英主义、太高人一等、太反民主了。不出所料,《国家评论》杂志回应说:"《自然》对技术官僚主义的公然鼓吹与美国《宪法》条文及其代表的原则完全相悖。"②对此,政治学家可能会争辩说他们可以提供专业知识。但是,在政治领域,主张专业知识就好像在暗示公民不应该有或根本没有决定权。对一个民主国家来说这种做法未免太扫兴了。

与经济学相比,政治学也更容易遭到党派偏见的指控。当然,学院派经济学家不像美国公众那样保守。许多非常著名的经济学家,比如保罗·克鲁格曼和约瑟夫·施蒂格利茨,都是自由派人士。不过,研究数据明确显示经济学家的政策观点还是比政治学家更保守一点。③ 不管是从党派关系、投票模式还是政策偏好来看,结果都是如此。与其他社科类学科相比,经济学专业更保守,而且观点的异质性更明显。此外,如丹尼尔·克莱因和夏洛特·斯特恩所说:"几乎在所有情况下,两个党派的学院派经济学家都不像其他学科的专家那样支持经济干预。"④有趣的是,保守派人士也

---

① *Nature*, "A Different Agenda."
② Brendan P. Foht, "Who Decides What Scientific Research to Fund?," *National Review*, July 25, 2012. 需要指出的是,著名的政治学家们也都同意这一表述。如亚瑟·卢皮亚所说:"国会没有义务在科学研究上花一分钱。根据宪法,它只对美国人民有义务。"Arthur Lupia, "What is the Value of Social Science? Challenges for Researchers and Government Funders," *PS: Political Science and Politics* 47 (January 2014): 5。
③ Daniel B. Klein and Charlotta Stern, "Economists' Policy Views and Voting," *Public Choice* 126 (March 2006): 331–342; Neil Gross and Solon Simmons, "The Social and Political Views of American Professors," Harvard University working paper, September 2007; Jon Shields and Joshua Dunn, *Passing on the Right: Conservative Professors in the Progressive University* (New York: Oxford University Press, 2016).
④ Daniel B. Klein and Charlotta Stern, "Professors and Their Politics: The Policy Views of Social Scientists," *Critical Review* 17 (March 2005): 278.

更喜欢从事与宏观经济学或金融学相关的工作,正是在这两个领域里,经济学对公共政策产生了最显著的影响。①

与经济学家相比,政治学家更倾向于自由主义,在这方面的同质性也更明显。因此他们的政策建议更容易遭到党派偏见的指控。政治学家罗杰斯·史密斯指出:"如果政治学家对穷人和边缘人群格外关注,他们有可能就会被指控……除了大谈自由主义偏见什么事也不做。"②他的政治学家同行罗纳德·罗戈夫斯基对此表示赞同并指出:"当代政治学饱受责难的原因在于与政策联系太紧密,而非与政策脱节。政客就是不喜欢学术研究支持的政策,他们更喜欢符合他们意识形态的政策(往往是江湖骗子提出的)。"③罗伯特·杰维斯是该领域最为博学多识的国际关系学者之一,他承认说:"我们大多数都是自由派人士,这使我们的研究变得不一样。"④

保守派人士非常喜欢强调学院派政治学如何与现实脱节。⑤ 所以毫不意外,最近国会限制美国国家科学基金会对政治学的资助的做法是由保守派共和党人提议的。⑥ 现在,如果保守派人士想诋毁政治学对思想市场的任何干涉,最简单的做法就是称其学院派,也就是政治上的中偏左。美国政治科学协会工作组的一份报告显示:"政治学在公共领域的处境通常很是尴尬。华盛顿最近发生的事情提醒我们,参与政策制定和国家治理的党派人士不愿意对政治学表示尊重,就算政治学家有宝贵的专业知识且试图以无党派的方式传达。"⑦

当政治学学者集体达成明智的意见,而这个意见又与大多数美国选民的意见相

---

① Zubin Jelveh, Bruce Kogut, and Suresh Naidu, "Political Language in Economics," Columbia Business School Research Paper No. 14-57, December 2014.
② 同上,第 372 页。
③ Ronald Rogowski, "Shooting (or Ignoring) the Messenger," *Political Studies* 11 (May 2013): 216.
④ Jervis, "Bridges, Barriers, and Gaps: Research and Policy."
⑤ 请参见,例如,Steven F. Hayward, "Is Political Science Dying?," *The Weekly Standard*, December 21, 2015。
⑥ Michael Stratford, "Symbolic Slap at Social Sciences," *Inside Higher Ed*, June 2, 2014.
⑦ APSA, *Improving Public Perceptions of Political Science's Value*, 31.

左时,他们更会受到党派偏见的指责。比如,国际关系学者对一些事情的一致看法与政策制定者和公众都不同。关于使用武力问题,学院派政治学家比公众更审慎。2015年对政治学家和公众进行的对比民意调查显示,美国公众对使用武力解决乌克兰、苏丹、缅甸和中东地区问题的态度更乐观。二者在伊朗问题上的分歧最大:63%的美国人支持使用武力解决伊朗的核问题,但只有22%的国际关系学者支持此做法。① 这些有分歧的地方恰恰就是学术专业知识有望对公众意见发挥影响力的地方。但是由于政治极化的加剧,党派人士很难把政治学看作一个客观的知识体系。②

然而,政治学和思想产业之间最大的文化冲突是由新财阀阶层的崛起带来的。这个问题触及了政治学诸多推论的本质。埃兹拉·克莱因巧妙地说:

> 政治学家兜售的是对美国政治的结构性解释。他们无法告诉你某一个议员具体是怎么想的,或下一场总统竞选活动将试图传递什么信息。但是他们可以总体上告诉你参议院内部的党派分化是多么严重、独立选民是否只是经过伪装的党派人士,以及大部分选举结果都是可预测的。③

这是真的,而且也反映了政治学家和美国公众对政策效果的看法有多么不同。

---

① Michael C. Horowitz, "Joe Public v. Sue Scholar: Support for the Use of Force," *Political Violence at a Glance* (blog), July 27, 2015. 从以下网址获取:http://politicalviolenceataglance.org/2015/07/27/joe-pulic-v-sue-scholar-support-for-the-use-of-force/; Institute for the Theory and Practice of International Relations, "Opinions of IR Scholars, Public Differ on World Crises," July 9, 2015. 从以下网址获取:http://www.wm.edu/offices/itpir/news/Opinions-of-ir-scholars,-public,-differ-on-world-crises.php。

② Charles Lane, "Congress Should Cut Funding for Political Science Research," *Washington Post*, June 4, 2012. 公平地讲,政治学家也会在某些领域达成与保守派观点更相近的共识。比如,大多数政治学研究都对最高法院对联合公民诉讼联邦选举委员会一案的判决深刻地影响了立法选举的观点持怀疑态度。

③ Ezra Klein, "How Political Science Conquered Washington," *Vox*, September 2, 2014.

美国大众一致强调政治学家个体对政策的影响;政治学家却更倾向于强调结构性。①曾在美国政治科学协会担任主席的珍妮弗·霍克希尔德认为,政治学家对结构主义的讨论太多了,她说:"没有再以人类主体为出发点来解释政治现象,这就是1960年至2000年间(政治学)发生的主要转变。"②所以政治学难以说明人类主体何时会改变政治的发展进程。

国际关系学者也强调结构因素。国际关系研究很少关注个体层面的变量,比如领导力,对领导人个体的关注则更少。③ 近几十年出现的主要的国际关系范式本质上是具有系统性的。大多数范式都声称国际体系对国家行为施加了强有力的结构性约束。肯尼思·华尔兹的《国际政治理论》(Theory of International Politics)是学术现实主义者眼中的权威书籍,书中明确指出:"国际政治的本质保持着高度的恒定,相同的模式不断重现,事件也不断重复发生。盛行的国际关系很少发生类型和本质上的急剧变化。相反,令人沮丧的是,这些关系表现出显著的持久性。"华尔兹补充道:"许多世纪以来,国家在许多方面发生了变化,但国际政治的本质却几乎如故。"④对现实主义者来说,自修昔底德时代以来国际关系就几乎没有发生过变化。同样,研究国际政治经济学的主要途径还是"开放经济政治学"。这一范式着重强调,在没有外生冲击的情况下,国内利益集团和制度有多种方式可以限制政策制定者,甚至是有权势的政策制定者,偏离现行政策的能力。它不具有现实主义那样的系统性,却构想了一个个体行为者受到体系和制度严格约束的世界。因此,在开放经济政治学这一范

---

① Bryan Caplan, Eric Crampton, Wayne Grove, and Ilya Somin, "Systemically Biased Beliefs about Political Influence," PS: Political Science and Politics 46 (October 2013): 760–767.

② 霍克希尔德引自:Marc Perry, "Is Political Science Too Pessimistic," Chronicle of Higher Education, September 19, 2016。

③ 然而最近几年已经并非如此了。关注领导人个体比较有名的研究有:Allan C. Stam, Michael C. Horowitz, and Cali M. Ellis, Why Leaders Fight (New York: Cambridge University Press, 2015); 还有,Elizabeth Saunders, Leaders at War: How Presidents Shape Military Interventions (Ithaca, NY: Cornell University Press, 2011)。

④ Kenneth Waltz, Theory of International Politics (New York: McGraw Hill, 1979), 66 and 110.

式中,政策制定者的自主权受到了限制。①

政策制定者和财阀都不喜欢对政治学的结构性解释。结构主义阐述的本质是个人在此时此地的能动性几乎为零。恰恰相反,政策制定者更喜欢尝试着做点什么。因此,他们对积极行动的最佳方式比较感兴趣,而不是为自己的无所事事找借口。正如史蒂芬·沃尔特所说:"政策制定者感兴趣的不是对整体趋势进行解说,而是寻找对策。"②国际关系学者关注综合数据;而企业家和政策制定者都因过度强调自己掌握的某些第一手资料而臭名昭著。③ 其实,问题远不止于存在的这些差异;大多数国际关系学者认为没有哪一个政策主体是不可或缺的。这种世界观是所有政策制定者都不想听到的。当美国前国务卿迪安·艾奇逊发现自己被当成一项研究中的因变量时,他表示强烈反对,因为他觉得自己应该是一个自变量。④ 媒体也对国际关系学者这种决定论的世界观不感兴趣。政治学家非常无趣,因为他们对大多数新闻头条的标准回复是"这件事没那么重要"。

政治学家说话就像结构主义者,不仅政策制定者和主流媒体不喜欢,潜在的赞助人更是反感。财阀对政治学的看法和政治学实际的运作情况有些不符;他们认为大部分政策问题要么是可以快速解决的工程问题,要么是硅谷的颠覆性文化时机成熟的表现。大多数慈善资本家就是理解不了利益冲突的概念。如果财阀们要改变其对政治学如何运作的看法,他们必须得有意愿倾听政治学家的话,但他们很大程度上并不愿意。

---

① 开放经济政治学入门读物:David A. Lake, "Open Economy Politics: A Critical Review," *Review of International Organizations* 4 (September 2009): 219 – 244。应用开放经济政治学解释美国外交政策的书籍:Helen Milner and Dustin Tingley, *Sailing the Water's Edge: The Domestic Politics of American Foreign Policy* (Princeton, NJ: Princeton University Press, 2016)。

② Stephen Walt, "The Relationship between Theory and Policy in International Relations," *Annual Review of Political Science* 8 (2005): 37.

③ Keren Yarhi-Milo, *Knowing the Adversary: Leaders, Intelligence, and Assessment of Intentions in International Relations* (Princeton, NJ: Princeton University Press, 2014).

④ Alexander George, *Bridging the Gap* (Washington: US Institute for Peace, 1993), 6 – 7.

成功的企业家们相信,他们是靠自己的努力、创造力和敢于冒险的精神才走到今天这一步的。① 也就是说,财阀非常相信自己的能动性。他们不会耐着性子听不如自己有钱的学者发表不同意见。此外,很多慈善家都喜欢用钱影响思想市场。如果政治学家坦诚的话,他们可能会告诉这些财阀,他们投资的政治行动委员会(PACs)和积极分子基金会的影响力将会被极力地夸大。不过这么做无异于对财阀说他们并没有自己想象的那么重要。这是亿万富翁不想听到的。

有些经济学家意识到,虽然他们在思想产业中是强大的捐客,但这可能并不是件好事。罗德里克承认说:"关于日常问题,(经济学家的)观点往往趋同到已有证据无法证明的方向上。"②他还说那些与公众接触的经济学家是"刺猬",其他的经济学家是"狐狸",二者不一样。

> "刺猬"解决问题的方式总是可以预测的:出路是更自由的市场,无论经济问题的性质和背景条件如何。"狐狸"的回答将是"这取决于具体条件";他们有时建议让市场发挥更大作用,有时建议让政府发挥更大作用。
>
> 在参与公共讨论时,经济学需要少一些"刺猬",多一些"狐狸"。③

罗德里克说,狐狸多了,经济学方面的建议才会更细致入微,他可能说对了。不过关于经济学影响力的根源,他想错了。经济学家认为自己的影响力来源于经济学与生俱来的优越性,不过事实并非他们想象的这么美好;他们之所以能成功其实是因为他们扮演了充满自信的思想领袖的角色。其他社科类学科缺少的是能够与新兴的思想产业里的赞助人产生共鸣的思想。所以,政治学以及其他学科在参与公共领域

---

① 许多总统竞选人也对风险持相同的态度。比如,大多数出现在以下书籍中的政治家:McKay Coppins, *The Wilderness* (Boston: Little, Brown, 2015)。

② Rodrik, *Economics Rules*, 151.

③ 同上书,175。

的时候，本以为在进步，实际上却在倒退。许多政治学家其实已经逐渐适应了现代的思想产业。不过，政治学显然并没有学到经济学之所以取得成功的真正经验。

其实，学院派政治学转而采用更科学的表达模式，这反而使情况更加恶化了。它影响了很多政治学家对与公众进行交流的看法。在与普通大众讨论政治学的时候，只说政治学行话是有不良后果的。在讨论政治现象的时候，政治学家之间用行话进行交流是没问题的，但是和普通大众用这些行话却行不通。当政治学家使用通俗易懂的语言讨论种族灭绝或政治暴力时，公众就会觉得他们是在就事论事地讨论非常糟糕的事情。[1] 一般而言，当政策辩论开始围绕方法论展开争论时，公众完全不听了。

在新兴的思想市场里，经济学家表现优秀。整体来看，其他社科类学科都不如经济学表现得好。其他学科继承了经济学思想偏狭、门槛高垒的特点，却没有赢得经济学那样的公众威望。所以其他社科类学科似乎存在严重问题。

然而，情况比这还要糟糕的是在智库工作。下一章将讨论智库的处境如何以及为何比政治学家还艰难。

---

[1] Smith, "Political Science and the Public Sphere Today," 369. Charli Carpenter, "You Talk Of Terrible Things So Matter-of-Factly in This Language of Science': Constructing Human Rights in the Academy," *Perspectives on Politics* 10 (June 2012): 363-383.

第五章　时移世易：这已经不是父辈时代的智库了

> 沿着华盛顿特区西北部的马萨诸塞大道一直走，你会发现自己正处于一个产业的中心，该产业诞生之初在首都是独一无二的。
>
> ——彼得·辛格

2013年初，当吉姆·德敏特接替创始人埃德温·福伊尔纳担任美国传统基金会总裁时，他获得了保守主义运动最顶尖智库的掌控权。自1973年创办以来，美国传统基金会一直积极进取并成功获得了国会的信任。该智库发表的政策简报短小精悍，分析鞭辟入里，因此非常有名。2012年秋，卡托研究所的埃德·克兰称美国传统基金会是"美国领先的保守组织"。甚至像进步政策研究所的威尔·马歇尔这样的自由派人士也承认，在福伊尔纳的领导下，美国传统基金会"精通营销和宣传政治观念"。① 关于传统基金会的新闻报道一定少不了诸如"其实是为国会保守派核心小组服务的政策机构""保守派的黄金典范，具有思想前瞻性""为华盛顿的共和党提供了思想蓝图"等描述。②

---

① 克兰引自 Lee Edwards, *Leading the Way: The Story of Ed Feulner and the Heritage Foundation* (New York: Crown Books, 2013), 372; 马歇尔引自 Lee Edwards, *The Power of Ideas: The Heritage Foundation at 25 Years* (New York: Jameson Books, 1997), 200。

② 依次引自：Molly Ball, "The Fall of the Heritage Foundation and the Death of Republican Ideas," *The Atlantic*, September 25, 2013; Julia Ioffe, "A 31-Year-Old Is Tearing Apart the Heritage Foundation," *New Republic*, November 24, 2013; Jenifer Steinhauser and Jonathan Weisman, "In the DeMint Era at Heritage, a Shift from Policy to Politics," *New York Times*, February 23, 2014。另请参见：Edward, *Leading the Way*, 372-75。与此相反的描述请参见：Jacob Weisberg, "Happy Birthday, Heritage Foundation," *Slate*, January 9, 1998。

以上言论并非空穴来风。传统基金会的经济自由度指数一直是世界各国用来衡量国家政策对市场的友好程度的重要标准,也是美国千禧挑战公司用来分配对外援助的标准之一。在建模分析某项新提案对经济的影响方面,其数据分析中心的智力火力足以与行政管理和预算局或国会预算局相抗衡。上至导弹防御,下至医疗保健,传统基金会提供的报告得到了共和党以及民主党行政机构共同的重视。无论喜欢与否,他们都不能忽视传统基金会的建议。

德敏特将接替福伊尔纳担任传统基金会总裁的公告发布后,有些保守派知识分子感到惴惴不安。① 因为,福伊尔纳是个经验丰富的政策专家,而德敏特虽然有多重身份,但他不是知识分子。听到德敏特上任的消息后,《评论》(Commentary)杂志主编约翰·波德霍雷茨警告说:"如果思想不再处于核心地位,传统基金会就会变成一具空壳,那样的话真是太可惜了。"《标准周刊》(Weekly Standard)的主编威廉·克里斯托尔也表示了同样的担忧:"我担心的是,这样可能会造成行动主义盛行(当然,我并不反对行动主义)但思考不足。"②自由派人士更加直言不讳。埃兹拉·克莱因说:"要是想提升基金会的学术水平,你就不该让吉姆·德敏特当总裁。"③

然而,传统基金会和德敏特却都认为这是完美的配对。基金会的某位高级研究员认为德敏特担任总裁沿袭了基金会的传统优势,他说:"基金会学者和研究人员的理性严谨及创新理念,还有我们强大的成员基础,将与国会大厦里最有影响力和原则性的政治领袖建立联系。"④德敏特也同意此观点。他在声明中说"保守主义运动需

---

① Josh Barro, "The Odd Choice of Jim DeMint at Heritage," BloombergView, December 6, 2012.

② John Podhoretz, "DeMint Takes over the Heritage Foundation," Commentary, December 6, 2012;克里斯托尔引自 Dylan Byers, "With a New Leader, Heritage Rising," Politico, December 6, 2012.

③ Ezra Klein, "Jim DeMint and the Death of Think Tanks," Washington Post, December 6, 2012.

④ Mike Gonzalez, "Jim DeMint to Become Heritage's Next President," December 6, 2012, 从以下网址获取:http://dailysignal.com/2012/12/06/jim-demint-to-become-heritages-next-president/。

要强有力的领导来指挥这场思想博弈",并向《华尔街日报》(Wall Street Journal)保证他会"保护基金会的研究公正性,避免其政策成分政治化。传统基金会不只是一个普通的民间政治团体"。① 他又对《华盛顿邮报》(Washington Post)说:"对我而言,最关键的是要确保传统基金会无论如何都不会被政治化。传统基金会不会为了实现某些政治目标而制定相关政策。"②一年后,德敏特依然坚持这一观点。他对《纽约时报》说:"我不想和政治有更多的牵扯。传统基金会知识分子的公正性是整个保守主义运动的支撑。"③

不过,德敏特上任后,传统基金会的企业文化发生了一些变化。④ 德敏特加大了在多个平台推广基金会研究工作的投资。基金会推出了名为"每日信号"(The Daily Signal)的数字新闻网站,发布的是基金会自己的研究分析,迎合了年轻保守派人士的喜好。⑤ 智库还推出了为社会媒体量身定做的政策简报。德敏特解释说:"现在,保守主义思想生机勃勃。我们以前的思想实在是太严肃了。"⑥德敏特也会利用基金会的资源来宣传自己的品牌:2013 年,他同参议员特德·科鲁兹一起走遍全美,号召全国各地民众反对奥巴马医改,2014 年,他就开始四处奔走推销自己的新书了。⑦

但基金会发生的变化不仅体现在营销手段上。在旧的体制下,传统基金会的工作是围绕几个分散的政策关注点进行的,比如教育、医保、国家安全。但是德敏特上任后,基金会成立了专门的临时小组来处理他当天想处理的任何问题,他手下的员工

---

① Rachel Weiner, "Jim DeMint Leaving the Senate," *Washington Post*, December 6, 2012; Daniel Henninger, "Sen. Jim DeMint to Head Heritage Foundation," *Wall Street Journal*, December 6, 2012.
② Suzy Khimm, "The Right's Latest Weapon: Think-Tank Lobbying Muscle," *Washington Post*, January 24, 2013.
③ Steinhauser and Weisman, "In the DeMint Era at Heritage."
④ Suzy Khimm, "The Right's Latest Weapon: Think-Tank Lobbying Muscle," *Washington Post*, January 24, 2013. Steinhauser and Weisman, "In the DeMint Era at Heritage."
⑤ Joshua Green, "The Tea Party Gets into the News Biz," BloombergBusiness, May 8, 2014.
⑥ Steinhauser and Weisman, "In the DeMint Era at Heritage."
⑦ Jim DeMint, *Falling in Love with America Again* (New York: Center Street, 2014).

查阅了基金会所有的文件，以确保这种行为没有违背基金会的官方政策。德敏特也提升了美国传统基金会行动组织的形象，该组织是由基金会的董事会主席，即私人募股百万富翁乔治·桑德斯三世提议建立的符合美国国内税收法501(c)(4)条款的政治行动组织。①《华尔街日报》在宣布其诞生的评论文章里称，美国传统基金会行动组织是基金会这头"巨兽"的"新獠牙"。② 在德敏特的领导下，美国传统基金会行动组织设计了一个打分卡来给国会议员的意识形态忠诚度打分。传统基金会行动组织的负责人只有政治运动方面的经验，而没有政策方面的经验。一位在基金会供职多年的工作人员这样描述传统基金会行动组织的领导班子："经常让我感到震惊的是他们一点没有知识分子的谦逊。他们认为自己跟那些已经有30年的从业经验、获得过博士学位的人相比毫不逊色。"③

好坏参半，是外界能给予德敏特在基金会的表现最宽容的评价。德敏特上任的第一年，好几位德高望重的高级研究员就辞职了，其中包括数据分析中心、政策创新中心的几位领导，以及一些国家安全方面的高级学者。但更严重的是基金会在研究上的失误。基金会曾在一份调查报告中声称，全面移民改革会带来超过六万亿美元的损失。④ 人们很快就发现，这个数据的来源只是一个荒谬的假设；国会预算局对同一账单的分析结果显示，实际上，全面移民改革可以在十年内削减两千亿美元的赤字。商业内幕网评论说基金会的调查报告"大错特错"。⑤ 保守派经济学家批判得更

---

① 包括传统基金会在内的大多数智库都属于符合美国国税局501(c)(3)条款规定的非营利性组织，它们可以为立法委员提供有关宏观政策的建议，但不可以针对某项立法而游说他们。不过，501(c)(4)条款规定下的组织却可以这么做。请参见 Khimm, "The Right's Latest Weapon," 以及 Ioffe, "A 31-Year-Old Is Tearing Apart the Heritage Foundation".

② Edward Feulner and Michael Needham, "New Fangs for the Conservative 'Beast'," *Wall Street Journal*, April 12, 2010.

③ Ioffe, "A 31-Year-Old Is Tearing Apart the Heritage Foundation."

④ Robert Rector and Jason Richwine, "The Fiscal Cost of Unlawful Immigrants and Amnesty to the U. S. Taxpayer," Heritage Foundation Special Report No. 133, May 6, 2013.

⑤ Walter Hickey, "Here's The Massive Flaw with the Conservative Study That Says Immigration Reform Will Cost Taxpayers Nearly $7 Trillion," *Business Insider*, May 6, 2013.

加严厉。胡佛研究所的研究人员基思·亨尼西说,这份报告"对政策制定毫无帮助"①。基金会以前的工作人员同样对此表示怀疑。基金会数据分析中心的前负责人说这份报告是片面的。蒂姆·凯恩也在基金会工作过,而且也就移民问题发表过文章,他发博客说他"对这份报告的失误感到非常失望",而且"荒谬的报告不断累加,基金会将面临信任危机"。② 最终,这份报告其中一位执笔者从基金会辞职了,因为人们发现其论证的关注点是拉美裔移民所谓的基因劣等性。③

移民问题并不是基金会唯一失误的地方。基金会曾经委托布什政府法律顾问办公室前负责人史蒂文·布拉德伯里就美国国家安全局在备受争议的秘密情报监控项目中扮演的角色发表过两篇文章。布拉德伯里得出的结论是,这些监控项目其实是合法的。但是,根据多方报道,德敏特并不喜欢他的结论而且不许基金会发表他的这两篇文章。④ 最后,布鲁金斯学会发表了其中的一篇,与基金会僵化的意识形态形成了鲜明对比。

当基金会内部支持德敏特担任总裁的呼声越来越高的时候,来自政治界和知识分子的反对也愈演愈烈。2013 年,关于农业法案应采用何种计票方式,美国传统基金会行动组织与国会保守派议员意见相左。基金会和德敏特都遭到了众多保守派政治家的指责,比如参议员汤姆·科伯恩、马尔科·鲁比奥、奥林·哈奇。⑤ 德敏特上任还不到一年,基金会员工就被共和党研究委员会每周一次的午餐会拒之门外,而这

---

① Keith Hennessey, "Eight Problems with the Heritage Immigration Cost Estimate," May 9, 2013,从以下网址获取:http://keithhennessey.com/2013/05/09/heritage-immigration-study-problems/。

② Tim Kane, "Immigration Errors," May 6, 2013, 从以下网址获取:http://balanceofeconomics.com/2013/05/06/immigration-errors/。

③ Daniel W. Drezner, "Regarding Richwine," *Foreign Policy*, May 11, 2013.

④ Jennifer Rubin, "Jim DeMint's Destruction of the Heritage Foundation," *Washington Post*, October 21, 2013; Shane Harris, "How the NSA Scandal is Roiling the Heritage Foundation," *Foreign Policy*, October 16, 2013.

⑤ Rubin, "Jim DeMint's Destruction of the Heritage Foundation"; Lauren French, Anna Palmer, and Jake Sherman, "GOP Lawmakers Confront Demint over Ratings," *Politico*, January 28, 2015,从以下网址获取:http://www.politico.com/story/2015/01/gop-lawmakers-jim-demint-heritage-foundation-ratings-114672.html。

个委员会还是保守派的核心组织之一。国会的工作人员说,他们不再那么依赖基金会提供的分析报告了。到了2016年,基金会的行为更加令人匪夷所思:传统基金会在为众议院议长保罗·瑞安的参谋长举办欢迎会的同时,传统基金会行动组织却在四处游说,阻挠瑞安提出的预算方案。①

基金会的研究质量早在很久以前就受到自由派知识分子的非议。② 而德敏特上任后,基金会也开始为保守派人士所诟病。保守派在《新共和》杂志、《大西洋月刊》和《纽约时报》上抱怨基金会的研究质量越来越差了。③ 一位共和党通信专家悲哀地说:"美国传统基金会曾经是一个可以辩论思想的地方,但它现在更关注战术,即如何募集资金。"他警告说:"我可以保证,一旦德敏特拿到钱,基金会就不会再支持自由贸易了。"④果然,2015年6月,德敏特在《国家利益》(*The National Interest*)上发表文章反对奥巴马总统推行的贸易促进授权法案,还说这项法案已经成了"为了某些人的特殊利益所做的无用功"⑤。传统基金会与唐纳德·特朗普之间的来往比其他任何一个右倾智库都要多。⑥

传统基金会的新风格对其影响力的作用有好有坏。基金会在外交政策和公共政策知识分子心中的声望一落千丈。根据本人2016年对意见领袖的调查,高达79%的受访者说他们不怎么信任基金会的研究报告,这一比例是其他参与调查的智库的

---

① Jake Sherman, "Heritage Will Honor Ryan's Top Staffer Even as It Tries to Upend GOP Budget," *Politico*, February 9, 2016, 从以下网址获取: http://www.politico.com/story/2016/02/heritage-foundation-paul-ryan-219028#ixzz3zosoEfHb。

② 请参见,例如:Weisberg, "Happy Birthday, Heritage Foundation"。

③ 依次引自:Molly Ball, "The Fall of the Heritage Foundation and the Death of Republican Ideas," *The Atlantic*, September 25, 2013; Julia Ioffe, "A 31-Year-Old Is Tearing Apart the Heritage Foundation," *New Republic*, November 24, 2013; Jenifer Steinhauser and Jonathan Weisman, "In the DeMint Era at Heritage, a Shift from Policy to Politics," *New York Times*, February 23, 2014. 另请参见:Edward, *Leading the Way*, 372–75. 与此相反的描述请参见:Jacob Weisberg, "Happy Birthday, Heritage Foundation," *Slate*, January 9, 1998。

④ Harris, "How the NSA Scandal is Roiling the Heritage Foundation."

⑤ Jim DeMint, "Free Trade in Name Only," *The National Interest*, June 16, 2015.

⑥ Matt Fuller, "Donald Trump and the Heritage Foundation: Friends with Benefits," *Huffington Post*, August 10, 2016.

两倍还多。这不仅是因为自由派人士对保守派智库有偏见；即使在确定为保守派的意见领袖中，也有高达 74% 的人表示他们不信任基金会的研究报告。基金会的声望一落千丈的直接原因可以追溯到发生在不久前的权力交接。在福伊尔纳担任总裁的最后一年里，传统基金会在宾夕法尼亚大学发布的全球顶级智库排名中位列安全、外交事务和国际经济关系领域前 15 名。德敏特上任三年，基金会在以上三个领域的排名都跌至 20 名以外。① 在外交政策问题上，像捍卫民主基金会这样的小型右翼智库的影响力已经取代了传统基金会。② 不管传统基金会曾对中立或自由派的政治家产生了怎样的影响，这种影响已经不复存在了。

然而，传统基金会的新政权坚持推行新的战术，还声称来自共和党政客的诽谤是"颠覆性思想永远都要付出的代价"③。美国传统基金会行动组织的负责人声称，他们能够通过更好的传播技术来获得基层民众的支持，从而增强其政治影响力。基金会的首席运营官指出，如果不是感受到政治压力，政治家们就不会去读政策报告，那么，这些报告也就毫无意义，而传统基金会行动组织提议的打分卡就能制造这种政治压力。他还说："我们要做的不是取悦或惹毛那些政客，我们的目标是竭尽全力让国家实行最好的政策。"④ 传统基金会高级副总裁詹姆斯·杰伊·卡拉法诺表示，其实基金会为其他智库提供了一个可效仿的范本，他说："将来，极具竞争力和影响力的智库很有可能会和一些兄弟组织合作……那些四处游说、组织民间活动的组织。"⑤

德敏特和卡拉法诺也有一些值得称道的地方。虽然基金会的智力声望已经大不如从前，但影响力依旧还在。德敏特上任三年后，基金会在"最佳倡导运动"和"对公

---

① 对比宾夕法尼亚大学分别在 2012 年和 2015 年发布的全球智库排名，从以下网址获取：http://repository.upenn.edu/cgi/viewcontent.cgi?article=1006&context=think_tanks；http://repository.upenn.edu/think_tanks/10/。
② John B. Judis, "The Little Think Tank That Could," *Slate*, August 18, 2015.
③ Ball, "The Fall of the Heritage Foundation and the Death of Republican Ideas."
④ 同上。
⑤ James Jay Carafano, "Think Tanks Aren't Going Extinct. But They Have to Evolve." *The National Interest*, October 21, 2015.

共政策最有影响力"两个指标方面的世界顶级智库排名显著上升。① 迪克·德宾是参议院中民主党第二号人物,他说,在德敏特担任基金会总裁期间,"他在基金会创造的财富已经形成了一种政治力量"。此外,基金会成功地躲过了不断出现的利益冲突指控(原因在本章后面会讲到),而像布鲁金斯学会、战略与国际问题研究中心这样更主流的智库却饱受其苦。随着基金会加强对共和党的政治控制,其研究质量随之下降。虽然遗产行动遭到了共和党的诽谤,但基金会的影响力足以吸引大多数2016年共和党的总统候选人参加其2015年9月举行的"夺回美国"候选人论坛。传统基金会也是华盛顿所有智库中与特朗普政府联系最紧密的智库。②

近些年来,还没有别的智库经历过德敏特在传统基金会激起的那种颠覆。对于其他类似的组织来说,传统基金会的遭遇是特例还是先行者?

美国知识分子对智库这个概念爱恨交加。一方面,根据其定义,这些组织理应参与到公共领域中来。确实,智库和大学不一样,它的主要目标是为现实世界里的公共政策带来某些好的改变。美国战略与国际问题研究中心的一位高级副总裁对《华盛顿邮报》说:"我们的首要目标是获得政策影响力。"③另一方面,相当多的知识分子根本看不起智库组织。社会学家托马斯·麦德韦兹在2012年出版的《美国智库》(*Think Tanks in America*)一书中写道:"智库必须寻找一个巧妙的平衡点,既要让一般受众认为它们有自主认知权,又要让某些特定受众认为它们没有自主权或愿意服从客户的要求。"④也就是说,麦德韦兹认为智库的相对优势在于它们能够并且愿意对有钱有势的赞助人唯命是从。这样它们就可以垄断学术思想领域和公共政策领域之间麦德维茨所称的"间隙领域"。对于唯一一个在华盛顿特区土生土长的产业来

---

① 2012年,基金会在宣传方面排名全球第十五名,2015年上升到第三名。在影响力方面,它的排名从第十名上升到第八名。

② Philip Wegmann, "Heritage Foundation Takes Risk and Wins Big with Trump," *Washington Examiner*, November 10, 2016; Kelefa Sanneh, "Secret Admirers," *New Yorker*, January 9, 2017.

③ Amanda Bennett, "Are Think Tanks Obsolete?," *Washington Post*, October 5, 2015.

④ Tom Medvetz, *Think Tanks in America* (Chicago: University of Chicago Press, 2012), 18.

说，这并不是一个非常讨好的描述。

笔者对智库也有所了解。笔者现在是布鲁金斯学会和芝加哥全球事务委员会的非专职高级研究员，还曾经在另外两家智库工作过，分别是兰德公司和美国外交关系协会。笔者曾受人委托写过文章、发表过讲话、参加过许多其他智库举办的圆桌会议。根据个人的观察，笔者认为实际情况比麦德维茨说的还要微妙。笔者曾经合作过的智库感觉就像学术部门和律师事务所的混合体，它们进行的实质性讨论就像芝加哥大学或弗莱彻学院的讨论一样严肃、缜密。然而，笔者在智库工作的期间也发生过一些令人不愉快的事情。比如，笔者发现自己的老板不止一次试图对笔者正在撰写的文章进行逆向设计。他很清楚自己想得出什么结论，所以只想要确保笔者的分析和他的结论具有连贯性。此外，智库还会对如何展示和营销思想进行讨论，而学术界根本不会做这种事。笔者第一次接触幻灯片是在兰德公司，20世纪90年代中期，兰德公司的工作人员已经编写出如何充分利用幻灯片的详细指南。30年过去了，学术界大多数人还没有跟上他们的脚步。

更仁慈地讲，一百年来，智库不断地航行于两个海岸之间。为了实现严谨、与政策紧密相关、符合最高标准的学术研究，智库组织一直在奋斗。① 用美国企业研究所前总裁克里斯托弗·德穆斯的话说就是："智库扮演着思想仓库的角色，它们耐心地发展、培育新思想，等待实干家陷入危机、亟须新办法那一刻的到来。"② 智库认为，政策制定者之所以会听从他们的建议是因为自己的思想质量高，而严谨的分析工作可以为之提供保障。最好的情况就是，智库可以影响、设计、提升政策辩论，并利用自身的智力资本影响政策产出。它们是非常重要的专家建议储藏库，是人才的孵化器，当政府面临重大政策挑战时可以为其所用。种类繁多的智库可以为深受群体思维困扰

---

① 请参见 Donald Abelson, *Do Think Tanks Matter? Assessing the Impact of Public Policy Institutes* (Montreal: McGill-Queens Press, 2009); Andrew Selee, *What Should Think Tanks Do? A Strategic Guide to Policy Impact* (Stanford, CA: Stanford University Press, 2013).

② Christopher DeMuth, "Think-Tank Confidential," *Wall Street Journal*, October 17, 2007.

的政策社群提供不一样的看法。2006年，麦基诺公共政策研究中心的一个实习生创造了"奥弗顿之窗"这个说法，即在某一特定时刻下政治上可接受的政策选择范围。他认为，智库的目标之一就是为符合其政治理念的思想强烈发声，即使这些政策理念超出了"奥弗顿之窗"的范围。他说："智库可以塑造舆论，而且，通过教育立法者和公众什么是正确的公共政策可以转变'奥弗顿之窗'。"①这样智库就能培育出既可以颠覆现状又在政治上容易接受的思想了。

这些是比较崇高的目标。但为智库工作的机构和研究员不仅要产生理论影响，也必须满足客户的需求。大学收到的捐款多，还能抽取部分学费作为收入来源；但智库的运营主要靠赞助人、捐赠人和补助金。智库的研究人员也更愿意为政府服务，所以他们对官僚的需求更热心。② 这种激励机制暗示了，那些为了在政策制定中占据一席之地的智库不会像专业学者那样批判权势组织。③ 此外，智库明确地将其在重大辩论上获得的公众关注和私下对主要政策制定者的个人影响力作为衡量自身价值的指标；顶级学术部门和公共政策院校想要影响思想市场，但这点也是智库需要做的。在获取公共关注的竞争中，影响思想市场显然更重要。

自诞生以来，智库一直在努力应付来自多方的压力。现在，其他的思想产业参与者也遭到了这些压力的打击。它们曾经将这些压力处理得很好。但最近，华盛顿越来越多的人开始抱怨美国智库和以前不一样了。两大政党开始怀念从前，那时候智库对外交政策辩论的影响力比现在大多了，这说明或许智库还没有发挥出它们全部

---

① Nathan Russell, "An Introduction to the Overton Window of Political Possibilities," Mackinac Center for Public Policy, 2006, 从以下网址获取：http://www.storyboardproductions.com/ehc/circle6/3overton-window.pdf. 保守派人士应该非常了解这个术语，因为格林·贝克有本书就叫《奥弗顿之窗》。

② 值得注意的是，2002年秋天对伊拉克问题的辩论中，专业学者的影响力远比不上布鲁金斯学会一个叫肯尼思·波拉克的学者，他出版过一本叫《威胁风暴》(The Threatening Storm)的书，民主党人士经常引用书中的内容来为入侵伊拉克辩护。

③ David Rothkopf, National Insecurity: American Leadership in an Age of Fear (New York: Public Affairs, 2014), 15-17.

的潜力。① 戴维·罗思科夫说:"美国的智库太缺少大胆的想法了。"②奥巴马政府的高级官员认为大多数智库都是阿拉伯或以色列赞助人的囊中之物。③ 但特朗普政府顶多也就是跟保守派智库关系紧张而已,认为现在的智库不同于以前可能只是怀旧的偏见在作祟。④ 毕竟,随着时间的流逝,人们很容易就会忘了以前智库也有无法影响政策结果的时候。然而,学者、记者、政策制定者以及智库成员自己却都认为美国智库的生态系统已经变了。

如果说,在学院看来,新兴的思想产业波涛汹涌,那么智库面临的就是一场不折不扣的海啸。詹姆斯·麦甘管理着宾夕法尼亚大学的智库和公民社会项目,他斩钉截铁地说:"智库就要灭亡了,除非它们学会创新并且能适应快速变化的政治经济环境。"⑤第二章谈到的变化对智库资助和委任研究的方式产生了深远的影响。那些结构性变化还引发了大量指控,即这些组织的自主权受到了捐赠者的制约。许多总部设在美国的智库都从有可能或明或暗地限制其研究自主权的资助方那里接受了资助。最近的新闻报道称,这些捐款已经对几个知名智库的研究目的产生了影响。⑥美国的智库是否能够保持这一群体的价值向前发展,以及这到底是不是件好事,都取

---

① 请参见,例如:Tevi Troy, "Devaluing the Think Tank," *National Affairs* 10 (Winter 2012): 75-90; Klein, "Jim DeMint and the Death of Think Tanks"; *Washington Monthly*, November/December 2015. 也许,以前的日子并不值得怀念。请参见麦德维茨《美国智库》(*Think Tanks in America*)一书的第二、三章。

② David Rothkopf, "Dis Town," *Foreign Policy*, November 28, 2014.

③ 高级官员将聚集了众多外国智库总部的马萨诸塞大道称为"被阿拉伯人占据的领土"。Jeffrey Goldberg, "The Obama Doctrine," *The Atlantic*, April 2016。

④ "Why Think Tanks are Concerned About a Trump Administration," *Economist*, November 17, 2016.

⑤ James McGann, "For Think Tanks, It's Either Innovate or Die," *Washington Post*, October 6, 2015.

⑥ Bryan Bender, "Many DC Think Tanks Now Players in Partisan Wars," *Boston Globe*, August 11, 2013; Eric Lipton, Brooke Williams, and Nicholas Confessore, "Foreign Powers Buy Influence at Think Tanks," *New York Times*, September 6, 2014; Tom Hamburger and Alexander Becker, "At Fast-Growing Brookings, Donors May Have an Impact on Research Agenda," *Washington Post*, October 30, 2014; Eric Lipton and Brooke Williams, "How Think Tanks Amplify Corporate Influence," *New York Times*, August 7, 2016.

决于它们能否适应新的思想产业。美国传统基金会在德敏特的领导下进行的变革标示了一条错误的道路,但"无党派"智库共同经历过的困境却指出了另一条道路。显然,思想产业已经改变了智库所处的智力环境和经济环境。

人们一般把美国智库的历史分成三个阶段。① 第一代智库出现于进步时代。领头的改革家认为,政府里的政策制定者最需要的不是党派偏见和赞助者,而是专业技术。进步派人士迫不及待地想让政府接纳专业技术,而企业对政府的任意干预失望透顶,这二者达成了联盟。② 随着法治国家的诞生,政府也产生了向外部专家进行决策咨询的需求。于是,在洛克菲勒基金会、福特基金会和拉塞尔·塞奇基金会的种子资金的支持下,智库诞生了。1910 年,卡耐基国际和平基金会成立。6 年后,政府研究所成立,它是布鲁金斯学会的前身。第一次世界大战结束后,大多数国家都叫嚷着要实行经济孤立主义,但美国的金融家却协助创办了外交关系协会(CFR)并以此倡导更加国际主义的姿态。③ 1922 年,CFR 开始发行《外交事务》(*Foreign Affairs*)杂志。

在第二次世界大战的推动下,第二代智库出现了。二战促使外交政策机构的规模急剧扩大,因此对外交政策专业知识的需求也增加了。据统计,珍珠港事件发生后的二战年间,美国新成立了 350 个机构进行军事研究,其中就有美国企业研究所(AEI)。④ 不过,第二代智库和第一代智库之间最主要的差异是在资金来源上。兰德公司是这一时期的优秀智库代表。它最初只是道格拉斯飞机公司与美国陆军航空队

---

① 请参见,例如:James A. Smith, *The Idea Brokers* (New York: Free Press, 1991); Andrew Rich, *Think Tanks, Public Policy, and the Politics of Expertise* (Cambridge: Cambridge University Press, 2004)。

② Richard Hoftstadter, *Anti-Intellectualism in American Life* (New York: Random House, 1962), 199。

③ Jeffry Frieden, *Banking On the World* (New York: Harper and Row, 1987), 33 - 34; Slaughter and Scott, "Rethinking the Think Tank."

④ Bruce Smith, *The RAND Corporation: Case Study of a Nonprofit Advisory Corporation* (Cambridge, MA: Harvard University Press, 1966), 6。

的一项合作计划,从道格拉斯飞机公司独立出来后,成为一个受联邦政府资助的研究与发展中心。与布鲁金斯学会或卡耐基国际和平基金会不同的是,兰德公司主要通过与政府签订合同来保障资金来源。此后的几十年里,它为国防部政策的发声做出了巨大贡献。冷战期间,兰德公司的专家小组对美国核战略的制定起了重要作用。兰德公司还发明了在不确定条件下进行决策的"系统分析"方法。① 其他智库也对冷战早期外交政策的发声起了显著作用。例如,马歇尔计划的很多内容都是由布鲁金斯学会敲定的。②

前两代智库也有很多共同点。它们都是在某种需求的驱动下诞生的。先是进步派人士,然后是政府的技术官僚,他们都需要在政府机关以外寻找研究支持,从而给智库提供了商机。前两代智库都认为社会科学专业知识是处理政策问题的关键。安德鲁·里奇在智库工作时发现,"商业领袖和为早期智库提供资金支持的个人是最赞成通过客观、科学的研究推进改革的人"③。所以,前两代智库跟学院的联系比较密切。在布鲁金斯学会和卡耐基国际和平基金会成立后的头十年里任职的人中,大多数都是名牌大学的老师。看一看兰德公司的核威慑研究小组就知道,大多数智库成员都能自如地来往于智库和大学之间。在20世纪中叶,对智库最贴切的描述就是"没有学生的大学"。

第三代智库出现于20世纪60年代和20世纪70年代之间,其出现的动机和前两代的技术官僚推动不一样。以美国传统基金会为首的第三代智库与前两代智库在某些重要方面大相径庭,而这些差异正是塑造现代思想产业的力量的象征。第三代智库与前两代智库之间最显著的差异在意识形态上。布鲁金斯学会、兰德公司、卡耐

---

① Rich, *Think Tanks*, 42; Smith, *The Idea Brokers*; David R. Jardini, "Out of the Blue Yonder: The RAND Corporation's Diversification into Social Welfare Research, 1946—1968" (PhD dissertation, Carnegie Mellon University, 1996); David Hounshell, "The Cold War, RAND, and the Generation of Knowledge, 1946—1962," *Historical Studies in the Physical and Biological Sciences* 27 (Spring 1997): 237-267.

② Peter W. Singer, "Factories to Call Our Own," *Washingtonian*, August 2010.

③ Rich, *Think Tanks*, 37.

基国际和平基金会、CFR 和 AEI 都声称自己无党派倾向,新一代的智库却公然对自己进行意识形态的定位。美国传统基金会在方法上是明确的保守派,创办于 1977 年的卡托研究所在思想和原则上是自由派。又过了 30 年,自由派人士创造出自己的有明确党派倾向的智库,即 2003 年成立的美国进步中心(CAP)。

第三代智库与前两代智库之间还存在三个方面的差异。第一,和现代思想产业里的财阀一样,第三代智库的资金来自个人慈善家。比如,美国传统基金会的大部分启动资金是啤酒制造商约瑟夫·库尔斯提供的;卡托研究所前三年的运营资金是查尔斯·科克提供的。① 第二,与前两代智库相比,第三代智库更关注政治宣传而非学术研究。在吉姆·德敏特担任传统基金会会长之前,这个智库的智力输出就仅供国会议员使用。也就是说,与出版著作相比,传统基金会更喜欢新闻发布会。CAP 成立后,美国进步行动基金中心也成立了,它是符合美国国内税收法 501(c)(4)条款的游说团体。这就是 2010 年建立的美国遗产行动组织的灵感来源。②

最后一点不同是第三代智库并不看重学历。哈德逊研究所的特维·特洛伊给了如下说明。

> 与成立较晚的智库相比,成立较早的智库里有博士学位的学者要多得多。例如,在早于 1960 年成立的具有代表性的智库里,53% 的学者有博士学位;在 1960 年到 1980 年间成立的具有类似代表性的智库里,仅 23% 的学者有博士学位这样的高学历;而在 1980 年后成立的智库里,仅有 13% 的学者可以说是受过博士层次的高等教育。
>
> 诚然,博士学位并不是一个完美的衡量标准,就算没有高学历也完全可

---

① Rich, *Think Tanks*, 56. 另请参见: Lee Edwards, *Leading the Way: The Story of Ed Feulner and the Heritage Foundation* (New York: Crown Forum, 2013).

② Khimm, "The Right's Latest Weapon"; Iofffe, "A 31-Year-Old Is Tearing Apart the Heritage Foundation."

以从事高级政策工作。但拥有博士学位人数的减少确实说明华盛顿新成立的智库已不再是"没有学生的大学"的模式了。①

对于第三代智库来说,保持意识形态的一致性更重要。竞争企业研究所(Competitive Enterprise Institate)的负责人对采访者说:"像我们这样的智库团体是如何获得公信力的呢?因为我们有非常严格、非常明确的标准。因为我们观点鲜明,而且从不偏离。"②

第三代智库对整个智库生态系统的影响有好有坏。一方面,越来越激烈的竞争有助于提高智库整体的政治宣传能力和效率。唐纳德·埃布尔森是一名专门研究智库的学者,他说:"与几十年前不同的是,智库在思想市场中的投资越来越多。现在的智库对政治更精明,技术更先进,配置更精良,更有竞争力。"③

的确,美国智库对美国近些年来外交政策的制定发挥了重要作用。罗纳德·里根上任后的第一年,政府的行动手册就是传统基金会出版的《领导人的职责》(Mandate for Leadership),书里的2000多条建议大约有60%得以实施。苏联解体后,两个政党的智库首次对如何将北大西洋公约组织扩展到东欧展开了认真研究。AEI和战争研究所对2007年布什政府增兵伊拉克战略的制定起了关键作用。④

美国外交政策部门完全受智库摆布的说法太夸张了。然而,在某些紧要关头,智库确实影响了美国外交政策的制定。通常情况下,智库内部的外交政策圈的功能是为那些喜欢提出新观点的政府官员做参谋。大多数政府官员与智库工作人员进行接触是为了给他们"吹耳边风",但其实智库的工作人员也会反过来给政府官员

---

① Troy, "Devaluing the Think Tank," 86.
② 引自 Medvetz, *Think Tanks in America*, 138.
③ Donald Abelson, "Old World, New World: The Evolution and Influence of Foreign Affairs Think-Tanks," *International Affairs* 90 (January 2014): 129.
④ Tom Ricks, *The Gamble* (New York: Penguin Press, 2009),第三、四章。

"吹耳边风"。① 如果两个政党的智库专家对某一行动方案达成了共识,那么政策制定者只能表示认可并予以回应。无论对与错,这个共识都是一个无法更改的政治事实,而且还会打乱政策制定者的计划。正是这种共识的限制让奥巴马在任职期间频频受挫,让竞选总统的特朗普火冒三丈。

不过,随着智库之间的竞争不断加剧、政治极化也愈演愈烈,达成这种共识的概率也降低了。有党派倾向的智库百花齐放,受益者当然是保守派,不过有些保守派人士也会感到不安。AEI 的卡琳·鲍曼对一个研究员说:"有时候我在想,智库货币,如今怎么了?是不是像德国魏玛的纸币一样,因为印得太多了,因为某些智库的公开宣扬,所以不值钱了?"②同样,哈德逊研究所的特维·特洛伊也写道:"新一代智库总是想把自己与其他智库区分开。随着这种区别越来越小,智库发现它们可以通过表现更加强硬的意识形态倾向脱颖而出,这种做法导致智库的政治倾向越来越严重。"③

虽然政治极化不断加剧,但处于 20 世纪的智库仍然可以发挥它们的潜能,因为美国外交政策圈内部的联系非常紧密。根据传统,美国本土智库为大部分是精英的圈内人士服务。安妮·玛丽·斯劳特是新美国基金会的负责人,她说:"在我们传统的商业模式下,我们以决策人为目标受众发布专业报告。他们有可能接受,也有可能不予理会。"④智库里大多数高级别的员工都曾在内阁或非正式顾问团任职,智库只是他们在返回政府权力走廊之前一个暂时的栖身之所。这些"前任官员"本来就和政府官员有千丝万缕的联系,所以智库能够通过他们获取相关信息,并将自己的政策理

---

① 对这种相互作用比较有趣的叙述请参见:Jeremy Shapiro, "Who Influences Whom? Reflections on U. S. Government Outreach to Think Tanks," Brookings Institution, June 4, 2014, 从以下网址获取:http://www. brookings. edu/blogs/up-front/posts/2014/06/04-us-government-outreach-think-tanks-shapiro。表达了更失望的情绪的叙述请参见:Shadi Hamid, "What is Policy Research for? Reflections on the United States' Failures in Syria," *Middle East Law and Governance* 7 (Summer 2015):373 - 386。
② 引自 Rich, *Think Tanks*, 72 - 73。
③ Troy, "Devaluing the Think Tank," 87.
④ Slaughter and Scott, "Rethinking the Think Tank."

念传递给恰当的官员。的确,位于华盛顿特区的智库能收集到许多小道消息,这就是它们一直以来的相对优势。与专业学者相比,智库的政策分析员似乎对某项政策的官僚或立法进展情况了解得更多。在笔者的印象里,笔者对任何一事件的政策奥秘的了解都比不上在智库工作的同事。

智库不太看重公众参与的原因很简单:对于外交政策问题,美国公众要么不感兴趣要么根本就无权过问。① 在冷战的记忆逐渐消退之后,情况更是如此。不过,21世纪发生的两件大事改变了智库在思想市场里扮演的角色。2001年9月11日是第一个转折点。"9·11"恐怖袭击事件发生后,公众对外交事务的关注激增。不久,智库就发现自己被迫扮演起了公众宣传的新角色。从此,智库的受众不仅有政策精英,还有刚刚对国际事务产生了兴趣的普通公众。这种公众参与只靠几位外交政策专家是不够的,还需要新的配套设施、交互式网站、公共关系物料和战略传播工作人员。

"9·11"恐怖袭击事件引发的国际事务研究需求促进了相关智库的繁荣发展。人员和配套设施的增加就可以反映出这一点。这次恐怖袭击使美国收获了一大批精通反恐、军事治国方略和中东政治的专家,他们掌握的知识足够开一个政策商店。与此同时,美国政府也增加了全球反恐经费,还有在伊拉克和阿富汗的地面战争经费。国防经费如泉涌一般流向武装部队、国防承包商,当然还有那些对全球反恐战争展开全方位研究的智库。研究国际事务的智库继续招兵买马、大笔花钱。智库工作人员的工资也开始飞涨。②

源源不断的需求和2008年之前资产市场的繁荣发展导致智库预算激增。例如,2003年到2007年间,布鲁金斯学会的年收益从3200万美元增长到9200万美元,增加了将近两倍。③ 2008年之前资产市场一片繁荣的时候,这些智库收到的捐助也增

---

① Benjamin I, "Page with Marshall M. Bouton," *The Foreign Policy Disconnect* (Chicago: University of Chicago Press, 2008); Joshua Busby and Jonathan Monten, "Republican Elites and Foreign Policy Attitudes," *Political Science Quarterly* 127 (Spring 2012): 105 – 142.

② Ken Silverstein, "The Great Think Tank Bubble," *New Republic*, February 19, 2013.

③ Hamburger and Becker, "At Fast-Growing Brookings."

加了。2002年之后，AEI的资产增加了两倍多，战略与国际问题研究中心也是如此。CAP的资产增加了四倍。① "9·11"恐怖袭击事件发生后的五年里，华盛顿特区西北部的马萨诸塞大道上随处可见正在建设中的新智库大楼。CFR和彼得森国际经济研究所都在华盛顿特区新建了奢华的总部大楼。在此期间，卡耐基国际和平基金会分别在贝鲁特和布鲁塞尔设立了研究中心，扩大了全球分布。新智库成立后，如外交政策创议、新美国安全中心，很快就准备好了一切，立刻就开始对政策制定者发挥影响力了。

然后，智库迎来了第二个转折点：2008年金融危机。经济大萧条给智库的经济状况带来了翻天覆地的变化。最直接的影响就是其传统资金来源严重缩水。在2008年金融危机的影响下，智库收到的资助自然少了许多，从中赚取的收益也减少了。另外两大资金来源也受到了同样的影响。大萧条时期，像卡耐基公司和麦克阿瑟基金会这样的老牌慈善组织也被迫减少对外捐助，因为它们自己收到的资助也减少了。与此同时，巨大的联邦预算赤字和美军在阿富汗、伊拉克的军费开支几乎切断了政府所有的资助。2010年，关于国家安全预算问题，国防部长罗伯特·盖茨说："我们可以也应该更加仔细、更加严格地审查各项大大小小的开支。我们的资金来源断了，而且这种情况会持续很久。"②对于那些曾靠签订政府合同致富的智库而言，随之而来的国防削减进一步减少了它们收到的资助。例如，战略与预算评估中心是国防支出的第一大智库，2011年到2013年间，它收到的捐款和政府补助至少缩减了40%，其主要原因就是国防部净评估办公室提供的资助已经干涸了。③

虽然传统基金会在研究上犯了一些错误，但它依然坚持了下来，因为它对以上传

---

① Ken Silverstein, "Pay to Play Think Tanks: Institutional Corruption and the Industry of Ideas," Edmund J. Safta Institute for Ethics, Harvard University, June 2014.
② 2010年5月8日罗伯特·盖茨在堪萨斯州阿比林的艾森豪威尔图书馆发表的演讲，从以下网址获取：http://www.defense.gov/speeches/speech.aspx?speechid=1467。
③ Marcus Weisgerber, "Shake-Up Underway at Prominent Washington Think Tank," *Defense One*, July 15, 2015.

统资金来源的依赖要小得多。它主要的收入来源是个体捐助人。2014 年年度报告显示,传统基金会 85% 的收入都来自个人捐助。① 因此,就算没有新的投资者,基金会也能撑下去。基金会的詹姆斯·杰伊·卡拉法诺声称,智库最好的经营模式就是"完全摒弃政府支持,最低限度地依赖企业捐赠和慈善机构,同时发展大量的私人资金来源"②。基金会的融资模式差不多就是这样,不过这在智库中是比较罕见的。③ 虽然基金会是一个有明显党派倾向的政策商店,但它是有债务偿付能力的。

因为传统资金来源严重缩水,大部分智库被迫去开发非常规的资金来源。在某些情况下,这意味着要和跨国公司加大合作力度。虽然战略与预算评估中心收到的政府资助减少了,但其私人咨询收入却增加了将近十倍。④ 一大批智库,包括 CFR、战略与国际问题研究中心(CSIS)和布鲁金斯学会,纷纷开展企业赞助项目,为各大公司提供专属的专家咨询服务。CFR 曾收到一笔六位数的企业赞助,此外还附带了一个"额外福利":"CFR 员工为该企业量身定制三次新闻发布会"。⑤ 这和布鲁金斯学会企业理事会会员享有的特权差不多。新美国安全中心则为相当水平的企业赞助召开了四次新闻发布会。⑥ 这种宣传工作得到了丰厚的回报。布鲁金斯学会树立了

---

① 美国传统基金会的 2014 年年度报告,从以下网址获取:http://s3.amazonaws.com/thf_meida/2015/pdf/2014annualreport.pdf, 46。基金会的经费好像大部分都来自小额捐款。请参见:Robert Maguire, "More than Kochs, Small Donors Fueled Heritage Action in 2012," *Open Secrets*, October 14, 2013,从以下网址获取:http://www.opensecrets.org/news/2013/10/more-than-kochs-small-donors-fueled/。

② Carafano, "Think Tanks Aren't Going Extinct."

③ Steven Teles, "Foundations, Organizational Maintenance, and Partisan Asymmetry," *PS: Political Science and Politics* 49 (July 2016): 455–460.

④ Weisgerber, "Shake-Up Underway at Prominent Washington Think Tank."

⑤ CFR, "Benefits of Corporate Membership,"从以下网址获取:http://www.cfr.org/about/corporate/corporate_benefits.html。

⑥ Brookings Institution, "Brookings Corporate Council Donor Privileges,"从以下网址获取:http://www.brookings.edu/~/media/About/development/Brookings-Donor-PrivilegesCorporate.pdf。Center for New American Security, "Corporate Partnership Program,"从以下网址获取:http://www.cnas.org/sites/default/files/CNAS%20Corporate%20partnership%20program_042815.pdf。

优秀的榜样。2003年至2013年间,企业对其大额捐助的贡献由7%增加到了25%。①

对于企业来说,给智库捐钱跟花钱请说客一样有用。与传统形式的政治支出相比,例如竞选捐献、游说国会议员的花费,捐给智库的赞助费不会受到那么严格的限制。所以,不出所料,给智库捐钱的企业越来越多。这是利用智库的影响力进行套利的行为。可能捐款并不能产生什么直接影响,但企业可以借此获悉政策分析员在立场和建议上的最新动态。智库的高层也承认捐款具有影响力。国际政策中心的常务董事比尔·古德费洛说:"捐赠者没有影响力这种说法太荒谬了。现在的问题是,我们这些在智库工作的人也像政客那样被同样的方式腐化了。"②《纽约时报》的记者也报道过像摩根大通和联邦快递这样的大企业与像布鲁金斯学会和大西洋理事会这样久负盛名的智库合作的方式。记者们总结说:"为了寻求资助,智库会着重推进对其赞助企业来说非常重要的议程,不经意间就模糊了研究人员与说客之间的界限。"③

当智库里的研究员个人向企业提供咨询或其他类似服务而直接得到资助时,企业就可以影响这个智库的研究工作。一直以来,国防承包商援助智库鹰派研究员的手段就是让他们进入自己企业的董事会。杰克·基恩自己在文章中写到,他最主要的身份是战争研究所董事会主席,而他出席通用动力公司董事会会议的次数越来越少。④ 罗杰·扎赫姆在担任国防企业英国宇航系统公司的说客的同时,还利用自己在AEI客座研究员的身份要求增加军事开支。CSIS麾下大约有70位专家,他们也为私营部门提供咨询服务。当《纽约时报》记者对此进行询问时,CSIS在回应中承认自己"监管不力"。⑤

---

① Hamburger and Becker, "At Fast-Growing Brookings."
② Lipton and Williams, "How Think Tanks Amplify Corporate America's Influence."
③ 同上。
④ Dylan Matthews, "Elizabeth Warren Exposed a Shocking Instance of How Money Corrupts DC Think Tanks," *Vox*, September 30, 2015.
⑤ Nicholas Confessore, Eric Lipton, and Brooke Williams, "Think Tank Scholar or Corporate Consultant? It Depends on the Day," *New York Times*, August 8, 2016.

金融部门也很积极地为智库的研究工作提供资金支持。对冲基金通过中介机构为支持自己政策偏好的智库分析员提供资助。① 参议员伊丽莎白·沃伦给布鲁金斯学会施压,要求他们强迫经济学家罗伯特·利坦辞去客座高级研究员一职,因为利坦就个人退休金账户管理问题在国会作证的时候,没有透露曾有一家金融公司资助了自己的研究的事实。在写给布鲁金斯学会总裁的一封信中,参议员沃伦警告说:"布鲁金斯学会麾下某些研究员的资金来源给他们的研究和研究结果的独立性画上了一个问号。"局外人就没有考虑那么多,赫莱茵·奥伦指出:"那些希望能让政府制定恰好不触及其利益底线的法规的公司,往往会求助于那些希望增加收入并且能面不改色地为他们的利益辩护的研究员。"②

外国政府也是智库的一个新的资金来源。据大西洋理事会透露,仅2014年一年就有25个外国政府为其提供资助。布鲁金斯学会萨本中东政策中心的最大赞助人是卡塔尔国家政府。即使是那些明令拒绝接受外国政府资助的智库,如CFR,也会接受外国国有企业和基金会的资助。一家与中国政府联系紧密的中国建筑公司为CSIS成立的某个新机构的"地缘政治学"研究提供了资助。③ 一些小的石油出口国,如哈萨克斯坦、挪威、阿拉伯联合酋长国,也非常积极地资助了一大批研究外交政策的美国智库。对此,挪威政府在一份内部报告中辩称:"在华盛顿,小的国家很难接触到有权势的政客、官僚和专家。资助那些有影响力的智库是接近他们的一种方式,而且位于华盛顿的一些智库也公开表示,它们只会为那些能够提供资助的外国政府服务。"④2005年至2014年,布鲁金斯学会从外国政府那里收到的现金捐赠在所有资助

---

① Ryan Grim and Paul Blumenthal, "The Vultures' Vultures: How A Hedge-Fund Strategy Is Corrupting Washington," *Huffington Post*, May 16, 2016.

② 沃伦引自2015年9月28日给斯特罗布·塔尔博特的一封信,从以下网址获取:http://www.warren.senate.gov/files/documents/2015-9-28_Warren_Brookings_ltr.pdf; Helaine Olen, "Wonks for Hire," *Slate*, October 2, 2015。

③ John B. Judis, "Foreign Funding of Think Tanks Is Corrupting Our Democracy," *New Republic*, September 9, 2014.

④ 引自Lipton, Williams, and Confessore, "Foreign Powers Buy Influence at Think Tanks"。

中占的比例几乎翻了一番。

最后一个新的资金来源是腰缠万贯的个人捐赠者。这些个人捐赠者也带来了许多麻烦事。很多人在捐款的同时都会提出具有明显的党派倾向的议程。保守派捐赠者,如谢尔登·阿德尔森、保罗·辛格、伯纳德·马库斯,给曼哈顿研究所、捍卫民主基金会这样的保守派智库投了一大笔钱。① 同时,像杜鲁门国家安全项目这样的自由派智库则会向乔治·索罗斯或汤姆·施泰尔寻求资助。智库也会从华尔街和硅谷的有钱人身上搜集钱财,补充自己的经费。

面对思想产业发生的变化,智库需要在研究方面做出一定的妥协。依赖那些党派倾向严重的赞助者是有代价和风险的。智库的一个相对优势在于,在没有其他条件干预的情况下,它们能组织更多的两党活动和倡议,比如 AEI 和布鲁金斯学会就联合发起了一些项目。在外交政策问题上,美国政治领域的不同部分之间也能就特定的政策倡议达成共同目标,比如贸易政策、反恐行动或促进国际宗教自由。不过,这种方法对党派人士来说简直是个诅咒。因为,正如安妮·玛丽·斯劳特和本·斯科特所说:"在众多辩论中,无论两党的立场怎么变化,专家的立场总是与任何一方都不同。"②那些更习惯资助竞选活动的捐赠者则从零和博弈的角度看待这些政治倡议。他们关心的是谁会在政治上获益,而不是政策实施后会带来什么影响。因此,他们对资助智库提出的两个党派都支持的倡议感到惴惴不安。而有党派倾向的捐赠者只是对与意识形态不同的捐赠者共同资助的某一个项目更谨慎一点。

如果智库选择迎合有党派倾向的捐赠者,那么一旦表现出任何的思想异端,它们就会背负巨大的风险。威尔逊国际学者中心总裁简·哈曼解释说:"很多智库都认为开放式讨论是不明智的。如果你质疑你的观众,他们可能就跑去当别人的观众了,你

---

① Judis, "The Little Think Tank That Could"; Eli Clifton, "Home Depot Founder's Quiet $10 Million Right-Wing Investment," *Salon*, August 5, 2013; Eric Lichtblau, "Financier's Largess Shows G.O.P.'s Wall St. Support," *New York Times*, August 27, 2010.

② Slaughter and Scott, "Rethinking the Think Tank."

怎么承担得起这种后果呢?"①在充斥着有党派倾向的捐赠者的时代,这还关系到收入问题。②

更直接的顾虑是,这种资助增强了捐赠者对它们的掌控力。2015年9月,一批隐秘的电子邮件揭露了传统基金会在拥护那些财大气粗的赞助者的激进观点和希望保持一定的思想独立性之间举步维艰的困境。邮件显示,基金会的赞助人曾对前总统奥巴马的美国公民身份表示怀疑,也曾建议基金会邀请某几个反伊斯兰主义的嘉宾发表演讲。在回应后面这条建议时,基金会一位负责业务发展的官员表达了对赞助者的宠溺:"我们能想到别的智库根本想不到的东西。其中就包括邀请那些能够坦诚地回答你所关心的问题的嘉宾到基金会来演讲。"他随后就要求这位赞助者再给基金会一笔六位数的捐款。③

还有一个例子。2011年,曾经帮助成立卡托研究所的科氏兄弟开始把自己的支持者安插到研究所的董事会里,其目的是让所长埃德·克兰下台,然后扶植一个更服从他们的政治议程的新所长。据卡托研究所董事会的主席称,戴维·科克曾解释说他希望卡托研究所可以为美国荣昌以及其他同盟组织提供智力弹药。④克兰拒绝了他的要求,并说:"谁会把受石油大亨支配的智库当回事呢?"⑤最终,科氏兄弟还是成功地让克兰下台了,不过他们也做了让步:不会直接控制卡托研究所的研究工作。⑥

新兴的慈善资本主义者也给传统智库带来了一项新挑战。这些赞助者大多是金

---

① Jane Harman, "Are Think Tanks Too Partisan?," *Washington Post*, October 7, 2015.
② Steven Teles, Heather Hurlburt, and Mark Schmitt, "Philanthropy in a Time of Polarization," *Stanford Social Innovation Review*, Summer 2014, 44–49.
③ J. K. Trotter, "Leaked Files Show How the Heritage Foundation Navigates the Reactionary Views of Wealthy Donors," *Gawker*, September 9, 2015.
④ David Weigel, "Cato Goes to War," *Slate*, March 5, 2012.
⑤ David Weigel, "Cato at Peace," *Slate*, June 25, 2012.
⑥ David Weigel, "Cato Shrugged: Panic about An Incoming Leader's Admiration for Ayn Rand," *Slate*, August 30, 2012.

融或科技领域的富翁。他们喜欢有竞争力的、结果导向的投资回报。他们一点也不喜欢投资那些政策结果受政府政策严重影响的领域。按照其商业惯例，这些赞助人更倾向于为特定的研究项目提供资助，而不是更广泛意义上的资金支持。与注重思想的智库相比，他们更倾向于资助"行动派"智库。他们现在的做法跟以前有着天壤之别。据麦甘称，"从前，赞助者给智库捐款时不会提出限制条件，他们还会对智库说：'我相信你们清楚自己在做什么。你们一定要高瞻远瞩。'"但是现在，史汀生中心前任负责人却绝望地说："智库正挣扎着去适应似乎不再把知识当成知识去重视的社会环境。"社会环境变化太大了，布鲁金斯学会总经理对《纽约时报》说："要是能回到二战后最伟大的慈善时代多好啊，天呐，那时候赞助者会说：'这里是 100 万美元，随便你怎么花。'"①

当这些赞助者转移到政策领域后，他们就更倾向于资助政治运作组织而不是智库。麦甘说："现在智库要和咨询公司、律师事务所、超级政治行动委员会、说客和宣传团体进行竞争。在此压力下，智库必须更积极地响应赞助者的要求。"②在与多名智库工作人员交流时，笔者发现他们在意识形态方面有一个共同点，他们都承认，为了获得提供政策建议的机会，智库需要与其他机构竞争。用布鲁金斯学会的泰德·皮科内的话说就是："我们现在全都是智库。"一大群新、老机构都在为了在思想市场中赢得一席之地而竞争，这是下一章将要讨论的内容。市场越大，竞争也就更加激烈。

对智库来说，在实现初衷的同时还要取悦所有的主人是非常困难的事情。卡耐基国际和平基金会的经历是一个警告。卡耐基国际和平基金会以自身品牌的国际化为傲；截至 2006 年，除了华盛顿，它还在北京、贝鲁特、布鲁塞尔和莫斯科开设了办事

---

① 麦甘引自 Bennett, "Are Think Tanks Obsolete?"; Ellen Lapison, "Why Our Demand for Instant Results Hurts Think Tanks," *Washington Post*, October 9, 2015. 布鲁金斯学会总经理的话引自 Lipton and Williams, "How Think Tanks Amplify Corporate America's Influence"。

② 引自 Silverstein, "Pay to Play Think Tanks," 10. 另请参见 Slaughter and Scott, "Rethinking the Think Tank"。

处。从理论上来看，由卡耐基基金会组织"二轨外交"活动真是再合适不过了。但从实际操作来看，其主要研究员的思想独立性遭到了质疑。好几位在基金会工作的政策分析员也为营利性咨询公司提供服务。俄罗斯异见人士和许多美国智库分析员都指责基金会为了保留莫斯科办事处而牺牲了自己的智力独立性和分析严谨性。① 虽然这些指控的真实性引发了激烈争议，但在当前这个竞技场里，任何不正当行为都会带来严重后果，无党派智库也将面临与卡耐基国际和平基金会类似的挑战。②

以下 CAP 的案例揭示了向党派人士屈服的风险。2015 年下半年，CAP 领导人邀请以色列总理本雅明·内塔尼亚胡来演讲的决定引发了一场内乱。这次演讲是以色列为了改善与自由派的关系而做的努力。由于多年以来以色列一直对奥巴马政府和巴勒斯坦权力机构持敌对态度，所以当 CAP 领导层同意邀请以色列总理来演讲时，CAP 内部的左倾员工非常愤怒。在一次吵吵嚷嚷的开放式员工会议上，这些员工质问领导层："面对那些价值观和行动都危害到我们的核心原则的外国领导人，我们如何能做到与之交流的同时，还保证这些原则不被破坏呢？"③针对这些公开发表与本机构倾向相悖言论的员工，其他智库的决定是直接解雇，包括左倾的狄莫斯（Demos）智库和右倾的国家利益中心。④

当代思想产业给智库带来了巨大挑战，但是，现在就宣告它们失败还太早了。不过有些人已经这么做了，他们说在 21 世纪，智库根本无力抗争。情报分析员迈克尔·丹治宣称"虚拟智库"最终会取代传统的实体智库。他创办了仅供线上使用的威

---

① Jamie Kirchick, "How a U.S. Think Tank Fell for Putin," *Daily Beast*, July 27, 2015.
② 请参见，例如：Leonid Bershidsky, "Putin Hurts a Think Tank by Not Banning It," BloombergView, July 29, 2015。
③ A li Gharib and Eli Clifton, "Dissent Breaks Out at the Center for American Progress Over Netanyahu's Visit," *The Nation*, November 10, 2015. 另请参见 John Hudson, "Netanyahu Visit Sparks Internal Backlash at Powerhouse D. C. Think Tank," *Foreign Policy*, November 9, 2015。
④ 关于国家利益中心，请参见 John Hudson, "Think Tank Fires Employee Who Questioned Ties to Donald Trump," *Foreign Policy*, May 20, 2016。关于狄莫斯（Demos）请参见 Kevin Drum, "The Great Matt Bruenig-Neera Tanden Kerfuffle Sort of Explained," *Mother Jones*, May 20, 2016。

胁感知中心,还说,与那些需要支付高额工资、有实体工厂、耗费大量开销的智库相比,"智库2.0版"人员更精简、更节省经费。① 这是丹治在2010年8月做出的预测;一年后,他的威胁感知中心就维持不下去了。② 而那些传统的实体智库并没有灭绝。

经济大萧条发生后,智库资金愈发紧张。在发掘新的资金来源时,它们面临着道德上的困境和权衡。更严重的是,竞争变得更加激烈了。对政策影响力的争夺不再限于智库之间,参与竞争的还有其他各种各样的组织,包括大学的研究机构、律所、咨询和游说公司,还有慈善运作机构。

此前,智库凭借企业家般的适应能力对冲击做出了适当的回应。现在,它们还是以相似的方式应对当前的困境。它们对外公布资金来源,财务更加透明化。还有些组织,例如彼得森国际经济研究所、CFR和布鲁金斯学会,都在努力实现资金来源多样化,从而将其对任一资金来源的依赖最小化。终有一天,那些激进的慈善家可能就会意识到自己激进主义的局限性,尤其是企图影响政府行动的思想。这些企业家习惯直接绕过政治来实现自己的目标。不过,如果他们想推动某些政策的实施,在发动实际行动之前,他们必须先获得政治支持。当这些新兴的慈善家明白了政策影响力是如何在华盛顿运行的,他们可能就会把钱捐给更传统的获取影响力的渠道,比如智库。

在德敏特的领导下,美国传统基金会行动组织成功地吸引了国会的注意力。不过这是以牺牲传统基金会为代价的。有些智库领导人,如安妮·玛丽·斯劳特,建议智库在公民参与方面要做更加积极的"先于党派"的努力。③ 也就是说,智库要参与那些与激进主义者或游说团体关系深远的政治宣传和倡议。不过参与这些活动可能会削弱智库的核心功能。其实,智库对学术领域和公共政策领域之间的"间隙领域"

---

① Michael Tanji, "The Think Tank is Dead. Long Live the Think Tank," http://www.haftofthespear.com/wp-content/uploads/2010/08/The-Think-Tank-is-Dead-Final-Online.pdf, August 2010.
② Carafano, "Think Tanks Aren't Going Extinct."
③ Slaughter and Scott, "Rethinking the Think Tank."

的垄断早就被打破了。为了适应新的思想市场,智库面临的挑战比学术界还要严峻。

当然,这就带来了一个很有趣的问题:营利性的参与者是如何躲过那些让智库饱受折磨的利益冲突指控的呢?

第六章　蓬勃发展的公共思想私募市场

> 思想领导力已开始慢慢主导咨询公司的营销活动，并且理由很充分。
> ——一则分析管理咨询公司的广告

只有傻瓜才会为了挣钱进入外交事务领域。在 21 世纪，相较于外交政策领域而言，人们可以在技术、金融或者无数其他行业收获一份"钱途"更加光明的事业。这就给笔者关于思想产业的论证提出了一个实质性难题。如果宏大的想法不能带来经济利益，那么所有关于实际的思想市场的讨论都好比是空中楼阁。因为但凡任何事物，甚至是思想，如果存在市场，则必然存在利润。如果大学和智库发生动荡，那又如何？它们都是非营利性机构。如果蛋糕只有那么一点大，那么颠覆传统的思想来源渠道真的有那么重要吗？

理查德·波斯纳在他的《公共知识分子》(Public Intellectuals)一书中详论了这个主题，他认为私营部门既不提供也不需要公共知识分子的劳动成果。[1] 在他写作该书时，此论断就难称无误，15 年之后，此观点更是错误非常。平心而论，波斯纳完全是在效仿政治学家，而这些政治学家认为，私营行业主要是通过利益团体游说来影响外交政策的。这种观点完全忽视了私营行业在为公共领域提供新思想方面所能扮

---

[1] Richard Posner, *Public Intellectuals: A Study of Decline* (Cambridge, MA: Harvard University Press, 2000), 58.

演的重要角色。① 长此以往,私营行业在外交政策领域中掌握的权力,既来自他们的思想,也源于他们的利益。

本书第二章已经讨论了某种激增的需求(即对知识分子的总需求),这种需求催生了新的思想产业。本章则将阐述私营行业中思想领袖人数的暴增。事实证明,有钱人也喜欢进入国际关系领域的思想领袖队伍。要想真正看清波斯纳犯的错误有多严重,首先你需要清楚金砖五国(BRICS)这个现象。

BRICS(金砖五国)是巴西、俄罗斯、印度、中国、南非五个国家的英文首字母缩写。自2008年经济危机开始后,这些新兴市场国家的领导人会定期举行领导人峰会。② 2009年至2016年,金砖五国的国家首脑共召开了14次峰会。③ 初步证据表明,五个成员国履行了其联合公报上的绝大部分承诺。④ 随着金砖集团实力增强,部长级峰会也随之召开,涉及领域有农业、教育、环境、金融、卫生健康和贸易等。除了峰会公报,金砖集团在其他方面也实现了制度化。围绕着金砖峰会还形成了一整套"二轨外交"活动,包括各成员国之间的商业领袖论坛、市长论坛和议员论坛等。一群数量有限但势头强劲的智库、研究中心和学术论坛业已形成,专门分析金砖五国的相关情况。

金砖五国最重要的举措是在金融领域。五个成员国全都开始以本国货币开具贸

---

① 想了解传统的视角对私营行业如何影响美国外交政策的分析,请参阅 Helen Milner and Dustin Tingley, *Sailing the Water's Edge: The Domestic Politics of American Foreign Policy* (Princeton, NJ: Princeton University Press, 2015). 关于私营行业如何向公共领域提供信息,请参阅 Mathew McCubbins and Thomas Schwartz, "Congressional Oversight Overlooked: Political Patrols versus Fire Alarms," *American Journal of Political Science* 28 (February 1984): 165-179。

② 南非直到2010年才加入金砖国家行列。在本章中,"BRICS"代表五个国家;"BRICs"代表2010年前的金砖四国。

③ 更多信息请查看多伦多大学"金砖国家信息中心",网址为:http://www.brics.utoronto.ca/docs/index.html。

④ Christian Brütsch and Mihaela Papa, "Deconstructing the BRICS: Bargaining Coalition, Imagine Community, or Geopolitical Fad?," *Chinese Journal of International Politics* 6 (Autumn 2013): 300。

易发票,以表明独立于作为世界储备货币的美元。① 2014年,金砖集团成立了新发展银行,注册资本为一千亿美元,旨在向发展中国家提供贷款。除此之外,金砖集团还宣布建立一千亿美元的应急储备安排,是为了在任何成员国面临剧烈的金融波动时,保证其资产流动。金砖五国一直要求在布雷顿森林体系下的传统机构中拥有更大的话语权,例如国际货币基金组织(IMF)和世界银行(World Bank)。② 自2008年以来,这已是金砖成员国反复谈论的话题,他们呼吁"改革国际金融体制和全球治理体系"③。

金砖集团日益增长的实力及其修正主义的意图一直以来饱受争议。④ 虽然目前金砖国家形成的体系影响力尚小,但许多评论员称这些体系就像一笔首付款,按揭未来会有更多修正主义的全球治理体系。⑤ 即使是怀疑主义者也必须得承认,金砖五国在同类集团中属于影响力比较大的。除了鼎盛时期的石油输出国组织(OPEC),史上最重要的由发展中国家组成的集团就是金砖五国了。

金砖集团的特别之处在于它的起源。⑥ 正如金砖五国官网上所述,该集团名称

---

① Barry Eichengreen, *Exorbitant Privilege: The Rise and Fall of the Dollar and the Future of the International Monetary System* (New York: Oxford University Press, 2011), 142-45.
② 金砖五国《福塔莱萨宣言》,2014年7月15日,网址:http://brics.itamaraty.gov.br/media2/press-releases/214-sixth-brics-summit-fortaleza-declaration; Simon Romero, "Emerging Nations Bloc to Open Development Bank," *New York Times*, July 16, 2014。
③ 峰会公报可在此网站查阅:http://www.brics.utoronto.ca/docs/081107-finance.html。
④ Daniel W. Drezner, *The System Worked* (New York: Oxford University Press), 149-150; and Miles Kahler, "Conservative Globalizers: Reconsidering the Rise of the Rest," *World Politics Review*, February 2, 2016.
⑤ 关于对金砖五国的夸大,请参见 Harsh V. Pant, "The BRICS Fallacy," *Washington Quarterly* 36 (Summer 2013): 91-105; Drezner, *The System Worked*, 149-150; Bruce Jones, *Still Ours to Lead: America, the Rising Powers, and the Myths of the Coming Disorder* (Washington, DC: Brookings Institution Press, 2014). 关于金砖五国的政治,请参见 Parag Khanna, *The Second World: Empires and Influence in the New Global Order* (New York: Random House, 2008); Moisés Naim, *End of Power* (New York: Basic Books, 2013); Naazneen Barma, Ely Ratner, and Steven Weber, "Welcome to the World Without the West," *The National Interest*, November 12, 2014; Helmut Reisen, "Will the AIIB and the NDB Help Reform Multilateral Development Landing?," *Global Policy* 6 (September 2015): 297-304.
⑥ 参见 http://infobrics.org/history-of-brics/,2015年10月15日访问。

最初的想法既不是来自任何一个成员国的政府大臣,也不是出自金砖国家的大学,或是总部设在金砖国家的智库。事实上,"金砖国家"是在高盛集团供职的吉姆·奥尼尔的创意,奥尼尔时任高盛集团全球经济研究部总监。在 2001 年 11 月份发表的一篇论文中,奥尼尔极力鼓吹金砖国家(BRICs,小写字母 s 代表南非)是全球经济的主要增长中心。事实证明,他对金砖国家经济增长的预测相当保守。奥尼尔在文中总结道:"鉴于金砖五国经济有望持续保持相对增长,我们应该抓住机会,把中国,有可能的话把巴西和俄罗斯,甚至印度,融入全球经济政策协调的核心体系中来。"[①]不到七年,奥尼尔的预测成真了,二十国集团峰会(G20)取代七国集团峰会(G7),成为全球最顶尖的经济论坛。奥尼尔高盛集团的两位同事在后续的一篇论文中称,到 2050 年,金砖国家的实力几乎将和七国集团一般雄厚。[②]

需要再次强调的一点是:金砖集团最初只是高盛集团的一个营销概念。

可以说奥尼尔只是看到了预兆,金砖集团的出现不可阻挡。但是这种论断站不住脚。金砖五国的国家性质多种多样,这远不能促使它们自然而然形成一个集团。大多数国际组织的形成都有地理、安全或经济原因,而金砖五国没有以上任何一个共通性。事实上,对金砖五国这一概念反复出现的批评就是,世界政治发展的动力不仅来自发展中国家与西方发达国家的关系,也源于发展中国家彼此之间的较量,且二者所起到的推动力度相当。[③] 金砖集团成员国遍布三大洲,原先认为成员国之间贸易状况出现变化的可能性非常有限。与经合组织(OECD)不同,金砖五国的政治面貌和国家安全情况各不相同。在国家安全问题上,印度、中国、俄罗斯之间的利益关系错综复杂,有时还存在利益冲突。金砖成员国皆因没有在传统的全球治理结构中得

---

① Jim O'Neill, "Building Better Global Economic BRICs," Goldman Sachs Global Economics Paper No. 66, November 30, 2001, 3 and 10. To O'Neill's credit, he noted at the time that the G‑20 grouping of finance ministers was "arguably an extended club version of this proposal."

② Dominic Wilson and Roopa Purushothaman, "Dreaming with BRICs: The Path to 2050," Goldman Sachs Global Economics Paper No. 99, October 1, 2003.

③ 请参见,例如 Philip Stephens, "A Story of Brics without Mortar," *Financial Times*, November 24, 2011; Pant, "The BRICS Fallacy".

到与之匹配的地位而感到怨愤,除此之外,金砖国家几乎没有共同点。①

也可以说奥尼尔创造"金砖国家"这个词,只是一种为高盛集团吸引更多客户的手段。奥尼尔在访谈中明确否认了这种说法,但是不容置辩,高盛的客户的确因为他创造了金砖国家这一概念而增多。高盛集团的企业客户对金砖国家这一概念产生了极大的兴趣,尤其是想要打开这些市场的消费品企业。② 为了能最大限度地利用这个概念,高盛集团在2006年设立了金砖基金,用来投资所有金砖国家,在鼎盛时期吸引了超过8亿美元的资金。③ 其他投资银行和对冲基金盛赞奥尼尔,他们也开始开发针对金砖国家的金融产品。地缘政治分析家也赞成这个概念,他们称很快就会出现一个"没有西方的世界",在这个新世界里,凭借金砖国家优越的"连通性",发展中国家将会"脱离"先进的工业化国家。④

可是事实证明,高盛集团的经济预测和随之而生的对金砖五国的热情都没有持续下去。自奥尼尔写出那篇论文以来,中国的经济增长速度下降了一半。中国还面临着严峻的人口困境、高额债务和金融动荡等问题。这些趋势每一个都对中国中期经济增势和政治稳定提出难题。⑤ 相对而言,中国是金砖五国中最健康的国家。虽然中国已经是跻身第一梯队的经济大国,但其他四个金砖国家的经济自2008年经济危机以来已大大停滞。事实上,与2008年前的预测相反,金砖五国既没有加快经济增长速度,也没有脱离经合组织经济体。⑥ 摩根士丹利的拉奇尔·夏尔马总结道:

---

① Brütsch and Mihaela Papa, "Deconstructing the BRICS"; Drezner, *The System Worked*, chapter 6 and 7.

② Gillian Tett, "The Story of the Brics," *Financial Times*, January 15, 2010.

③ Ye Xie, "Goldman's BRIC Era Ends as Fund Folds after Years of Losses," BloombergBusiness, November 8, 2015.

④ Barma, Ratner, and Weber, "Welcome to the World without the West"; Parag Khanna, *Connectography* (New York: Random House, 2016).

⑤ Evan Osnos, "Born Red," *New Yorker*, April 6, 2015; David Shambaugh, "The Coming Chinese Crackup," *Wall Street Journal*, March 5, 2015; Kahler, "Conservative Globalizers."

⑥ Drezner, *The System Worked*, chapter 6; "The Headwinds Return," *Economist*, September 13, 2014.

"没有什么概念比'金砖国家'这个概念对全球经济的思考造成了更大扰乱。"①大多数地缘政治分析家都赞同,金砖集团引发了对这些国家的真正实力认识不清的问题。② 到2013年,甚至连奥尼尔自己也承认,他命名的现象被吹嘘过了头。③ 他在高盛的雇主也表示赞同;连续五年遭受惨痛损失后,高盛集团在2015年8月悄无声息地把金砖基金合并到一个更大的新兴市场基金中。④ 合并是紧随一些其他的投资分析开始的,而这些投资分析得出结果是,首字母缩写命名的基金总体上都是不理想的投资工具,金砖基金尤甚。⑤

讽刺的是,"金砖国家"概念的发明者刚刚才抛弃这个概念,金砖集团就开启了政治生涯。虽然金砖国家目前经济不是很景气,但金砖国家这个概念对决策者和知识分子依然有强大的影响力。自奥尼尔提出这个概念15年来,其他的投资银行家和地缘政治分析家也摩拳擦掌,试着给新兴市场创造一个新名字。诸如MIKTA(中等强国合作体,包括墨西哥、印度尼西亚、韩国、土耳其和澳大利亚)、BRICSAM(巴西、俄罗斯、印度、中国、南非、东盟国家和墨西哥)、MINT(墨西哥、印度尼西亚、尼日利亚和土耳其)等多国集团的概念也在四处传播,描述其他的新兴经济体,但是没有一个

---

① Ruchir Sharma, "Broken BRICs: Why the Rest Stopped Rising," *Foreign Affairs* 91 (November/December 2012): 4. See also Ruchir Sharma,: How Emerging Markets Lost Their Mojo," *Wall Street Journal*, June 26, 2013.

② Pant, "The BRICS Fallacy"; Marcos Degaut, "Do the BRICS Still Matter?," CSIS Americas Program, October 2015.

③ Sinead Cruise and Chris Vellacott, "Emerging Markets Mania Was a Costly Mistake: Goldman Executive," Reuters, July 4, 2013; Luciana Megalhanes, "China only BRIC Country Worthy of the Title—O'Neill," *Wall Street Journal*, August 23, 2013.

④ Xie, "Goldman's BRIC Era Ends as Fund Folds after Years of Losses."

⑤ 同上。也请参见Michael Patterson and Shiyin Chen, "BRIC Decade Ends with Record Fund Outflows as Growth Slows," BloombergBusiness, December 28, 2011; Ye Xie, "As Emerging-Market Debt Crisis Talk Growth, Some Investors Scoff," BloombergBusiness, April 1, 2015; Mohammed El-Erian, "Rethinking Emerging Markets," BloombergView, April 3, 2015; Eric Balchunas, "ETF Investors Are Unbundling emerging Markets," BloombergBusiness, November 4, 2015.

像金砖国家这个概念一样成功。① 正如吉莉恩·泰特在《金融时报》中的评论：

> 虽然金砖国家是一个利于自身的导向性陈述,这样的陈述本身只是一个概念,但有时真的可以焕发出自己的生命力,超越其创造者的预期,甚至是期望。通过创造金砖国家这个词,奥尼尔重新绘制了权力掮客的认知地图,帮助他们表达出了一种本质上的转变,即西方的影响力逐渐式微。如果你相信人们所思所言的方式不仅反映现实,并且也会塑造其未来的道路,那么金砖国家这个标签本身既已反映也推动了这种变革……
>
> 或者正如在里约负责创办全球第一家金砖智库的巴西官员费利佩·戈埃斯所言:"(我们使用金砖五国 Brics 这个词)其实有些讽刺……但是这也反映了一个事实,**在现代世界,只有在像高盛或麦肯锡这样的大公司工作的人,才有资源和头脑创造思想**。"诚然,大机构如高盛者现今能如此有影响力,不仅仅是简单地靠着商业智慧或政治关系,也是因为它们有能力通过资助分析课题并保证分析结果在全球传阅,以此重金投资银行家口中的"思想领导力"。②

金砖五国的热度持续不退,恰恰证明了私营行业思想领袖的力量日益壮大。无论是依靠像高盛集团这样的投资银行,或是像麦肯锡这样的管理咨询公司,抑或是像欧亚集团这样的政治风险公司,以及像谷歌这样的科技公司,新兴的私营行业机构已经成长起来,成为新的知识掮客。

---

① BRICSAM 请参见 Alan Alexandroff and Andrew Coopers, eds., *Rising States, Rising Institutions: Challenges for Global Governance* (Washington, DC: Brookings Institution Press, 2010);中等强国合作体(MIKTA)请参见 Scott Snyder, "Korean Middle Power Diplomacy: The Establishment of MIKTA," Asia Unbounded, Council on Foreign Relations, October 1, 2013, accessed at http://blogs.cfr.org/asia/2013/10/01/korean-middle-power-diplomacy-the-establishment-of-mikta/;MINTs 请参见 Jim O'Neill, "Who You Calling a BRIC?," BloombergView, November 12, 2013。

② Tett, "The Story of the Brics,"注:加粗系引者所加。

思想产业的私营行业和智库的遭遇相同,都受到了传统公共知识分子严苛的批评。这些公司在许多方面尤其容易遭受批评,因为它们的活动都具有明显的营利性本质。如果大学和智库要担心资金问题,那么根据定义,私营行业则需要担心利润问题。因为这些公司的许多信息都来自自己的专利成果,所以它们智力成果的透明度至多也只是模糊不清。与学院派相比,它们的展示风格简直令人眼花缭乱,但对大多数学者而言,这是一件坏事。对许多批评家而言,仅这些理由就足以质疑它们的智力成果。

但是在过去十年间,笔者发现自己与私营行业的接触和交流日益增多,曾在金融企业运营的大会上发言,还参与了麦肯锡会谈;为一些政治风险公司提供过咨询服务,甚至无偿地为谷歌公司提过建议。但是更为重要的是,笔者注意到私营行业的思想领袖和越来越多的外交政策界传统成员互动往来,这些思想领袖的影响不容小觑。他们不仅在形式风格上有明显的相对优势,在一些做法和内容上也有优势。塑造现代思想产业的力量也帮助和促进了营利型思想领袖一定程度上的崛起。

研究型大学是思想产业最早的组成部分,于19世纪晚期出现在美国。大约30年后智库开始形成。思想产业的私营行业部分是最新的参与者,在第一批智库形成后很快就出现了,其诞生的原因很大程度上可以归于20世纪30年代的经济大萧条。

正如商业史学家克里斯托弗·麦克纳在他的《世界新兴职业》(*The World's Newest Professions*)一书中所阐释的,虽然最早的管理咨询公司在《格拉斯-斯蒂格尔法案》(1933)颁布之前就出现了,但是这个行业的兴起却是该法案的直接产物。①《格拉斯-斯蒂格尔法案》最主要的贡献是区分了投资银行和商业银行。像高盛集团和摩根士丹利公司这样的企业,其存在和企业身份都得益于《格拉斯-斯蒂格尔法案》。但是该项法案也限制银行进行咨询和资产重组活动,这些活动在20世纪20年

---

① Christopher McKenna, *The World's Newest Profession: Management Consulting in the Twentieth Century* (New York: Cambridge University Press, 2006), 16-17.

代本由银行负责。1993年的《证券法》也给诸如安达信会计师事务所这样的会计公司施加了类似的限制,规定其不得参与非会计活动,以防止和它们首要的金融审计任务产生利益冲突。随着大萧条时代的金融法律颁布到位,像麦肯锡公司、理特咨询公司和博思艾伦咨询公司这样的新生代企业得以成长壮大。①

我们很自然地认为,管理咨询顾问不会把自己与知识分子或抽象概念联系在一起。诚然,正如沃尔特·基希勒在他的商业战略史中指出的:"若想要使一名管理咨询顾问羞愧难当,即使是那些著书撰文的管理咨询顾问,你只需问问他/她是否把自己看作知识分子。"②但是事实上,管理咨询顾问对待思想非常严肃,而且自管理咨询行业出现以来,大多数时间都是如此。正如第一代智库与学术界保持紧密联系,最早的管理咨询公司创始人也是如此。亚瑟·D. 利特尔曾担任美国化学学会主席,他把理特咨询公司的总部设在马萨诸塞州的坎布里奇,就是为了和麻省理工学院(MIT)建立紧密联系。詹姆斯·麦肯锡曾是美国大学会计教师协会的会长,在成立以自己名字命名的公司时,他还是芝加哥大学的会计学教授。在成立麦肯锡公司很久之后,他依然与芝加哥大学保持联系。埃德温·博思和西北大学的心理学系也有类似的关系。③

博思和麦肯锡在分别成立各自的公司后不久,共同创立了美国咨询管理工程师协会(ACME),为这个新兴的行业制定职业规范和行业标准。麦肯锡公司很快成了行业翘楚,也是后来一批管理咨询公司的模范,如科尔尼管理咨询公司。④ 这很大程

---

① Christopher McKenna, *The World's Newest Profession: Management Consulting in the Twentieth Century* (New York: Cambridge University Press, 2006), 16 – 17.

② Walter Kiechel, *The Lords of Strategy: The Secret Intellectual History of the New Corporate World* (Cambridge, MA: Harvard Business Press, 2000), x.

③ Robert J. David, Wesley D. Sine, and Heather A. Haveman, "Seizing Opportunity in Emerging Fields: How Institutional Entrepreneurs Legitimated the Professional Form of Management Consulting," *Organization Science* 24 (March/April 2013): 367 – 368.

④ McKenna, *The World's Newest Profession*; Duff McDonald, *The Firm: The Inside Story of McKinsey* (London: OneWorld, 2013).

度上归功于接任麦肯锡成为公司负责人的马文·鲍尔。鲍尔主张的战略是主要和企业高级管理层合作，拒绝和层级较低的企业人员开展无趣常规的低利润项目。他还把麦肯锡的企业文化塑造成类似于顶尖的律师事务所或会计师事务所的企业文化。鲍尔强调专业性，从顶尖的商学院招纳精英之才。① 美国咨询管理工程师协会的会员明确反对"不专业的做法"，诸如大众媒体广告、冒昧的电话推销或是收取成功酬金等。② 管理咨询顾问的典型形象是富裕阔绰、衣着光鲜、受过良好教育的惹人厌者，这种刻板印象就是来自麦肯锡公司这个行业标杆。

管理咨询公司和智库一样，在第二次世界大战期间的政策方面扮演了重要的角色。博思艾伦咨询公司重组了美国海军，进行了"两洋海军"组建运动，A. D. 利特尔帮助开展运筹学研究，优化了军方物流的组织架构。第二次世界大战结束后，艾森豪威尔政府聘请麦肯锡公司整顿了白宫的运作。③ 过去 50 年中许多大企业潮流，如 20 世纪 50 年代的合理化改革、80 年代广泛采用信息技术、90 年代的全球商业战略，还有 21 世纪初兴起的离岸外包等，都可以追溯到管理咨询公司。④

20 世纪后半叶，管理咨询公司很快成了美国跨国企业中不可或缺的组成部分。这让他们能够以"知识掮客"的身份，为全美所有的企业服务。20 世纪 60 年代早期波士顿咨询公司（BCG）的崛起更是进一步强化了商业的"知识化"。⑤ 作为响应，首先是 BCG，接着是 BCG 的分支机构贝恩公司，再后来是麦肯锡公司，创造了许多概念将商业战略理论化，尝试让大多数美国企业接受这些想法。他们利用进入顶尖企业董事会会议厅的途径，丰富和拓宽了商业渠道，签订了长期的咨询合同，并为公司提供运营建议。数年之后，麦肯锡公司 85% 的年收益来自回头客，或者用他们的行

---

① McDonald，*The Firm*；McKenna，*The World's Newest Profession*，chapter 8；Joe O'Mahoney and Andrew Sturdy, "Power and the Diffusion of Management Ideas: The Case of McKinsey & Co," *Management Learning* 47（July 2016）：247 – 265.

② David，Sine，and Haveman，"Seizing Opportunity in Emerging Fields," 369.

③ 同上，370 – 371。

④ McDonald，*The Firm*，5.

⑤ Kiechel，*The Lords of Strategy*.

话来说，来自"变革型关系"。① 管理咨询行业日益壮大，近些年业务交易额超过一千五百亿美元。管理咨询市场利润丰厚，足以吸引会计公司和金融企业重新参与竞争。②

管理咨询公司主要为私营行业的企业开展所有权工作。那么它们是如何影响外交政策思想市场的呢？第一条路线是直接通过它们的咨询服务。虽然管理咨询公司的基本业务面向的是私营企业，但截至2008年，其全部业务中超过五分之一是为政府部门和非营利性组织提供咨询服务。③ 随着美国联邦政府越来越多地把服务外包给私营承包商，无数的咨询公司前来协助提供服务。④ 在美国，博思艾伦咨询公司和普华永道会计师事务所提出在新的安全领域，例如生物恐怖袭击，帮助提升政府的运作能力。麦肯锡公司在英国医疗卫生设施私营化的过程中扮演了一个饱受争议的角色，⑤同时还成了发展中国家"备受追捧的气候咨询公司"。麦肯锡在沙特阿拉伯的经济改革中起了广泛影响，以至于在利雅得（沙特阿拉伯首都）有戏言称，沙特的规划部应该叫作"麦肯锡部"。⑥ 新兴市场国家的政府聘用麦肯锡公司，并以此为信号，向

---

① McDonald, *The Firm*, chapter 6.

② "To the brainy, the spoils," *Economist*, May 11, 2013.

③ Andrew Gross and Josef Poor, "The Global Management Consulting Sector," *Business and Economics* 43 (October 2008): 62; Bessma Momani, "Management Consultants and the United States' Public Sector," *Business and Politics* 15 (October 2013): 381 – 399; Bessma Momani, "Professional Management Consultants in Transnational Governance," working paper, University of Waterloo; Irvine Lapsley and Rosie Oldfield, "Transforming the Public Sector: Management Consultants as Agents of Change," *European Accounting Review* 10 (October 2001): 523 – 543.

④ Alison Stanger, *One Nation under Contract: The Outsourcing of American Power and the Future of Foreign Policy* (New Haven, CT: Yale University Press, 2009).

⑤ O'Mahoney and Sturdy, "Power and the Diffusion of Management Ideas."

⑥ Anjli Raval and Neil Hume, "Saudi Aramco Listing Presents Challenges for Investor," *Financial Times*, January 10, 2016; Nick Butler, "Saudi Arabia—the Dangers of a Fanciful Vision," *Financial Times*, May 9, 2016; Adel Abdel Ghafar, "Saudi Arabia's McKinsey Reshuffle," Brookings Institution, May 11, 2016.

捐赠者传递他们将通过治理森林砍伐和森林退化来减少排放的严肃态度。① 这最终促成了麦肯锡政府中心的诞生，该中心致力于提供能够提升公共部门机构效能的建议。② 管理咨询公司与世界各国的国家政府进行接触，使得它们可以直接影响政策的执行。而它们与政府的伙伴关系也使其便于获得内幕消息。

管理咨询公司影响思想市场的更重要的方式，是利用有意识的思想领导力策略。许多较小的公司聚集在管理咨询大师周边，这些大师通过书籍、演讲、媒体热点，推广宏伟的战略和管理思想。接着许多大公司效仿这一策略，并通过公共演讲以及在学术期刊和大众媒体上发表文章，进一步推广这个策略。③ 麦肯锡每年在这些推广活动中花费四亿美元；2003 年，麦肯锡公司的全球管理合伙人多米尼克·巴顿向《经济学人》杂志吹嘘，麦肯锡在知识发展方面有"堪比大学的能力"。④ 对企业高层管理人员的调查明确显示，这种思想领导力导致了咨询服务需求的增加。⑤ 管理咨询思想在公共领域的影响可以从其行话的普及中看出：像"跳出盒子""带宽""空头购入"这些词语，最早的使用者都是咨询顾问。⑥ 让我们来看看一位企业史学家如何描绘外界眼中的麦肯锡咨询顾问。

> 他有钱、有权、有名，还有一份在企业界看似有智力热情的事业。他不是银行家、不是会计师，也不是律师。他是思考者。他有机会向当权者耳边

---

① Sebastian Bock, "Politicized expertise—an Analysis of the Political Dimensions of Consultants' Policy Recommendations to Developing Countries with a Case Study of McKinsey's Advice on REDD+ Policies," *Innovation*: *The European Journal of Social Science Research* 27 (December 2014)：387.

② 请参见，例如 Diana Farrell and Andrew Goodman, "Government by design: Four Principles for a better public sector," McKinsey, December 2013，访问网址 http://economicgrowthdc.org/work/assets/McKinsey-Building-Better-Government.pdf.

③ Gross and Poor, "The Global Management Consulting Sector," 65. See also O'Mahoney and Sturdy, "Power and the Diffusion of Management Ideas."

④ "To the brainy, the spoils."

⑤ Fiona Czerniawska and Edward Haigh, "Understanding the Impact of Thought Leadership," *Source Point Global*, July 2015.

⑥ David Leonhardt, "Consultant Nation," *New York Times*, December 20, 2011.

吹风，施加影响同时又不用负责……

麦肯锡有能力选取一种思想，并利用自身的品牌和组织效能将这种思想"撬"高……这让它的咨询顾问通过咨询过程成为最有效的思想传播者。①

思想领导力领域最重大的举措是创造了营利性智库，麦肯锡公司是这个领域的开拓者。该公司在1964年创办了管理学期刊《麦肯锡季刊》，接着在1990年成立了麦肯锡全球研究院（MGI）。麦肯锡所有的文献都将MGI描述成公司内部的"智库"。研究院的官网上写道："麦肯锡全球研究院的目标是为商业领域、公共领域以及社会领域的领袖提供事实和洞见，借此他们可以进行管理和政策决策。"②MGI的报告主题十分广泛，从中国经济的未来，到大数据的兴起，再到美元仍旧作为世界储备货币的利与弊。自2009年来，麦肯锡全力加大对MGI研究成果的市场推广，更加广泛地传播这些成果，并且使外界观察人士可以更轻松地获得它们。

如表6.1所示，一大批其他的管理咨询公司和金融企业复制了麦肯锡的模式。③宾夕法尼亚大学2015年营利型智库排名显示，麦肯锡全球研究院是排名第一的营利型智库。安永会计师事务所、科尔尼管理咨询公司、波士顿咨询公司、德勤有限公司和普华永道会计师事务所排在麦肯锡全球研究院之后，名列前二十。

---

① McDonald, *The Firm*, 7 and 289.
② 请参见麦肯锡全球研究院官网的"关于我们"，网址为http://www.mckinsey.com/insights/mgi/about_us，2015年10月16日访问。
③ Anne-Marie Slaughter and Ben Scott, "Rethinking the Think Tank," *Washington Monthly*, November/December 2015.

表 6.1 最佳营利型智库(2015 年)

排名	智库	总部
1	麦肯锡国际研究院	美国
2	德意志银行研究院	德国
3	经济学人智库	英国
4	牛津分析咨询公司	美国
5	野村综合研究所	日本
6	科尔尼全球商业政策委员会	美国
7	Jigsaw(谷歌智库)	美国
8	欧亚集团	美国
9	安永会计师事务所	美国
10	三星经济研究院	韩国
11	埃森哲卓越绩效研究院	美国
12	斯特拉福战略预测公司	美国
13	思略特公司(原博斯公司)	美国
14	基辛格事务所	美国
15	古本江基金会	葡萄牙
16	商业价值研究院	美国
17	政府实验室(德勤)	美国
18	欧洲咨询联盟—安博思	意大利
19	波士顿咨询公司	美国
20	普华永道会计师事务所	美国

来源:劳德研究所,《2015 年全球智库报告》,表 28。

营利型智库的范围超出了管理咨询公司。近些年来,列格坦投资管理公司创立了列格坦研究所,专注推动经济繁荣。摩根大通集团创办了摩根大通研究所来为决策者提供建议。① 摩根大通聘请了原美国国家安全委员会委员、前麦肯锡全球研究院主席戴安娜·法瑞尔运营该研究所。与之相似,科尔伯格·克拉维斯·罗伯茨公司(KKR)创建了科尔伯格·克拉维斯·罗伯茨公司全球学会,该学会"融合专业技能与地缘政治、宏观经济、人口情况、能源和自然资源市场、科技、贸易政策方面的近期发展及长期趋势的分析",并因此"成为一个展现思想领导力的平台"。② 科尔伯格·克拉维斯·罗伯茨公司聘用了原四星上将兼美国中情局局长戴维·帕特里厄斯担任学会主席。

营利型参与者还采取了其他策略来影响思想市场。他们中有许多都建立了学术性更强的组织。但这些所谓的组织有的只是表面功夫,例如德勤在自己的出版物上标明出自"德勤大学出版社"。③ 为了进一步推销自己的产品,许多投资银行和管理咨询公司不惜免费向商业出版社提供自己的报告。它们这样做的目的在于希望自己的品牌可以被更多的媒体报道。有一些机构还出版可免费获得的全球经济或世界政治的未来预测。仅在过去的数年间,瑞士信贷发布了世界政治多极化回归的报告;毕马威描绘了2030年全球经济的草图。汇丰银行和普华永道预测的时间跨度更大,提供了2050年全球经济形势的分析。④ 这些报告许多都被明确标记为思想领导力的范例。这些报告还囊括对地缘政治的猜测,远远超出了传统金融分析的范围。

另外一条策略是开发面向公众的指数,依据某些理想的性质,为不同的国家、城市或其他机构排名。越来越多的机构正依据各种各样积极的标准,为不同的国家排名,从世界经济论坛的全球竞争力指数,到透明国际组织的全球清廉指数。麦肯锡全

---

① http://www.jpmorganchase.com/corporate/institute/about.htm,2015年10月16日访问。
② http://www.kkr.com/our-firm/kkr-global-institute,2015年10月16日访问。
③ 参见网站 http://dupress.com/,2015年10月21日访问。
④ Credit Suisse, *The End of Globalization or a More Multipolar World?* (London: Credit Suisse Research Institute, 2015); KPMG International, *Future State 2030: The Global Megatrends Shaping Governments* (Toronto: Mowatt Centre for Policy Innovation, 2014); HSBC, *The World in 2050* (London: HSBC Global Research, 2011); PricewaterhouseCoopers, *The World in 2050: Will the Shift in Global Economic Power Continue?* (London: PricewaterhouseCoopers, 2015);

球研究院的主席迈克尔·崔告诉我,研发这种指数"是一种很好的方式,让人们参与"麦肯锡的项目。① 一位咨询行业观察员在博客中写道:"当企业因某个特定的话题为人们知晓时,企业便会获得额外的宣传——它们成为媒体中相关报道的评论来源,并且随着它们公布的排名激起人们追究'谁比谁更强'的心理,引起媒体的广泛报道。"②越来越多的证据表明,许多在排名中表现不佳的国家,的确会因此在现实中改变政策。③ 毫不意外,随着这些指数获得吸引力,私营行业的参与者也迫不及待地参与其中。列格坦研究所研发了一项全球繁荣指数,以衡量国家的幸福水平。敦豪航空货运公司和麦肯锡也都推销自己的跨境连通性指数,德勤则推出了全球制造业竞争力指数。

这些公司大多在追赶管理咨询行业的脚步。比起麦肯锡这样的咨询公司,经济大萧条的磨难限制了像高盛集团这样的传统金融巨头的思想领导力。这场危机迫使许多金融企业不得不裁员节流,而这些企业裁员的节点,正是咨询公司扩张思想领导力的时间。金融行业因其在2008年金融危机中扮演的角色而使整个行业公然遭受耻辱,也使金融界思想领导力的光环黯淡了许多。具有象征性的转折点应该是2014年,这一年麦肯锡接替高盛集团,赞助了《金融时报》的年度商业书籍奖。

对管理咨询公司来说,为直接客户提供的服务和思想领导力实践产生的智力总和远远大于它们投入的努力。管理咨询公司在全球开展众多的活动,这让它们在结合隐性知识和宏伟想法方面拥有特别的优势。它们进行"知识套利",把在一个行业

---

① Presentation by Michael Chui, Ideas Industry conference, The Fletcher SACHOOL, Medford, MA, October 7, 2016.

② Rachel Ainsworth, "Annual Publications in Financial Services: How to Avoid Yours Going Bad," *Source Point Global* (blog), February 5, 2015, 网址:http://www.sourceglobalresearch.com/blog/2015/02/05/annual-publications-in-financial-services-how-to-avoid-yours-going-bad。

③ Judith Kelley and Beth Simmons, "Politics by Number: Indicators as Social Pressure in International Relations," *American Journal of Political Science* 59 (January 2015): 55–70; Kelley and Simmons, "The Power of Performance Indicators: Ratings and Reactivity in International Relations," presented at the annual meeting of the American Political Science Association, August 27-September 1, 2014, Washington, DC.

中学习到的经验运用到另外一个领域,从已有的经验中进行归纳,再总体提出全新的思维方式。不管是麦肯锡提出的"人才之战",还是波士顿咨询公司预测的美国制造业"内包",皆主要来源于上述做法。① 这些相互连接的企业所处的地理位置,结合它们的思想,使它们在思想市场中占据了独一无二的地位。②

当然,管理咨询公司的思想领导力也并非常胜将军。"思想领袖"这个词备受嘲弄,原因之一恰恰是咨询行业过度使用这个词。私营行业的排名活动和对全球经济的预测在方法上存在众多漏洞。③ 事实证明,麦肯锡、波士顿咨询公司以及其他公司发现并包装的诸多趋势都是过度炒作。波士顿咨询公司高估了内包将创造的工作岗位的数量。我们或许可以说,麦肯锡的"人才之战"应该为2001年安然公司突如其来的破产负责。马尔科姆·格拉德韦尔说:"(麦肯锡公司)本质上设计了安然公司的企业文化蓝图。"④麦肯锡参与英国国家医疗服务体系私营化,引起了广泛的负面媒体报道。⑤ 为庆祝《麦肯锡季刊》创刊50周年,麦肯锡公司出类拔萃的员工撰写了一篇文章,勾勒出管理领域未来50年的发展状况。⑥《金融时报》的露西·凯拉韦不以为然,形容该文章是一篇"蹩脚空洞的陈词习作"⑦。对管理领域进行的学术分析总结道:"咨询业遭受众多批评,并且存在诸多怀疑,但咨询业依然是一个蓬勃发展的行

---

① Harold Sirkin, Michael Zinser, and Douglas Hohner, "Made in America, Again," Boston Consulting Group, August 2011, 网址:http://www.bcg.com/documents/file84471.pdf; Malcolm Gladwell, "The Talent Myth," *New Yorker*, July 22, 2002。

② 参见 Ronald S. Burt, *Neighbor Networks* (New York: Oxford University Press, 2010); Leonard Seabrooke, "Epistemic arbitrage: Transnational Professional Knowledge in Action," *Journal of Professions and Organization* 1 (January 2014): 49-64。

③ 前者请参见 Kelley and Simmons, "The Power of Performance Indicators";后者请参见 Daniel W. Drezner, "Five Known Unknowns about the Next Generation Global Economy," Brookings Institution, May 2016。

④ Gladwell, "The Talent Myth."

⑤ O'Mahoney and Sturdy, "Power and the Diffusion of Management Ideas."

⑥ Richard Dobbs, Sree Ramaswamy, Elizabeth Stephenson, and Patrick Viguerie, "Management Intuition for the Next 50 Years," *McKinsey Quarterly* (September 2014).

⑦ Lucy Kellaway, "McKinsey's Airy Platitudes Bode Ill for Its next Half Century," *Financial Times*, September 14, 2014.

业，实在令人感到惊奇。"①

表 6.1 中排名靠前的另一类企业来自政治风险分析行业。这个行业出现的历史更晚。现代对地缘政治风险分析的需求开始于 20 世纪 70 年代早期。外国直接投资被没收现象横扫了新独立的发展中国家。石油输出国组织（OPEC）通过 1973 年石油禁运，展现了国家垄断联盟剧烈影响能源价格的能力。虽然这激发了对政治风险的兴趣，但是当时没有什么系统的分析方法。②

三十多年后，政治风险分析的需求再次激增。③ 经济全球化为跨境投资打开了新市场，也使建立错综复杂的全球供应链成为可能。这些反过来又催生了对全球各国实体工厂和重要连接中心进行地缘政治风险分析的需求。④ 21 世纪经济制裁越来越多，对全球企业而言，政治不确定性又提升一个等级，使得一些行业向外寻求建议，以求在海外投资中"规避风险"。2008 年金融危机的余波清楚表明，不管在发达市场还是发展中市场，政治风险都是应该考量的因素。事实也正是如此，过去十年间，全球金融市场面临的最大风险正源于欧盟和美国的政治动荡。英格兰银行的调查显示，在 2013 年至 2014 年间，援引地缘政治风险作为开展业务的考虑因素的企业管理人员从 13% 上升到了 57%；麦肯锡的调查也反映了同样的担忧。⑤ 2014 年 9 月，《金

---

① Lapsley and Oldfield, "Transforming the public sector: management consultants as agents of change," 541.

② Rudolph J. Rummel and David A. Heenan, "How Multinationals Analyze Political Risk," *Harvard Business Review* 56 (January/February 1978): 67–76; Mark Fitzpatrick, "The Definition and Assessment of Political Risk in International Business: A Review of the Literature," *Academy of Management Review* 8 (April 1983): 249–254.

③ Brian Bremmer and Simon Kennedy, "Geopolitical Risk Rises for Global Investors," Bloomberg, July 29, 2014.

④ Malini Natarajarathinam, Ismail Caper, and Arunachalam Narayanan, "Managing Supply Chains in Times of Crisis: A Review of Literature and Insights," *International Journal of Physical Distribution and Logistics Management* 39 (July 2009): 535–573.

⑤ John Chipman, "Why Your Company Needs a Foreign Policy," *Harvard Business Review* 94 (September 2016): 36; Drew Erdmann and Ezra Greenberg, "Geostrategic Risks on the Rise," McKinsey survey, May 2016, 网址：http://www.mckinsey.com/business-function/strategy-and-corporate-finance/our-insights/geostrategic-risks-on-the-rise。

融时报》报道称:"现今政治风险成为一个发展迅猛的独立行业。"① 就像欧亚集团的戴维·戈登和我说的,政治风险现今是"公司决策层讨论的话题"。

供给侧扩大还有另一方面原因:政治咨询界成为决策者卸任后更倾向的归宿。正如前一章提到的,政策负责人退任后一般都是在智库挂个闲职。但是在成功的营利型咨询公司任职比担任智库研究员职务要有钱途得多。1982年,亨利·基辛格和布伦特·斯考克罗夫特合伙成立了基辛格事务所,为企业客户提供咨询服务,可谓开创这条道路的先锋。而在 21 世纪,这些总部设立在华盛顿、专门从事政治咨询和战略传播的公司,如雨后春笋一般出现,数量暴增。这些公司有奥尔布赖特石桥集团(由三位曾任职于比尔·克林顿政府的政策负责人创建)、赖斯哈德利盖茨咨询公司(由三位曾任职于乔治·沃克·布什政府的政策负责人创建)、斯考克罗夫特集团(由曾连任两届的前国家安全顾问创建)和坦尼奥控股咨询公司(由克林顿政府前任官员创建)。② 它们所有的工作几乎都是"定制"研究,即与客户直接签订合同的项目,因此公共领域无法直接获得其研究结果。然而,这仍是思想产业的一个重要组成部分,它经常会让公共话语领域了解到是何机构或何人购买了该项研究。不仅如此,这些公司的员工还可以扮演多重身份,在不同的外交事务咨询集团任职,并帮助起草智库报告。③

渐渐地,越来越多的公司在做出涉及跨境投资的重大决定前,都把购买政治风险评估看作职责内应尽之事。像美国国家情报委员会之类的公共部门的机构,也寻求

---

① Barney Thompson, "Political Risk Is Now a Growth Industry in Its Own Right," *Financial Times*, September 28, 2014.

② Jeffrey Birnbaum, "Taking Costly Counsel from A Statesman," *Washington Post*, March 29, 2004.

③ Bartholomew Sparrow, *The Strategist: Brent Scowcroft and the Call for National Security* (New York: PublicAffairs, 2015), 501. See also Jeff Gerth and Sarah Bartlett, "Kissinger and Friends and Revolving Doors," *New York Times*, April 30, 1989; Eric Lipton, Nicolas Confessore, and Brooke Williams, "Think Tank Scholars or Corporate Consultant? It Depends on the Day," *New York Times*, August 8, 2016.

私营行业咨询公司支持自己的研究。如表6.1所示,经济学人智库(EIU)、牛津分析咨询公司、欧亚集团、基辛格事务所还有斯特拉福战略预测公司,这些机构全都跻身营利型智库前20名。除了EIU,其他这些公司都是1975年之后才成立的。

从本质上说,目前政治风险咨询行业的情况与管理咨询行业起步阶段相似。政治风险咨询行业的产品还没有形成体系。目前还没有出现像"政治风险保险"这样的产品。地缘政治风险咨询公司为它们的客户做参谋,然后这些公司再采取各种各样规避或保险的方式应对。[1] 同时也还没有政治风险行业协会,以及公认的最佳案例。政治风险咨询领域的企业招募员工时兼容并包,有国际关系分析员和前任情报官员,也有退休特种兵。这种杂糅的人员组成有时会在公司内部造成文化冲突。政治风险咨询行业的企业还采用了许多激进的营销手段,在过去这些手段都是为管理咨询公司的创始人所不齿的。

不管是业内还是业外,对地缘政治风险分析企业的评价都是毁誉参半。有一些积极的描述见诸报端。领头羊之一的斯特拉福战略预测公司,在21世纪初的新闻报道中盛受褒奖赞美,《巴伦周刊》则称之为"影子中情局"。[2] 经济学人智库是2014年名列前茅的营利型智库,这些企业出现在排名前列,表明这些企业有时也产出高质量的分析报告。笔者在审阅了其中一家公司为美国政府部门做出的地缘政治形势规划后得出结论,它们的定制研究可以做到相当的严格谨慎。

但是思想产业的这个组成部分也有其自身的问题。许多与咨询公司有某种联系的前任决策者,回避揭露他们的营利性行为和他们在智库及政策委员会中扮演的角

---

[1] Llewellyn D. Howell, "Evaluating Political Risk Forecasting Models: What Works?," *Thunderbird International Business Review* 56 (July/August 2014): 305-316.

[2] Jonathan R. Laing, "The Shadow CIA," *Barron's*, October 15, 2001; see also Sam C. Gwynne, "Spies Like Us," *Time*, January 25, 1999.

色之间可能存在的利益冲突。①《金融时报》毫不避讳地指出,政治风险咨询行业"热爱用没有定法的老谋深算,绘制似是而非的地缘政治图"②。2012 年,维基解密将超过五百万封斯特拉福战略预测公司的电子邮件公之于众,终于戳穿了这个行业的不透明性。维基解密称这些所谓的"全球情报文件"揭露了"这家公司的内部机制,表面上是情报出版商,背后却为大企业和政府机构提供涉密的情报服务"。③ 事实上,邮件挑明了这家公司的研究成果质量粗劣的本质——或者如《卫报》所言:"出价最高的人获得的信息质量反而极端低劣。"④邮件公布时一名评论员戏言道:"斯特拉福战略预测公司的分析报告不过是出版一周后的《经济学人》杂志,价格却贵上好几百倍。"⑤甚至有业内知情人士也承认,地缘政治风险分析的质量良莠不齐。⑥ 一位前政治风险分析师总结道:"虽然存在一些优秀的特例,但绝大多数政治风险分析依然既肤浅又主观。"⑦

尽管政治风险咨询公司的智力立足点岌岌可危,但出于两个原因,它们仍是思想产业营利部分的核心组成部分。第一点是地缘政治风险分析的本质决定了,关于世界如何运作,这些公司会选用一些含蓄的理论。一篇针对政治风险咨询行业的学术分析报告中提道:"虽然各种各样的(风险)评级体系极少阐明其中的原理,但这些原

---

① Gerth and Barlett, "Kissinger and Friends and Revolving Doors"; Alec MacGillis, "Scandal at Clinton, Inc.", *New Public*, September 22, 2013; Rachel Bade, "How a Clinton Insider Used His Ties to Build a Consulting Giant," *Politico*, April 13, 2016; Lipton, Confessore, and Williams, "Think Tank Scholar or Corporate Consultant?" See, more generally, Mark Leibovich, *This Town* (New York: Blue Rider Press, 2013).

② Thompson, "Political Risk Is Now a Growth Industry in Its Own Right."

③ 参见维基解密公告,网址 http://wikileaks.org/the-gifiles.html,2015 年 10 月 18 日访问。

④ Pratap Chatterjee, "WikiLeaks' Stratfor Dump Lifes Lid on Intelligence-Industrial Complex," *Guardian*, February 28, 2012.

⑤ Max Fisher, "Stratfor Is a Joke and So is WikiLeaks for Taking It Seriously," *The Atlantic*, February 27, 2012.

⑥ 请参见, 例如 Milena Rodban's analysis of the industry at http://www.milenarodban.com/myths-vs-realities-series, accessed October 18, 2015。

⑦ Bruce Gale, "Identifying, Assessing and Mitigating Political Risk," INSEADKnowledge, http://knowledge.insead.edu/economics-finance/identifying-assessing-and-mitigating-political-risk-2013, Feburary 26, 2008.

理确实存在。"①私营行业阐释战争、危机或革命的起因的理论明显影响了这些问题的公共话语——尤其当公共部门机构和大型跨国公司把阅读这些私营企业的研究报告当成它们了解地缘政治风险应尽的职责。②

第二个原因是许多地缘政治风险公司也参与了和管理咨询公司及金融服务企业相似的思想领导力活动。像后两者一样,地缘政治风险分析公司也对全球经济做出了长期预测。经济学人智库发表了截至2050年的宏观经济预测。③ 这些公司也引入了抢占头条的指数。经济学人智库有民主指数;维里斯科枫园公司、政治危机服务集团、欧亚集团还有其他的公司,提供了一系列的政治风险排名和指数;欧亚集团则于每年1月份发布本年度的"全球十大风险"名单,这一活动吸引了众多媒体争相报道和评论。

和其他的营利型行业一样,政治风险行业也依靠专家大咖。因为政治风险行业才出现不久,许多大师也正是企业创始人。乔治·弗里德曼是斯特拉福战略预测公司的创始人,他在担任公司总裁期间出版了众多书籍,预测下个十年以及下个世纪世界政治将是什么面貌。④ 欧亚集团的总裁伊恩·布雷默也是一名成果丰硕的作家,同时还为《外交政策》杂志和《时代周刊》撰写专栏文章。布雷默和世界经济论坛关系密切,这更加拓展了他与潜在客户和权势人物的关系网。根据欧亚集团的官网,"布雷默和公司其他的顶尖分析顾问,经常在企业高级领导层简报会、大型会议以及国际峰会上发言致辞"⑤。

很显然,政治风险行业的一些机构试图运用思想领导力来模仿管理咨询企业的

---

① Howell, "Evaluating Political Risk Forecasting Models," 309.
② Chipman, "Why Your Company Needs a Foreign Policy."
③ Economist Intelligence Unit, *Long-term Macroeconomic Forecasts*: *Key Trends to* 2050 (London: The Economist, June 2015).
④ George friedman, *The Next* 100 *Years* (New York: Doubleday, 2009); Friedman, *The Next Decade* (New York: Doubleday, 2011).
⑤ 参阅欧亚集团网页"演讲"板块,网址 http://www.eurasiagroup.net/client-services/speaking-engagements,2015年10月18日访问。

演进过程。但是与管理咨询行业相比,政治风险企业的声誉是个重大的挑战。政治心理学家菲利普·泰洛克终其一生研究专家做出准确预测的能力,他总结道:"没有足够的证据(同行评审的科学证据)可以证明预测者知道如何传达他的产品,即可靠准确的政治、经济、科技预测。"[1]政治风险行业提供的思想领导力产品在质量上比它们的定制研究还差。其思想领导力的营销性质决定了他们的分析中存在某些偏见。一位在地缘政治分析行业身处高位的人士告诉笔者,所有公众可接触到的政治分析成果都应该被看成是营销手段,而不是分析报告。通过发表夺人眼球同时容易理解的内容,这些公司进入潜在客户的视野,再慢慢吸引这些客户前来寻求更加详细且有企业针对性的分析。这使得它们向公众展示的成果存在明显的偏向。或者如这位人士用更加简单粗暴的话所表述的:"你得首先把他们吓个半死。这样他们才会来光顾你的生意。"

最后再看一眼表 6.1,我们可以看到前二十名单中有一个不一样的企业:谷歌的 Jigsaw,其前身是谷歌智库(Google Ideas)。如前文所述,21 世纪的财阀指导和管理慈善捐赠的方式与 20 世纪的财阀不同。延续这一思维,Jigsaw 的负责人把 Jigsaw 形容成"一家智/行库,旨在探索科技如何为奋斗在全球问题前沿的人们带来改变",这并不令人奇怪。[2] Jigsaw 成立之时,《金融时报》对谷歌公司董事长埃里克·施密特进行了采访,采访中埃里克·施密特解释道:"Jigsaw 建立于此假设之上,即科技既是全世界所有挑战的一部分,也是所有解决方法的一部分。科技让人们能够行善,也能作恶……由此我们科技公司明白了什么?这让我们意识到,如今科技正以某种方式、形态或形式与全世界每一个挑战相关联。"[3]

这种宗旨陈述从其他硅谷慈善家口中说出来也不会显得突兀。但是其中有一些

---

[1] Philip Tetlock, "Reading Tarot on K Street," *The National Interest* 103 (September/October 2009): 57.

[2] Jared Cohen, "Tech for Change," *Think with Google* (blog), http://www.thinkwithgoogle.com/articles/tech-for-change.html, October 2012.

[3] Shawn Donnan, "Think Again," *Financial Times*, July 8, 2011.

微妙的差异,表明它代表的是一种新型的思想市场组织形式。首先,Jigsaw 与盖茨基金会和谷歌的慈善组织谷歌网不同,它既不是企业基金会,也不是非营利型实体机构。Jigsaw 原先只是谷歌公司商业业务与战略部的内部部门。① 另外一点区别是,谷歌任命贾里德·科恩作为谷歌智库的首任总裁。科恩曾供职于布什政府和奥巴马政府的国务院政策规划部门。他之前说服推特公司推后原定于 2009 年夏天的维护工作,以便伊朗抗议者可以互相沟通并与外界交流,借此声名鹊起。② 这表明 Jigsaw 想成为商业战略和政策宣传方面的点金胜手,可以点石成金,化腐朽为神奇。

值得注意的是,施密特和科恩在 2013 年合著的关于世界政治数字化转变的书中,只有一次提到谷歌智库。③ 谷歌智库最初的重点似乎非常狭窄,主要关注打击网络中的极端言论。④ 其中最高调的倡议是反暴力极端主义(AVE)网络。该网络成立于 2011 年 6 月在都柏林召开的一次峰会上,由前黑帮成员、圣战分子、右翼极端分子以及其他激进分子组成,成立的目的在于"防止'高危'青年参与极端主义,鼓励已经参与的青年脱离出来"⑤。反暴力极端主义网络背后的想法是发出"反驳的声音",打压网络上盛行的极端主义言论。现在评判反暴力极端主义网络在抵制暴力极端主义方面产生的影响还为时过早,同时也太难评判。但是其中一则评价指出,Jigsaw 的私营属性,使它比政府牵头做的反极端主义工作可信度更高。谷歌公司的支持"让反暴力极端主义网络能够独立于政府,避免了政府参与此类倡议后可能引发的政治敏感性"⑥。

---

① Shawn Donnan,"Think Again," *Financial Times*,July 8,2011.
② Mark Landler and Brian Stetler,"Washington Taps into a Potent New Force in Diplomacy," *New York Times*,June 17,2009.
③ Eric Schmidt and Jared Cohen,*The New Digital Age: Reshaping the Future of People, Nations and Business* (New York: Knopf,2013),176.
④ 最新资料请参见 Jared Cohen,"Digital Counterinsurgency," *Foreign Affairs* 94 (November/December 2015): 53-58.
⑤ Rachel Briggs and Sebastien Feve,"Review of Programs to Counter Narratives of Violent Extremism," Institute for Strategic Dialogue,April 2013,accessed at http://www.againstviolentextremism.org/faq.
⑥ 同上。

Jigsaw 仅是存在就引起了一些人的恐惧。维基解密的创始人朱利安·阿桑奇在《新闻周刊》中写道："科恩的董事会似乎从公共关系和'企业责任'工作转向企业积极干预外交事务,涉足了通常由国家履行的职责范围。贾里德·科恩被奉为谷歌的'政体改革董事',也可谓是当仁不让了。"① 当施密特于 2016 年 2 月宣布,谷歌智库将转变为"科技孵化器",并更名为 Jigsaw 时,其他的评论家也发出类似的谴责。② Jigsaw 公司已经发布了一系列新产品,包括谷歌盾,一款保护易受攻击的网站免遭分布式拒绝服务攻击的工具。③

Jigsaw 的倡议含有商业元素,这一点自公司成立起就再清楚不过了。对如何把谷歌产品出口到正遭受美国严厉制裁的国家,如伊朗和朝鲜,Jigsaw 表示深感兴趣。承蒙一家不便透露身份的智库的赞助,笔者有幸参与过一次围绕这个问题的头脑风暴会议。虽然某些群体对谷歌的动机表示担忧,但很明显谷歌的动机既是无私的,同时也是自私的。一方面,谷歌称除非可以把软件更新包和补丁出口到这些国家,否则持不同意见的人和人权活动家很容易遭受政府发动的网络入侵。另一方面,这是谷歌公司扩张其全球足迹商业战略的重要组成部分,也与施密特远赴缅甸和朝鲜,为推动网络进一步开放所做的努力一致。④ 就谷歌的影响,一种批判的学术观点总结道:"虽然谷歌看似确实支持言论自由是一项基本人权,但鲜有证据证明这就是谷歌力图加强全球连接性的原因……事实很简单,在政治经济意义上,谷歌的生存取决于使越

---

① Julian Assange, "Google Is Not What It Seems," *Newsweek*, October 13, 2014. See, more generally, Julian Assange, *When Google Met WikiLeaks* (New York: OR Books, 2014).

② 公告请参见 Eric Schmidt, "Google Ideas Becomes Jigsaw," *Medium*, accessed at http://www.medium.com/jigsaw/google-ideas-becomes-jigsaw-bcb5db08c423#.fr3jbfy7q。批判的看法请参见 Julia Powles, "Google's Jigsaw Project Has New Ideas, but an Old Imperial Mindset," *Guardian*, February 18, 2016.

③ 谷歌项目盾介绍参见网址:http://www.google.com/ideas/products/project-shield/,2016 年 2 月 18 日访问。

④ Brice Einhorn, "In India, Google's Eric Schmidt Explains Why He Went to North Korea," BloombergBusiness, March 23, 2013.

来越多的人上网使用谷歌的免费服务。"①很明显 Jigsaw 正努力做好事,也想把事做好。

　　思想产业私营行业的组成纷繁多样。自宾夕法尼亚大学开始为智库排名后,没有一所营利型智库靠近总排名前 20。管理咨询公司和政治风险分析公司的思想领导力尽管存在智力目的,但也有营销目标。营利性行业也存在一些启发式认知偏差。市场分析顾问在预测时倾向于"图表主义"。图表主义者在数据中寻找规律来作出短期预测——但是他们并不一定都有因果逻辑,无法解释为什么某个规律具有重大意义。这导致私营行业的思想领袖常常对数据"过拟合",即过度阐释数据噪音,认为其代表了某种潜在的趋势。正如内特·西尔弗所告诫的:"过拟合是双重坏事,它使我们的模型在论文中看起来更好看,但在现实中的效果更差劲。"②更糟糕的是,追求利益的思想领袖坚信自己发现了正确的预测模型,因此大肆鼓吹,使之远远超出其真实价值。

　　私营行业在运用自身的工具解释政治时,也显现出了一些严重的弱点。讽刺的是,从 2008 年以来,越来越多的金融机构投资政治分析,但是现实中的政治行为使他们晕头转向。市场参与者精于识别可以迫使政客采取行动的经济压力。然而正是在猜测政客将如何应对这些压力方面,咨询顾问和交易员一败涂地。例如,在 2013 年债务上限危机导致政府关闭期间,笔者与管理咨询顾问和投资银行家进行了交流,他们一直很惊讶为什么政治谈判会一次又一次失败。与市场参与者相比,政客还有其他动机,但是营利性参与者在思考这个世界时,时常想不到这一事实。

　　非营利型智库受到利益冲突的指责时必须为自己辩护;毫无疑问,私营行业应当面临更严格的审查。咨询界的利益冲突曾引起刑事诉讼。③ 不仅如此,虽然营利性的企业,如麦肯锡公司和高盛集团,提供许多有用的分析,但其目的常常倾向于向潜

---

① Shawn Powers and Michael Jablonski, *The Real Cyberwar*: *The Political Economy of Internet Freedom* (Urbana: University of Illinois Press, 2015), 97.
② Nate Silver, *The Signal and the Noise* (New York: Penguin, 2012), 167.
③ John Gapper, "McKinsey Model Springs a Leak," *Financial Times*, March 9, 2011; Andrew Hill, "Inside McKinsey," *Financial Times*, November 25, 2011; Leonhardt, "Consultant Nation."

在客户强调市场机会。十年前,管理咨询公司大肆宣传离岸外包现象,部分原因是为了鼓励美国企业与它们签订服务合同,以此发展它们自己的离岸外包业务。许多此类离岸举措节省的成本低于预期,引发了近十年来的"内包"逆转潮流,而这一潮流又被管理咨询公司大肆炒作。① 与此相似,无数金融顾问发表论文和专栏评论文章,力挺主权财富基金受到联邦政府监管的力度不会加大。不可否认,这种辩护背后的动机之一就是,这些企业想在美国获得主权财富基金投资咨询委托。②

虽然存在这些明显令人担忧的因素,思想产业的私营行业部分仍呈现出一片蓬勃发展的景象。笔者曾对思想领袖进行调查,调查结果显示相比麦肯锡全球研究院或欧亚集团,排名前列的智库更被人们信任,如布鲁金斯学会和美国国际战略研究中心。但是如图 6.1 所示,相比党派性更加鲜明的智库,如美国企业研究所、美国传统基金会和美国进步中心,麦肯锡全球研究院和欧亚集团两家营利性智库受信任程度更高。诚然,私营行业的思想领袖的大名越来越多地出现在著名的会议、期刊以及机场的书店中。为什么营利型行业的思想领导力没有遭遇像非营利型智库的思想领导力一样的挑战呢?

暂时认为这既有形式上的原因,也有内容上的原因。从形式上来说,私营行业的思想领袖远远比大学教授和智库研究员更善于传递思想。早在"沃克斯"和商业内幕网诞生之前,管理咨询公司就已经明晰了图表的力量。从很多方面来说,外交政策领域的人对数字都很反感,但是这种反感使他们更倾向于接受数据的表面价值。营利型行业极为擅长找到能够吸引受众注意力的一个数据、一种度量或一张图表,这些"外卖式"的数据,即使不懂算术的人也能理解。因此,他们对世界现状的看法更容易理解,给人的启发也更有冲击力。但这不代表他们的看法就一定正确,但确实说明私营行业更善于利用现代思想产业的结构性转变。

---

① Sirkin, Zinser, and Hohner, "Made in America, Again."
② Daniel W. Drezner, "Sovereign Wealth Funds and the (In) Security of Global Finance," *Journal of International Affairs* 62 (Fall/Winter 2008): 115–130.

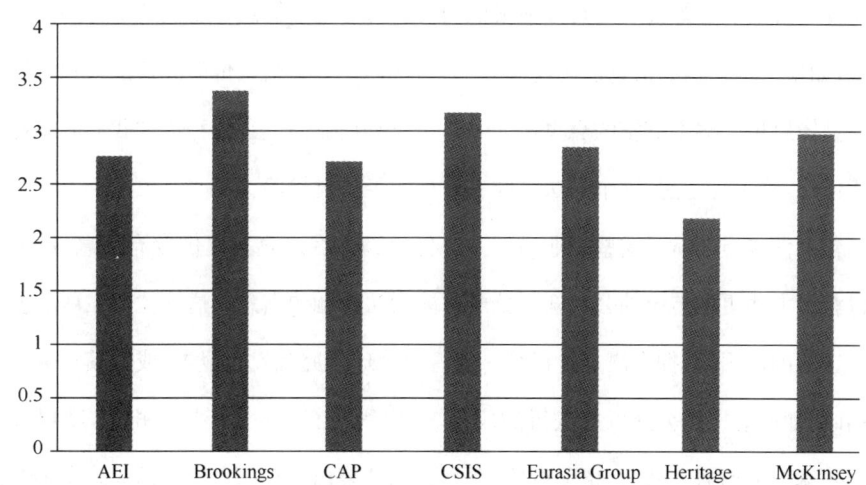

图 6.1 社会精英对智库的信任程度

(AEI：美国企业研究所；Brookings：布鲁金斯学会；CAP：美国进步中心；CSIS：美国国际战略研究中心；Eurasia Group：欧亚集团；Heritage：美国传统基金会；McKinsey：麦肯锡公司)

备注：思想产业精英调查的问题："就一个新话题写文章时，你的研究会引用不同来源的相关论文。其他条件相同的情况下，以下文献来源机构，你对它们各自的报告中的发现有多信任？"(有效调查对象：193 人，评分 1 至 4 分)

来源：笔者调查。

从内容上来说，诸如麦肯锡和斯特拉福战略预测公司这样的组织，其公开的营利性质也让它们在思想市场中占有一些巨大的优势。[①] 其中最明显的优势是受众从其营利性本质中推论出的隐含信息：如果有人愿意花钱购买它们的服务，那这些服务一定有价值。外界观察员看到这些企业一直生意兴隆，因此推测瑞士信贷和欧亚集团提供的建议质量一定很高。[②] 这也是为什么许多管理咨询公司和地缘政治风险分析

---

① 政府部门和私营企业之间的旋转门也有帮助。众所周知，人员在高盛集团和美国财政部之间来回任职。政府内的前管理咨询顾问数目更是惊人。截至 2015 年 12 月，仅在麦肯锡工作过的政府官员就有两个内阁职位，两个美联储理事，还至少有一个州长。其他咨询公司也有自己的前任员工在政府任职。

② Gaytam Mukunda, "The Price of Wall Street's Power," *Harvard Business Review* 92 (June 2014): 70-78.

公司宣传自己与蓝筹公司及官方情报机构关系密切。它们想要受众从中得到的暗示就是，如果大型机构相信它们的建议，那么这些建议一定很有价值。这延伸到它们营销的具体思想。瑞士信贷的克里斯卡·苏布拉马尼亚向笔者解释道："我们尝试把思想货币化，这不是空想，这个想法已经在市场上经历过检验。"①

营利性本质还赋予这些企业另外一个优势。为客户收集提供专有信息，让他们可以获得那些更加传统的公共知识分子可能无法接触的信息。这让他们在展示世界如何运转的论据时，拥有决定性优势。麦肯锡全球研究院发布报告，或者其理事合著出书时，他们既援引公众可以获得的信息，也引用专有信息。② 与之相似，摩根大通在创建摩根大通研究所时，也强调研究所将依靠"公司拥有的广泛数据为公众谋取福利"③。

既依靠坊间传闻又依靠专有数据迎合了潜在客户的认知偏差。比起客观冷静的分析，个人更有可能看重从第一手叙述中获得的信息。④ 果不其然，管理咨询公司极其擅长把这种叙述与它们的预测结合在一起。⑤ 即使除去坊间传闻，专有数据对企业思想领袖来说也是优势，不是劣势。更加传统的知识平台没有这种信息。专有信息也为私营行业的不透明性找了个正当理由。无论是咨询公司还是科技企业，都不会透露自己全部的数据和方法，以防止客户遭受不必要的审查。很明显这使得广大公众对它们的分析更有可能报以怀疑的目光，断言其中存在利益冲突。但与此同时，

---

① 来自思想产业大会上克里斯卡·苏布拉马尼亚的演讲，弗莱彻学院，梅德福，马萨诸塞州，2016年10月7日。

② 例如，在最近一本书的开头，三位麦肯锡咨询顾问解释道："我们的思想源自麦肯锡和全球企业及组织的合作；与企业、政府、非政府组织进行的有意义对话，谈论我们世界固有的挑战和机遇，麦肯锡全球研究院过去二十五年深入且专有的定量研究；以及丰富广泛的个人经历。"Richard Dobbs, James Manyika, and Jonathan Woetzel, *No Ordinary Disruption* (New York: PublicAffairs, 2015), 11. See also Momani, "Professional Management Consultants in Transnational Governance."

③ Owen Davis, "JPMorgan Chase & Co Launches Think Tank: The JPMorgan Chase Institute," *International Business Times*, May 21, 2015.

④ Keren Yarhi-Milo, *Knowing the Adversary: Leaders, Intelligence, and Assessment of Intentions in International Relations* (Princeton, NJ: Princeton University Press, 2014).

⑤ 请参见，例如 Dobbs, Manyika, and Woetzel, *No Ordinary Disruption*。

这也使得外界观察员无法对它们的论断进行证伪。

与客户不断的互动也使私营部门的知识分子比传统的外交政策分析家多了另外一项优势：速度。近年来，笔者研究了主权财富基金对地缘政治的影响、中国的相对金融实力以及2008年金融危机的政治经济学。其中在任何一个研究方向上，市场分析师都比学者和智库研究员更快地得出严密的分析结果。每次有什么新问题出现，常常都是高盛集团，或者麦肯锡公司，再或是美国道富银行，最先给出内容翔实的报告。私营行业评估和阐释世界现状时，常常使用最新的数据。例如，笔者在2008年年初参加了多场外交政策大会，会上学者和政策专家探讨了下任美国总统上任后紧接着会采取哪些举措。会上所有的市场参与者都坚称，次贷危机比人们意识到的更加严重，它的影响将限制所有壮志雄心的政策议程。2008年金融危机之后，市场分析师也比华盛顿特区的知识分子更迅速地下调了中国经济长期的增长轨迹。

最后，推动现代思想市场发展的结构性转变使市场倾向私营行业。对传统权威信任的减弱意味着私营行业的思想领袖和传统的公共知识分子之间名望的差距已经大大缩小。相比学者和智库研究员，党派之争的加剧对私营行业思想领袖的影响要小。作为商业代理，私营行业的思想领袖比学者和中左翼智库人员在保守党派人士中引起的猜疑要少。最最重要的一点是，私营行业的思想领袖是和财阀交往得最自在的知识分子。在许多情况下，私营行业的知识分子本身就是捐赠人阶层中的一员。管理咨询顾问和政治风险分析师因为自身的本质，在定制研究中迎合这一特定群体。他们也因此获得了社会智能和关系网络，使其在与财阀阶层交往时如鱼得水。把话说得再浅显些，在与潜在的捐赠人打交道时，管理咨询顾问比大学教授和智库人员更擅于建立人际关系。

外交政策专业人士过去常常面临一项选择：要声誉还是要钱财。那些想要拥有自己构建起的思想的知识分子，诸如学者，很开心地把这些思想推广给其他人。而另一些很自在地把工作成果外包或者转包出去的知识分子，他们可以获得大量的咨询业务，而决策者则把这些人的思想成果归功到自己身上。这种交换在某种程度上依然存在，但是数量没有那么多。现代思想产业的出现让营利型思想领袖可以两者兼得。利用思想领导力，他们可以把声望当作营销手段。通过定制研究，他们也能赚得钱财。

私营行业知识分子的崛起和金砖五国的崛起非常相像。他们的出现不可否认，其影响也有目共睹，但实际的重要性却饱含争议。一些学者公开批评营利型思想领袖的崛起。最近一篇学术专栏文章抱怨这些私营行业的参与者"一股脑儿地把自己的研究推销给媒体"，并提醒说"营利型公共知识分子的动机常常可疑，他们的资金来源也不甚明确"。① 宣传自己的重要性和手腕是这些私营行业参与者商业模式的本质特性。不可否认的是，管理咨询顾问、投资银行家、政治风险分析员已经扩大了他们对思想市场的影响。但也有可能这些参与者夸大了自身的影响力。

影响力是一种相对的商品：一方获得，另一方则必然会失去。外交政策思想市场不断有震荡出现，但是本书最后几章将表明，非营利型行业的传统公共知识分子只能勉强生存下去，而营利型思想领袖则风生水起。私营行业的智库、地缘政治风险分析公司和科技企业的数量越来越多，合法性越来越高，这说明传统的知识分子不能再忽视这些思想领袖。

更有趣的问题是，这一切对思想市场意味着什么？接下来的几章里我们将谈谈这个话题。

---

① Ryanne Pilgeram and Russell Meeuf. "for-Profit Public Intellectuals," *Contexts* 13 (Fall 2014), 84.

第三篇

第七章 知识分子"品牌"的希望与危机

文章和想法的价值与你受邀对其进行讨论的邀请费价值相当。文章和思想不过是思想传递者的广告牌。

——斯蒂芬·马奇

讨论现代思想市场时,怀旧主义论点非常有力。在对思想领袖进行的调查和与外交政策专家展开的交流中,笔者曾无数次听到类似"谁是我们这一代人当中的沃尔特·李普曼?"这样的问题。为了真正认识现代思想产业与 20 世纪思想市场的不同之处,有一个问题很值得思考:21 世纪是否有比侪李普曼的人物? 当然,这就带来一个更加直接的问题:沃尔特·李普曼到底是谁?

可以十分肯定地说,李普曼绝对是他那一代人中最有影响力的公共知识分子。[1] 李普曼曾就读于哈佛大学,师从著名哲学家乔治·桑塔亚纳,研究生时期退学后,为一家宣扬社会主义思想的报纸写文章。他是《新共和》杂志 1914 年成立时的创刊编辑之一,在第一次世界大战开始时提出倾干预主义的观点。他曾在威尔逊政府供职,负责管理一个叫作"调查小组"的智囊团,设立该智囊团的目的是为思考第一次世界大战结束后的世界秩序,以及为美国官员在巴黎和会上出谋划策。巴黎和会结束不久,李普曼回到了报纸行业。他先后为《纽约世界报》《纽约先驱论坛报》撰写社论文章。1931 年他拒绝了哈佛大学教授职位以及北卡罗来纳大学校长之职的邀约,开始

---

[1] 李普曼的权威传记是罗纳德·斯蒂尔的 Walter Lippmann and the American Century (Boston: Little, Brown, 1980)。

撰写联合专栏"今天与明天"。该联合专栏持续了 35 年多,为李普曼两度摘得普利策评论奖。晚年时李普曼同时为《华盛顿邮报》和《新闻周刊》撰稿。他传达的思想非常有影响力,甚至《读者文摘》都把他的畅销书浓缩提炼发表,《妇女家庭杂志》也以连环画的形式呈现他的思想。①

在李普曼的职业生涯中,他的政治观点囊括一切,这只是委婉地说,他经常改变想法。他的传记作者罗纳德·斯蒂尔写道,李普曼的观点习惯上"不太偏离公众舆论的中心"。② 李普曼的一位对手专栏作家约瑟夫·艾尔索普曾言辞更加尖刻地说道:"幸好沃尔特每八个月就粗略地改变一下观点,他的专栏才避免了不停地重复。"③但是我们也可以说,李普曼政治观点的变迁揭示了一条漫长多变的道路,从社会主义开始一直到对美国以及美国权力的保守怀疑态度。在大学期间,李普曼被认为比同学约翰·里德更加激进,但之后不久他避开了社会主义思想。后来他对泰迪·罗斯福的进步主义产生了兴趣,但在第一次世界大战中又与之分道扬镳。在为《新共和》供稿时,他积极地支持美国参与第一次世界大战,但渐渐地对美国的治国之道越来越灰心。20 世纪 40 年代后期他反对遏制政策,因为在他看来,遏制政策过于激进挑衅且带有军国主义色彩。在作为专栏作家的最后几年中,李普曼怒斥约翰逊政府扩大越南战争。

李普曼凭借作家的才能,本已足够为他赢得一篇厚重铿锵的知识分子讣告了,但他又为自己的公共知识分子身份增加了至少两个维度。李普曼曾为数位美国总统和政客建言献策,他为威尔逊总统的"十四点原则"出谋划策,为温德尔·威尔基和德怀特·艾森豪威尔成为总统候选人做准备,且和约翰·肯尼迪以及林登·约翰逊都是

---

① Steel,*Walter Lippmann and the American Century*,406. 也参见 Patrick Porter, "Beyond the American Century: Walter Lippmann and American Grand Strategy, 1943—1950," *Diplomacy and Statecraft* 22 (July 2011): 569。

② Steel,*Walter Lippmann and the American Century*,496。

③ Gregg Herken, *The Georgetown Set: Friends and Rivals in Cold War Washington* (New York: Knopf, 2014), 58.

好友。在冷战刚刚开始之期,他力劝共和党参议员阿瑟·范德伯格把大老党(美国共和党的别称)向更加国际主义的方向发展。20 世纪 40 年代,李普曼被看作是美国外交政策制定中至关重要的一员,英国大使馆甚至指派了一名官员时刻关注这位专栏作家的思想动态。① 克格勃监视华盛顿每一位有影响力的记者,他们给李普曼的代号是"枢纽"。② 肯尼迪总统嘱咐他的新闻发言人,李普曼致电白宫时直接转接至他本人。③

李普曼也曾提出过,对学术界多个领域产生深远影响的论述。他的诸多大作更加雄心勃勃,影响了后来 50 年的公共舆论、外交政策分析、媒体传播等方面的研究。④ 他的著作,尤其是《美国外交政策》(U. S. Foreign Policy: Shield of the Republic)和《冷战》(The Cold War),帮助确定了战后时期美国外交政策论辩的纲要。事实上,正是李普曼推广了"冷战"这个词。⑤ 在《冷战》一书中以及组成该书的专栏中,李普曼书写了同时代对乔治·凯南的遏制理论最高调的反驳。⑥ 不久之后,凯南改变了想法,转而认同李普曼关于美国的冷战政策存在问题的世界观。

李普曼在政治科学上影响最深远的遗产,来自他鲜有的几点始终不变的政治世界观之一:对公众舆论的优点以及民主控制外交事务持怀疑态度。在他早期的著作《公众舆论》(Public Opinion)当中,通篇都闪耀着李普曼精英主义的思想:"代议制政府……无法成功运作,无论选举的基础是什么。除非有一个独立的专业机构,为决策者揭示他们忽略的事实。"⑦三十多年后,他在《公共哲学》(The Public Philosophy)中

---

① Eric Alterman, *Sound and Fury: The Washington Punditocracy and the Collapse of American Politics* (New York: HarperCollins, 1992), 43 – 44.

② Herken, *The Georgetown Set*, 64.

③ 有此权限的其他记者唯有 Joe Alsop, Phil Graham, and Scotty Reston. Herken, *The Georgetown Set*, 256 – 257. See also, "The Columnists JFK Reads Every Morning," *Newsweek*, December 18, 1961, 65 – 70.

④ Steel, *Walter Lippmann and the American Century*; Stephen Blum, *Walter Lippmann: Cosmopolitanism in the Century of Total War* (Ithaca, NY: Cornell University Press, 1984).

⑤ Steel, *Walter Lippmann and the American Century*, 445.

⑥ 同上,444 – 446。

⑦ Walter Lippmann, *Public Opinion* (New York: Harcourt, Brace, 1922), 31.

提醒道："令人不快的事实是盛行的公众舆论往往在紧要关头犯致命错误。人民否决消息灵通且有责任心的官员所做的判断……大众舆论在这个国家的权力越来越大。过往事实已经表明,在性命攸关之时,大众舆论是个危险的决策者。"[1]李普曼对公众态度的消极观点影响了一代公众舆论学者。这代学者的研究以"阿尔蒙德-李普曼共识"达到至高点,该共识认为公众对外交政策的态度反复无常、不合理性且考虑不周。[2]

现代是否有和李普曼地位相当的知识分子呢？让我来举荐一位可能的候选人：法里德·扎卡利亚。

在我对思想领袖进行的调查中,扎卡利亚名列最具影响力外交政策作家第三名,仅次于亨利·基辛格和托马斯·弗里德曼。与基辛格和弗里德曼相比,扎卡利亚的生活经历和世界观与李普曼更加相似。扎卡利亚和李普曼都出生在富裕之家。和李普曼一样,扎卡利亚在哈佛度过了人生中性格形成时期。但与李普曼在读研究生期间辍学不同,扎卡利亚在哈佛拿到了政治学博士学位,他的导师是塞缪尔·亨廷顿,塞缪尔担任了他的全明星博士论文委员会的主席职务。扎卡利亚和李普曼相似,本可以成为一名教授,却选择避开学术圈,在 28 岁这个尚显稚嫩的年纪,担任《外交事务》杂志的执行主编之职（后来正是在《外交事务》杂志上他发表了导师的文章《文明的冲突》）。1999 年,他易职成为《新闻周刊》国际版的编辑,同时为《新闻周刊》和《华盛顿邮报》撰写联合专栏。"9·11"恐怖袭击发生之后,扎卡利亚撰写了一篇七千字的《新闻周刊》封面文章,探讨阿拉伯中东世界反美主义的根源。[3] 该文在华盛顿特区

---

[1] Walter Lippmann, *The Public Philosophy* (Boston: Little, Brown, 1955), 20.

[2] 同上。也请参见 Gabriel Almond, *The American People and Foreign Policy* (New York: Praeger, 1950); Almond, "Public Opinion and National Security," *Public Opinion Quarterly* 20 (Summer 1956): 371–378; V. O. James Rosenau, *Public Opinion and Foreign Policy* (New York: Random House, 1961); and Philip Converse, "The Nature of Belief Systems in Mass Publics," in *Ideology and Discontent*, ed. David Apter (New York: Free Press, 1964); Christopher Achen and Larry Bartels, *Democracy for Realists* (Princeton, NJ: Princeton University Press, 2016)。

[3] Fareed Zakaria, "The Politics of Rage: Why Do They Hate Us?," *Newsweek*, October 14, 2001.

被广泛传阅和引用,将扎卡利亚的名声提升到了一个新层次。

和李普曼一样,扎卡利亚的政治观点和工作职位也一直在变化。无数简介或把扎卡利亚形容成自由派人士,或形容成保守派人士,或新保守派人士。① 他支持2003年入侵伊拉克,2004年1月,他仍然主张入侵伊拉克带来的利益大于付出的代价。② 但是,正当入侵开始之际,他发表了一篇严苛的评论文章,痛批布什政府围绕伊拉克自由行动的外交策略。之后他又痛斥布什政府在入侵和占领行动中的鲁莽与轻率。③

从职业方面来说,扎卡利亚移步《新闻周刊》后成为《时代周刊》的专栏作家和《大西洋月刊》的特约编辑,与此同时,他还继续为《华盛顿邮报》撰稿。2002年,扎卡利亚以美国广播公司(ABC)"斯特凡诺普洛斯一周谈"节目专家小组成员的身份进入电视圈。三年后,他开始在美国公共广播公司(PBS)主持一档每周一次的节目,名叫"扎卡利亚与外汇市场"。又三年之后,他又换了新东家,去了美国有线电视新闻网(CNN)。"法里德·扎卡利亚的环球公共广场"是目前美国唯一一档关注国际事务的主流有线新闻节目,该节目在2011年获皮博迪奖。

在报刊专栏之外的活动,扎卡利亚的事业和李普曼也很相似。扎卡利亚拥有作为外交政策知识分子的影响力,也有主流媒体平台,这让他有更多的渠道接触掌权者。他与克林顿政府、布什政府的众多高级官员往来。他与奥巴马总统的交往也十分密切,甚至不得不在节目中澄清自己不是奥巴马总统的顾问。与李普曼相似,扎卡利亚的长篇文章也带来影响。他于1997年发表在《外交事务》上的论"不自由的民

---

① 关于"自由派人士"的评价,参见"The 25 Most Influential Liberals in the U. S. Media," *Forbes*, January 22, 2009。关于"保守派人士"的评价参见Marion Maneker, "Man of the World," *New York*, April 14, 2003。关于"新保守派人士"的评价,参见Joy Press, "The Interpreter," *The Village Voice*, August 9, 2005。

② 参见 Fareed Zakaria, "Changing the Middle East," *Slate*, January 20, 2004, as well as Maneker, "Man of the World."

③ Zakaria, "The Arrogant Empire," *Newsweek*, March 23, 2003; Zakaria, "Rething Iraq: The Way Forward," *Newsweek*, November 5, 2006; Zakaria, "Who Lost Iraq? The Iraqis Did, with an Assist from George W. Bush," *Washington Post*, June 12, 2014.

主"的文章,预言了美国的民主促进政策在 21 世纪将要出现的种种问题。在这篇文章中,扎卡利亚表达了对没有民主文化的民主化的担忧,与李普曼常常对公众舆论表达的警告相应和。这篇文章不断进行内容扩充,最终于 2003 年出版成《自由的未来》(The Future of Freedom)一书。虽然扎卡利亚没有李普曼多产,但政治学家和外交政策专家大量引用扎卡利亚在世界政治方面的书籍。

多年以来,杂志对扎卡利亚的介绍和李普曼的传记一样,充溢赞美之词。早在 1999 年,沃尔特·拉塞尔·米德就称扎卡利亚为"他这一代人中最有影响力的外交政策顾问"。亨利·基辛格向《纽约》杂志称赞扎卡利亚,盛赞"他的脑袋绝顶聪明,而且喜欢说颠覆传统智慧的话"①。对扎卡利亚《后美国世界》(The Post-American World)的一篇评论说道:"他的智力广度与洞见,比西方任何一位公共思想家都要广博和深远。"②所有这些话也可以用来形容事业处于类似阶段的沃尔特·李普曼。

除了一些微小的细节差别之外,李普曼和扎卡利亚似乎具有相似的智力基因。然而,值得注意的是他们存在两点重要的区别。第一点区别是当李普曼对外交事务发表意见时,他几乎居于公共领域中外交事务的垄断地位。扎卡利亚或许可以看作是现代思想市场中的超级巨星,但现在的市场比李普曼在世时拥挤得多。

另一点区别更加明显:与李普曼不同,扎卡利亚近年来不断与严重的剽窃指责斗争。本章提及的关于思想产业中超级巨星知识分子的生活,则表明这两点差异或许有关联。

沃尔特·李普曼天资聪慧,但是相比法里德·扎卡利亚,他有一点结构性优势:竞争更小。李普曼在外交政策公共领域中有如擎天巨擘,部分原因是他思想宏大,也有部分原因是当时这个领域非常狭小,冷战刚开始的几年情况尤为如此。李普曼作

---

① Maneker, "Man of the World."
② Mead 的话可以在该网站找到:http://www.esquire.com/news-politics/a217/twenty-one-more-1199/。Kissinger 引用了 Maneker, "Man of the World"。最后一句引述来自 David M. Shribman, "Globalization, Its Discontents, and Its Upside," *Boston Globe*, June 1, 2008。

为外交政策知识分子的鼎盛时期也是"乔治城集团"的全盛时期,彼时这些受过高等教育的知识分子在华府晚宴上论辩美国外交政策。① 这个由学者、专栏作家、出版商和决策者组成的小团体人数不多,但足够对思想市场施加实在的影响。乔治·凯南对政客和政策负责人的直接影响并不大。他真正施展软实力的对象,其实是乔治城中那群专栏作家。② 这些专栏作家巩固了凯南在公众心目中严谨对待外交政策的名声。③

冷战早期就美国外交政策发表观点的评论家不仅有对手,也遭人妒忌,但当时有大量共有的社会资本,帮助这个群体渡过难关。他们大多数毕业于同一所学校,一起为第二次世界大战服务。这些共同的背景使得他们即使在意见相左时,也互相信任。在这样一个受到妥善管理的寡头市场中,冷战时期的知识分子能够把各种各样的个人丑闻藏掖起来,不让公众知晓。在与第一任妻子结婚之后,沃尔特·李普曼和长期担任《外交事务》编辑职务的汉密尔顿·菲什·阿姆斯特朗的妻子发生婚外恋,造成多对夫妻离婚。克格勃试图以约瑟夫·艾尔索普在1957年出行莫斯科期间与同性发生的一段露水情缘勒索他。行为不检并没有让任何涉事人员的事业就此画上句号。④ 正如法里德·扎卡利亚徒然神往地和笔者说起这个早已过去的时代:"过去大家是一个联盟。"⑤

---

① Herken, *The Georgetown Set*. See also Robert Merry, *Talking on the World*: *Joseph and Stewart Alsop*, *Guardians of the American Century* (New York: Viking, 1996); Maureen Orth, "When Washington Was Fun," *Vanity Fair*, December 2007.

② Wilson D. Miscamble, *George F. Kennan and the Making of American Foreign Policy*, 1947—1950 (Princeton, NJ: Princeton University Press, 1992), 36; Walter Hixson, *George F. Kennan: Cold War Iconoclast* (New York: Columbia University Press, 1989.), 134; Herken, *The Georgetown Set*, 51.

③ 参见 John Lewis Gaddis, *George F. Kennan: An American Life* (New York: Penguin, 2011), 270 - 275。

④ Steel, *Walter Lippmann and the American Century*, 346 - 363; Herken, *The Georgetown Set*, 204 - 209. 可以肯定的是,这些丑闻的涉事各方都付出了代价。这件事之后,阿姆斯特朗在他任职期间禁止在《外交事务》杂志中提到或引用李普曼。

⑤ 对 Fareed Zakaria 的采访, New York, NY, December 8, 2015。

如果说冷战时期外交政策的池子很小,那么这池子也有点浅。历史学家和政治学家仍在继续论辩冷战共识形成的准确时间,但他们同意确有这样一个时点。到20世纪50年代,知识分子关于冷战期间美国外交政策知识的共识程度贯穿了意识形态领域。① 格雷厄姆·艾利森总结该共识囊括了几条核心定理:"国际政治的突出特点是共产主义与自由世界的冲突;确保美国外交政策利益最简单的口诀就是反对共产主义;美国有实力、有责任、有权利保卫自由世界、维护国际秩序。"② 这一共识限制了外交政策集团内可接受的分歧的范围。安德鲁·巴切维奇提道:"冷战初期美国公共知识分子的特点不是广博,而是狭隘;不是灵活,而是僵化。谈到政治时,这些人都是教条主义者,丝毫不知变通。结果,他们接受了一个过分简化的分析框架,这种框架排除了其他可能,降低了辩论的质量。"③ 李普曼脱颖而出,部分原因是他处在可接受意见范畴鸽派的一端。甚至连他的助手都承认,李普曼在一个受限制的思想市场中活动。④

过去的公共领域是一个优雅斯文的寡头市场;现今的思想产业则完全不同。一方面,思想产业内竞争更加激烈。渴望稿件的媒体数量暴增,扩大了靠围绕外交政策写作就能够谋生的知识分子的数量。这不意味着任何外交政策知识分子都可以或将会进入顶层,但一个人建立属于自己的智力王国的能力却大大提升了。这样的说法或许听起来有些夸张,但是相当形象地刻画出了一些网站中的人物形象,如"沃克斯"的埃兹拉·克莱因、"谈点备忘录"新闻网的乔希·马歇尔、"五三八"网站的内特·西尔弗,以及"PJ媒体"博客(*Pajamas Media*)的格伦·雷诺兹。

---

① Rob Krebs, *Narrative and the Making of US National Security*(New York: Cambridge University Press, 2015), chapter 6.

② Graham Allison, "Cool It: The Foreign Policy of Young America," *Foreign Policy* 1 (Winter 1970/71), 150. 也请参见 Krebs, *Narrative and the Making of US National Security*, 192。

③ Andrew Bacevich, "American Public Intellectuals and the Early Cold War, or, Made about Henry Wallace," in Michael Desch, ed., *Public Intellectuals in the Global Arena* (South Bend: university of Notre Dame Press, 2017), 83.

④ Alterman, *Sound and Fury*, 46-47.

从另一种意义上来说,更激烈的竞争并未让思想市场的公平性上升太多。在对外交政策界的思想领袖进行调查时,笔者询问他们谁是当下他们心目中最有影响力的知识分子,调查结果参见表7.1。列表显示资格证书和精英血统仍然非常重要。托马斯·弗里德曼之所以成为畅销书作家,原因是他长期在《纽约时报》专栏版发表文章;克劳萨默、伊格内修斯和卡根都有《华盛顿邮报》的专栏,而克鲁格曼则为《纽约时报》写专栏文章。约瑟夫·奈是哈佛大学的教授。不管是亨利·基辛格还是弗朗西斯·福山,他们在外交政策领域的信誉都无须多言。尼尔·弗格森是牛津大学和哈佛大学获奖的历史学家。这不是一群新贵;而是一群拥有常春藤名校学位,或是美国外交关系协会会员身份,或是其他著名机构会员身份的人。这些人中几乎没有女性的身影。这张列表近似一个21世纪的男性俱乐部。

表 7.1 外交政策领域最有影响力的知识分子

排名	姓名	所属机构	母校	性别
1	亨利·基辛格	基辛格事务所	哈佛大学	男
2	托马斯·弗里德曼	《纽约时报》	布兰迪斯大学	男
3	法里德·扎卡利亚	美国有线电视新闻网/《华盛顿邮报》	耶鲁大学	男
4	罗伯特·卡根	布鲁金斯学会	耶鲁大学	男
5	约瑟夫·奈	哈佛大学	普林斯顿大学	男
6	查尔斯·克劳萨默	《华盛顿邮报》	麦吉尔大学	男
7	沃尔特·拉塞尔·米德	巴德学院	耶鲁大学	男
8	戴维·伊格内修斯	《华盛顿邮报》	哈佛大学	男
9	弗朗西斯·福山	胡佛研究所	康奈尔大学	男
10	罗伯特·卡普兰	新美国安全中心	康涅狄格大学	男
11	理查德·哈斯	外交关系协会	欧柏林学院	男
11	杰弗里·戈德堡	《大西洋月刊》	宾夕法尼亚大学	男
12	保罗·克鲁格曼	《纽约时报》	耶鲁大学	男
13	威廉·克里斯托尔	《旗帜周刊》	哈佛大学	男

(续表)

排名	姓名	所属机构	母校	性别
14	萨曼莎·鲍尔	哈佛大学*	耶鲁大学	女
14	尼古拉斯·克里斯托夫	《纽约时报》	哈佛大学	男
14	史蒂芬·沃尔特	哈佛大学	斯坦福大学	男
14	兹比格涅夫·布热津斯基	美国国际战略研究中心/约翰·霍普金斯大学高级国际关系研究学院	麦吉尔大学	男
15	尼尔·弗格森	胡佛研究所	牛津大学	男
15	布雷特·斯蒂芬斯	《华尔街日报》	芝加哥大学	男
15	戴维·桑格	《纽约时报》	哈佛大学	男
15	约翰·米尔斯海默	芝加哥大学	西点军校	男

* 表示调查时担任的最后一个非政府职务。
来源:笔者的调查。

顶层外交政策知识分子的精英本质如何与进入外交政策领域的低门槛相协调？随着现代思想产业不断壮大,超级明星经济开始出现。① 在这些市场中,居于顶端的少数人占据了多到不成比例的收入和关注度。这种现象存在于多个领域,例如新闻界和体育界。对运动员而言,技术和能力决定了超级明星现象中的强弱等级。对其他群体而言,例如外交政策知识分子,任意性在其中发挥了更大的作用。现代思想产业的本质是,一个宏大的思想可以将任何一个人送到极高的位置。一篇文章发的时机正好,可以把一个知识分子送入顶层。

表 7.1 中的大多数人都凭借一篇宏大的文章中的一个宏大的思想声名鹊起。福山出名的时刻是冷战快要结束时,他在《国际利益》上发表文章《历史的终结》。克劳

---

① Sherwin Rosen, "The Economics of Superstars," *American Economic Review* 71 (December 1981): 845-858.

萨默的《单极时刻》，自冷战结束时首次发表在《外交事务》上以来，被广泛引用。自从 1990 年，奈在《外交政策》杂志发表的一篇文章中提出"软实力"，这个概念已经成为国际关系话语的支柱。罗伯特·卡根因 2002 年发表在《政策评论》的一篇文章而声名斐然，该文章重点讨论了为什么说美国人来自火星、欧洲人来自金星，当时欧美关系因为伊拉克问题愈发紧张。

这种成名方式影响的人远远超过表 7.1 中所列举的这些。例如帕拉格·康纳，为环游世界、撰写关于世界政治转变的文章而向新美国基金会争取一笔拨款时，他只是一个平凡无奇的研究生。他获得了一笔奖学金，促成他写就了第一本书。① 真是机缘巧合，市场营销也十分离奇，康纳的书被节选成《纽约时报杂志》的封面文章，当时美国正担忧自己超级大国的地位。② 康纳的论文成了"自冷战结束以来全球争论最多、影响最大的文章之一"，他自己的网站上如是说。③ 抛开夸张成分，这篇文章把康纳送上了更高的层级。现今康纳已经又写了四本书，为美国有线电视新闻网（CNN）做评论工作，同时为国家情报委员会建言献策。康纳的网络传记说他现今是"一位文章被广泛引用的全球知识分子"，"经常在国际会议上发言，给政府领导人和大型企业就全球趋势与前景、系统风险与科技颠覆以及市场准入策略与经济总体规划开执行简报会"。此处的重点不是康纳的精英地位是否实至名归，而是在技能、意志以及好运的共同作用下，他在较短的时间内获得了精英身份。

相比李普曼的时代，现今的知识分子顶层地位更加有吸引力，原因则再简单不过：在 21 世纪，超级明星知识分子的身份既带来影响，也带来财富。

和其他有连带外部效应的市场一样，现代的思想市场竞争激烈，同时把奖励向顶层的人倾斜。和其他超级明星经济一样，那些在思想产业中获得最高地位的人，将占

---

① Parag Khanna, *The Second World* (New York: Random House, 2008).
② Parag Khanna, "Waving Goodbye to Hegemony," *New York Times Magazine*, January 27, 2008.
③ http://paragkhanna.com/about-parag-khanna/, accessed December 14, 2015.

据多得不成比例的奖励。图书预付款更高,电视出镜有偿,会议礼品的质量也大大提升。这些人不仅是知识分子,更成了品牌。

确实,外交政策知识分子诸如弗里德曼、扎卡利亚和弗格森,这些人的公众形象如此依赖品牌建设的术语,着实令人惊讶。弗里德曼的一位老朋友告诉《纽约客》:"我欣赏汤姆的地方,我认为可能也是他最强大的技能,就是他极其擅长广告从业者所说的定位,或者说品牌建设。他为自己打造了一个品牌。"① 弗里德曼也会同意这话。他最著名的作品《世界是平的》(The World is Flat)中的一个核心论点就是,要想在全球经济中蓬勃发展,必须要有"特点",有一个像迈克尔·乔丹一样独一无二的品牌,因为这样的人"他们的产品和服务有全球市场,可以支配全球人的腰包"。② 弗里德曼对自己的品牌非常清楚敏感;如果其他作家引用他发明的词语时不标明原作者,他会告知这些作家。③

和弗里德曼一样,弗格森也精通市场营销。他在 21 世纪写的书中,有五本在下笔之初就计划拍成由弗格森本人担当主角的电视纪录片,精湛地展现了协同作用。④《卫报》把他 2011 年出版的《文明》(Civilization)一书形容为"像电视连续剧一般讲述西方兴衰的大学课程图书"⑤。埃里克·奥尔特曼严厉批评弗格森,但也不得不承认,"或许相比同时代的其他任何学者,弗格森为自己打造了一个极其成功的智力品牌"⑥。谈到扎卡利亚,他在《时代周刊》的一位前同事说:"这个家伙就是自己的品

---

① 引用 Ian Parker, "The Bright Side" *The New Yorker*, November 10, 2008。

② Thomas Friedman, *The World Is Flat: A Brief History of the Twenty-First Century* (New York: Farrar Strauss Giroux, 2005), 279 - 280。

③ 李普曼明确让鲍勃·伍德沃德知道是他创造了关于入侵他国的词"陶瓷仓规则",不是国务卿科林·鲍威尔。Parker, "The Bright Side."

④ Ferguson 传记概要的信息来自网站 http://www.niallferguson.com/about。Ferguson 在这本书中直言此事:*The Ascent of Money* (New York: Penguin, 2008), 360。

⑤ Ferguson《文明》的描述来自 2012 年 6 月 26 日与《卫报》的采访,网址为:http://www.theguardian.com/books/2012/jun/26/niall-ferguson-civilization-paperback-q-a。

⑥ Eric Alterman, "Niall Ferguson's Gay Theory for the World's Economic Problems Is Nothing If Not Novel," *Huffington Post*, July 9, 2013。

牌。"接任扎卡利亚在《新闻周刊》职务的通库·瓦拉达拉詹写道："他既是一名记者，也是一个品牌；他的血液中流淌着'商业基因'。"①

知识分子付出巨大努力建立并维系自己的品牌。正如《纽约时报》2012年一篇关于扎卡利亚的文章所评论的：

> 不那么久以前，在《时代周刊》开设专栏可以说是一名记者职业生涯的巅峰。但是过去数年中，前景变得越来越好，机会变得越来越多。许多作家现在把自己当作独立的品牌进行营销，而新闻稿件很大程度上只充当推广手段，只为带来利润更加丰厚的活动，诸如著书和公共演讲等。②

这条策略的经济效益非常明显。拥有品牌知名度的知识分子可以进入顶层的演讲圈，和演讲人公司签合约。这些公司的存在，让一些人可以把同一篇演讲稍做变化，讲演许多次，获得一笔丰厚的酬劳。《外交政策》杂志的凯蒂·皮克总结道："仅需几个主旨演讲，一个人就可以跨入一个新的税级。"③《财富》杂志的报道称，托马斯·弗里德曼演讲的报酬把他的年收入送上"总裁级别"。法里德·扎卡利亚的演讲费用高达好几大万美元。④ 弗格森更是放弃了在哈佛商学院的学术闲职——但是没有放弃哈佛其他学术机构的职务——因为公共演讲的报酬超过商学院的薪资。当我问弗格森为公众写作的动机是什么，他马上回答说："我做的一切只是为了钱。"⑤

---

① Tunku Varadarajan, "Fareed Zakaria's Plagiarism and the Lynch Mob," *Newsweek*, August 20, 2012.

② Christine Haughney, "A Media Personality, Suffering a Blow to His Image, Ponders a Lesson," *New York Times*, August 19, 2012.

③ Katie Peek, "Keynote Cosmos," *Foreign Policy*, September/October 2016.

④ Justin Fox, "Rockin' in the Flat World," *Fortune*, September 19, 2005. 更多关于学究演讲费上涨的内容，请参见 Ben Smith, "Paid to Speak," *Politico*, October 11, 2010; Jason Horowitz, "At the Washington Speakers Bureau, Talk Isn't Cheap," *Washington Post*, October 10, 2011.

⑤ 与 Niall Ferguson 的访谈，剑桥，MA，2016年4月22日。

超级明星经济奖励在顶层的人物,这强有力地刺激了这些人在思想产业中保持活跃。这些奖励非常可观,助长了整个薪资贫乏的底层知识分子的职业美梦和财富美梦。现代思想市场如今就像演艺圈一样:少数明星收入百万,其他多数人做着卑微低下的工作,梦想着收入百万。

当然,这些奖励也有其他影响。据《时尚先生》杂志的斯蒂芬·马奇报道,弗格森每场演讲的报酬在5万美元至7.5万美元之间。弗格森告诉笔者,他平均每月做一场这样的演讲。正如马奇写的,这种收入来源影响一个人的智力弧。

> 弗格森以及许多其他人的写作事业的整个经济情况,都永久性地被改变了。相比其他力所能及的挣钱方式,包括写畅销书或在哈佛担任教授职务,非虚构类文学作家可以也确实(钱)挣得多得多了,也更加容易了。文章和想法的价值和你受邀对其进行讨论的邀请费价值相当。文章和思想不过是思想传递者的广告牌。
>
> 这(演讲报酬)意味着弗格森不必讨好出版商,也不必讨好编辑,更加不用讨好学者。他只用讨好企业和高净资产人士,那些能付他5万到7.5万美元听他演讲的人。①

想要一直跻身超级明星行列,知识分子需要能够和财阀阶层谈笑风生。在弗里德曼和弗格森身上,这完全不是问题。商人喜欢弗里德曼关于科技和全球化如何转变全球经济的文章。Salesforce公司的总裁马克·贝尼奥夫曾经说过,弗里德曼的聪明才智使他感到敬畏,而且很显然,钦佩弗里德曼的企业大亨远不止他一个人。风险

---

① Stephen Marche, "The Real Problem with Niall Ferguson's Letter to the 1%," *Esquire*, August 21, 2012.

投资家约翰·多尔形容弗里德曼是"商业会谈中被引用得最多的思想家"。① 与之相似,弗格森在一次访谈中告诉我,他是一名"古典自由派人士",他的所有作品都非常支持自由市场和稳健的美国外交政策。② 弗里德曼和弗格森两人都是思想领袖,对于他们所坚信的思想,现代思想产业中有权势有影响的人也与之有共鸣。但是对于不那么自信的公共知识分子来说,和财阀阶层流畅地交流就不那么简单了。如果他们想让潜在的赞助人开心,他们就不能够总对金主袒露真言。

知识分子品牌还有另外一个影响,超级明星知识分子需要花费大量的气力来维持自己的地位。顶层知识分子拥有非常多的机会,请他们演讲著书的邀约,比其他任何人都多。然而,如果他们不断地拒绝这些邀请,那么他们的地位可能也会随之下降。不止一位思想产业的参与者和我说过他们心中的压力,他们需要不断地创造出更多的思想产物,还要接受演讲的邀请,只为维持自己在知识分子食物链中的位置。

弗里德曼、弗格森、扎卡利亚或许是超级明星,但是他们更是极其忙碌的超级明星。和他们的财阀同辈一样,这些超级明星知识分子需要努力工作赚得收入。弗里德曼除了《纽约时报》的专栏外,已经写了五本书,主持了至少三档纪录片电视系列节目。2013年他联合《泰晤士报》发起了他自己的达沃斯式的大会,叫作弗里德曼论坛。③ 弗里德曼的每一份介绍都强调他不知疲倦的工作态度。④

弗格森和弗里德曼一样,已经开始把自己的书转变成其他媒体形式。他的公共评论文章已十分高产,每周为《每日电讯报》撰写专栏,同时还为其他新闻媒体,如《金融时报》《新闻周刊》等撰写专栏。2007年一期《哈佛杂志》中关于弗格森的介绍指出他职业生涯中惊人的工作量:"八本内容丰富、分量厚实的著作,另外两本还在撰写当

---

① Benioff 引用 Felix Salmon,"What on Earth was Thomas Friedman Talking About?" *Fusion*, January 23, 2015; Doerr 引用 Parker,"The Bright Side"。
② 与 Niall Ferguson 的访谈,剑桥,MA,2016年4月22日。也请参见 Mark Engler,"The Ascent of Niall Ferguson," *Dissent* (Spring 2009): 118-124。
③ 2013年和2014年大会之后,紧接着出现了弗里德曼论坛。
④ Parker,"The Bright Side."

中;数百篇学术论文,诸多引言和著作章节,还有一整条流水线为美国、英国、德国报纸定期撰写专栏和评论文章,与此同时还担任《当代史杂志》的编辑。"①他紧接着又创立了格林曼特(Greenmantle),一家宏观经济与地缘政治咨询公司,雇有七位全职员工。2012年弗格森永久性地迁居美国时,他告诉《每日电讯报》:"我勤奋过了头了,因此在美国生活不像在英国时那样,感觉自己是个异类。"②

而说到扎卡利亚,瓦拉达拉詹对他的称赞也涉及他的工作量。

> 扎卡利亚……按照他所处行业的标准,已经成功到无以复加的地步:他有一档电视节目,几乎鲜有名人会拒绝他这档节目的邀请,与此同时,他还在《时代周刊》、美国有线电视新闻网(CNN)和《华盛顿邮报》等媒体开设专栏。他还撰写学术精英著作,连总统在登机时手中也紧握一本,而且据说他每场演讲的报酬可达到7.5万美元。③

笔者在采访扎卡利亚时,他解释如何划分每天的时间,分别用来撰写《华盛顿邮报》专栏、准备CNN的节目以及其他事务。他坦言一直找不到时间为《大西洋月刊》写一些篇幅更长的文章。他事情太多实在忙不过来。

大多数最后成为超级明星知识分子的人,并非轻松地一下子就承担起所有这些工作。让人无法拒绝的机会总是慢慢增多,直到最后工作量超过了正常人可以承担的限度。这一过程会造成两种结果。如果知识分子的做法继续像过去一样,那么随着任务不断增加,他/她不可避免地将会操劳过度。在这种情况下,超级明星继续写作、做研究,一切还是亲力亲为,仿佛一切都没有变化。但是越来越重的任务量将导

---

① Janet Tassel, "The Global Empire of Niall Ferguson," *Harvard Magazine*, May-June 2007,网址:http://harvardmagazine.com/2007/05/the-global-empire-of-nia.html.
② Richard Eden, "Historian Niall Ferguson: Why I Am Quitting Britain for 'Intellectual' America," *Daily Telegraphy*, February 5, 2012.
③ Varadarajan, "Fareed Zakaria's Plagiarism and the Lynch Mob."

致知识分子自我剽窃或是怠工偷懒，以此作为一种生存技巧。弗格森在接受《华盛顿月刊》采访时已经承认这一点了，他坦言自己写的关于帝国的书，至多只能算是"寓教于乐。"①他告诉笔者："我觉得过度操劳没什么不好。"

另外一个结果是原本独往独来的知识分子会变成有下属的品牌经理。不容置否，教授、智库研究员、管理顾问都经常依赖研究助理。但是，具有品牌的知识分子需要一个团队，而大多数擅于当知识分子的人，在管理下属方面则一塌糊涂。超级明星知识分子把研究工作外包给助理简直是家常便饭。例如，为了运营节目和撰写专栏，扎卡利亚雇用了八名员工，而且他以自己亲自为写专栏做了大部分研究而自豪不已。② 弗格森则聘请了一名全职研究员，还有一群聪明睿智的本科生组成的"家庭作坊"，协助他进行调查研究。类似的超级明星知识分子可以选择把研究和写作任务下派给合著者或研究助理。

对超级明星知识分子来说，为了满足思想产业的需求，把研究和写作任务外包出去是条自然的捷径。但是这种委派会增加出版作品中存在错误的可能性。如果作家第一次委派他人，走捷径或犯小错误时没有被抓到，那么他将习惯于此，导致走更大的捷径，也就是学术不诚信。不管是公共知识分子，还是思想领袖，都鲜少故意进行学术剽窃或学术造假。但是，21世纪知识分子的丑闻非常多，带来了一种熟悉的现象：混淆注释，或者说是助理和作者沟通有误。③ 捷径走不通，但也许仍有空子可以钻。

过度操劳的超级明星知识分子，加上渴望爬上顶层的底层知识分子，创造了一个有趣的思想生态系统。批评家常常把知识分子超级明星当成乐队，称赞他们的早期

---

① Benjamin Wallace-Wells, "Right Man's Burden," *Washington Monthly*, June 2004.
② 与 Zakaria 的访谈，2015年12月8日。
③ 参见 Alexandeer Abad-Santos, "We've Heard Fareed Zakaria's Excuse Before," *Atlantic Wire*, August 20, 2012, 网址：http://www.thewire.com/business/2012/08/weve-heard-fareed-zakarias-excuse/55952/; David Plotz, "The Plagiarist," *Slate*, January 11, 2002。

作品，同时贬损他们近期商业性的成果。① 知识分子超级明星想维持自己的品牌，也因此更容易犯错，他们坚定不移地制造智力风暴，招致诸多批评非议。如果一位超级明星犯错误，众多底层知识分子会时刻准备攻击他犯下的错误。

扎卡利亚和弗格森近些年在回应针对自己的作品的批评中都吃了大亏。争议的来源以及他们的回应，凸显出知识分子明星身份危如累卵。这也凸显出相对扎卡利亚这样的公共知识分子，弗格森这样的思想领袖拥有众多优势。

2012 年 8 月，剽窃指责威胁到了扎卡利亚的事业。他把吉尔·莱波雷发表在《纽约客》的一篇文章中的一段话，复制粘贴到自己发表于《时代周刊》的一篇关于枪支管控的文章中，然而没有标明出处。他迅速承认这个"重大的错误"，并为此致歉，把错误的原因归结为弄混了注释出处。② 他在美国有线电视新闻网（CNN）和《时代周刊》杂志的雇主勒令他暂时停职并接受调查，不久之后扎卡利亚恢复了工作，表面上身后背负着这个小丑闻。虽然遭受了一些伤害，但对声誉的影响总体上都得到了控制。③

但是几年后，两名匿名博主开始在"我们的坏媒体"（Our Bad Media）网站上发布无数其他实例，指责扎卡利亚剽窃，证据的时间跨度回溯过去好几十年；他们举出的例子囊括超过 40 篇发表在《华盛顿邮报》《时代周刊》《新闻周刊》和《石板》（Slate）电子杂志上的专栏文章。这两位博主比较扎卡利亚的文章和发表在《外交事务》《时代周刊》以及其他来源上的文章，证明扎卡利亚似乎摘抄之后没有正确地标明出处。④

---

① 弗里德曼所有的介绍和书评都赞誉他的第一本书《从贝鲁特到耶路撒冷》。与之相似，关于尼尔·弗格森的文章都称赞他的第一本重要专著，关于十九世纪罗斯柴尔德家族的历史。

② Haughney, "A Media Personality, Suffering a Blow to His Image, Ponders a Lesson"; Zakaria Interview, December 8, 2015.

③ 最尖刻的观点参见 Steven Brill, "Stories I'd Like to See: Fareed Zakaria's 'mistake,'" Reuters, August 21, 2012; and Ta-Nehisi Coates, "How Plagiarism Happens," The Atlantic, August 27, 2012.

④ 请参见，例如：http://ourbadmedia.wordpress.com/2014/11/10/newsweek-corrected-7-of-fareed-zakarias-plagiarized-articles-the-washington-post-needs-to-do-the-same-for-these-6/。

这些匿名指控对扎卡利亚知识分子地位的影响有好有坏。一方面,上述出版物否定了绝大多数指控。其中一些夸大的指责让主流媒体从业者非常不满,指控者的匿名也使许多业界人士耿耿于怀。但是,其中一些指控确属事实。三家不同的媒体修订了整整13篇扎拉利亚的专栏,指出文章给出的文献出处不充分。① 媒体批评家总结说,扎卡利亚的确逾越了红线。迪伦·拜尔斯发表在《政客》的一篇文章中提道:"多年以来,扎卡利亚已经习惯从他人处借用事实、语言和风格,而不给出原著作者,他把这些材料呈现出来,仿佛一切都是他自己的想法一样。"迈克尔·金斯利在《名利场》上发表的一篇文章总结道:"剽窃和致敬中间有条红线,而扎卡利亚越过了红线。"②

尼尔·弗格森近来关于公众事务的思考也遭遇了争议,但是与上述争议不是一回事。他是典型的思想领袖。2004年的一期《华盛顿月刊》中对他的介绍是:"在众人皆处于深深的迷茫之中,众人心中皆深切感受到不知国家将何去何从之时,弗格森给出了极度肯定的回答。因他人无法如此自信清晰地提出驳论,弗格森的断言得到广泛接受。"③弗格森没有受到剽窃问题的困扰,但是他被指责成了一名雇佣文人。他开始创造弗里德曼式的新词,如"中美经济共生体""欠条孤立主义(IOU-solationism)",还有"西方文明的六个杀手级应用软件",用这些词来解释自己的一些思想。④ 贾斯廷·福克斯在《哈佛商业评论》的文章中写道:"近些年来他更加像一个通才,把注意力更多地放在时事上……在这方面弗格森可谓斫轮老手,他表达自己的方式如此迷人,如此漂亮,如此神气活现,因此一些人愿意花钱听他侃侃谈论几乎任

---

① Dylan Byers,"Fareed Zakaria's Anonymous Pursuers: We're Not Done Yet," *Politico*, November 13, 2014.

② Dylan Byers,"The Wrongs of Fareed Zakaria," *Politico*, September 16, 2014; Michael Kinsley,"Parsing the Plagiarism of Fareed Zakaria," *Vanity Fair*, February 28, 2015.

③ Wallace-Wells,"Right Man's Burden."

④ Niall Ferguson,"Not two countries, but one: Chimerica," *Daily Telegraph*, March 4, 2007; ferguson,"The Real Costs of isolationism," *Newsweek*, June 26, 2011.

何事情。"①

但是,他的一些更有争议的断言引起了更大范围的批评。2008年金融危机的余波未消之时,弗格森开始号召注意美国联邦政府债务过多的危险。他参与签署了一封写给美联储主席的公开信,20多位保守派经济学家和思想领袖联名上书,提醒再有几轮新的量化宽松举措,将会"带来货币贬值以及通货膨胀的风险,而且我们认为量化宽松政策无法达到美联储促进就业的目标"。② 这并没有使弗格森在保守派思想领袖中与众不同。但是弗格森把灾难预言向前再推进了一步。在2010年春季发表在《外交事务》杂志上的一篇文章中,弗格森将美国比作其他突然瓦解的帝国。弗格森提出,前景突然变化可能会摧毁美国从危机中恢复的能力。③ 他坚持认为通货膨胀率会回升至两位数,且债券市场将由于抵触量化宽松政策而出现动荡。

截至2016年年底,美国经济已经很大程度上去杠杆化,联邦财政赤字缩减速度达二战后之最,经济接近充分就业,美元大幅升值,美联储开始提高利率。说得好听一点,弗格森的担忧似乎很大程度上用错了地方。乔·维森索尔发表在《商业内幕》的一篇文章总结道:"如果你读尼尔·弗格森的文章,很值得注意的是,自从奥巴马上台以来,他在经济方面的见解就没对过。"④

弗格森不仅因提倡宏观经济紧缩而与批评家交恶。2012年8月,弗格森在《新闻周刊》发表标题为"上路吧,奥巴马"的封面文章。⑤ 他援用大量确凿的经济数据,强烈斥责奥巴马担任总统第一任期的工作。但是保罗·克鲁格曼和其他事实核查员注意到,弗格森临时编造了一些负面数据,过度夸大了奥巴马医疗改革带来的财

---

① Justin Fox, "Niall Ferguson and the Rage against the Thought-Leader Machine," *Harvard Business Review*, August 23, 2012.
② 信件全文可在该网站获得:http://www.hoover.org/research/open-letter-ben-bernanke。
③ Niall Ferguson, "Complexity and Collapse," *Foreign Affairs* 89 (March/April 2010): 18-32.
④ Joe Weisenthal, "Niall Ferguson Has Been Wrong on Economics," *Business Insider*, August 19, 2012.
⑤ Niall Ferguson, "Hit the Road, Barack," *Newsweek*, August 19, 2012.

政影响。① 弗格森对数据的辩护又引发了事实核查员新一轮的批评。②《纽约客》的约翰·卡西迪写道："最新的争执引人注意之处在于弗格森给出的辩解多么无力。"曾任职于《华尔街日报》的一位记者在《哥伦比亚新闻评论》上的一篇文章中总结道："我已经很久没有看到过一篇封面文章被如此彻底地驳倒了。"③

近年来弗格森也因为其他错误的言论而遭受指责。2013年，弗格森在一场投资者会议上发表演讲，演讲中他提出，由于约翰·梅纳德·凯恩斯的同性恋者身份以及没有孩子这件事，所以相比长期解决方案，凯恩斯更喜欢短期解决方案。④《金融时报》也被迫发表修正说明，订正弗格森于2015年5月发表的一篇专栏文章中的错误。弗格森在文章中捏造与英国经济信心和工资增长有关的数据，以便使戴维·卡梅伦的保守党政府看起来更加体面一点。⑤

扎卡利亚和弗格森对各自争议的回应，以及思想产业对他们的回应的反应，表明了相比公共知识分子，现代思想市场更偏爱思想领袖。弗格森丝毫不向批评者低头，并在回应时将他们的攻击政治化。他强烈斥责那些核查他《新闻周刊》封面文章是否符合事实的人："美国的自由博客世界里几乎每日都会爆发阵阵义愤之情，这景象与其说非常可笑，不如说稍微有点邪恶。"他总结说："批评我的人没有一个驳倒了我的

---

① 参见 Paul Krugman, "Unethical Commentary, Newsweek Edition," *New York Times*, August 19, 2012; Matthew O'Brien, "A Full Fact-Check of Niall Ferguson's Very Bad Argument against Obama," *The Atlantic*, August 20, 2012; Dylan Byers, "Niall Ferguson's Publishes Embarrassing Defense of Newsweek Article," *Business Insider*, August 20, 2012。

② 为弗格森进行的辩护，请参见"Correct This, Blogger," *Daily Beast*, August 21, 2012。对弗格森回应的回应，请参见 Dylan Byers, "Niall Ferguson ducks, nitpicks, vilifies," *Politico*, August 21, 2012; and David Weigel, "Leave Niall Ferguson Alone!" *Slate*, August 21, 2012。

③ John Cassidy, "Ferguson vs. Krugman: Where are the Real Conservative Intellectuals?," *New Yorker*, August 20, 2012; Ryan Chittum, "*Newsweek's* Niall Ferguson Debacle," *Columbia Journalism Review*, August 21, 2012.

④ Henry Blodget, "Harvard's Niall Ferguson Blamed keynes' Economic Philosophy on His Being Childless and Gay," *Business Insider*, May 4, 2013。

⑤ "Correction: UK Confidence," *Financial Times*, June 2, 2015; see also Greg Callus's adjudication of Ferguson's column for *Financial Times* at http://www.aboutus.ft.com/files/2010/09/Ferguson-Adjudication-with-PS.pdf.

论证。相反,他们对我大加挑剔,诬蔑诽谤。"①弗格森在告诫通货膨胀和美元贬值风险方面也丝毫没有退让。2013 年,他依然坚称"事实上依然存在货币贬值和通货膨胀的风险"。2014 年,他重申这一担忧。② 而最终,他在 2016 年承认自己此前错了。

弗格森在回应凯恩斯事件时更加懊悔,并做了非常诚挚的道歉。③ 但是因为自由派人士仍然纠缠不放,弗格森在哈佛大学学报(Harvard Crimson)上发表公开信,他在信中写道:"博客世界里自封演讲警察的人忘记了一件事,那就是偶尔犯错是学习过程中不可或缺的组成部分。"④但是弗格森在抱怨时忽略了一个事实,那就是这些"演讲警察"大多是经济学教授或历史学教授。⑤ 与之相似,在回应《金融时报》发表的修正说明时,弗格森在《旁观者》(Spectator)杂志上发表了一篇悲叹哀怨的长文,声讨他所谓的"正确的政治性":"正确的政治性的本质,是反复高声地宣称在一段无可辩驳的论证找到了错误,借此削弱这一论证。"他对那位质疑他的《金融时报》专栏的前任决策者嗤之以鼻,指出"(他)没有博士学位,费尽一番心血才在同行评审的期刊上发表了少之又少的几篇论文"。⑥

回应的模式很清楚。弗格森近几年承认了一些细小的事实性错误。他告诉我凯恩斯事件教会了他在公开演讲时"应该像中央银行行长一样说话",以避免不必要的争议。⑦ 但是与此同时他也称,批评他的人抱有自由主义的偏见,这也使得他们的抨击没有效力。按照弗格森自己的说法,细枝末节的事实核查并不会削弱他宏大的论

---

① Ferguson, "Correct this, Bloggers."
② Niall Ferguson, "Quantitative Teasing," http://www.niallferguson.com/blog/quantitative-teasing, December 5, 2013; Caleb Melby, Laura Marcinek, and Danielle Burger, "Fed Critics Say' 10 Letter Warning Inflation Still Right," BloombergBusiness, October 2, 2014.
③ Niall Ferguson, "An Unqualified Apology," http://www.niallferguson.com/blog/an-unqualified-apology, May 4, 2013.
④ Niall Ferguson, "An Open Letter to the Harvard Community," Harvard Crimson, May 7, 2013.
⑤ Daniel W. Drezner, "Oh, Niall," Foreign Policy, May 9, 2013.
⑥ Ferguson, "Jonathan Portes, Master of the Political Correction."
⑦ 与 Ferguson 的访谈,2016 年 4 月 22 日。

证。不仅如此，自由主义批评家没有正面驳斥这些论证，也使得他们那些无足轻重的批评没有效力。他非常自豪能用如此生动活泼的方式，辩驳那些批评他的自由派批评家。①

这对弗格森思想领袖身份的影响微乎其微。长久以来保守派的身份使他一直都是自由派发泄愤怒的靶子。② 自由派人士不断地指责弗格森，称他把自己的学术信誉变成了撰写虚假专栏文章的许可证。《异见》(Dissent)杂志的马克·恩格勒在2008年写道，弗格森"正在利用自己知名历史学家的身份，为经常无法克服保守派专家固有偏见的论证换取影响力"。最近一段时间，《纽约》(New York)杂志的乔纳森·蔡特写道："只有拥有（弗格森）这样地位的人物，才有能力在重要的主流媒体出版物上发表错得离谱的观点。"③另一方面，保守派给他提供了智力援助。弗格森对事实审核的批评与当下保守党对这种现象的批评相应和。④ 无数右翼权威人士和企业高管在弗格森遭遇众多意外事故之时替他反驳辩护。⑤

2015年10月，弗格森宣布辞去哈佛的全职工作，进入总部设在斯坦福大学的保守派智库胡佛研究所。⑥ 跳槽到胡佛研究所让弗格森可以摆脱所有教学职责，而教

---

① 请参见，例如 Niall Ferguson, "Civilizing the Marketplace of Ideas," *Project Syndicate*, October 14, 2013。

② Tassel, "The Global Empire of Niall Ferguson." See also Michael Lind, "Niall Ferguson and the Brain-Dead American Right," *Salon*, May 24, 2011, accessed at http://www.salon.com/2011/05/24/lind_niall_ferguson/.

③ Jonathan Chait, "Niall Ferguson Fights Back against Smear Campaign by Fact-checkers, Facts," *New York*, June 11, 2015. 也请参见 Fox, "Niall Ferguson and the Rage against the Thought Learder Machine"。

④ Mark Hemingway, "Lies, Dammed Lies, and 'Fact Checking,'" *Weekly Standard*, December 19, 2011; Matt Welch, "The 'Truth' Hurts," *Reason*, January 7, 2013; Sean Davis, "PunditFact: A Cass Study in Face-Free Hackery," *The Federalist*, April 29, 2015。

⑤ 请参见，例如同时代对 Ferguson《新闻周刊》文章的辩护，网址为 http://www.newsweek.com/responses-niall-ferguson-newsweek-cover-story-obama-64559，包括来自 Ferguson 在哈佛大学讲座教授的捐赠者；Glenn Beck 对 Ferguson 的辩护可在该网址收听：http://www.glennbeck.com/2012/08/20/newsweek-hit-the-road-barack/；Jonah Goldberg, "Niall Ferguson's Real Mistake," *National Review* online, http://www.nationalreview.com/articles/347651/niall-ferguson-real-mistake-jonah-goldberg, May 8, 2013。

⑥ Meg P. Bernhard and Mariel A. Klein, "Historian Niall Ferguson Will Leave Harvard for Stanford," *Harvard Crimson*, October 8, 2015。

学已经是分散他精力的事。① 跳槽到胡佛研究所也让他有更多时间专心撰写公共评论文章和书籍。他告诉笔者，他不怀念教学，因为"教学不是改变世界最高效的方式"。②

在某种意义上，扎卡利亚回应丑闻的方式与弗格森相似。他也减少了自己的职责。为最初的剽窃事件道歉之后，扎卡利亚辞去了耶鲁理事会的职务，减少了在外交关系协会的活动，而且每年只参加一场会议。③ 他大大减少了花费在社交活动和社交媒体上的时间，把家庭和工作放到第一位。他曾对笔者说："若不如此，噪音简直要把人淹没。"④

除此之外，与弗格森的回应有所不同，扎卡利亚的回应缺乏好斗性。如前文所述，2012年《时代周刊》专栏文章的剽窃事件发生后，扎卡利亚迅速道歉。而对后一轮剽窃指控，扎卡利亚鲜有回应。除了"我将让观众和读者自行决断。我完全专注于写出我能力范围内最好的作品"，扎卡利亚没有公开发表任何回应。美国有线电视新闻网（CNN）命令他在此事上不要再发表任何公开言论。⑤ 这样做的原因与扎卡利亚的清白或抄袭关系不大，更主要的原因是为了保住他的超级明星身份。像他对笔者说的，拥有如此高的地位带来的一个问题是，"如果你回应，那么完全将是另外一回事了"。他告诉我，现在他信奉导师塞缪尔·亨廷顿的观念：做一些研究，写一些文章，然后换到下一个主题。

整体上来说，扎卡利亚保住了原本会抨击他的媒体人士和政界人士的支持。媒

---

① 当《金融时报》被迫发表一份关于他2015年专栏的事实更正时，他在回应中提到，"我们都会犯错，尤其是在忙碌之时，就像我一样百事缠身，既要教学生，还要写书。" Niall Ferguson, "Jonathan Portes, Master of the Political Correction," *The Spectator*, June 13, 2015.
② 与Ferguson的访谈，2016年4月22日。
③ 值得一提的是，达沃斯世界经济论坛是他仍就继续参加的会议。此外还有更糟糕的障碍。
④ 对Fareed Zakaria的采访，New York, NY, December 8, 2015。
⑤ Michael Kinsley和Zakaria邮件通讯中提到，"收到美国有线电视新闻网老板的指示，坚决禁止发表任何关于剽窃的言论"。Kinsley, "Parsing the Plagiarism of Fareed Zakaria."笔者自己对Zakaria的访谈情况与此相同。

体商和出版商都没有解雇他。与思想产业中信口开河的作家和纯粹的党派人士相比，扎卡利亚的过错可以说只是小过失，并非不可原谅的罪过。① 甚至那些认为扎卡利亚窃用了自己论点的记者，也只是适度地批评了这些行为。② 尽管如此，扎卡利亚的品牌还是遭受了损害。从笔者与他就该问题进行的交谈中得知，这次经历很明显留下了污点。部分原因很可能是他自己的知识分子身份意识。就像他对笔者说的："我把自己看作一位曾经犯过错误的做电视节目的学者和作家。"③对真正的学者而言，剽窃的指责伤人很深。

弗格森和扎卡利亚都继续在现代思想产业中蓬勃发展，但方式稍微有点不同。弗格森完全接受了思想领袖的身份。他持有保守派的世界观，指责他的批评者是狭隘妒忌的自由派。他继续随性地写作、演讲、挑衅。他主动抛弃教授身份，完全进入思想领袖的角色。他的公共评论激起的众多争议只能让他更受保守派支持者的喜爱，更别提富豪财阀的钟情。扎卡利亚依旧是公共知识分子，倾向批评各方。他持有无党派世界观，与志同道合的机构结盟。他牺牲了一些机会，只为保持独立。他的公共评论所带来的诸多争议没有严重损害他的名声——但是也没有起到提振作用。根据笔者的调查结果，扎卡利亚的明星光环越来越闪耀。但是，即使是对超级明星而言，做思想领袖也轻松容易得多。

在寻找现代沃尔特·李普曼的过程中我们学到了什么？第一点是李普曼很轻松就获得了自己的地位。与李普曼相比，法里德·扎卡利亚不得不在一个更加激烈、更加拥挤的思想市场中竞争。

第二点，被看作现代李普曼所带来的利益也更大。虽然现在的思想市场竞争更激烈，但也增加了处于顶端的知识分子在职业生涯中获得的回报。戴维·布鲁克斯

---

① David Carr, "Journalists Dancing on the Edge of Truth," *New York Times*, August 19, 2012.
② 参见 Jeffrey Goldberg, "Fareedenfreude (or, Alternatively, Schadenfareed)," *The Atlantic*, August 14, 2012。
③ 与 Zakaria 的访谈，2015 年 12 月 8 日。

15 年前在《天堂里的布波族》(Bobos in Paradise)一书中就捕捉到了这种趋势,但是在 21 世纪,这种影响变得更大。① 本书第二章中提到的经济不平等的出现在众多方面改变了思想市场。最尴尬的影响是扩大了知识分子兜售各自成果所得回报的差异。超级明星知识分子可以成为自己的品牌,可以获得更多的图书出版预付款、更大的媒体平台以及丰厚的讲演费。在全球化经济的背景下,当今思想市场中的精英可以获得全部收入的绝大部分。

第三点是即使在超级明星的层次,当思想领袖也比当公共知识分子容易。弗格森和扎卡利亚最近遭遇的困境就告诉我们,超级明星知识分子会因为一点点错误而遭受强烈的责难。虽然弗格森已经接受了开心勇士的身份,捍卫经济和外交政策的保守主义,但是他承受了数轮对他公共写作作品的实质性批评。扎卡利亚更倾向把自己定位成公共知识分子。这让他更难以轻松地无视批评,因此也使他在应对这些批评时更加小心翼翼。

无论托马斯·弗里德曼怎么说,知识分子的世界都不是平的。现代思想市场竞争激烈,但竞争又不是绝对的公平;既有大鱼,也有虾米。如果学术生活对知识分子超级明星来说危险重重,那么这些超级明星的崛起就催生了一个更加有问题的激励结构。现在成为思想领袖无异于成为艺人或企业家。顶层的奖励非常丰厚,助长了整个报酬低微的知识分子底层阶级的职业美梦和财富美梦。奖励顶层知识分子的巨星经济学,保证了激励人们加入思想产业的动力不会随时间的流逝而消失。

通往超级明星世界的道路似乎非常有吸引力,以致扭曲了新加入思想产业的知识分子的动机。戴维·卡尔在 2012 年观察到,对记者来说,"在小杂志社和新闻社辛辛苦苦做着细小琐碎的工作,同时学习这门行业的事务,这种现在看来通往良好信誉的老路已经不复存在,取而代之的是带来社交媒体热度和博客影响力的算法"。② 与

---

① Brooks, *Bobos in Paradise*, chapter 4.
② Carr, "Journalists Dancing on the Edge of Truth."

第七章　知识分子"品牌"的希望与危机

之相似,贾斯廷·福克斯评论如下:

> 过去几十年一直闪耀的通往利益丰厚的思想领袖界之路,是先用深奥严肃的著作(或一份重大的工作)奠定自己的地位,然后再开始制造流行语。而如今,野心勃勃的年轻人期望进入思想领袖界,经常仅仅直接对准流行语。演讲人公司只需要言简意赅的销售言辞,不需要复杂广博的学问……对记者和学者而言,他们只在高额的收入之下展示自己真正的水平。
>
> 结果是催生了一个似乎不断奖励肤浅之人的智力环境,它不断奖励那些进入一流演讲者这个神奇圈子的人物,即使这些人没有任何新鲜有趣的事情可说。①

正如前面几章所述,仍然有一群中产阶级知识分子跻身在学术机构、智库以及私企。然而,在超级明星经济体制下,思想产业的年轻成员或许会期望,在成为真正的知识分子前成为超级明星。无论是否赞同尼尔·弗格森的作品,我们都无法否认,弗格森在把手伸向演讲和电视系列片带来的金钱之前,为自己赢得了学术信誉。甚至弗格森的自由派批评者也称赞他的学术作品。托马斯·弗里德曼在谈论世界如何是平的之前,曾任职于多个新闻工作岗位。法里德·扎卡利亚在成为专栏作家之前获得了博士学位,并管理过美国顶尖的外交政策杂志。所有顶级的外交政策知识分子在成为明星之前都有大量作品问世。但是现代思想产业经济鼓励年轻的知识分子在做必要的研究证明自己的实力之前,就试图进入演讲圈子。

现代思想产业奖励超级明星知识分子和超级明星概念。但是,思想市场也会管控这些超级明星知识分子吗?换句话来说,随着思想市场上竞争越来越激烈,思想市场的效率是否也越来越高了呢?

---

① Fox, "Niall Ferguson and the Rage against the Thought Leader Machine."

第八章　思想产业在正常运转吗？

> 国际事务错综复杂,决定了这一领域不存在简单的解决方案和值得信赖的预言,这是国际政治的学生必须学习的第一课,也是他们永远不会忘记的一课。在这一领域,谁是真学者谁是假行家,高下立判。
>
> ——汉斯·摩根索

思想产业的诞生缔造了新的成功者和新的失败者。它使得思想领袖的发展好过公共知识分子,经济学家好过政治学家,管理顾问好过智库成员,明星知识分子好过其他所有人。那么这些变化于思想有利吗？无可否认的是,如今公共领域内知识分子的构成比以往更加复杂多样。加入美国外交政策讨论的门槛降低了,思想差异比冷战高潮时期更加巨大。但是检验一个思想市场是否运作良好,关键还要看市场出清是否正常,坏的或者无价值的思想应当退出历史舞台。思想市场的种种变化提高美国外交政策辩论的质量了吗？

为了回答这一问题,本章将深入探究"颠覆"这一概念在美国经济和外交政策讨论中的应用乃至滥用。我们会发现这是一个非常理想的案例,它可以帮助我们了解一个新的概念是如何在思想市场上广泛传播的。颠覆性创新,作为一种思考如何改变世界的方法,其发展变化很大程度上解释了现代思想产业的运作方式。无论结果是好是坏,现代思想市场与现代金融市场极其相似这一点是事实。通常情况下,金融市场体系能够正常运作,但是偶尔也会出现资产泡沫。

自亚当·斯密的《国富论》(*Wealth of Nations*)出版以来,经济学家便意识到了创新的重要性。约瑟夫·熊彼特提出"创造性破坏"这一术语的时候,既发现了突破性创新促进经济增长的作用，也意识到了它扰乱经济发展的作用。事实上，科技创新的固定成本相当高昂，再加上官僚化公司趋利避害的本性，熊彼特担心突破性创新会因此而逐渐减少。① 现代增长理论研究者普遍认为，美国的经济增长至少有75%归功于创新。许多杰出的经济学家，例如罗伯特·索洛、保罗·罗默和罗伯特·戈登，终其一生都在探索创新与经济增长之间的关系。② 然而，提出最为著名的创新原理的人却并非经济学家，而是一位商业战略教授。

熊彼特的理论问世半个世纪后，哈佛商学院的克莱顿·克里斯坦森教授与人合写了一篇关于颠覆性技术的文章，发表在《哈佛商业评论》，对创造性破坏这一概念进行了拓展。③ 克里斯坦森认为，企业能够产生两种形式的创新。"持续性创新"意味着产品将随时间流逝得到平稳改进，这样的逐步升级对所有行业内的主导企业而言都是留住客户的必要手段。与之相反，"颠覆性创新"是为产品引入一整套替代属性。这些新属性很有发展潜力，但是也有可能削弱产品的关键性能，反而导致主流顾客的流失。任何行业内的主导企业在应用颠覆性技术的时候都相当谨慎，这不难理解，因为比起可能并不会吸引太多新客户的创新，它们更在意现有客户的满意度。

从另一个方面来说，新属性能够吸引一个未被开发的利基市场。假以时日，一家掌握了某项"颠覆性创新"的创业公司将会垄断这一市场。到那时，这家创业公司可以通过"持续性创新"全方位地提高其产品质量和生产效率。最终，掌握了"颠覆性创新"的公司将完胜行业内的领导企业，获得主要的市场份额，成为该行业的新标准。

---

① Joseph Schumpeter, *Capitalism, Socialism, and Democracy* (New York: Harper and Row, 1950).

② Robert Solow, "Technical Change and the Aggregate Production Function," *Review of Economics and Statistics* 39 (August 1957): 312–320; Paul Romer, "Endogenous Technological Change," *Journal of Political Economy* 98 (October 1990): S71-S102; Robert Gordon, *The Rise and Fall of American Growth: The U.S. Standard of Living since the Civil War* (Princeton, NJ: Princeton University Press, 2016).

③ Joseph L. Mower and Clayton Christensen, "Disruptive Technologies: Catching the Wave," *Harvard Business Review* 73 (January/February 1995): 43–53.

198　仅在过去的十年中，可以说苹果、奈飞和爱彼迎都是运用了这一策略分别颠覆了手机市场、电影租赁市场和酒店市场。

2013年，在一篇发表于《哈佛商业评论》的文章中，克里斯坦森和合著者将颠覆性创新的本质提炼为一段话。

> 行业颠覆的模式并不陌生：具备新商业模式的新竞争者进入市场，现有企业选择忽略新加入者或者转向利润更高的商业活动，原先产品质量不佳的颠覆者将其产品质量提升到可为广阔的中端市场所接受的水平，从而动摇行业内长期领导企业的地位，同时制造"翻转"，将竞争提升至更高水平。①

克里斯坦森的理论对商业战略的研究和实践产生了深远影响。他认为，所有长期以来使企业发展壮大的原理，也是企业容易覆灭的原因。考虑到大多数颠覆性创新乍看之下似乎都有缺陷，这一点尤为正确。克里斯坦森认为，企业与自己的客户群体过于合拍，因此会对某些可能具有革新意义的创新视而不见。他在自己的第一本书《创新者的窘境》(The Innovator's Dilemma)中写道："不听从客户的意见，投资性能较差、获利较少的产品，积极抢占小规模市场而非成熟的大市场有时才是正确的。"②这种看法违反直觉但合乎逻辑。他的理论暗示着行业领导者的市场主导地位随时有可能被颠覆。不仅如此，应对潜在颠覆的必要生存策略，说好听点是违反直觉，说难听点甚至是适得其反。正如《颠覆的困境》(The Disruption Dilemma)一

---

① Clayton Christensen, Dina Wang and Derek van Bever, "Consulting on the Cusp of Disruption," *Harvard Business Review* 91 (October 2013): 109.

② Clayton Christensen, *The Innovator's Dilemma* (Cambridge, MA: Harvard Business School Press, 1997), xii.

书的作者乔舒亚·甘斯所说,商业界因"克里斯坦森的观点而弥漫着恐惧和疑虑"。①

　　商业战略领域内充斥着形形色色的思想领袖,克里斯坦森在攀登这座山峰时踏上了一个新的高度。《经济学人》评论说:"克里斯坦森先生是一只刺猬(对一件事了解得十分透彻的人)而不是一只狐狸(涉猎广泛的人)。"②克里斯坦森提出的模式连同他本人是一个范例,向我们呈现了一个理论是如何风靡现代思想市场的。颠覆性创新是一个简单的、可清晰传达的、反直觉的主题。克里斯坦森选取了一个单一而宏大的案例,即计算机磁盘驱动器产业,来构建这一主题,使其易于为他人所理解。颠覆性创新的影响非常广泛。从就这一主题撰写第一篇文章开始,克里斯坦森便声称颠覆性创新能够解释行业领导企业的普遍衰落。大企业的主管人员一想到未来可能遭到颠覆,便忍不住在心底保留几分对上帝的敬畏,尽管这种可能性并不显著。

　　除了其内在吸引力,克里斯坦森的理论还与思想产业中推动变革的力量完美契合。他认为传统智慧太注重稳健的商业战略,因此具有致命缺陷。这与怀疑论者对传统商学院的学术质疑不谋而合。不仅如此,克里斯坦森毫不掩饰自己虔诚的摩门教信仰和共和党政治倾向。③ 因此比起典型的左倾学者,他对保守派商业人士的吸引力显然更强。

　　最重要的是,克里斯坦森传递出的颠覆信息正合富豪们的心意。在他描绘的世界里,新生事物随时有可能诞生,并且彻底改变整个经济领域。这与富豪世界观相符合,即成功总是眷顾胆量过人、敢于冒险的创业者。在他后续出版的《创新者的解答》(*The Innovator's Solution*)一书中,克里斯坦森强调,面对颠覆,创业者比企业经理人

---

　　① Joshua Gans, "Keep Calm and Manage Disruption," MIT *Slogan Management Review* 57 (Spring 2016): 83.
　　② "Disrupting Mr. Disruptor," *Economist*, November 28, 2015.
　　③ 有关克里斯坦森的信仰的更多信息,见 http://www.claytonchristensen.com/belifs/;关于他的政治观点,见 Nicholas Fandos, "Conversations: Clayton Christensen," *Harvard Crimson*, November 1, 2012.

准备得更加充分,因而也更能够有效地应对颠覆,由此更加提高了他对富豪们的吸引力。① 他的言论完美迎合了一个由创始人兼所有者主导的领域。正如曾与克里斯坦森合著的一位作者所说,颠覆性创新理论真正兴起是在1999年,即克里斯坦森与当时的英特尔公司首席执行官安迪·格罗夫共同登上《福布斯》杂志封面之后。该期杂志的封面标题为"安迪·格罗夫的大思想家"(Andy Grove's Big Thinker)。② 其他硅谷名人,例如史蒂夫·乔布斯、埃里克·施密特、彼得·蒂尔和马克·安德森纷纷接纳这一理念,表示信息技术行业几乎每个月都会受到颠覆性创新的冲击。还有一些显要人物,包括迈克尔·布隆伯格在内,也由衷认可克里斯坦森的理论。

曾经有管理学专家在克里斯坦森之前提出过相似的观点,但是来得早不如来得巧。③ 克里斯坦森构建自己的理论时,恰逢20世纪90年代中期网络热潮袭来。老牌企业开始注意到,将信息技术纳入内部生产过程能够引起生产率大幅提高。④ 颠覆性创新理论似乎不仅能够解释计算机磁盘驱动器产业的变化,它还为我们看待整个世界的运作提供了一个新的视角。埃文·戈尔茨坦曾在《高等教育纪事报》(Chronicle of Higher Education)撰文评论克里斯坦森,他在文章中写道,颠覆理论"正是资本主义繁荣与萧条背后的运行机制……对真正信仰此理论的人来说,它的含义甚至更加深刻:它是互联网时代的发展真理,是推动教育、航空旅行和医疗卫生等更多事物惠及更多人的民主力量"。⑤

---

① Clayton Christensen and Michael Raynor, *The Innovator's Solution* (Cambridge, MA: Harvard Business School Press, 2003).

② Michael E. Raynor, "Of Waves and Ripples: Disruption Theory's Newest Critics Tries to Make a Splash," Deloitte University Press, July 8, 2014, accessed at http://dupress.com/articles/disruptive-innovation-theory-lepore-response/.

③ 例如,见 Richard N. Foster, *Innovation: The Attacker's Advantage* (New York: Summit Books, 1986)。

④ William W. Lewis, *The Power of Productivity* (Chicago: University of Chicago Press, 2004).

⑤ Evan Goldstein, "The Undoing of Disruption," *Chronicle of Higher Education*, September 15, 2015.

《创新者的窘境》于1997年出版并大获成功,此后,克里斯坦森围绕颠覆性创新逐步建立起一个知识帝国。他一共用了八本书来专门探讨这一概念,有些是他自己写的,有些是与人合著的,每一本都涵盖了一个制造业之外的领域。① 他还与人合写了一篇关于宗教与资本主义的论文,题为"颠覆的地狱"(Disrupting Hell)。他在哈佛商学院创办了增长与创新论坛,旨在进一步研究管理与颠覆性创新之间的关系。2000年,克里斯坦森与人联合建立了颠覆性增长基金,用以投资正在研发颠覆性技术的公司。同年,他还创办了创新洞察管理咨询公司,《哈佛杂志》上一篇盛赞克里斯坦森的文章评论说,该公司旨在"同力图适应颠覆环境、捍卫自己核心业务的《财富》100强企业合作"。② 2007年,他创办了一家高端投资公司,即罗斯帕克投资咨询公司,根据他在网站上的介绍,这家公司的"决策均基于克里斯坦森在颠覆性创新及相关领域的理论,因此仅对经由克里斯坦森调研,并且调研结果对投资主题提供独特见解的公司进行投资"。③ 作为一名哈佛教授,克里斯坦森亲自建立起各种营利和非营利机构来宣扬自己的理论,如此看来,他似乎同时具备了学术界和顾问界所需的最佳素质。

克里斯坦森的辛勤付出在诸多方面收到了回报。他被誉为过去50年里最重要的管理理论家之一。自他在《哈佛商业评论》发表第一篇文章起,20年来,媒体报刊使用"颠覆性创新"和"颠覆性技术"这两个术语的次数从1995年的两次,上升至2015年的逾4500次。④《经济学人》将《创新者的窘境》列为半个世纪以来最成功的商业著作之一。他还在过去的十年里两度荣登"全球最具影响力的50大商业思想家"排行榜榜首,该榜单被誉为"管理思想界的奥斯卡"。他的一次演讲费远远超过

---

① 例如,见 Clayton Christensen, James Allworth, and Karen Dillon, *How Will You Measure Your Life?* (New York: Harper Business, 2012).
② Craig Lambert, "Disruptive Genius," *Harvard Magazine*, July-August 2014.
③ 见 http://www.claytonchristensen.com/ideas-in-action/rose-park-advisors/。
④ Lexis/Nexis news search; see also *Economist*, "Disrupting Mr. Disruptor."

40 000美元。① 在商业界,克里斯坦森成为思想领袖中登峰造极的人物。2014年,商业内幕网(Business Insider)的亨利·布洛杰特称他为"今时今日最具影响力的现代管理思想家"。②

如果故事到这里便画上句号,那么克里斯坦森登上明星知识分子的宝座,将成为又一个我们耳熟能详的商业管理大师功成名就的故事。但是克里斯坦森的理论并不局限于商业界,他本人也不希望止步于此。同其他资产泡沫一样,市场高估了克里斯坦森的理论,相信它能够应用于商业之外更广阔的领域,却由此招来了批判。

克里斯坦森和他的信徒们通过两种方式来宣扬颠覆性创新理论。理论支持者想方设法加强该理论的实证基础,而克里斯坦森本人则将它应用到传统商业部门之外的领域,以此来拓宽该理论的影响范围。③ 在后续出版的三本书中,他将颠覆性创新模式分别应用到三个非营利行业:初等教育、高等教育和医疗保健。④ 克里斯坦森表示他的理论可以从微观经济领域延伸至宏观经济领域,并且对2008年以来的经济增长迟缓做出解释。⑤ 他创建了克里斯坦森研究所,根据该研究所网站的自我介绍,作为一个无党派智库,它将"提炼并加强颠覆性创新的变革力量,借此重新定义政策制定者、社群领袖和创新者解决当今问题的方式"。⑥ 他还是颠覆者基金会的联合创始人,根据该组织在网站上的声明,它致力于"提高人们对颠覆性创新理论及其在社会

---

① Goldstein, "The Undoing of Disruption"; Jena McGregor, "The World's Most Influential Management Thinker?," *Washington Post*, November 12, 2013.

② Henry Blodget, "Harvard Management Legend Clayton Christensen Defends His 'Disruption' Theory, explains the Only Way Apple Can Win," *Business Insider*, November 2, 2014.

③ 例如,见 Michael Raynor, "Disruption Theory as a Predictor of Innovation Success/Failure," *Strategy and Leadership* 39 (July 2011): 27-30。

④ Clayton Christensen, Jerome Grosman, and Jason Hwang, *The Innovator's Prescription* (New York: McGraw-Hill, 2008); Clayton Christensen, Curtis Johnson, and Michael Horn, *Disrupting Class* (New York: McGraw-Hill, 2008); Clayton Christensen and Henry Eyring, *The Innovative University* (San Francisco: Jossey-Bass, 2011).

⑤ Clayton Christensen, "A Capitalist's Dilemma, Whoever Wins on Tuesday," *New York Times*, November 3, 2012; Christensen and Derek Van Bever, "The Capitalist's Dilemma," *Harvard Business Review* 92 (June 2014): 60-68.

⑥ 见 http://www.claytonchristensen.com/ideas-in-action/christensen-institute/。

关键领域之应用的意识,鼓励理论与实践的发展"。该基金会还赞助了颠覆者基金会成员组织和"颠覆者杯"大赛。① 2015 年,克里斯坦森进一步提出了他认为适宜践行颠覆性创新理论的其他领域,包括传统外交政策范围内的冲突处理、环境政策和反恐行动。② 他曾在接受采访时运用自己的理论解释战后伊拉克国家建设面临的挑战。③

克里斯坦森积极推动颠覆性创新理论应用于更广阔的政策领域,不过他并不是在孤军奋战。事实上,可以说每一位思想领袖都欣然接受了颠覆的概念,并且用它来描述自己所处的专业领域。颠覆的语言渗入了整个管理咨询界。几乎每一份管理咨询调研报告都在提醒人们小心即将到来的"颠覆""中断""趋势突变"或者"变革"。④ 2015 年,埃森哲管理咨询公司发表了一篇关于服从金融监管的文章,标题为"做颠覆者,拒绝被颠覆"(Be the Disruptor, not the Disrupted),相当博人眼球。⑤ 麦肯锡管理咨询公司的三位咨询师在合著的《麦肯锡说,未来 20 年大机遇》(*No Ordinary Disruption*)一书中,集中体现了这种独特的话语风格,书中使用的句子包括"我们的世界几乎一直在经历中断"和"颠覆使趋势间断、断裂或者直接使其断开"。⑥ 传媒界痴迷于颠覆,《纽约时报创新报告(2014)》(*2014 Innovation Report*)显然是以克里斯坦森的理论为基础,用它来解释美国聚合新闻网站(*BuzzFeed*)、"政客新闻网"和"沃克斯"等极具竞争力的新媒体的崛起。⑦ 哈佛大学历史学家吉尔·莱波雷在《纽约

---

① 见 http://disruptorfoundation.org/。
② Goldstein, "The Undoing of Disruption."
③ Blodger, "Harvard Management Legend Clayton Christensen Defends His 'Disruption' Theory."
④ 例如,见 McKinsey Global Institute, "Big Data: The Next Frontier for Innovation, Competition, and Productivity," or "Disruptive Technologies: Advances That Will Transform Life, Business, and the Global Economy".
⑤ Accenture, "Be the Disruptor, not the Disrupted," accessed at https://www.accenture.com/ae-en/insight-compliance-risk-study-2015-financial-services.aspx.
⑥ Richard Dobbs, James Manyika, and Jonathan Woetzel, *No Ordinary Disruption: The Four Global Forces Breaking All the Trends* (New York: PublicAffairs, 2005), 3 and 8.
⑦ The *Times*' Innovation Report can be accessed at https://www.scribd.com/doc/224332847/NYT-Innovation-Report-2014. See also Rhys Grossman, "The Industries That Are Being Disrupted the Most by Digital," *Harvard Business Review*, March 21, 2016.

客》撰文写道:"自《创新者的窘境》问世以来,人们不是在颠覆就是在被颠覆。"①

莱波雷所言非虚,思想领袖已然将颠覆的理念远远散播到了商业界之外。近年来,它已融入外交事务和国际关系领域的政策话语。对颠覆性创新理论的支持者来说,该理论获得巨大成功是情理之中的。写就《麦肯锡说,未来20年大机遇》一书的三位麦肯锡咨询师如是说:"在趋势突变的时代,政府和决策者面临的压力与不确定性不亚于企业和企业管理人员,它们一样重要,一样意义非凡。"②事实上,只要大致扫一眼《外交事务》和《外交政策》的往期封面就会发现,编辑们相信颠覆性创新对世界政治的影响同它对全球市场的影响一样显著。具体来说,《外交事务》曾于2013年进行改版,在这之前的两年里,该杂志的12篇头条文章中仅有一篇间接提及颠覆性创新,但是在它改版之后的两年里,有半数的封面报道与某种形式的颠覆性创新有关,包括诸如"大数据的崛起"(The Rise of Big Data)、"未来科技"(Next Tech)和"颠覆者来也"(Here Come the Disruptors)等标题。③《外交政策》的封面艺术同样朝着"颠覆友好型"转变。2014年,该杂志评选了全球最顶尖的100位思想家,刊登该榜单的那期杂志标题便取作"被颠覆的世界"(A World Disrupted)。

颠覆话语无处不在,不只是出现在杂志封面。2010年,谷歌公司首席执行官埃里克·施密特和谷歌智库负责人贾里德·科恩共同撰写了"数字化颠覆"(The Digital Disruption)一文,发表在《外交事务》上。文章将颠覆的概念引入国际关系领域。

> 连接技术,即连接人与人、人与海量信息的工具。它的问世和所拥有的力量将为21世纪带来无数惊喜……

---

① Jill Lepore, "The Disruption Machine: What the Gospel of Innovation Gets Wrong," *New Yorker*, June 23, 2014.
② Dobbs, Manyika, and Woetzel, *No Ordinary Disruption*, 199.
③ 相关封面可见于 https://www.foreignaffairs.com/issues/2016/95/1-browse-past-issues。

第八章 思想产业在正常运转吗？

在这片相互连接的区域,一个由不同国家的法律而非国界线所限制的虚拟空间,绝不会出现类似于《威斯特伐利亚和约》(签订于1648年,终结欧洲三十年战争并建立起现代民族国家体系)的条约。相反,政府、个人、非政府组织和私人公司将实现彼此之间的利益制衡。

在个人和群体的力量日益强大的时代,政府显然只有在科技浪潮中激流勇进,才能准备好彰显自身的影响力,将他者纳入自己的影响范围。而那些面对科技剧变无动于衷的政府,最终将和自己的民众走上陌路。①

创新正在颠覆21世纪的国际关系,这不只是科技公司创始人的看法,外交事务专家也提出了相似的观点。② 帕拉格·康纳的学术研究呈现出一条从传统的地缘政治学向技术决定论缓慢转变的轨迹。在他最早的两本书中,康纳探讨了先进的发展中经济体,例如中国和印度,它们的崛起对传统国际关系产生了什么样的影响。他的第三本书《混合现实》(*Hybrid Reality*)是与妻子爱伊莎合著的,由TED出版,书中有意识地反映了更多阿尔文·托夫勒的思想而非亨利·基辛格的理念。与克里斯坦森的言论相呼应,康纳夫妇指出:"21世纪伟大的颠覆性趋势——多极化趋势、空间萎缩、经济收敛和新型合作形式——都有科技作为各自的根基。"③在《超级版图》(*Connectography*)中,康纳进一步指出全球供应链已经彻底颠覆了强权政治:"我们正在步入一个新时代,到那时,城市将变得比国家更关键,供应链将成为比武装力量更重要的权力来源,而武装力量的主要目的也将从保卫边疆转向保卫供应链。"④

颠覆性创新改变世界政治这一观点,也是21世纪以来托马斯·弗里德曼在其全

---

① Eric Schmidt and Jared Cohen, "The Digital Disruption," *Foreign Affairs* 89 (November/December 2010): 75 and 85.
② 例如,见 Mohamed El-Erian, "Governments' Self-Disruption Challenge," *Project Syndicate*, October 13, 2015.
③ Parag Khanna and Ayesha Khanna, *Hybrid Reality* (TED Conferences, 2012).
④ Parag Khanna, *Connectography* (New York: Random House, 2016), 6.

部作品中表达的一个重要主题。《世界是平的》(*The World is Flat*)便是论述全球政治经济面对持续颠覆的一部巨著。2009 年,弗里德曼曾在专栏文章中提醒人们警惕"大转折",即他所描述的"创新技术的大规模普及,具体包括手提电脑和提供各类服务的网站等,这些产品不仅成本低廉、性能良好,而且具备廉价的连接功能"。2013 年,他重申关于"大转折"的警告,指出当"世界实现超高速连接(hyperconnected)……每一份工作每一个行业的变化也将进入超高速模式(hypermode)"。在谈及高等教育将面临怎样的颠覆时,他明确引用了克里斯坦森的说法。到 2015 年,弗里德曼拓宽了"大转折"的影响范围,并且在一篇专栏文章中总结道:"科技、劳动力市场和地缘政治等领域正在发生巨大的颠覆性转折,这些转折将会提出许多根本问题,例如未来的工作,以及政府与人民、雇主与员工之间的社会契约。"[1]弗里德曼在过去十年中的言论,基本上可以看作是对克里斯坦森宏大理论的致敬。

从颠覆的角度来阐释世界政治的不只有外交政策专家。国际关系学者也在利用颠覆性创新来解释安全研究中的诸多现象,例如军事学说和武器采购战略。[2] 传统外交政策大师也开始使用颠覆隐喻。先前在第二章中已经提到,因在 TED 演讲中引用颠覆性创新理论,戴维·罗特科普夫获得了新生。他提醒身在哥伦比亚特区的政策制定者说:"我们尚未做好迎接新时代的准备,一方面因为新趋势大多与科技发展息息相关,而我们的领导人对此并不熟悉;另一方面也因为长期以来推动美国建设的

---

[1] Thomas Friedman, "The Do-It-Yourself Economy," *New York Times*, December 12, 2009; Friedman, "It's P. Q. and C. Q. as Much as I. Q.," *New York Times*, January 29, 2013; Friedman, "The Professors' Big Stage," *New York Times*, March 5, 2013; Friedman, "Hillary, Jeb, Facebook and Disorder," *New York Times*, May 20, 2015.

[2] Peter J. Dombrowski and Eugene Gholz, *Buying Military Transformation: Technological Innovation and the Defense Industry* (New York: Columbia University Press, 2006); Gautam Makunda "We Cannot Go On: Disruptive Innovation and the First World War Royal Navy," *Security Studies* 19 (February 2010): 124–159; Jonathan Caverley and Ethan Kapstein, "Who's Arming Asia?" *Survival* 52 (Spring 2016): 167–184.

科技与政府间合作已经破裂。"①2009年,安妮·玛丽·斯劳特在《外交事务》中撰文表示,于世界政治而言,网络是一项颠覆性创新,它"凌驾于国家之上,深入国家根基,并且渗透国家的方方面面"。②

此类话语对外交政策专家讨论国际关系也产生了影响。美国国际开发署盛赞颠覆性创新,称其优势可作为一股扶贫力量,与《麦肯锡说,未来20年大机遇》一书的三位作者的看法吻合。③ 安妮·玛丽·斯劳特在《外交事务》上发表的文章吸引了希拉里·克林顿的注意,随后希拉里任命她为国务院政策规划司司长。④ 斯劳特的下属包括贾里德·科恩(后来谷歌智库的主管)以及亚力克·罗斯(后来成为国务院创新事务资深顾问部的部长)。斯劳特建议希拉里采取一系列措施,通过公私伙伴关系和经济外交来壮大民间社会活动家的力量。这些都是希拉里的"21世纪治国方略"倡议中的标志性策略。根据美国国务院网站对该倡议的说明,"21世纪治国方略议程关注的是推动国际关系发生变化的新力量,这些新力量无处不在、极具颠覆性且难以预料"。⑤ 一篇发表于《赫芬顿邮报》的文章称,希拉里出人意料地成了奥巴马政府在"科技领域的最有价值成员"。⑥

离开国务院许久之后,希拉里仍然推崇颠覆话语。2015年夏天参与总统竞选期间,这位前任国务卿呼吁寻求"拯救21世纪资本主义的颠覆性创新思想"。6个月后,在构建反恐战略纲要时,她表示硅谷应当站在前线,"为颠覆'伊斯兰国'极端组

---

① David Rothkopf, "Objects on Your TV Screen Are Much Smaller Than They Appear," *Foreign Policy*, March 20, 2015.

② Anne-Marie Slaughter, "America's Edge," *Foreign Affairs* 88 (January/February 2009): 94 – 95.

③ Alex Thier, "Disruptive Innovations Bringing Nepal Closer to Ending Extreme Poverty," *USAID Impact* (blog), January 5, 2015, accessed at https://blog.usaid.gov/2015/01/disruptive-innovations-bringing-nepal-closer-to-ending-extreme-poverty/.

④ Hillary Clinton, *Hard Choices* (New York: Simon and Schuster, 2014).

⑤ US Department of State, "21st Century Statecraft," accessed at http://www.state.gov/statecraft/overview/index.htm. See also Clinton, *Hard Choices*, chapter 24; Alec Ross, "Digital Diplomacy and US Foreign Policy," *The Hague Journal of Diplomacy* 6.3 – 4 (2011): 451 – 455.

⑥ Marvin Ammori, "Obama's Unsung Tech Hero: Hillary Clinton," *Huffington Post*, May 25, 2011.

织，我们要让大颠覆家们发挥作用"。① 与此同时，政策分析师纷纷在《外交政策》上称赞唐纳德·特朗普的言辞："特朗普是一个颠覆家，而国际关系无疑是一个亟待颠覆的领域。"②以弗里德曼为代表的权威人士和以希拉里为代表的政策制定者则认为，通过网络相连接的个人才是 21 世纪世界政治的颠覆性创新。最重要的是，当今世界已经遭遇了一场真正的趋势突变，未来世界政治将与过去在《威斯特伐利亚和约》影响下建立起来的秩序截然不同。

颠覆理论提倡先发制人，这是它在外交政策领域格外具有吸引力的原因。克里斯坦森的理论认为，即使一切看起来都很正常，威胁大企业生存的颠覆性创新也随时有可能出现。因此，他鼓励企业采取积极主动的举措来应对这种可能性。这与外交政策领域内偏向主动出击、反对不作为的观点如出一辙。面对不对称威胁和迪克·切尼的"百分之一主义"，颠覆理论的逻辑似乎备受 21 世纪初期世界政治的青睐。

令人倍感讽刺的是，正当颠覆性创新相关术语在外交政策领域应用得风生水起之时，其原始思想却陷入了一场激烈的智力辩论。

多年来，一直有学者严厉批评克里斯坦森，对颠覆性创新理论的内在因果逻辑或其普遍适用性提出质疑。③ 几篇颇受欢迎的文章也对颠覆理论的传播表示不

---

① 此处希拉里的第一句话引自 Natalie Kitroeff, "Is the Theory of Disruption Dead Wrong?," *BloombergBusiness*, October 5, 2015；此处希拉里的第二句话引自 David Sanger, "Hillary Clinton Urges Silicon Valley to 'Disrupt' ISIS," *New York Times*, December 6, 2015。

② Felipe Cuello, "A Defense of Donald Trump's Foreign Policy Chops," *Foreign Policy*, February 26, 2016.

③ 例如，见 Andrew King, and Christopher Tucci, "Incumbent Entry into New Market Niches: The Role of Experience and Managerial Choice in the Creation of Dynamic Capabilities," *Management Science* 48 (February 2002): 171-186; Erwin Danneels, "Disruptive Technology Reconsidered: A Critique and Research Agenda," *Journal of Product Innovation Management* 21 (July 2014): 246-258; Vijay Govindarajan and Praveen Kopalle, "The Usefulness of Measuring Disruptiveness of Innovations Ex Post in Making Ex Ante Predictions," *Journal of Product Innovation Management* 23 (January 2006): 12-18; Constantinos Markides, "Disruptive Innovation: In Need of Better Theory," *Journal of Product Innovation Management* 23 (January 2006): 19-25。

满。① 然而，这些反对的声音既缺乏影响力，也没有大范围流传开来。因此，在商业战略领域内外，克里斯坦森的思想吸引力仍然在持续增强。

直到 2014 年，哈佛大学历史学家吉尔·莱波雷在《纽约客》发表了一篇长达 6000 字的文章，批驳克里斯坦森和他的颠覆性创新思想。② 莱波雷下笔毫不留情。她指出，克里斯坦森的理论之所以流行，是因为它使用的是"一种散布惊慌、恐惧、不对称和混乱的语言"，恰好符合 21 世纪对恐怖主义的担忧。她认为正是在这样的语境下，颠覆理论才被吹得神乎其神。克里斯坦森的第一家投资基金，意在预测可能实现颠覆性创新的公司并对其进行投资，不到一年便破产了，这意味着他的理论或许并不具有前瞻性。莱波雷批评克里斯坦森将理论建立在"精心挑选的个案研究"之上，并且质疑这些案例是否确如他所描述的那样。她在文章中写道："克里斯坦森的案例来源大多是不可靠的，他的逻辑也很有问题。"恐怕任何一位学者都不希望有人用这种话来批评自己的学术研究。不过，上述指责还不是最关键的，最让莱波雷感到愤怒的，是颠覆性创新思想被应用到了商业领域之外。

> 创新和颠覆的思想产生于商业领域，却被许多其他领域所采纳。但是，这些领域所追求的价值和目标与商业所追求的价值和目标相去甚远……
>
> 颠覆性创新是一门研究企业为何衰落的理论，仅止于此。它不能解释变化。它并非自然法则。它是历史的产物，是一种观点，在时间中孕育；它由一个混乱不安、充满不确定性的时代所制造。它受制于变化，因而看不到延续性。它的预言更是不灵验的。③

---

① Maxwell Wessel, "Stop Reinventing Disruption," *Harvard Business Review*, March 7, 2013; Judith Schulevitz, "Don't You Dare Say 'Disruptive'," *New Republic*, August 16, 2013.
② Lepore, "The Disruption Machine."
③ 同上。

莱波雷的论点中有几个先前在学术界已经出现过的，不过，她的文章仍被看作是对克里斯坦森的理论发起的最猛烈攻击，引起了广泛注意。文章一经发表，媒体便争相报道，其中包括数场对克里斯坦森本人的采访。① 莱波雷的支持者认为她的文章是颠覆创新理论被过分吹捧的证据，也说明"颠覆"一词早已失去了价值和意义。② 站在莱波雷这边的一位管理类杂志主编撰文表示："克里斯坦森的颠覆性创新概念显然是一门聚焦于失败、借助焦虑来发展的理论。"③

硅谷名人在社交网络上发起了激烈的反击。为驳斥莱波雷的观点，风险投资家马克·安德森在推特上写道："在过去的20年中，我受到过将近30次颠覆的影响，而我本人所引起的颠覆几乎也有这么多次。"④多位专栏作家撰文为克里斯坦森辩护，他们认为莱波雷为了搞垮整个颠覆理论而夸大其词。⑤ 几位曾与克里斯坦森合著的作家也站在他这边，辩解说莱波雷攻击的其实是一个"滑稽讽刺版的颠覆理论"，并且

---

① Richard Feloni, "The *New Yorker*'s Takedown of Disruptive Innovation Is Causing a Huge Stir," *Business Insider*, June 19, 2014; Steven Syre, "Harvard Professors Clash over Rebuke of Business Theory," *Boston Globe*, July 8, 2014; Drake Bennett, "Clayton Christensen Responds to *New Yorker* Takedown of 'Disruptive Innovation'," *BloombergBusiness*, June 20, 2014; MaryAnne M. Gobble, "The Case against Disruptive Innovation," *Research Technology Management* 58 (January/February 2015): 59-61.

② Paul Krugman, "Creative Destruction Yada Yada," *New York Times*, June 16, 2014; Kevin Roose, "Let's All Stop Saying 'Disrupt' Right This Instant," *New York*, June 16, 2014; Timothy B. Lee, "Disruption Is a Dumb Buzzword. It's Also an Important Concept," *Vox*, June 17, 2014.

③ Gobble, "The Case against Disruptive Innovation," 61.

④ https://twitter.com/pmarca/status/479297963831738368.

⑤ Blodget, "Harvard Management Legend Clayton Christensen Defends His 'Disruption' Theory"; Drake Bennett, "Clayton Christensen Responds to *New Yorker* Takedown of 'Disruptive Innovation'," *BloombergBusiness*, June 20, 2014; Andrew Hill, "Attack on Clayton Christensen's Theory Falls Wide of the Mark," *Financial Times*, June 23, 2014; Clive Crook, "An Incompetent Attack on the Innovator's Dilemma," Bloomberg, June 30, 2015; Irving Wladawsky-Berger, "A Growing Backlash against the Relentless Advances in Technology?," *Wall Street Journal*, July 3, 2014. 平心而论，莱波雷批评克里斯坦森运用归纳总结法这一点尤其不能服人。诚然，比起归纳法，社会科学通常更赞成通过演绎法构建理论。但是，通过案例研究归纳得出可靠的理论，明显也是有例可循的。关于此方法论问题，见 Alexander George and Andrew Bennett, *Case Studies and Theory Development in the Social Sciences* (Cambridge: MIT Press, 2005)。

声称真正的颠覆理论自《创新者的窘境》问世以来已经有所演变。① 克里斯坦森本人在接受采访时也强调了这一点,此外,他还指责莱波雷"满口谎言",认为她在文章中对他的"污蔑构成了犯罪"。

这场辩论的确促成了几点共识的产生。首先,莱波雷揭露了克里斯坦森的理论中实际存在的一些问题。事实证明,即使是克里斯坦森最初选择的案例——计算机磁盘驱动器产业,也并没有依照他的理论发展,这意味着必须对该理论进行进一步的实证考量。其次,颠覆性创新理论确实是一个有趣的想法,不应该被彻底抛弃。莱波雷质疑该理论在商业领域外的适用性,但是对其在商业领域内的应用不置可否。《石板》电子杂志的维尔·奥雷姆斯、"沃克斯"网站的蒂莫西·B. 李以及《金融时报》的安德鲁·希尔等人对莱波雷提出的大部分批评都表示认可,但是他们也都认为她有些言过其实了。正如李所说:"且不论莱波雷的吹毛求疵,克里斯坦森的理论确实有很强的解释力。"②

最后一点共识,也是最有趣的一点,即克里斯坦森的思想在应用领域方面缺乏选择。所有支持莱波雷的人都认同"颠覆"一词被用滥了,以至于变得没有意义。为颠覆性创新辩解的人则认为莱波雷批评的并不是真正的克里斯坦森的理论,而是一个经人刻意曲解的版本。《金融时报》的希尔评论道:"'颠覆'变成了一个令人费解的流行词,充斥于各种会议、咨询和企业经营战略。在这一过程中,它的含义被扭曲了……有些狂热的企业高管和咨询师甚至将这一问世仅17年的理论奉为信仰,吉尔·莱波雷在《纽约客》发表的文章有助于矫正他们的偏见。"③克里斯坦森本人也在采访中承认:"任何人——企业家也好大学生也好——无论想做什么事情,都会用'颠覆'来为自己辩护。"他还说:"这种情况屡见不鲜,一个重要的思想就是这样变

---

① Raynor, "Of Waves and Ripples."
② Lee, "Disruption Is a Dumb Buzzword."
③ Hill, "Attack on Clayton Christensen's Theory Falls Wide of the Mark."

质的。"①

当然,克里斯坦森的上述言论是在为自己大肆宣扬颠覆理论开脱。正如本章中反复提到的,克里斯坦森曾一手建立起各种与颠覆性创新有关的营利和非营利组织,也正是他本人提出颠覆性创新适用于医疗保健和教育等非营利行业。假如这些行业的存在很大程度上归因于市场失灵,那么颠覆性创新理论的推测便不成立。针对这一矛盾,一篇学术评论总结道:"克里斯坦森对颠覆性创新这一术语,它的应用以及影响的研究不够严谨。"②

如果说莱波雷的文章是第一篇获得知识界关注的、针对克里斯坦森的重要批判,它肯定不是最后一篇。2015年9月,《麻省理工斯隆管理评论》发表了一篇抨击力度更强的文章。③ 安德鲁·金和巴尔吉尔·巴塔托格托克对克里斯坦森的理论核心进行了剖析。他们重新研究了构成《创新者的窘境》和《创新者的解答》这两本书的实证基础的所有案例,并且调查采访了各个行业的业界专家,以求证这些案例是否符合克里斯坦森提出的颠覆性创新模式。由此得出的结论值得人们反思:在进行研究的77个案例中,只有7个(约占总数的9%)符合颠覆性创新理论的所有特征。他们二人尤其怀疑克里斯坦森的理论在非营利部门和政府机构的适用性。④

安德鲁·金和巴尔吉尔·巴塔托格托克的研究更加彻底地瓦解了颠覆性创新理论的支持基础。⑤ 曾经拥护克里斯坦森的人纷纷倒戈,一度保持沉默的也站出来批

---

① Blodget, "Harvard Management Legend Clayton Christensen Defends His 'Disruption' Theory."

② Michael R. Weeks, "Is Disruption Theory Wearing New Clothes or Just Naked? Analyzing Recent Critiques of Disruptive Innovation Theory," *Innovation: Management, Policy and Practice* 17 (Winter 2015) 417–428.

③ Andrew King and Baljir Baatartogtokh, "How Useful Is the Theory of Disruptive Innovation?," *MIT Sloan Management Review* 57 (Fall 2015): 77–90.

④ Andrew King and Baljir Baatartogtokh, "How Useful Is the Theory of Disruptive Innovation?," MIT Sloan Management Review 57 (Fall 2015): 82.

⑤ Goldstein, "The Undoing of Disruption,"; Bhaskar Chakravorti, "The Problem with the Endless Discussion of Disruptive Innovation," *Washington Post*, November 24, 2015.

评。《经济学人》总结道:"克里斯坦森的刺猬心理导致他刻意无视或轻视不符合其理论模式的公司和市场的力量。"① 一位管理学教授在接受《高等教育纪事报》采访时表示:"一切证据都表明,克里斯坦森是真心相信自己的理论;一切证据也都表明,他在面对新证据的时候不知该如何变革自己的理论。"② 经济观察家们则指出了颠覆性创新概念的普及与美国全要素生产率缺乏实际增长之间的矛盾。③ 不同于他对莱波雷的回击,这一次,除了告诉记者他担心如今同事们会把他当作一个智力平庸的人之外,克里斯坦森没有对安德鲁·金和巴尔吉尔·巴塔托格托克的研究公开发表任何意见。④

2015 年 12 月,克里斯坦森在《哈佛商业评论》中撰文回应这两位批评者时,也竭力避免智力攻击。无论出于什么样的目的,他的这篇文章读起来都更像是一次战略撤退,而不像一场有力的防御。⑤ 克里斯坦森和两位合著者在文章开头表明概念模糊损害了"颠覆性创新"这一概念,接着承认"识别真正的颠覆性创新并不容易"而且"不是所有的颠覆性道路都通向成功,也不是所有实现创新的后起之秀都是颠覆性道路"。究其本质,这篇文章大大缩小了颠覆理论的解释范围,甚至认为连优步也不符合颠覆的定义。后来,一篇分析该理论的文章评论道:"克里斯坦森把颠覆理论搞成了一团乱麻,连他自己也被绕了进去。"⑥ 最终,克里斯坦森和批评者们达成了一致,认为颠覆理论在思想市场内被滥用了。不仅如此,颠覆理论究竟能否充分解释科技创新和市场波动也有待讨论。正如安德鲁·金和巴尔吉尔·巴塔托格托克在文章

---

① *Economist*, "Disrupting Mr. Disrupter."
② Quoted in Goldstein, "The Undoing of Disruption."
③ Greg Ip, "Beyond the Internet, Innovation Struggles," *Wall Street Journal*, August 12, 2015; James Heskett, "What Happened to the 'Innovation, Disruption, Technology' Dividend?," August 5, 2015, accessed at http://hbswk.hbs.edu/item/what-happened-to-the-innovation-disruption-technology-dividend.
④ Goldstein, "The Undoing of Disruption."
⑤ Clayton Christensen, Michael Raynor, and Rory McDonald, "What Is Disruptive Innovation?," *Harvard Business Review* (December 2015), 44 – 53.
⑥ Frank Rose, "Disruption…Disrupted," *Milken Institute Review* 18 (Third Quarter 2016): 34.

中总结的那样:"颠覆性创新理论能够提醒我们接下来可能会发生什么,但是绝不能代替批判性思维。"①

这场争论之后,克里斯坦森意识到自己脚下的路不那么稳了。2016年10月,克里斯坦森为宣传新书接受采访,回答问题时游移不定。在接受《华盛顿邮报》采访时,他表现出了坚持发展自己理论的决心,仿佛先前遇到的只是个小麻烦,还声称针对颠覆性创新的"批评事实上并没有很多"。② 同时,在与《金融时报》的对话中,他对莱波雷和其他批评者的不满情绪更是显而易见。③ 他的新书的知识吸引力远远比不上《创新者的窘境》。

时隔将近20年,克里斯坦森的理论才开始在商业战略领域遭到严峻的智力批判。那么外交政策领域的情况如何呢?运用颠覆的语言来描述21世纪世界政治的人遇到阻碍了吗?平心而论,尽管颠覆这一摹因(meme)在外交政策话语中越来越常见,但还远不如在教育和医疗保健等其他公共辩论中那么流行。比如说,颠覆性创新在国际关系中的学术应用基本上仅限于关于国防采办的研究。④ 因为其理论框架完美适用于这个领域。

不过,若是试图更广泛地利用颠覆话语阐释世界政治,一定会受到批评。因为颠覆性创新的语言与硅谷奉行的理念密不可分,批评家叶夫根尼·莫罗佐夫曾经单枪

---

① King and Baatartogtokh, "How Useful Is the Theory of Disruptive Innovation?," 88.

② Jena McGregor, "What this Harvard innovation guru thinks can protect companies from disruption," *Washington Post*, October 5, 2016.

③ Andrew Hill, "Clayton Christensen moves on from the dissing of disruption," *Financial Times*, October 3, 2016.

④ Peter J. Dombrowski and Eugene Gholz, *Buying Military Transformation: Technological Innovation and the Defense Industry* (New York: Columbia University Press, 2006); Gautam Makunda "We Cannot Go On: Disruptive Innovation and the First World War Royal Navy," *Security Studies* 19 (February 2010): 124–159; Jonathan Caverley and Ethan Kapstein, "Who's Arming Asia?" *Survival* 52 (Spring 2016): 167–184.

匹马地反对这种言辞,并且斥之为"破裂之谈"。① 他在自己的《技术至死》(*To Save Everything, Click Here*)一书中痛斥"技术解决方案主义",对于硅谷开创了一个崭新的趋势突变时代的看法,表示极不赞同。他强调说,很多关于互联网如何改变 21 世纪世界政治的言论,不过是在重复 20 世纪关于核武器如何变革国际关系的话语。事实确实如此,更宽泛地说,颠覆理论使用的辞令"与先前几次由技术、信息、创新与数字化引起的热潮和话语相重合,并以之作为来源。"②

莫罗佐夫在《新共和》发表过一篇对康纳夫妇的《混合现实》的书评,堪称他对国际关系领域出现的颠覆话语的最尖刻批评。他抨击的不只是康纳夫妇,还有他们所代表的外交政策圈的知识发展轨迹。

> 康纳"思想"中的"技术"转向可以说是意料之中的。因为时至今日,他和另外一些人已经发现,只要故意忽略史实,为公众呈上对地缘政治的浮夸哀叹,再淋上缺乏营养但无比美味的酱汁,即赛博—辉格历史观,就可以一直把公众玩弄于股掌。做法很简单:首先找到某个特别的全球趋势,越晦涩难懂越好;然后画一条直线将它和充满应用程序、电动汽车以及旧金山湾区风险投资的世界相连接;适当提及机器人、日本和网络战争;使用闪闪发光的幻灯片,添加令人费解但引人注目的地图和图像;搅拌均匀;最后在多个平台上菜。通过滔滔不绝地谈论推特革命之类的话题,康纳这样的技术全球主义者前途一片光明。③

莫罗佐夫最后断言"技术全球主义者"的未来不可估量,若真如他所说,那么这无

---

① Evgeny Morozov, *To Save Everything, Click Here: The Folly of Technological Solutionism* (New York: PublicAffairs, 2013), 44. 也请参见 Morozov, "Beware: Silicon Valley's Cultists Want to Turn You into a Disruptive Deviant," *Guardian*, January 3, 2016。
② Morozov, *To Save Everything, Click Here*, 35.
③ Evgeny Morozov, "The Naked and the TED," *New Republic*, August 2, 2012.

疑是外交政策思想市场运作不良的一个迹象。然而,纵观全局,莫罗佐夫的预测是否已经全部实现尚不明确。事实上,颠覆性创新的模式还没有消失。但是有证据显示,在一些本应发展起颠覆话语的领域,言论的车轮已经转向了别处。

试想,例如,围绕"伊斯兰国"的网络势力而展开的外交政策辩论。从很多方面来说,该极端组织的社交媒体战略都可看作是外交政策知识分子就颠覆性创新发表意见的一片沃土。"伊斯兰国"似乎确实非常了解互联网,不仅利用它招兵买马,还借此平台漫骂挑衅其他世界政治参与者。2015年,美国的一位参议员在一场公开听证会上提到这一话题时说:"我对摹因稍有了解……看过他们用一些花哨的摹因来影射我们并未做的事。"①

先前在第六章中已经提过,围绕"伊斯兰国"网络势力进行的外交政策辩论是谷歌智库特别关注的领域。智库负责人贾里德·科恩也参与了这场辩论。2015年11月,他在《外交事务》发表了一篇论述如何在网络上打击"伊斯兰国"的文章,题为"数字化反叛乱"(*Digital Counterinsurgency*)。② 人们都以为科恩肯定会在文章中大谈特谈美国国防部该如何适应互联网的颠覆性结构,以应对这种不对称威胁。有趣的是,他的文章与人们想象中的大相径庭。他没有用颠覆的语言向负责国家安全的官员解释他们该怎么做,而是用传统外交政策话语来描述这一21世纪问题,并提出自己的解决方案。科恩没有谈论去中心化的网络系统,而是强调"伊斯兰国"的网络信徒之间存在清晰的等级制度。他对多边联盟的建立和执法战略的实施表示支持。他建议所有旨在取缔"伊斯兰国"社交媒体账号的政策"都应朝着地毯式搜捕的方向发展,生要见人死要见尸,而不能沦为战略轰炸行动"。③ 如果这位谷歌智库的负责人、"数字化颠覆"和《新数字化时代》(*The New Digital Age*)的合著者在讨论这一话题

---

① Quoted in Daniel W. Drezner, "How Trolling Could Become the New International Language of Diplomacy," *Washington Post*, May 15, 2015.

② Jared Cohen, "Digital Counterinsurgency," *Foreign Affairs* 94 (November/December 2015): 53–58.

③ 同上,55。

时都没有强调颠覆性创新，那么颠覆话语在外交政策领域也许是真的日渐式微了。

随着克里斯坦森理论的思想光辉日益暗淡，颠覆话语很有可能在美国的外交政策辩论中逐渐消失。世界政治正在经历重大变革，但是，即便有任何变革非但没有使《威斯特伐利亚和约》下的民族国家衰落，反而导致民粹主义民族运动复苏，那也不意味着商业界的思想领袖从此将停止对外交政策辩论产生影响。即使颠覆理论不再受宠，取而代之的还有其他源自硅谷的思想热潮，比如"设计思维"，已经进入外交政策界并且流行开来。一位作者认为美国的外交政策"缺乏创新"，需要建立一个"国家安全创新实验室"来处理诸如"伊斯兰国"等的威胁，该作者在书中写道："如果美国的政策制定者想要成功应对未来威胁，他们必须像把人类需求和科技及经济可行性结合起来的商业创新者那样思考。"①无论商业思想热潮如何兴衰变化，围绕国家安全的辩论将会一直倾听私立部门的思想动态。

颠覆话语的兴盛和衰败对我们理解思想市场的运作有何启示呢？现实为我们呈现了一幅稍显混乱的画面。一方面，事实似乎是吉尔·莱波雷和叶夫根尼·莫罗佐夫等公共知识分子对克莱顿·克里斯坦森和帕拉格·康纳等思想领袖发起了一场颇有裨益的审查。另一方面，颠覆性创新的拥护者仍然存在。平心而论，这一理论在探讨商业管理方面仍然具有一定的知识价值。正如经济学家乔舒亚·甘斯所言："虽然颠覆性技术和企业衰落之间的假定关联很微弱，但未必就意味着颠覆不会发生。"②尽管如此，通过在公共领域发表批评，公共知识分子的确证明了他们在维护思想市场健康运作中发挥的关键作用。

鉴于研究商业的学者发挥自己所长没能使思想市场健康运作，公共知识分子的作用便愈发显得不可或缺。克里斯坦森在长达20年间宣扬颠覆性创新的解释力，很

---

① Elizabeth Radziszewski, "Foreign Policy Has Lost Its Creativity. Design Thinking Is the Answer," *Wilson Quarterly* (Winter 2015), accessed at http://wilsonquarterly.com/stories/foreign-policy-has-lost-its-creativity-design-thinking-is-the-answer/.

② Gans, "Keep Calm and Manage Disruption," 84.

少遇到批判或纠正，使得其思想和追随者遍布整个思想产业，甚至包括国际事务领域。安德鲁·金在接受《高等教育纪事报》采访时，针对这一现象评论道："理论就像野草，除非实证检验的剪刀将它修剪，否则它会一刻不停地生长，直到覆盖每一寸土地。"① 按照他的说法，莱波雷和莫罗佐夫，包括他自己，都扮演了技艺娴熟的园丁的角色。其他管理学研究者没有这么警觉，如果他们在颠覆性创新理论发源的领域中发现了它的哪怕些许破绽，它又怎会成为主流呢？或者借安德鲁·金之口来发问："为什么他们没有对这一理论加以约束？为什么他们不参与讨论？"②

答案可能不止一个。部分原因在于思想产业的关键组成部分被颠覆性创新深深吸引。克里斯坦森的理论比大多数战略管理著述都更精确，同时它在概念上又足够模糊，因此无法证明它是彻底错误的。另一点原因在于参与讨论可能会失去思想产业投资人的支持，这使得许多管理学研究者选择独善其身。③ 随着不断有人讨论硅谷的创新对生产力提高的影响，硅谷成为颠覆性创新的最后堡垒。④ 即使是在最具反叛精神的思想家看来，同自己的收入来源作对，也是相当冒险的举动。除此之外，在一个学科内部，挑战某位权威所引起的忧虑无疑也构成了一个阻碍。何必冒险挑战一个广受赞誉的学者呢？

事实证明，当学术规范难以保障思想市场的健康运作，莱波雷和莫罗佐夫这样的批评家身上的公共性质能够提供必要的智力制衡。现代思想市场对流行概念的反应很有趣，对引人注目的思想而言，它充当了一个巨型放大器。如同上一章中讨论过的明星知识分子，有些思想本身就像明星，吸引了过多的注意力。这意味着随着思想的名气越来越大，最后注定会被滥用。反过来，这也为局外人提供了一个机会，提出一

---

① Goldstein, "The Undoing of Disruption."
② 同上。
③ 一位管理学专家暗示笔者，近十年来克里斯坦森一直疾病缠身一事也可看作一种阻碍，因为没有学者想去攻击一个受病痛困扰的人。
④ Timothy Aeppel, "Silicon Valley Doesn't Believe U. S. Productivity Is Slowing Down," *Wall Street Journal*, July 16, 2015.

些局内人不愿意提供的知识反馈。思想领袖显然在思想产业中如鱼得水,但是他们也为公共知识分子创造了新的机会,使他们能够参与有益的修正过程。尽管这种公开的思想碰撞会让参与其中的个人感到不快,但是整个公共领域从中获益匪浅。

但是,这个过程并非一蹴而就的,因而必然会对现代思想产业造成不可否认的危害。只有当某位思想领袖已经将自己的理论播撒到了不相适应的领域,知识分子才能意识到对这一理论进行修剪的需要。这一现象类似于金融领域的资产泡沫。多数资产泡沫的出现都有其正当理由,在克里斯坦森的例子中,颠覆性创新这一有趣的思想便是如此。思想越是普及,它的智力吸引力也越强。最终,思想领袖或其拥护者通过知识套现,使这一概念的应用更为广泛。只有当思想的价格被抬高至超过了它的实际价值,才会招致思想产业的公开批判。流行的思想会像泡沫一样经历膨胀继而破裂。这意味着研究外交政策势必要付出知识上的代价。如果现代思想市场拥有更多的知识分子,那么出现此类思想滥用的状况的可能性便会降低。

如前所述,思想产业降低了行业外的思想领袖进入本行业的门槛。凡是崇尚约翰·穆勒的《论自由》(*On Liberty*)的人,可能都会对这一趋势表示欢迎。不过,本章所要重点说明的是,与此同时,退出思想产业的门槛也升高了。一旦思想蔓延开来,就面临可能被修剪的命运,不过不会被连根拔起。在某些情况下,这么做有充分的理由。在管理理论家看来,颠覆性创新虽然贬值了,但并非一无是处。在其他情况下,这些思想对部分知识分子而言仍然具有政治吸引力。就思想产业当今的构成来看,正在膨胀的思想泡沫很多,破裂的相对较少,遭遇智力破产的就更少了。

第九章　推特传播思想：不可不说的社交媒体

> 随着表达频率的增加，表达的力度逐渐削弱。数字化时代青睐简洁明快的语言风格，因而将最高荣誉授予推特上叽叽喳喳的段子和广告。
>
> ——里昂·维瑟提尔

思想产业的不同组成部分显然拥有不同的亚文化。即使是哈佛的教授、布鲁金斯学会的成员和麦肯锡公司的顾问接受的教育大同小异，他们各自的职业环境也将不可避免地改变他们看待思想的方式。他们都在意"影响力"，但是在意的程度不同，原因也不同。不过，无论哪个行业的思想领袖和公共知识分子，有一点是共通的：他们都在推特上兜售自己的思想。

思想产业的每一个组成部分都在利用互联网宣传和讨论外交政策概念。越来越多的同行评审期刊、智库研究报告和多媒体咨询报告只能在线查阅，这些作品的作者进行宣传的方式包括在博客中摘录其中的段落、群发邮件以及最大化地利用社交媒体。事实上，社交网络为思想领袖和公共知识分子提供了与其他人交流的平台。即使是最守旧的学者，也承认在网络上宣传学术成果的必要性。[①]

从理论上来说，便利的网络互动应当促进思想市场的发展。不过，由于许多人将注意力放在利用社交媒体宣传已完成的工作上，反而削弱了在线交流对于仍处在发展变化阶段的辩论的推动作用。博客和其他社交媒体可以作为新生思想的笔记本。

[①] John Slides, "The Political Scientist as a Blogger," *PS: Political Science and Politics* 44 (April 2011): 267-271.

在脸书和推特上询问文章中的引用及出处可能会比通过其他渠道更快得到回复。不同视角、不同职业的个人可以在网上讨论政治和政策,用经济学家布拉德·德朗的话来说,网络就像一座"看不见的大学"。① 根据自己的学术研究和公开写作的经验,笔者发现社交媒体如同一个优秀的参谋。笔者通过网络结识了许多聪明人,他们的人生经历和笔者本人不同,接受的职业训练也不同,但是都对外交政策感兴趣。正是这些人在笔者琢磨新想法时充当了批评家,提供了各种各样的反馈。也正是因为在推特上结识的这些人愿意为笔者审阅草稿,此刻你手里的这本书才经历了无数次改进,成为现在的模样。

网络话语的黑暗面如今已是人尽皆知。当思想产业的产物被置于社交媒体这个巨型放大器之下,网络话语的黑暗面愈发黑得可怕了。塑造现代思想市场的种种力量,也是导致网络辩论状况恶化的原因之一。权威公信力的衰落增加了网络互动的成本;愈演愈烈的政治两极化加深了美国国内意识形态斗争的程度;思想产业内部日益加剧的经济不平等催生了更多对明星知识分子作品的偏激反应。由于必须使用社交媒体,许多知识分子(包括笔者自己)都暴露了性格中不太讨人喜欢的方面。在所有这些因素的影响下,明星知识分子更容易全盘忽略网络批评,但这对他们其实是有害的。

网络话语是如何制造这么多问题的?为了恰当理解知识分子的网络世界中的消极面,你先得了解一个可悲的小网站——"政治学传闻"网站(PSR)。

根据谷歌的定义,"政治学传闻"网站是一个"供政治学家讨论政治学以及本专业领域内各种传闻的论坛"。② 其他地方对该网站的介绍远没有这么委婉。一位政治

---

① J. Bradford Delong, "The Invisible College," *Chronicle of Higher Education*, July 28, 2006. See also Henry Farrell, "The Blogosphere as a Carnival of Ideas," *Chronicle of Higher Education*, October 7, 2005.

② 谷歌的描述,见 https://www.google.com/search? q＝political＋science＋rumours&rlz＝1C1CHFX_enUS529US529&oq＝political＋science＋rumours&aqs＝chrome.69i57j69i59jol3j69i64.6965joj4&sourceid＝chrome&es_sm＝o&ie＝UTF-8。

学家在自己的博客上写道:"PSR 呈现出的政治学家形象是愤怒、饥饿、饱受迫害的,你不会想加入他们的行列。"他认为"再也找不出比人们在 PSR 上发表的内容更夸张的表达来形容 PSR"①。

十几年前,PSR 以及比它更早建立的同类网站刚兴起的时候,其初衷是有益的。PSR 这样的"传闻工厂"网站的创建,是为了发布高校就业市场的相关信息——政治学院系在招聘中真正想寻找什么样的人才、他们面试的是谁、谁收到了录用函、谁接受录用了,等等。不可否认的是,这类情报交换网站至今仍保留着这项用途。其他社会科学学科领域内同样涌现了大量类似 PSR 的网站。②

但是,PSR 并没有实现它的核心使命,即提供准确的就业市场信息。所谓的提供详细就业信息的帖子都未经核查。PSR 发布的关于谁在哪里举行了面试、谁接受或拒绝了录用等方面的信息漏洞百出。③ 有位同事得知自己被院系授予了终身职位,当天竟在 PSR 看到自己被拒绝的消息。万幸,是 PSR 发错了消息,不过这样的错误早已屡见不鲜了。

早在 PSR 出现之前,谣言就已经存在。PSR 之所以受到关注,是因为它能够放大错误信息的影响。究其原因,显而易见的一点是它的匿名发帖制度。许多发帖人装作消息灵通的知情人士,其实他们对别人正在讨论的求职信息一无所知。一个构建于谣言之上的网站充斥着闲言恶语、牵强附会和尔虞我诈,实在不足为奇。④ 这也将我们引向了另一个可能导致该网站缺乏真实信息的原因:得到工作机会的人害怕

---

① Chris Barker, "Surfing the Cesspool: Political Science Rumors and the LaCour Scandal," *Duck of Minerva* (blog), June 16, 2015, accessed at http://duckofminerva.com/2015/06/surfing-the-cesspool-political-science-rumors-and-the-lacour-scandal.html.

② 例如 http://ww.econjobrumors.com/和 http://www.socjobrumors.com/。关于这些网站的实用,见 Rebecca Schuman, "'Demoralizing but Informative,'" *Slate*, December 22, 2016。

③ Scott Jaschik, "Job Market Realities," *Inside Higher Ed*, September 8, 2009.

④ Megan MacKenzie, "Why I Don't Participate at Political Science Rumors," *Duck of Minerva* (blog), April 12, 2014, accessed at http://duckofminerva.com/2014/04/why-i-dont-participate-in-political-science-rumors.html.

成为PSR的讨论对象。比起PSR上关于某人为何得到了工作的解释,疑神疑鬼的阴谋论网站看上去都要更加文明。

没能实现其最初使命是PSR最明显的一个缺点。不过,它为人诟病的最大原因还是网站内90%的内容都与求职无关。十年前,传闻工厂类网站创建之初,美国政治科学协会的主席便告诫说:"匿名发帖会引起针对政治学家的种族、性别以及性取向的攻击。"①随着PSR排挤掉其他传闻工厂网站,一家独大,这种状况也愈演愈烈。PSR内随便一篇讨论帖都堪称发泄愤怒、散布憎恨的恶毒巫术,好比电影《贱女孩》(Mean Girl)里的"麻辣书"(Burn Book)。《纽约》的科学记者杰西·西格奈尔则把PSR比作一个"污水池",让他看了"眼睛止不住流血",他总结道:"受前景黯淡的学术就业市场的影响,该网站的帖子极有可能转化为言语攻击、谣言和挖苦。"②PSR的创始人曾聘请政治学家作为网站的审核员,试图解决这一问题。但是就连PSR的用户也承认,匿名评论制度是一张适宜滋生人身攻击的温床,攻击形式从性别歧视到人肉搜索,不一而足。③ 审核员更是坦白说,他们时常怀疑自己对该网站到底有何贡献。④

政治学家公开谈论PSR时,从来不说它的好话。丹尼尔·内克松是乔治城大学的一名政治学教授,也是《国际研究季刊》的联合编辑,他认为PSR"这个网站让我们

---

① 美国政治科学协会主席罗伯特·阿克塞尔罗德写给部门负责人的信,发布于IR Rumor Mill,"Robert Axelrod on Academic Rumor Mills and Gossip Blogs," April 3, 2007, accessed at http://irrumormill.blogspot.com/2007/04/robert-axelrod-on-academic-rumor-mills.html。

② 引自 https://twitter.com/jessesingal/status/604739770200276992 and Jesse Singal, "The Case of the Amazing Gay-Marriage Data: How a Graduate Student Reluctantly Uncovered a Huge Scientific Fraud," New York, May 29, 2015。

③ "政治学传闻"网站上的相关帖子,见http://www.poliscirumors.com/topic/this-site-has-to-go。

④ Steve Saideman. "Why I Practice at Political Science Rumors," Duck of Minerva (blog), April 20, 2014, accessed at http://duckofminerva.com/2014/04/why-i-participate-at-political-science-rumors.html。

为自己的政治家身份感到羞耻"。① 杜克大学的迈克尔·芒格教授在《高等教育纪事报》中撰文批评 PSR"幼稚,全是闲言碎语和粗俗的言语挑衅"。② 曾经遭受 PSR 流言攻击的政治学家对它的存在更是深恶痛绝。乔舒亚·科恩读过 PSR 上一篇讨论他近期职业变动的帖子后表示,这篇帖子一共"提出四点看法,每一点都振振有词,每一点都错得离谱"。他总结道:"这些看法不是简单的错误。简直是一派胡言,糟糕透顶……PSR 不仅漠视事实。它大肆利用真相的价值,却从不服从它的纪律。"③

笔者自己从来没有在 PSR 上发表过评论,但是偶尔会成为帖子讨论的对象。相关的评论不是很友好。甚至有一篇讨论帖名为"为什么还没有人给德雷兹内一耳光?",后来被审核员删除了。以下是至今未被删除的,2014 年至 2016 年间 PSR 网站上针对笔者的评论的一个抽样展示。

- "德雷兹内是个虚伪的杂种。说真的,我在考虑给他写一封公开信,逐条罗列我认为他是个伪学者的理由。"
- "去你的,丹·德雷兹内。你这老东西。有点老东西的样子吧。"
- "德雷兹内,你就是个窝囊废。没人喜欢你,大家公认你是个三流写手。"
- "如果你让学国际关系理论的学生去读德雷兹内的书,那说明你根本不了解国际关系理论。你自己读过他的书吗?"
- "事实证明德雷兹内就是个蠢货。我猜他身边的人不忍心打破他的幻想,所以他才不停地表达自己的观点,搞得跟自己不是个蠢货似的。"

---

① Daniel Nexon, "'Overheard' on Political Science Job Rumors," *Duck of Minerva* (blog), March 13, 2013, accessed at http://duckofminerva.com/2009/03/overheard-on-political-science-job.html.

② Michael Munger, "L'Affaire LaCour," *Chronicle of Higher Education*, June 15, 2015.

③ Joshua Cohen, "On Bullshit, and Especially Execrable Bullshit," September 1, 2015, accessed at http://leiterreports.typepad.com/files/cohenonbullshit.pdf.

关于笔者的评论并不算过火。毕竟笔者是个白人，男性，异性恋，而且对美国外交政策持主流观点。正如科幻小说作家约翰·斯卡尔齐所说，如果真实世界是一部电子游戏，那么初始人物一定会被设置成一个"异性恋的白人男性"。① 如果笔者是名女性，或者出身少数族裔，再或者研究的是学科内一个冷门的领域，那么收到的评论会更加恶毒。②

笔者一点也不认可 PSR 上对于本人的工作所做的评论。该网站的中心主旨就是仇恨每一个获得一定成功的人。匿名评论使 PSR 成了一片肥沃的恶土，孕育出的评论不是怒气冲冲的抱怨就是彻头彻尾的诽谤，找不出一丝一毫的理性批判。

PSR 教育我们，凡是想要在公共领域有所建树的人，一定要学会对精神错乱的批评视而不见。类似的专门讨论外交政策和国内政策的网站浏览量更高，也会制造更多刻薄的谣言。对于任何想要为思想市场做出贡献的人，自如地忽略夸大其词的批判是很有用的技能。然而，这种自如的心态也是造成一个日益严重的问题的关键原因。

面对思想产业内获得成功的知识分子，批评界存在两种截然不同的反应。其一是热情追捧，新加入思想产业的成员对老成员所做的工作赞不绝口。他们的称赞也许是出自真心的认同，但是肯定也建立在个人利益之上。声名显赫的思想领袖能够成功捕捉人们的注意力，他们的书也格外畅销。即使他们的观点尚存疑虑，出版商和编辑也不一定会加以阻拦。举个例子，托马斯·弗里德曼曾在采访中表示，只要他想，什么书他基本上都能出版："我处在这个既吓人又让人嫉妒的地位。如果我去跟

---

① John Scalzi, "Straight White Male: The Lowest Difficulty Setting There Is," *Whatever*, May 15, 3012, accessed at http://whatever.scalzi.com/2012/05/15/straight-white-male-the-lowest-difficulty-setting-there-is/.

② 见 Megan MacKenzie, "You Make My Work (Im)Possible: Reflections on Professional Conduct in the Discipline of International Relations," *Duck of Minerva* (blog), April 9, 2014, accessed at http://duckofminerva.com/2014/04/you-make-my-work-impossible-reflections-on-professional-conduct-in-the-discipline-of-international-relations.html; MacKenzie, "Why I Don't Participate at Political Science Rumors"。

220　我的出版商说：'我想写本书。'他会直接说：'给你支票。'如果我再问：'你不想知道这本书关于什么吗？'他肯定会说：'不，我们不在乎。'对话也许不完全如此，不过也差不到哪儿去。"①明星知识分子的书始终有需求，意味着他们选择的余地更广，因此在出版前遇到的阻碍也更小。也就是说，一个知识分子过往的成果越是显著，日后他要发表作品就越容易。

备受瞩目的知识分子在思想市场上同样拥有巨大的影响力。通过各自的渠道，他们能够唤起公众对思想产业内其他人的工作成果的关注。对于不知名的外交政策作家而言，保罗·克鲁格曼、佩姬·努南或弗朗西斯·福山的一次公开表扬可以提高他们的网络知名度和图书销量，这便是"提名"经济。笔者的名气远不如这几位，但是近年来也收到了许多资深学者的请求，要笔者帮忙推介他们的著作，或写或在推特上发布一些书评。知名思想家的这种引导公众注意力的能力，促使一些名不见经传的知识分子去迎合奉承他们。这不可避免地淡化了针对明星知识分子的批评。你想，何苦去抨击一个可能会帮你宣传新书的人呢？

但是对于成功的知识分子而言，这却可能造成问题。如果他们听到的全是正面反馈，如何能改进自己的理论？为了思想市场能够产出优秀的作品，知识分子需要有人对他们正在萌芽的思想提出建设性批评。事实上，高质量的批评应该成为思想产业的一个有益因素。但是所谓的提名经济，同人性的弱点一样，削弱了许多外交政策观察员的批判能力。

当然，并非所有寂寂无闻的知识分子都会采取妥协的态度。思想产业内的成功还引发了另一种与热情追捧完全相反的反应：无情抨击。

20世纪知识界曾发生过异常激烈的争执，凡是读过相关记录的人都知道，抨击并不只是网络现象。不过，互联网确实使批评变得更卑劣了。网络话语具有交互性，这是它与以往的知识交流方式最大的不同。现代网络的创始人们早在社交媒体出现

---

① Friedman 引自 Ian Parker，"The Bright Side，" *New Yorker*，November 10，2008。

之前就意识到了这个问题。1985年,兰德公司在一份分析报告中告诫人们注意网络交流的这一特性。

> 也许它们与其他交流方式最大的不同,就在于它们可能会使信息接收者变得情绪化(极有可能是由对信息的部分形式或内容的误解引起的),还在于接受者有可能因此而发起炮轰,使局势变得更乱……
>
> 这类媒体与其他任何交流方式都大不相同。许多旧的规则不适用了。①

无独有偶,高德温法则——"在网络讨论不断延长的情况下,出现把用户或其言行以纳粹主义或希特勒类比的情况的概率会趋于一(100%)"——首次提出是在1990年,比红迪网、脸书或推特的出现早了十几年。② 网络话语的黑暗面自互联网诞生以来就存在了。

讨论负面反馈时,我们需要从底层出发,一路往上推进,因为这样基本上能够反映知识分子在职业生涯中遭遇批评的经历。位于最底端的,毫无疑问是PSR等在线评论网站上的恶评,其中囊括了前面段落中提到的所有病态言论。此类在线论坛的言论攻击疯狂至极,甚至让人怀疑发表评论的人精神是否正常。见识过"政治学传闻"网站透露出的愤怒和憎恨,将它再提高数个等级,差不多可以达到明星知识分子所受抨击的程度。法里德·扎卡利亚曾告诉笔者,他收到的专栏文章反馈中有近三分之一本质上是种族歧视。他强调浏览负面评价时脸皮一定要厚,但是也承认"从个

---

① Norman Shapiro and Robert Anderson, "Toward an Ethics and Etiquette for Electronic Mail," RAND report R-3283-NSF/RC, July 1985, accessed at http://www.rand.org/pubs/reports/R3283/index1.html.

② Mike Godwin, "I Created Godwin's Law in 1990, but It Wasn't a Prediction—It Was a Warning," *International Business Times*, May 27, 2016.

人性情上来说,这比人们想象的更难"。①

就在大约一个月后,扎卡利亚不幸陷入了一场荒谬的网络诽谤。一个恶意网站为了吸引流量,声称扎卡利亚曾在私人博客和已删除的推特中呼吁"为圣战强奸白人女性"。事实上那个博客不是他的,他也没有在推特上发表过任何相关言论。扎卡利亚亲自讲述了接下来发生的事情。

人们纷纷开始添加那篇文章的链接,把它发到推特上,在推特上转发,并且发表自己的评论,言语极度恶俗且充满种族攻击,令人难以启齿。少数极右翼网站将它当作事实进行再报道。每经过一轮循环,愤怒的情绪便高涨几分,人们开始要求我被解雇,被驱逐出境,或者被处死。有一段时间,网络威胁甚至蔓延到了现实世界。某天深夜有人往我家里打电话,吵醒了我的两个女儿,在电话里恐吓她们。我的女儿一个12岁,另一个才7岁……

只要稍微有一点常识,就能意识到对我的指控是荒唐的。但是这些都无关紧要。散布谣言的人对事实不感兴趣,他们以满足人们的偏见为乐。②

尼尔·弗格森也遇到过类似的麻烦,引起争议的不只是他自己的公众形象,还有他妻子阿雅安·希尔西·阿里的。她曾因猛烈批判伊斯兰主义而接到死亡威胁,这使得她和弗格森在日常生活中更加小心谨慎。先前在第七章中提到过,弗格森自己也有许多网络非议要去应对,为此他已经付出了巨大的代价。他尤其鄙夷推特,说它是"供全世界撒尿的墙根",还预测它最迟到2020年一定会破产。不过,弗格森也承认:"在推特上遭人咒骂,好比躺在地上被人拖过烂泥潭,实在不是什么好经历。"③

---

① 与 Fareed Zakazia 的访谈,纽约,2015 年 12 月 9 日。
② Fareed Zakazia, "Bile, Venom and Lies: How I Was Trolled on the Internet," *Washington Post*, January 14, 2016.
③ 与 Niall Ferguson 的访谈,剑桥,MA,2016 年 4 月 22 日。

这是多数知识分子对网络批评这个臭水坑的普遍感受。所有在大众媒体平台写作的人都应该谨记一句老话："绝对不要读评论。"高德温法则在评论区有着特殊的适用性。《石板》电子杂志的贾斯廷·彼得斯用一段话概括了这个共识："每一个在网上写作的人都曾一度被某个评论者逼至精神崩溃的边缘，这个评论者通常满腹怀疑或满腔愤恨，以逼迫某位（作家）自焚而死为己任。"①

各个在线平台不断讨论该如何对讨论区进行管理，或者评论区到底应不应该存在。② 没有人能给出一个简单的答案。让人头疼的是，一个平台做得越成功，其评论质量下降的可能性就越大。笔者刚刚开始写博客的时候，觉得评论很吸引人而且都有实质意义。随着博客的浏览量增加，评论的质量便下降了。当笔者开始为《外交政策》撰稿，尤其是为《华盛顿邮报》撰稿开始，评论质量变得更差了。有部分网站，例如塔那西斯·科茨在《大西洋月刊》的博客，对评论进行严格的审核，在一定时期内保证了评论相当程度上的质量。不过随着科茨声名鹊起，他的评论区也逐渐变得不堪入目。③ 其他网站评论区的自我管理也不见成效。近期，有人专门研究了各网站的自我管理制度，他们总结道，在这些制度下"写负面评论的人有了更强的动力，他们发表的评论只会越来越多，质量也越来越差"。④ 评论区体现了知识界的格雷欣法则：劣质评论驱逐优质评论。

若是某位知识分子真的犯了错误，问题就更严重了。一旦学术行为失范被发现，"推特暴民"必定群起而攻之，疯狂至极，乃至最后大家会反过来同情一开始犯错的这个人。例如，科学作家乔纳·莱勒承认自己的学术剽窃行为之后，网上立刻掀起抨击浪潮，事态严重到甚至让揭发他的迈克尔·莫伊尼汉（"每日野兽网"专栏作家）都感

---

① Justin Peters, "I Was Afraid of Slate Commenters, So I Became One," *Slate*, November 5, 2015.

② Elizabeth Jensen, "NPR Website to Get Rid of Comments," NPR, August 17, 2016.

③ Eva Holland, "'It's Yours': A Short History of the Horde," Longreads, Febeuary 4, 2015, accessed at http://blog.longreads.com/2015/02/04/its-yours-a-short-history-of-the-horde/.

④ Justin Cheng, Christian Danescu-Niculescu-Mizil, and Jure Leskovec, "How Community Feedback Shapes User Behavior," May 6, 2014, 9.

到胆寒，迈克尔说道："你转过身去，猛然发现自己成了一群暴徒的头目。"①2011年，埃及解放广场爆发了大规模示威游行，作为幕后网络策划人之一，瓦伊尔·高尼姆承认道："在线讨论很快便会沦为暴行……仿佛我们都忘了自己面对的并不是冷冰冰的图标，而是屏幕后面一个个活生生的人"。②

一个人要想在网络世界里隐藏起自己的真实身份，实在是易如反掌，这让许多知识分子感到厌恶。正如彼得斯所说："匿名评论助长了粗鄙的言论、好战的气焰、幼稚的轻视、愤怒的指责、无止境的怨怼以及相互之间的欺瞒。"③多数作者选择置身事外作为应对之策，一旦他们参与进去，必然少不了一番痛斥。2015年秋天，《金融时报》的爱德华·卢斯在讨论帖中回敬了经常评论他文章的一位网友。按照《金融时报》的全球媒体编辑的说法，卢斯"赢得非常漂亮"。

> 我的同事都是勤勉的专业人士，他们不该默默忍受此般侮辱。你知道我们是谁，我们可从没听过你的名字……我要求你发表条理清楚、有建设意义的批评，以引起作者和其他读者回复你的欲望，而不是用满篇的讥笑嘲讽打消别人回复你的念头。若你果真如自己想象中一样无畏，你就该用真名进行批评。我是爱德华·卢斯。敢问阁下尊姓大名？④

显然，如果公共知识分子和思想领袖拒绝接受网络批评，也是合乎情理的。对于

---

① Moynihan 引自 Jon Ronson，*So You've Been Publicly Shamed* (New York: Riverfront Books, 2015), 50.

② 引自 Thomas Friedman, "Social Media: Destroyer or Creator?," *New York Times*, February 3, 2016.

③ Peters, "I Was Afraid of Slate Commenters, So I Became One."

④ https://twitter.com/mattgarrahan/status/664104973735694336.

其中承受了更多恶意攻击的女性来说,更是如此。① 在"政治学传闻"网站上,评论者的一个常规问题便是,政治学界的成功女性是否全靠出卖肉体才一路平步青云。经济学作家安妮·劳里在遭受太多含有性别歧视的谩骂之后,注销了自己的推特账号。她问道:"如果不能进行理智的讨论,为何要把自己的想法放在网上呢?如果人们不是质疑你的劳动成果而是攻击你这个人,那么将它公之于众的意义何在呢?"②

应对此类批评的途径通向了同一个终点:漠然置之。当然,也可以尝试参与。对于任何一个知识分子来说,反驳网络批评者都是本能反应。多数知识分子其实是享受辩论中的针锋相对、你来我往的。除此之外,我们都自然而然地渴望自己在网上是代表正义的一方。③ 不过,参与网络辩论要付出相应的代价,承担相应的风险。随着时间的流逝,网络辩论可能逐渐分裂成越来越小的口角,争论的尽是谁关于一开始引起争议的问题的回应说了点什么。社交媒体上的口舌之争没有丝毫意义。④ 回应批评反而会扩大它的影响力。即便是最完美的反驳——这样的反驳确有发生——也会把原本有力的论点变成争论。⑤ 正因如此,美国有线电视新闻网才阻止扎卡利亚对匿名剽窃指控做出回应。

随着互联网的发展,公共知识分子和思想领袖逐渐可以更轻松地应对网络谩骂和不实言论。精神正常的人其实并不指望作者真的看到自己的评论。推特允许用户将自己发布的内容设置为对某些人不可见,更妙的是可以设置不显示某些人的评论,

---

① 例如,见 Amanda Hess, "Why Women Aren't Welcome on the Harrassment," *Pacific Standard*, January 6, 2014; Maeve Duggan, "Online Harrassment," Pew Research Center, October 22, 2014。

② Annie Lowrey and Abraham Riesman, "Goodbye to All That, Twitter," *New York*, January 19, 2016.

③ Rachel Barney, "Aristotle, On Trolling," *Journal of the American Philosophical Association*, available on CJO 2016 doi:10.1017/apa.2016.9, 3.

④ Sonny Bunch, "How to Use Twitter without Going Insane," *Washington Post*, January 20, 2016。

⑤ 罗列完美的网络反击时多半会提及 J. K. 罗琳,例如 Amanda Taub, "JK Rowling Had the Best Possible Reaction to Rupert Murdoch's Anti-Muslim Tweet," *Vox*, January 11, 2015。

所以这些批评者甚至不知道自己的评论不可能被看到。实名认证的推特用户还可以使用更强大的评论过滤手段。在脸书上，删除好友和取消关注的操作都很方便。多数社交媒体平台现在都采用了举报机制来处理辱骂性的评论。垃圾邮件立刻会被自动扔进垃圾箱。人们逐渐学会过滤恶评，但是，这种应对方式也使一些知识分子变得盲目。

最肆无忌惮的批评者莫过于网络上的喷子（trolls），但是偶尔他们也会起到积极作用。要想成功地喷倒一个知识分子，必须在他进行正式叙述时打断他。喷子通过故意贬低、言过其实的指责和胡搅蛮缠做到这一点。彭博的专栏作家伊莱·莱克说："最好的喷子就像卧底。他们的言论只是为了暴露对手立场中的谬误和缺陷，而不是提供一个有建设性的替代意见。"①喷子们自己也同意这个说法，其中有一位更是在接受《纽约客》采访时表示："我上大学时读过后现代主义理论。如果一切都是叙事，那么我们需要有可以替代主流叙事的替补叙事。"②谁都可以喷别人，可以肯定它的出现要早于互联网时代。1968 年，共和党和民主党举行全国代表大会期间，戈尔·维达尔在电视直播辩论中不断用言语挑衅和刺激威廉·F.巴克利。在被污蔑成"秘密纳粹党分子"后，巴克利终于无法保持平静，他气得大骂维达尔是个"同性恋"，还扬言说要揍他。维达尔成功扰得先前一直镇定自若的巴克利乱了阵脚，挫了他的锐气，达成了一开始的目的。

弱者通过喷一位有影响力的作者来激怒他，引起他的反驳，进而参与他的讨论过程，这已成为一条普遍规则。现代世界里，许多网络喷子挑起的争论都朝着无聊的方向发展。一旦停止编造阴谋，他们便转向种族歧视、性别歧视和盲目排外。提出能给这种公开辩论增添价值的论据绝非易事，跟喷子打交道只会让人为进入思想产业缴纳更多的手续费。

---

① Eli Lake, "How Ted Cruz Trolls Obama's Foreign Policy," *Daily Beast*, July 29, 2014.
② Andrew Marantz, "Trolls for Trump," *New Yorker*, October 31, 2016.

约翰·斯图尔特·米尔支持在 21 世纪进行绝对自由的探究,喷子的出现,成了改进这一论点时面临的最大问题。米尔指出,要定期对世间公认的真理进行质问。他认为异教徒、教派信徒和极端主义者之所以拥有强大的思维能力,是因为他们身为少数群体,时常受到迫害。换句话说,因为他们需要时时刻刻在敌对的公众面前为自己的观点辩护,他们智力争辩技巧才提高了。① 辩论具有积累性,米尔推断围绕某些问题的严肃争议会因此而中止。他对此类公认的观点感到不满,认为它损耗了思想的生命力。

美国外交政策中的确有一些辩论应当一直存在,例如国际关系中公信力的重要性,或者移民的经济影响。但是参与持续不断的围绕基本原则进行的辩论会产生机会成本,米尔从来没说过这该如何解决。在这个喷子肆虐的时代,许多公认的程式化事实再度遭到质疑,包括"9·11"恐怖袭击事件有串通内部人员吗?贝拉克·奥巴马是美国公民吗?长期与批评者打交道使得知识分子很难去思考新的问题,他们付出的时间和精力成本是巨大的。面对互联网时代直白露骨的辩论,米尔还会持赞同态度吗?这个问题很有趣,值得思考。

前文引用的"政治学传闻"网站上关于笔者的评论,足以说明笔者是亲身遭遇了这一问题。笔者在网上对唐纳德·特朗普的批判引起过一波反犹太回复,所以能够理解知识分子想要对批判者和喷子视而不见的冲动。不过有时候,他们的确可以用一套一成不变的观点突出问题所在。忽略喷子和忽略持不同意识形态观点的人,这两者之间仅存在细微的差别。随着社交媒体网站纷纷开始打击网络语言暴力,诸如推特的"信任与安全委员会"等机构建立起来,有人质疑它们是否出于奥威尔式的意图,也在情理之中。②

这把我们的目光重新引回 PSR,以及令人匪夷所思的迈克尔·拉库尔学术造

---

① John Stuart Mill, *On Liberty*, 40-41.
② 例如,见 Robert Tracinski, "♯FreeStacy: The Old Regime and the Twitter Revolution," *The Federalist*, February 22, 2016。

假案。

2014年12月,加州大学洛杉矶分校研究生迈克尔·拉库尔与哥伦比亚大学正教授唐·格林合著的一篇论文在《科学》杂志上发表,论文重点探究面对面交流能够在多大程度上转变选民对同性婚姻的态度。① 他们进行了一场实验来验证同性恋平权游说者的亲身叙述是否真的能影响与他们接触的选民。现有的学术共识是这种影响微乎其微。然而格林和拉库尔发表的结论一反常理,令人震惊:亲身接触同性恋平权游说者能够显著影响选民的态度,大大提高他们对同性婚姻的接受程度。后续调查证明,这种影响不仅显著,而且相当持久。拉库尔在接受《洛杉矶时报》采访时表示:"这个结果连我自己都大吃一惊。"② 这项重大发现引起了《纽约时报》、《华盛顿邮报》、彭博以及其他新闻媒体的争相报道。③ 研究结果还在国际上产生了影响,爱尔兰的同性恋平权运动组织者们据此为2015年的同性婚姻全民公投制定了宣传策略。④ 意料之中地,拉库尔成为2014年至2015年高校就业市场上备受瞩目的人物。他就像一颗冉冉升起的新星,有望被普林斯顿大学录用。

格林和拉库尔的论文在《科学》杂志上发表短短八天后,一位匿名为"瑞南"的网友在PSR专门讨论这篇论文的帖子下回复了一条评论。⑤ 评论开头便说:"刚刚看过数据,觉得有点奇怪。"瑞南指出论文内数据集的统计分布有古怪之处。他的评论引起了一些争论,不过不久便被PSR的审核员删除了。这位"瑞南"便是大卫·布鲁克曼,当时在加州大学伯克利分校攻读政治学博士学位。他怀疑拉库尔的数据不可靠,

---

① Michael LaCour and Don Green, "When Contract Changes Minds: An Experiment on Transmission of Support for Gay Equality," *Science* 346 (December 12, 2014): 1366–1369.

② Monte Morin, "Doorstep Visits Change Attitudes on Gay Marriage," *Los Angeles Times*, December 12, 2014.

③ Sasha Issenberg, "How Do You Change Someone's Mind about Abortion? Tell Them You Had One," BloombergPolitics, October 6, 2014; Benedict Carey, "Gay Advocates Can Shift Same-Sex Marriage Views," *New York Times*, December 11, 2014.

④ Carl Bialik, "As a Major Retraction Shows, We're All Vulnerable to Faked Data," *FiveThirtyEight*, May 20, 2015.

⑤ 见 http://www.poliscirumors.com/topic/gelmans-monkey-cage-post/page/2#post-240222。

但是他的论文导师提醒他最好不要公开质疑。他们告诉他,考虑到学术指控的严重性,做出类似的指控可能会威胁到他身为政治学家的职业生涯。① 无奈之下,布鲁克曼才选择在 PSR 发声。

六个月后,布鲁克曼重复了拉库尔的实验,却没有得出相似的结果,他和另外两位研究者合作,对拉库尔的数据进行更深入的分析,最终证明拉库尔伪造了调查数据。他们的发现迅速引起了政治学界的普遍关注。格林读过他们的报告后,向《科学》杂志提出撤稿。② 此后不久,记者发现拉库尔的学术简历中还存在其他造假现象,包括伪造教学奖励和研究资金。③ 拉库尔在网络上发表声明为自己辩护,但是他的回应没能解答人们的质疑,反倒引出了更多的问题。最终,普林斯顿大学取消了对他的预录用。

从布鲁克曼等人合著的论文发表,到拉库尔失去普林斯顿大学的录用机会,在此期间充当信息交流中心、发布最新事态、提供讨论场所的,正是 PSR。那段时间笔者会定期上该网站查看消息,很多同事也和笔者一样。杜克大学的政治学教授迈克尔·芒格便是其中一员。

> 拉库尔事件发展到高潮的时候我一直在网站上,每隔二三十分钟刷新一次网页。PSR 的消息是最多最准最快的。一群各式各样的聪明人在那里围绕一个重要话题展开实时的公开辩论(不过不可否认的是,辩论中充满了诅咒谩骂和污言秽语)。④

---

① Singal, "The Case of the Amazing Gay-Marriage Data."
② David Broockman, Joshia Kalla, and Peter Aronow, "Irregularities in LaCour(2014)," working paper, May 19, 2015, accessed at http://stanford.edu/-dbroock/broockman_kalla_aronow_lg_irregularities.pdf. 关于格林的回应,见 Bialik, "As a Major Retraction Shows, We're All Vulnerable to Faked Data"; Singal, "The Case of the Amazing Gay-Marriage Data".
③ Jesse Singal, "Michael LaCour Made Up a Teaching Award, Too," *New York*, May 27, 2015.
④ Munger, "L'Affaire LaCour."

这一事件将我们引向了所有思想产业参与者共同面对的一个难题。某些学术领域在回应网络批评时给它贴上了"方法论恐怖主义"的标签。① 但是，即使信噪比非常非常低，最低级的网络批评中也有可能产生犀利的批判。匿名批评者指责扎卡利亚在写作中一再抄袭时，发起的攻势过激了，但是他们所说的并不完全是错的。

如果连最低级的网络批评中都存在有益的反馈，那么高级的网络批评呢？问题从这里开始变得更棘手了。匿名评论少了，小麦对糠秕的比率会上升，但是糠秕也变得更难应对。驱动现代思想产业发展的力量中，有一些也在导致网络话语的恶化。

社交媒体不仅削弱了人们对权威的信任，还加剧了政治的两极分化。由于自身的可信度下降，连专家群体也觉得网络话语更具挑战性了。例如，中东问题研究专家马克·林奇指出，中东地区政治四分五裂，导致网络活动充满风险，他还说："中东问题在各个方面都能激起巨大的热情，时常弥漫着群情鼎沸的氛围，在网络上有一定话语权的学者随时有可能发现自己的一条推特或者一篇文章成了媒体口诛笔伐的对象。"②据笔者所知，很多美国外交政策方面的专家都避免在写作中涉及中东问题，因为一旦介入，必然会招致网络上的谩骂攻击。

社交媒体面前人人平等，任何使用推特的人都可以彼此联系。事实上，作为一种策略，喷人也可以做到人人平等。多数网络批评者的目的明显都是为了拖一位更有名望的作者下水。《时代周刊》曾收到这样的辩解："假如我写信给《纽约时报》……那封信兴许会被塞进碎纸机。但是在推特上我可以直接和作者交流，这对所有新闻机构都是一个不小的冲击。"③许多喷子把逼得一位明星知识分子勃然大怒看作是一项智力成就。即使一位知识分子自身善于回避喷子，网络污蔑也会损害他在不熟悉网络语言暴力的同事之间的名誉。正如林奇所言："网络上见怪不怪的言语攻击、不点

---

① Jesse Singal, "Inside Psychology's 'Methodological Terrorism' Debate," *New York*, October 12, 2016.

② Marc Lynch, "Political Science in Real Time: Engaging the Middle East Policy Public," *Perspectives on Politics* 14 (March 2016): 128.

③ 引自 Joel Stein, "How Trolls Are Ruining the Internet," *Time*, August 18, 2016。

名推文、冷嘲热讽和指桑骂槐的言论，放在学科内部，情况便陡然严峻起来"。① 不仅如此，社交媒体的自发性允许情感凌驾于理智之上，致使一些有头有脸的人物脱口说出令他们后悔不已的话。这样的错误只会进一步削弱知识分子的权威。尤其是站在思想产业巅峰的人，直接与网络批评者进行辩驳会消耗他们大量的时间、神志和注意力。唯一的制胜招数便是置身事外。②

即使面对的网络喷子实际上是一位严肃的知识分子，这一点也依旧成立。例如纳西姆·塔勒布，他是一位教授，也是畅销书《随机漫步的傻瓜》（*Fooled By Randomness*）、《黑天鹅》（*The Black Swan*）和《反脆弱》（*Antifragile*）的作者，成就卓著。然而在网络上，塔勒布却是个公认的死心眼儿。每当在推特上遇到与他意见不合的人，他立刻说人家是"胡话贩子"——其中包括笔者自己。③ 他对所有社会科学学科持全盘否定的态度，这让他看起来不像个学者，倒更像个喷子。④ 同许多喷子一样，一遇到意见不合的人，他便冲上去质疑人家的动机，而不是发起实质性的辩论。

2015年的一天，一再与塔勒布进行恼人的网络争论之后，笔者终于见到了他本人，我们一起喝了杯咖啡。他礼貌地论述了他对于我们在网上一直争论不休的一个问题的看法。笔者没有完全被他的逻辑说服，但是对他的学术立场有了更深入的理解。一番卓有成效的交流之后，笔者直截了当地问他，为什么在网络上表现得那么令人讨厌。他笑着耸了下肩，接着把推特比作凌晨两点挤满了醉鬼的乌烟瘴气的酒吧。⑤ 对他来说，说话时夹枪带棒是在网上生存下去的最好方式。大多数时候，这么

---

① Joel Stein, "How Trolls Are Ruining the Internet," *Time*, August 18, 2016: 128.
② Lowrey and Riesman, "Goodbye to All That, Twitter."
③ 例如，见 Matthew Boesler, "Nassim Taleb Gets into Historic Twitter Brawl, Shows Everyone How ANTIFRAGILE He Is," *Business Insider*, April 23, 2013; Joe Weisenthal, "Nassim Taleb Tells Us Why He Goes Nuclear on His Critics on Twitter," *Business Insider*, January 4, 2014. 塔勒布辱骂笔者的一个例子，见 https://twitter.com/nntaleb/status/755051465719283712。
④ 例如，见 Nassim Taleb, "Intellectual Yet Idiot," *Medium*, September 16, 2016, accessed at https://medium.com/@nntaleb/the-intellectual-yet-idiot-13211e2d0577-. ienj9raar。
⑤ 与 Nicholas Nassim Taleb 的访谈，剑桥，MA，2015年6月2日。

做对他来说也许是管用的,但是这样幼稚的辩论多了以后,就算他提出的论述确实有实质意义,人们也很难严肃对待。这种态度也导致塔勒布做了很多无用功,例如在推特上与一个恶搞账户吵个不停。①

社交媒体使得政治两极化的程度越来越深,反过来,政治的两极分化也致使网络行为愈演愈糟。无论是保守派和还是自由派,在推特上关注的大都是政治倾向一致的账户,转发的也大都是符合自己政治观点的内容。② 自由派人士甚至更有可能因政治分歧而将某人从自己的脸书好友列表中删除。③

近年来,在政治两极分化的刺激下,网络上的喷人现象越来越多,不过增长的方式与人们想象中不同。喷人是弱者的武器,也是激进的知识分子采取的一种战略。哲学家雷切尔·巴尼曾说:"有些人为了消遣而喷,有些人为了利益而喷,不过他们绝大多数都是彼此对立的某个集团的成员。"④自由派在喷保守派,保守派也在喷自由派,毋庸置疑。同时,无论是极左派作家还是另类右翼作家,在与意识形态相矛盾的知识分子做斗争时,都采取了这类策略。

就左派而言,《雅各宾》(*Jacobin*)杂志酝酿了美国政治中社会主义思想的复苏。⑤然而,它所主张的以阶级为基础的马克思主义思想,与其他认为应当优先消除种族和性别隔阂的左派人士产生了冲突。冲突导致一系列涉及侮辱性威胁的控诉和反诉的产生。记录在案的包括某些左翼作家因内部分歧而策划对其他进步主义者进行网络骚扰等。其中一位受害者发出如下警示。

---

① David Weigel, "Watch Nassim Taleb Debate Twitter's Greatest Tech Jargon Parody Account," *Slate*, August 12, 2014.

② M. D. Conover, J. Ratkiewicz, M. Francisco, B. Goncalves, A. Flammini, and F. Menczer, "Political Polarization on Twitter," Proceedings of the Fifth International AAAI Conference on Weblogs and Social Media, 2011, accessed at https://www.aaai.org/ocs/index.php/ICWSM/ICWSM11/paper/viewFile/2847/3275.

③ Pew Research Center, "Political Polarization and Media Habits," October 21, 2014.

④ Barney, "[Aristotle,] On Trolling," 2.

⑤ Dylan Matthews, "Inside *Jacobin*: How a Socialist Magazine Is Winning the Left's War of Ideas," *Vox*, March 21, 2016.

我们必须承认一些真正拥有权力和威望的人正在助长网络骚扰。这些公共知识分子或许更具危险性，因为他们不仅使网络骚扰的受众变得更多更主流，还为这种行为贴上了严肃的道德和知识标签。①

事实上，狄莫斯智库就曾因这种过激行为开除了博客主马特·布鲁尼格。布鲁尼格曾几次三番在推特上攻击美国进步中心的总裁尼拉·坦敦并且拒绝道歉。随后，狄莫斯智库在声明中表示他们与布鲁尼格"同意双方就推特攻击模式的价值存在分歧"。② 布鲁尼格和他的意识形态同盟，例如《窃听》杂志的格伦·格林沃尔德，认为他们发出的政治信息受到了以"语气监管"为幌子的审查。

刻意不讲礼貌是另类右翼的一个共同特征。另类右翼是一群彼此之间联系松散的白人民族主义者、旧保守主义者以及其他乐于看到唐纳德·特朗普在政坛崛起的极端保守派人士。他们相信文化在本质上是受种族约束的，因此当不同种族之间存在一定隔离的时候，社会才能以最佳状态运作。有人在描述另类右翼运动时指出："他们对于挑衅性言辞的偏好、彻头彻尾的种族歧视以及对犹太民族的诋毁通常是通过现代互联网话语习以为常的傲慢、讥讽的语气传递出来的。"几位另类右翼领导人撰写了一份"准知识分子宣言"（quasi-intellectual manifesto），承认他们在这场运动中"挑衅成瘾"，并解释说："看着那些故步自封的老古板因受到公然嘲讽而火冒三丈、阵脚大乱，实在让人乐不可支"。③ 当然，被挑衅的对象可不觉得好笑。另类右翼将怒火对准了斥责另类右翼与现代保守主义背道而驰的共和党人，在网络骚扰中称他们

---

① 见 Sady Doyle, "Beware of the Angry White Male Public Intellectual," *Quartz*, February 16, 2016。

② Kevin Drum, "The Great Matt Bruenig-Neera Tanden Kerfuffle Sort of Explained," *Mother Jones*, May 20, 2012.

③ 对于另类右翼的描述出自 Rosie Gray, "How 2015 Fueled the Rise of the Freewheeling, White Nationalist Alt Right Movement," *Buzzfeed*, December 27, 2015。与宣言有关的信息，见 Allum Bokhari and Milo Yiannopoulos, "An Establishment Conservative's Guide to the Alt-Right," *Breitbart*, March 29, 2016。

为"绿帽奴"(cucks)①,透露出强烈的种族歧视意味。②

占据意识形态领域两端的人在推特和脸书等社交媒体上的表现都越来越恶毒。也许有人会说这些争论多是纯粹政治的,与思想有关的很少。其实,外交政策辩论中言论攻击的恶毒程度不亚于此。现实主义者向来是站在政治领域右端的,他们将炮火更多地集中于新保守派而非自由派。同样地,左派民主党人对自由国际主义的"鹰派"作风的愤恨远甚于对保守派的不满。③

经济不平等也在影响网络互动,导致我们在前几章中讨论过的明星知识分子受到憎恨的状况进一步恶化。例如托马斯·弗里德曼,他的批评者们像开办家庭手工业一样,源源不断地生产对他的批判。十几年前,马特·泰比在书评中极力贬损弗里德曼的《世界是平的》,说它是"一个平庸之辈最糟糕、最无聊的胡言乱语。"④之后,泰比时不时地便会出言讽刺弗里德曼的思想。《沙龙》(Salon)杂志的亚历克斯·派尔尼编辑了一个"全美最差劲的30位专家学者"年度榜单,弗里德曼总是位居前列。这两个例子只是弗里德曼所受抨击的冰山一角。⑤ 有人甚至专门创建了一个网站:www.thomasfriedmanopedgenerator.com,用计算机自动生成弗里德曼式专栏文章,几乎能够以假乱真,令人感到不可思议。

大多数赫赫有名的知识分子身后都有一群紧咬不放的批评者,也都有各自的负

---

① "绿帽"是"另类右翼"用来攻击对手缺乏男性气质的侮辱词语,最早是用来攻击并不完全致力于种族主义和反犹太主义的其他保守派。

② 见 Jesse Singal, "Explaining Ben Shapiro's Messy, Ethnic-Slur-Laden Breakup With Breitbart," *New York*, May 26, 2016; Jonathan Weisman, "The Nazi Tweets of 'Trump God Emperor'," *New York Times*, May 26, 2016; Jamie Kirchick, "Donald Trump's Little Boy Is a Gay Half-Jew with Jungle Fever," *Tablet*, June 1, 2016.

③ 运用沃尔特·拉塞尔·米德对美国外交政策领域思想流派的分类,最让杰斐逊派恼火的是威尔逊派,最让杰克逊派恼火的是汉密尔顿派,见 Walter Russell Mead, *Special Providence: American Foreign Policy and How It Changed the World* (New York: Knopf, 2001).

④ Matt Taibbi, "Flathead," *New York Press*, April 26, 2015.

⑤ 弗里德曼所受抨击的完整档案由吉莉安·约克整理,见 http://jillianyork.com/2011/12/14/the-definitive-collection-of-thomas-friedman-takedowns/,网站仍在不断更新。为了彻底揭露弗里德曼的错误,笔者也做出了自己贡献:Daniel W. Drezner, "Suffering from Friedman's Disease in Beijing," *Foreign Policy*, June 9, 2011.

面形象。许多批评也许过于恶毒或卑鄙,但不代表它们一无是处。然而,受到批评的知识分子大多将关注点放在了批评者的居心叵测上,忽略了批评的实质。艾丽斯·格雷戈里在《纽约时报书评》中撰文谈到年轻的批评者时,表示他们批评的关键通常得不到理解。

从某种意义上来说,网络批评不会给批评者造成任何负担,由此诞生的批判才是最公平的。这样的批判可以是冷酷的、无情的;接受审查的只是作品,与其作者无关。在这样的大环境下,年轻人写下最动人的溢美之词,发出最猛烈的严词抨击,但是这种环境也让他们轻易忘记了,自己面对的是某个人费时耗力、呕心沥血才完成的作品。①

抨击中也许含有合理的知识性批评,但它们毕竟是为了造成伤害而存在的。从心理上来说,知识分子倾向于将抨击与匿名攻击混为一谈,连同知识界的喷子一起,置之不理。

任何一位成功的知识分子都可以对现代思想产业中不和谐的观点视而不见。本章内容已经证明,知识分子忽略恼人言论的动机显而易见。屏蔽社交媒体上的匿名骚扰者和喷子有利于充分保持神志清醒。但是一味排斥负面批评也存在隐患,一旦所有的喷子、抨击艺术家、党派拥护者以及其他问罪之师都被清除,还有谁能提出批评②?随着声名显赫的知识分子继续发表意见,他们听到的要么是阿谀奉承,要么是可以随意摒弃的批评。如果他们只听进了对自己的称赞,难免更加沉浸于自己的思想,自喜过头。

---

① Alice Gregory, "When Is Criticism Unfair?" *New York Times Book Review*, February 2, 2016.

② 也许参加同场巡回研讨会的明星知识分子可以发挥批评家的作用。但是因巡回会议而诞生的小交际圈其实并不鼓励批评的提出,反而会使批评销声匿迹。

现代思想市场能够正常运转，但是远远称不上完美。有没有办法能够保证志存高远的知识分子在现代思想产业中生存下去，继而有一番作为？有没有方法可以使思想市场发展得更好？这些问题我们留待终章中解决。

结　论　思想产业的黑暗骑士理论

> 改革苛政也许是我们力所不能及的，但是进行知识上的自我约束往往是能够做到的。因此，当一个哲学家发觉自己被政治腐败和知识腐败包围，他首要的任务或许便是独善其身。
>
> ——马克·里拉

思想产业实现了有史以来最宏大的规模，如果过往的发展状况更好一些的话，便再理想不过了。

根据本书的论证，基本可以确定21世纪的思想产业已经改变了思想市场。各个领域的思想家进入思想产业的门槛降低了。在这中间，思想领袖比公共知识分子受益更多，明星知识分子获得的益处比其他任何人都多得多。这些变化合起来就意味着，尽管现今知识分子的总人数增加了，某些思想领袖所拥有的影响力仍然超过了他们在一个完美运作的思想市场中所能拥有的影响力。

公共知识分子目前依旧担当得起对思想领袖进行制约的重任，但是权威公信度的下降、政治两极化程度的加深以及经济不平等现象的日益加剧，都在削弱公共知识分子传达真相的能力。由于人们对各种形式权威的信任感下降，以权威的身份进行辩论不再像以往那样具有说服力了。自由派思想领袖可能仅仅因为党派偏见便否定保守派公共知识分子，反之亦然。富豪可以资助他们喜欢的思想领袖，确保这些思想领袖不会轻易消失在时间的洪流里。以上各个因素，都不利于提高公共领域内对公共知识分子批评的认可度。

思想产业暗布棋局，把思想领袖推向受益人的位置，但是很显然，意义重大的智力辩论仍然时有发生。本书已经详细讨论过萨克斯和伊斯特利之间围绕经济发展的论辩、对尼古拉斯·克里斯托夫提出的"学术边缘化"观点的批评、克莱顿·克里斯坦森和吉尔·莱波雷之间关于颠覆性创新的大混战以及尼尔·弗格森和他的批评者之间关于各种杂七杂八的问题的口角。今时不同往日,进入思想市场的门槛大大降低了,于是更多的人可以就公共政策和外交政策发表更多的意见。不过,知识分子食物链顶端的人员变化并不如想象中那样剧烈。先前提及的所有最具影响力的外交政策思想家,他们的影响力至今已经持续了相当长的时间。颠覆性创新理论对思想产业本身的影响几乎已经消失。

这一切的结果,便是一个运作不良的思想市场。明星思想领袖比明星公共知识分子更能适应这样的环境。广受欢迎的理论,例如颠覆性创新,如同金融市场里的资产泡沫一般,它们在极短的时间内获得太多不加批判的关注,然后遭到残酷的智力屠杀,最终被驳倒。现代思想产业诱使思想领袖忽略公共知识分子的批评,等到大家幡然醒悟,为时已晚。网络世界鼓励批评者拥抱内心对于喷别人的渴望,用更尖酸刻薄的语言进行批评。言语攻击在短期内也许有效,但是长此以往,只会导致明星知识分子更加将负面反馈拒之门外。

一言以蔽之:事态没有变得更糟,只是糟糕的表现方式不同罢了。

那么,事态会好转吗?同心协力提升话语的水准有用吗?在这样一个不完美的体系里,知识分子的个人使命是什么?应该肯定的是,的确存在能够改进思想市场的结构性转变和体制性改革。除此之外,成功的知识分子从内部进行调整的力量也很有可能推动思想产业的变革。但是,近来《新共和》杂志经历的动荡向我们揭示了个人力量推动变革的局限,即使这个人是一个非常富有的赞助人。

无论为思想市场划定怎样严格的界线,《新共和》都稳稳落在它的范围之内。共同创始人赫伯特·克罗利说,自1914年创办起,该杂志的目的就在于"提高美国公众舆论中特定思想和观点的价值。如果这些思想和观点已经被人们当作事实真相广为接受,也就没有创办这份杂志的必要了。重点是我们试图把这些观点灌输给盲目的、有抵触情绪的人"。①《新共和》陆续刊登了许多20世纪最伟大的知识分子的文章,包括约翰·杜威、沃尔特·李普曼、路易斯·梅南德、汉斯·摩根索、雷茵霍尔德·尼布尔、玛莎·娜斯鲍姆、乔治·奥威尔、伯特兰·罗素、安德鲁·沙利文、迈克尔·沃尔泽以及丽贝卡·韦斯特,他们的文字为杂志增添了光彩。《新共和》也成为其编辑人员职业发展中一个至关重要的跳板,在《新共和》工作一定时间之后,出类拔萃的员工可以继续到《纽约客》《哈泼斯》《评论》《大西洋月刊》《纽约书评》《纽约时报》《华盛顿邮报》等媒体机构供职,为提高它们的知识分量出一份力。该杂志的另一特色是在封底刊印了许多篇幅最长、最有说服力的文化批评。

要想不偏不倚地评价《新共和》,不能不细数它犯下的诸多错误。20世纪30年代,《新共和》被斯大林经济模式深深吸引,以致在20世纪50年代落入苏联的间谍圈套。到了20世纪80年代,该杂志逐渐恢复知识活力,同时也刊登了一些关于美国种族问题的偏狭之见。② 近几十年来,它鼓吹强硬的、干涉主义的外交政策,结果是有人欢喜有人恼怒。不过,即使是对《新共和》提出强烈不满的批评家,例如塔那西斯·科茨,也承认它留下的知识遗产处于中心地位。③ 从没有人指责它对待思想的态度不够严肃。

《新共和》激励了知识的进步,但问题在于它一直是非营利性的。前任编辑亨德里克·赫茨伯格解释道:"适合《新共和》这类机构的商业模式只有一个,即有一个奇怪的百万富翁专门来为它的入不敷出买单。"④从威拉德·斯特雷特开始,一直到马蒂·佩雷茨,一连串奇怪的百万富翁都曾一度在非营利状态下资助该杂志取得重要成就,以换取它所能提供的在政治界、文学界以及学术界的威望。然而,亏损日积月

---

① Croly 引自 Franklin Foer, "The Story of How the *New Republic* Invented Modern Liberalism," *New Republic*, November 8, 2014。
② Jeet Heer, "The *New Republic*'s Legacy on Race," *New Republic*, January 29, 2015.
③ Ta-Nehisi Coates, "The *New Republic*: An Appreciation," *The Atlantic*, December 9, 2014.
④ Hertzberg 引自 Lloyd Grove, "Is This the End of 'The New Republic'?" *Daily Beast*, January 11, 2016。

累,迫使它的所有者不得不扔掉这个烫手山芋,设法寻找下一个慷慨的赞助人。①

2012年,脸书的联合创始人克里斯·休斯买下《新共和》。显然,新的赞助人有着落了。且不论休斯是如何赚到万贯家财的,他从一开始就明确表示不想改变《新共和》的知识性文化,绝不会让它往科技型创业公司的方向发展。收购《新共和》后不久,休斯向《纽约时报》透露他无意招揽社交媒体上的明星,但是会努力挽留最好的记者,以"确保《新共和》不再是他们工作满十年之后另谋高就的跳板"。②《纽约》杂志在一篇简介中指出,"休斯意欲制作有思想的人应该读的刊物,而非大量炮制多数人喜欢'点赞'的内容"。③ 2013年,他在接受采访时表示"我们不是硅谷的下一个大趋势",还承诺《新共和》短期内不会进行首次公开募股"。④ 文学编辑里昂·维瑟提尔在休斯买下《新共和》后也向媒体吹嘘了类似的内容,"我敢说我们不会变得更仓促更杂乱。我们将复兴我们的传统标准"。⑤

休斯领导的头几年里,《新共和》更新了它的网站,重新雇用德高望重的编辑富兰克林·弗尔负责杂志的运营,并且招募了许多杰出的作家,实现人员扩充。⑥ 它刊登了许多备受瞩目的报道、批评和引发广泛讨论的文章,讨论话题包括中东和平进程、

---

① 这一模式并不限于《新共和》,但是它的所有者变更也许是最符合此规律的,见 Jack Shafer, "The New Vanity Press Moguls," *Slate*, February 27, 2004。

② Julie Bosoman and Christina Haughney, "Foer Returns to *New Republic* as Editor," *New York Times*, May 20, 2102.

③ Carl Swanson, "Chris Hughes Is about to Turn 100," *New York*, December 2, 2012.

④ David Holmes, "The *New Republic*'s Chris Hughes in 2013: 'We Are Not the Next Big Trend in Silicon Valley'," Pando, http://pando.com/2014/12/05/the-new-republics-chris-hughes-in-2013-we-are-not-the-next-big-trend-in-silicon-valley/, December 5, 2014。

⑤ Wieseltier quoted in Paul Farhl, "Chris Hughes, Once a New Media Pioneer, Makes Bet on Old Media with the *New Republic*," *Washington Post*, July 8, 2012. 也请参见 Bosoman and Haughney, "Foer Returns to *New Republic* as Editor"; David Weigel, "How #Disruption Broke the *New Republic*," *Bloomberg Politics*, December 5, 2014。

⑥ 雇用弗尔时,休斯撇开了理查德·贾斯特。然而讽刺的是,两个月前说服休斯收购该杂志的正是这位编辑。

俄罗斯政治、技术乌托邦主义和政治腐败，等等。① 弗尔担任主编期间，《新共和》多次入围美国国家杂志奖。一位曾在《新共和》工作过的撰稿人盛赞休斯，称他是"21世纪的沃尔特·李普曼"。② 2014年秋天，为庆祝创刊一百周年，《新共和》举办了一场群星璀璨的名流晚宴。

但是，《新共和》始终没有实现盈利。事实上，据休斯说，该杂志的亏损速度之快令人担忧。③ 他为《新共和》投入了大量资金，尽管用于报道的只占少数，多数都花在了办公室重新装潢和形象顾问上。④ 所有开支加起来对他的盈亏底线造成了巨大的冲击。

以往到了这个时候，该杂志的所有者便会开始物色新的赞助人。休斯选择了另一条路。他聘请了雅虎新闻的前任总经理盖伊·维德拉，以求扭转形势。在宣布聘用维德拉的新闻稿中，休斯夸赞了维德拉的创业精神，继而解释道："我从前两年的经验中学到了一件事——要想维系和发展伟大的新闻机构，必须改变它们。"在同一篇新闻稿中，休斯宣布建立新的投资载体——新共和基金——用以投资新兴的科技企业。⑤ 在之后的一次采访中，休斯表示："随着盖伊的加入，我们将转向……新形式的数字化报道"。⑥

根据多篇相关报道的记载，维德拉上任时频频谈到颠覆和思想领导力。《纽约

---

① Evgeny Morozov, "The Naked and the TED," *New Republic*, August 2, 2012; Alec MacGillis, "Scandal at Clinton Inc.," *New Republic*, September 23, 2013; Ben Birmbaum and Amir Tohon, "The Explosive, Inside Story of How John Kerry Built an Israel-Palestine Peace Plan—and Watched It Crumble," *New Republic*, July 20, 2014; Julia Ioffe, "Vladimir Putin Might Fall. We Should Consider What Happens Next," *New Republic*, August 6, 2014.

② Dana Milbank, "The *New Republic* Is Dead, Thanks to Its Owner, Chris Hughes," *Washington Post*, December 8, 2014.

③ Sarah Ellison, "The Complex Power Coupledom of Chris Hughes and Sean Eldridge," *Vanity Fair*, July 2015.

④ Erik Wemple, "Chris Hughes at the *New Republic*: A Wasteful Experiment in Modern Design," *Washington Post*, January 22, 2016.

⑤ 新闻稿见 http://www.newrepublic.com/article/119470/press-release-guy-vidra-general-manager-yahoo-news-tnr-ceo。新共和基金的相关信息见 http://fund.newrepublic.com/。

⑥ Ellison, "The Complex Power Coupledom of Chris Hughes and Sean Eldridge."

客》记者瑞安·利扎的记述，为我们提供了维德拉和《新共和》职员灾难性的初次见面的最权威报道。

（维德拉）长篇大论地描绘了一场旨在使杂志实现营利的转变，但是在编辑们听来，只是成堆的陈词滥调和科技语。"我们将成为一家百岁创业公司"，他这样说道，《新共和》需要"从新陈代谢的角度进行自我审视"，创造"读者对于内容和产品设计的奇妙体验""无惧于创新和实验"，进而"改变该组织的部分基因"。他说他想要推行"年度回顾"，引起"文化变革，使身在其中的我们只需要敞开怀抱接受创新、实验和跨部门合作"，继而表示编辑、作家和商界人士要"在聚会上彼此进行更有效更高效的交流"，从而"推动我们迈向新的台阶……"

维德拉用以结束发言的一席话为《新共和》的编辑和作家提供了一大笑料。他说："人们都说世界上有两种总裁。一种是和平时期的总裁，另一种是战争时期的总裁。别太大惊小怪，但商场的确就是战场。我们如今处在战时。这意味着我们要做出许多改变。我们需要打破这狗屎似的壁障。抱歉，我说了脏话。但是我们必须打破这狗屎似的壁障，偶尔走出舒适区。这挺可怕的。改变现有的我们已经熟悉的事物确实令人胆战心惊。但是也很有趣，就像倚上一堵墙，然后亲手把它推倒。"①

尽管这段话在当时令《新共和》的职员们困惑不已，但是读到现在，想必本书的读者对维德拉的措辞已经非常熟悉了。维德拉在论述中使用颠覆创新的语言，实际上表明了他支持该杂志转向以思想领导力为中心，而不再像鼎盛时期那样，倚重传统的

---

① Ryan Lizza, "Inside the Collapse of the *New Republic*," *New Yorker*, December 12, 2014. 也请参见 Dylan Byers, "Implosion of a DC Institution," *Politico*, December 4, 2014。

公共知识分子。

维德拉和弗尔之间纷争不断，最终，休斯开始私下寻觅良才以替代后者。风声传到弗尔耳边后，他主动辞去了自己的工作，一同离职的还有维瑟提尔，二人的离去引起了巨大的混乱。维德拉宣布印刷版《新共和》的年度出版期数将削减一半，并且要把《新共和》打造成"垂直整合的数字媒体"。① 在随之而来的内部动乱中，超过30位名列该杂志刊头的编辑集体辞职。

针对这场集体辞职，维德拉写道："对于任何一位新到任的编辑来说，致敬《新共和》精神的最好方式，是首先认识到惯于革新是它最典型的特点。"② 休斯为维德拉的行为辩护，解释道："我买下《新共和》，不是为了只守住这家小小的印刷杂志社。"③ 几个月后，《新共和》雇用了新的首席营收官，负责"创建一个品牌内容部门，专为广告主服务"。④ 一位新近受聘的资深编辑引用维德拉的原话，认为入职《新共和》就如同"入职一家百岁创业公司"，而这正是它的魅力所在。《新共和》经历了又一次的改版，其网站也进行了再度更新，甚至有了新的信条，即成为"一家任务驱动的媒体机构"，以求为"当下最关键的问题提出全新的解决方案"。⑤ 但是这种精神与一家管理咨询公司的追求似乎区别不大。

此后，《新共和》的报道变得老套，党派倾向也明显弱化了。改版后的《新共和》将重心放在了种族和性别等身份认同问题上，对世界政治的关注度大大降低了。出于

---

① Ravi Somaiya, "Shake-Up at the *New Republic*: Franklin Foer and Leon Wieseltier Are Out," *New York Times*, December 4, 2014.

② Gabriel Snyder, "A Letter from the Editor," *New Republic*, December 22, 2014.

③ Chris Hughes, "Crafting a Sustainable *New Republic*," *Washington Post*, December 7, 2014.

④ Lukas I. Alpert, "*New Republic* to Start Producing Content for Advertisers," *Wall Street Journal*, March 19, 2015.

⑤ 前面两条引言出自 Benjamin Mullin, "The (new) *New Republic*: How the Magazine's Bosses Are Building a Company around 'Novel Solutions'," Poynter, August 11, 2015, accessed at http://www.poynter.org/news/mediawire/364679/the-new-new-republic-how-the-magazines-bosses-are-building-a-company-around-novel-solutions。

这些变化，它刊登了一些知识分子写的有关国家议程设置的文章。① 弗尔向笔者解释说此举能够使《新共和》在"抢夺读者的军备竞赛"中脱颖而出，此前其他杂志的编辑也曾提到这场竞赛愈发激烈了。② 但问题是，改版后的《新共和》吸引力大不如前。集体辞职事件之后，网站流量骤降了一半以上，而且在随后的一年里，增长微乎其微。③ 2016年1月，休斯决定将杂志转手，他承认道："我低估了在今天这样快速演变的大环境下，将一家老牌的传统媒体机构转化为数字媒体公司的难度"。④ 六周后，新赞助人温·麦科马克收购《新共和》的消息释出。在休斯手里，《新共和》被彻底颠覆，却没有产生任何有益的创新。

《新共和》的转变在思想市场内引起了怎样的波澜？事情到这里变得复杂了。无数为《新共和》效过力的员工为了曾经的杂志，或者签署请愿书，或者抒发心中怀念，谴责休斯亵渎了《新共和》的百年知识品牌。⑤ 保守派人士为该杂志停止批判自由主义教条而叹惋。许久未曾公开露面的《新共和》前任所有者马蒂·佩雷茨也出面指责休斯对待思想不够严肃。⑥ 维瑟提尔在《纽约时报书评》中撰文斥责休斯之流是"后人类主义者""否认人类能动性的重要性，甚至是合理性"。⑦

然而，尽管许多前任员工在抗议中严厉指出《新共和》应被当作公共信托来对待，而非一家企业，但是他们并没有提出切实可行的方法来填补财政上的巨大亏空。对

---

① Michael Eric Dyson, "The Ghost of Cornel West," *New Republic*, April 19, 2015.

② 与Foer通过Skype进行的访谈，2015年12月24日；与Gideon Rose的访谈，纽约，2015年12月8日。

③ Lukas Alpert, "*New Republic* Owner Chris Hughes Puts Magazine Up for Sale," *Wall Street Journal*, January 11, 2016. 也请参见 Megan McArdle, "Next Owner of the *New Republic* Needs a Better Vision," BloombergView, January 11, 2016。

④ Chris Hughes, "The *New Republic*'s Next Chapter," *Medium*, January 11, 2016, accessed at https://medium.com/@chrishughes/the-new-republic-s-next-chapter-69f6772606#.usbot78c9.

⑤ Michael Calderone, "New Republic Exodus: Dozens of Editors Resign over Management Changes," *Huffington Post*, December 5, 2014; Jonathan Chait, "A Eulogy for the *New Republic*," *New York*, December 4, 2014; Lizza, "Inside the Collapse of the *New Republic*."

⑥ Martin Peretz, "Why Doesn't the *New Republic*'s New Owner Take Ideas Seriously?," *Washington Post*, December 10, 2014.

⑦ Leon Wieseltier, "Among the Disrupted," *New York Times Book Review*, January 7, 2015.

该杂志不怀个人情感的作家的看法更显消极。例如,"沃克斯"的联合创始人埃兹拉·克莱因指出,《新共和》《美国展望》和《华盛顿月刊》等政论杂志"不再是华盛顿政策讨论的中心,对话已经从杂志页面蔓延到了网上,超出了它们的管辖范围"。① 他所说的包括美国聚合新闻网站和"五三八"等新兴网站、边际革命(Marginal Revolution)和"结局"等知名博客,以及贾梅尔·鲍伊、梅根·麦克阿德和拉姆士·彭努如等个人专栏作家。事实上,跟随弗尔和维瑟提尔一同离开《新共和》的编辑都在别处找到了薪酬又高又清闲的新工作。还有许多评论员因报道这整场闹剧的新闻太多、篇幅太长而颇感恼怒。

如果《新共和》的故事还不能称得上某些人关于知识界"诸神的黄昏"的断言,它起码揭示了 21 世纪思想产业的潜在趋势。一个多世纪以来,该杂志一直致力于成为传统知识分子的堡垒,也确实成功地做到了这一点。丽贝卡·韦斯特在它的创刊号中撰文写到"严词批评的责任",是《新共和》和其他所有对下个世纪满怀热忱的有志之士确已践行的共同责任。② 该杂志长期以来的相对优势就在于它有能耐剖析、审问甚至讥讽已被广泛接受以至固化为传统观念的思想,即约翰·斯图尔特·米尔所说的"死的训条"(dead dogma)。然而,如今连它也为了拼命争取思想领导力,急欲与公共知识分子划清界限。这一变化暗示我们思想市场正面临着多么严重的动乱。《新共和》也很有可能并非唯一在当下的变动中承受这些压力的媒体机构。③

《新共和》的经历为思想产业提供了几点发人深省的教训:首先,富豪在思想市场的影响力可能相对较大,不过,只有当他们自愿消化财政亏损,这种影响力才能够存在;其次,试图改变拥有浓厚知识性文化的组织机构将会导致巨大的混乱,并且很有可能走向失败;最后,一家出版机构的颠覆难以从根本上影响现代思想产业,即使这家机构有着极其悠久的历史。

---

① Ezra Klein, "Even the Liberal *New Republic* Needs to Change," *Vox*, December 5, 2014.
② Rebecca West, "The Duty of Harsh Criticism," *New Republic*, November 7, 1914.
③ Kelsey Sutton and Peter Sterne, "The Fall of Salon. com," *Politico*, May 27, 2016.

那么，如何才能完善现代思想市场？知识分子要怎么做才能在思想产业中生存下去进而大展宏图？

写这么一本书是要承担风险的，因为一不小心就会落入怀旧的陷阱，转而开始论证凡事都是过去的好。然而，在笔者看来，本书已经清楚说明了现代思想产业的决定性优势，不过笔者也并不认为眼下的一切都很顺利。旧的思想市场受到了过度保护，但是在重重约束之下的确存在实质性辩论。偶尔真的有人会因那些辩论而改变自己的观点。而现代思想产业中尽管涌现了成百上千场TED演讲，但是演讲过程中没有讨论者，演讲者也不彼此倾听，而且受众也只是有选择地出席少数的演讲现场。

思考如何改进现代思想市场时，要牢记三条指导原则。第一，我们不能也不应该试图回到过去。现代思想产业在某些方面的发展是不可逆转的。例如，层出不穷的媒体平台不可能一夕之间尽数消失。更重要的是，现代思想产业虽然存在缺陷，但是也有优点。若是权威备受尊崇、政治两极化程度减弱、经济差距也大大缩小，这样的社会听起来也许不错，但是不免让人感到智力上的乏味。思想市场若是将权力交还公共知识分子，那么它同时也改变了局势，使思想领袖处于劣势。我们需要的不是一个由公共知识分子主导的世界，而是不同类型的知识分子之间的平衡。

第二，塑造现代思想产业的种种力量中，有一些很可能将在未来十年里自行反弹。权威的公信度几年前跌入低谷，但是如今已有所回升。也开始有证据显示政治两极化趋势有所缓和。① 唐纳德·特朗普的当选意味着保守主义正统观念将面临更多来自共和党内部的民粹主义力量的严峻挑战。眼下似乎还很难想象，但是如此激烈的党派对立确实有可能不会持续太久。如同以往的"教义狂热"浪潮，它最终也将随着时间慢慢平息。② 某些富有的赞助者决定投入资源，改善真正的公共知识分子

---

① Lee Drutman, "What Paul Ryan's House Budget Woes Tell Us about the Continued Crack-Up of the Republican Party," *Vox*, April 11, 2016.

② 有关教义狂热，见 Samuel Huntington, *American Politics: The Promise of Disharmony* (Cambridge, MA: Belknap Press, 1981). 关于塞缪尔·亨廷顿的理论的最新进展，见 George Will, "An Anti-Authority Greed," *Washington Post*, January 23, 2011.

的处境，也不是没有可能。事实表明，确实有部分赞助者在参与思想产业的过程中正在沿学习曲线向下移动。一些慈善资本家不再执着于自己的投入能否立即造成政治影响，他们重新转向传统路径，资助大学或者智库的知识分子。还有一些选择资助传统公共知识分子，以制衡思想领袖。① 如果以上各个因素都能或多或少地发挥作用，那么对于思想的需求会居高不下，但是原本偏向思想领袖的局势将会大为改观。

最有望修正现代思想产业弊病的力量就在传统的非营利部门。大学和智库都要使出浑身解数，吸引更多的捐赠。因为对二者而言，捐赠收入越多，越能保证思想独立。

大学和智库还必须重振机构自身的声望。怀疑论者也许会认为它们的权威的衰落是不可逆转的，但是笔者的亲身经历证明，这种看法其实不尽然。两年前，笔者加入了弗莱彻学院的一个研究组，该研究组在卡耐基基金会的资助下，致力于拉近大学与政策之间的距离。弗莱彻学院聚集了一群来自多个学科的学者，专门研究政治合法性与政策制定者之间的关联。从这一段经历中，笔者得出的最重要的结论就是，一个研究组的整合大于其各个部分的简单相加。所有参与研究的学者在各自的专业领域都是响当当的人物。但是当他们聚在一起，受众最看重的似乎还是它是由弗莱彻学院集结起来的一个团体。既然弗莱彻学院能够充分利用它的声望，将其转化为影响力，约翰·霍普金斯大学高级国际关系研究学院、乔治城大学、布鲁金斯学会、美国传统基金会以及其他机构自然也能够做到。② 若是大学和智库在思想市场上拥有更大的影响力，传统公共知识分子自然也会更有底气。各个慈善基金会如果减少对即时影响的追求，更多地关注长期投资，也将有助于推进这一趋势。近几十年来，保守

---

① 前者的例子，见 Tim Alberta and Eliana Johnson, "In Koch World 'Realignment,' Less National Politics," *National Review*, May 16, 2016。后者的例子，见 Carl Swanson, "Leon Wieseltier Is Not Buying the *New Republic*—But He Is Teaming up with Steve Jobs's Widow to Start a New Publication," *New York*, January 21, 2016。

② 事实上，思想产业中私立部门的一个相对优势就在于它倾向于打造整体品牌，而不是提高其中个人雇员的知名度。

派的慈善性捐赠之所以收获了更大的成功，就是因为他们对自己的付出更有耐心。①

为确保多样化的批判并存于外交政策界，还有一些小的措施可以采取。近年来，一股巨大的力量推动外交政策讨论朝向更加包容的方向发展，即不再只限于白人男性参与。大量研究曾显示，思想产业内最有名的机构均由男性主导；2011 年的一项调查发现，《华尔街日报》全年的专栏文章中，由女性作家撰写的不足 20%，《纽约时报》则仅有 23%；2014 年，全体智库演讲者中女性只占不到四分之一；同年，周日早间访谈节目请到的女性嘉宾也不足总人数的四分之一。②"专栏项目"（The Op-Ed Project）和"外交政策中断"（Foreign Policy Interrupted）等组织的创建正是为了提高人们对此类不平衡现象的认识，并且试图解决问题。

实现思想产业内部种族和性别的多样化，看似可能与我们在本书中讨论的问题无关。种族和性别的多样性并不能保证提高知识性辩论的质量，尤其是当仅以身份为依据的观点压倒了建立在其他理论和证据之上的观点。但是，拓宽外交政策会议的背景有可能提供更为广阔的视角。就算没有其他用处，提高多样性至少可以有效制约明星知识分子的势力。在各种知识性讨论中引入多样化的声音，能够在一定程度上创造公平竞争的局面。

如果结构性因素能够自行反弹，或者大型机构能够实现自我改革，无疑是很幸运的。但是，作为一名社会科学家，笔者并不奢望此类现象会自行发生。变化是缓慢进行的。同时，笔者也担心未来现代思想市场的缺陷会压倒其优势。21 世纪以来，美国已经发生了两起闹得人心惶惶的政策灾难，一次是 2003 年入侵伊拉克，另一次是没能及时应对次贷泡沫。两次事件中，都有批评家强调左右政策制定者进行决策的

---

① Steven Teles, "Foundations, Organizational Maintenance, and Partisan Asymmetry," *PS: Political Science and Politics* 49 (July 2016): 455–460.

② Tamara Cofman Wittes and Marc Lynch, "The Mysterious Absence of Women from Middle East Policy Debates," *Washington Post*, January 20, 2015; Elmira Bayrasli and Lauren Bohn, "Binders Full of Women Foreign Policy Experts," *New York Times*, February 10, 2015; Jane Greenway Carr, "The Underrepresentation of Women in Foreign Policy Is a Huge Problem," *Vox*, February 16, 2015.

指导思想存在问题。但是每一次，他们都遭到了排挤，被认为是捣乱分子或极端分子。在理想的思想市场中，如果权威人士提出的思想存在疑点，那么面对更有力的论据或证据时，他们必须重新审视自己的理论依据。

最后，笔者要提出一个听起来有点天真的建议。为迎接思想产业即将发生的变化，成功的知识分子必须对各自所处的专业领域有更加深刻的自我认识。思想产业演化出了许多让人能够轻易屏蔽建设性批评的方法，外交政策界内部必须对这些方法加以抵制。外部审核力量薄弱之时，内部审核的重要性便凸显出来了。负责任的知识分子在鼓励之下会主动去寻找针对自己作品的有见地的批评，尤其是如果他的读者中包括有权有势的人。

要求知识分子进行自我监督，无异于告诉蝎子不要去蜇青蛙，听起来有些不切实际。思想领袖既然是领袖，自然不会主动考虑自己犯错的可能性。指望这样的人主动去寻找批评性反馈，可能要求过高了。而杰出的公共知识分子，尤其是任职于著名大学、智库或咨询公司的，也的确不是最谦虚的人。尼尔·弗格森曾告诉笔者："在知识界，绝不会有人宣布自己破产。"①

但如果说知识分子的确擅长什么事的话，那便是自以为很有自知之明。要求政治家践行政治信念并且忽略短期回报，等于让他们装作自己不是政治家。让知识分子拒绝直接的物质利益也不容易，因为他们和其他中产阶级一样，也有房贷和助学贷款要还。即使如此，强调思想市场内的动态变化，能够帮助成功的知识分子，包括最自信的思想领袖，意识到无视批评性反馈引发的长期风险。

理查德·霍夫施塔特曾经说："知识分子的命运，要么是痛恨自己与财富、成功和名望无缘，要么是名利双收之后陷入深深的愧疚。"②物质回报会诱使一般的知识分子堕落，但是愧疚和恐惧能够对抗经济诱惑。伴随成功而来的愧疚可以被利用，转化

---

① 与 Niall Ferguson 的访谈，剑桥，MA，2016 年 4 月 22 日。
② Richard Hofstadter, *Anti-Intellectualism in American Life* (New York: Knopf, 1962), 417.

为自我约束。对于失败的恐惧也是思想市场中的一个有效激励因素。知识分子鲜少有破产的，但是他们对自己所处的地位相当敏感。本书已经证明，公共政策和外交政策思想家失势之事常有发生，一如资产泡沫时有破裂。幸运的是，外交政策领域的知识分子都会竭力避免成为日后年长的智库成员告诫年轻的研究助手时，讲给他们听的业内悲剧的主角。

为了实现这种自我认知，成功的知识分子必须克服几个坏习惯。这说来容易做来难。思想市场的扩张为在此环境下有一番作为的人提供了更多的回报。一个人越是沿着知识分子食物链往上爬，面临的诱惑、收获的回报也越多。作为一个成功的思想领袖，生活必定忙忙碌碌，不过也意味着巨大的个人回报和经济回报。

早前在克里斯托弗·诺兰导演的《蝙蝠侠：黑暗骑士》中，魅力十足的地方检察官哈维·丹特与人共进晚餐时说："要么作为英雄死去，要么苟且活着，直到目睹自己被逼成恶棍。"这句台词为丹特这个角色的演进埋下了伏笔，若稍加改动，似乎也适用于思想产业中的知识分子：要么在默默无闻中高贵地死去，要么苟且活着，直到目睹自己沦落成思想市场中原本最让你厌恶的那种人。

笔者（至今）没有作为无名之辈死去，因此多多少少见证了这个堕落的过程。

在职业生涯之初，笔者便把研究指向两类受众：一是学者，二是公众。在早期发表的一篇文章中，笔者写过下面这么一段话。

> 社会科学家的（一个）明显用途是（发挥）批评家的作用。政治家在利益驱使下可能会把疑点重重的理论当作政治上的权宜之计。学者对各种理论的理论和实证严谨性进行审查，过滤掉那些能够引起情感共鸣但实际上有误的观点。这对决策者来说用处颇大，因为由此可以向他们证明哪些理论

应该被忽略,哪些值得进一步关注。学术批评可以发挥重大作用。①

随着职业发展,笔者继续在同行评审期刊发表文章,同时也开始面向更广泛的公众写作。2002年9月,笔者创建了自己的博客。笔者为《纽约时报》《外交事务》《国际安全》及《国际组织》供稿。因为读者群更广了,笔者主要围绕几个较为普遍的主题展开讨论。其中之一便是批评比笔者本人名气更大的公共知识分子对世界政治相关隐喻的误用,这个主题对笔者自身的学术写作也具有很大的帮助。②

政治经济学专家和外交政策专家是在一个反周期的领域工作。世事越是艰辛,越要求这些专家的介入。因此,不同于其他人的举步维艰,过去十年里笔者一直顺风顺水。作为一名学者,生活很美好。笔者通过评审成为一名正教授,获得了多项赫赫有名的研究基金,在诸多学术期刊上发表了论文,还受邀加入了好几家杂志的编辑委员会。作为一名公共知识分子,生活更是妙不可言。几部拙作有幸受到著名出版机构的青睐,外国政府邀请笔者为他们的官员开设讲座,美国政府偶尔也会征询笔者的意见。除此之外,笔者还写了一本国际关系理论教科书,篇幅不长且文笔略带讥讽色彩,被广泛应用于大学课堂。各个高校的学术主管都希望自己学校的教授在这个经济不景气的时代造成一定"影响"。按照他们的标准,笔者肯定算是做得不错。校对眼下这一段文字的时候笔者在意大利的贝拉吉奥,住在洛克菲勒基金会的一间别墅里。因此没什么可抱怨的。

需要澄清的是,笔者绝不认为自己可以与法里德·扎卡利亚、克莱顿·克里斯坦森或尼尔·弗格森等顶尖的知识分子比肩而立。但是,随着笔者自身事业的发展,时不时也能尝到一点明星知识分子可以经常享受的好处。笔者可以和最优秀的航空公

---

① Daniel W. Drezner, "Globalizers of the World, Unite!," *The Washington Quarterly* 21 (Winter 1998): 222 – 223.

② Daniel W. Drezner, "Bad Debts: Assessing China's Financial Influence in Great Power Politics," *International Security* 34 (Fall 2009): 7 – 45; Drezner, "The System Worked: Global Economic Governance during the Great Recession," *World Politics* 66 (January 2014): 123 – 164.

司讨论他们的常旅客计划,有时也有幸成为摆满点心的演员休息室、商务舱机场贵宾室以及异国豪华会议厅的客人。其中最令笔者感到骄傲的,是有一次携妻子一同前往葡萄牙参加会议。这可不寻常,因为以往她都不能陪笔者出席这种奢靡的场合。在里斯本机场,我们得到了全体工作人员的接待。在他们的簇拥下,我们迅速坐上一辆黑色SUV,疾驰驶向卡斯卡伊斯市的一家高档酒店。酒店附近有一家赌场,正是伊恩·弗莱明写007系列《皇家赌场》的灵感来源。会议举办方为每一位与会者都制作了巨型广告牌,树立在市里,其中包括弗朗西斯·福山、鲁里埃尔·罗比尼,还有笔者自己。① 当笔者的妻子看到一幅足有三米高的笔者的照片立在城市广场边上,她转过头对笔者说:"你可真让我刮目相看。"

戴维·布鲁克斯在其著作《天堂里的布波族》(*Bobos in Paradise*)中完美描绘了这种"半专业性半社会性"的场面,例如在TED大会、迪奇里庄园周末会议、萨尔茨堡研讨会和世界经济论坛会议等场合,成功人士和权威人士相互交际,围绕知识进行讨论。② 笔者没有建立自己的品牌,也没有参加过达沃斯论坛,但是大抵能在思想市场的中上层占据一席之地。比起富商在硅谷或华尔街累积起的财富,知识分子在思想产业获得成功而得到的物质回报不值一提。即便如此,对于在职业生涯之初选择思想作为自己毕生追求的个人而言,收获的回报还是超出了预期。他们还得起贷款,供得起孩子上大学,生活美满幸福。

然而,一个知识分子的成功和成名引发的影响,对于他个人乃至整个思想市场都会造成更大的问题。

在现代思想市场,除非有一帮人追在身后提出批评,否则都算不上真正的成功。上一章中,笔者提到了"政治学传闻"网站上那几位不太讨喜的粉丝。其他人要么在社交媒体上进行言语攻击,要么盘踞在笔者的《华盛顿邮报》评论区,还有人发邮件给

---

① 笔者永远不能完全理解为什么会议主题发言人竟是拉里·金,不过他这个人还是很棒的。
② Brooks, *Bobos in Paradise*, 175.

笔者泄愤。① 这些批评者中有一部分采取的是消极攻击，但更多的是积极进攻。

这些污蔑其实并没有造成特别严重的困扰，比起其他知识分子因其言行而遭受的骚扰，简直微不足道。尽管如此，长年累月的言论攻击还是在笔者的心上磨起一层老茧。在它的保护下，笔者能够更加自如地发表意见和写作，但这也意味着笔者对待批评的态度可能有失公允了。戴维·布鲁克斯曾经警告说："中年成名的悲剧就在于，万众瞩目发生在一个人最清醒地意识到自己有多么平庸之时。"②不过还有更惨的，那就是同样备受瞩目，却对自己的不足之处一无所知。而活跃于公共领域所必需的这层老茧，提高了这一悲惨命运成真的可能性。

不仅如此，有时笔者自己也会疏于提出批评。笔者仍然会批评其他的外交事务专家，不过也许不如以前那么频繁了。或许是因为笔者如今更能理解经常提出原创而有趣的论点的不易之处。但也可能是出于一个简单的人性弱点：当你认识了某位作者，再公开对他提出批评就更难了。③ 而一个知识分子越是成功，他认识的人自然越多。

随着事业的进一步发展，成功给笔者带来了更大的好处，而它造成的影响着实让笔者惊出一身冷汗。笔者做学问的风格发生了变化，而且并不全是朝好的方向。随成功一道而来的是自信，还有相当程度的傲慢。有时接受了约稿，回过头来却发现自己本应该婉拒的，因为没有时间去写，或者能力达不到、写不好。写得说得多了以后，阅读便少了。除了在会议上听其他人讲话，笔者很少有机会扩充自己的知识储备。坐多了国际航班的商务舱，笔者对每次起飞前和落地后在地面该履行的义务愈发没有耐心。笔者读研究生时，若是联系前辈却没有得到回应会十分气恼。如今却已成为这样的前辈了。

---

① 电子邮件泛滥，以至于邮寄的匿名批评信让人觉得很复古，甚至很有魅力。
② David Brooks, "The Thought Leader," *New York Times*, December 16, 2013.
③ 相反，在参加会议或同行评审时，笔者可以自如地对学术论文提出批评。可能因为前者是公认的规范，而后者采取的是双盲审制度（审者与作者互不知道彼此身份的匿名评审制度）。

"政治学传闻"网站上针对笔者的批评不少,其中笔者个人最喜欢的一条是这么说的:"100 个引用他作品的人里,有 99 个是为了证明他是个蠢货。"这种说法很好笑,而且太夸张了,但是确实有一段时间,笔者很担心这位批评者可能真的多少道出了真相。笔者丝毫不怀疑,在心浮气躁的日子里,自己恰巧符合艾伦·詹姆士给自以为是的混球下的哲学定义:"沉浸在别人都劣于自己……别人都指望他比自己表现更佳的臆想中的人。"①果不其然,詹姆士给出的最符合此定义的例子是劳伦斯·萨默斯和伯纳德·亨利·利维等知识分子。

如果思想产业要进行改良,这种职业叙事需要改变。成功的知识分子必须承认自己也会犯错,而他们承认这一点的可能性显然是存在的。一个学生对科学之哲学的最初认识,就是了解整个社会科学事业正是围绕证伪发展的。② 通过证明一个现有理论是错误的,我们得以更好地理解我们的思想能够解释什么,不能解释什么。

麻烦的是,知识分子总是倾向于证明别人是错的,这才符合人类的心理。正如凯瑟琳·舒尔茨在其著作《我们为什么会犯错?》(*Being Wrong*:*Adventures in the Margin of Error*)中所说:"因做对事而产生的喜不自禁的感觉谁都抗拒不了,而且(可能最令人奇怪的是)几乎不分大事小事……赌赢外交政策肯定比赌赢赛马更重要,但是这两件事绝对都会令我们洋洋得意。"③

与此同时,社交媒体、博客帖子以及专栏版等随手写作情况的激增,也存在一个积极的方面。笔者写了十几年博客,犯过不少错。甚至在重大事件上出过错,例如支持 2003 年入侵伊拉克。笔者已经多多少少习惯了犯错的感觉。当然,笔者的初衷是尽量不犯错。但是如果笔者在推特上或者博客上发布了尚不成熟的假设,后来被证

---

① Aaron James, *Assholes*:*A Theory* (New York:Anchor Books, 2012), 39 – 41.
② Imre Lakatos, "Falsification and the Methodology of Scientific Research Programmes," in *Criticisms and the Growth of Knowledge*, ed. Lakatos and Alan Musgrave (Cambridge:Cambridge University Press, 1970).
③ Kathryn Schulz, *Being Wrong*:*Adventures in the Margin of Error* (New York:HarperCollins, 2010), 3.

明是错误的，笔者会更好奇自己为什么出错，继而进行实证和理论研究，这似乎比一味坚持自己最初的观点更有趣。年轻一辈的知识分子自幼受互联网影响，更加习惯社交媒体讨论中的针锋相对，可能对此深有同感。

笔者的故事有可能走向两个结局。第一个是笔者最终变成恶棍。成功的知识分子，无论是思想领袖还是公共知识分子，都有成为职业混球的潜力。如果笔者建立起自己的品牌，那么无论是出版、演讲、建立人际关系、送孩子上好大学，还是疏离笔者的学生、同事和朋友，都会变得更容易。直到笔者说了或者写了什么极其恶劣的内容，致使某个人站出来揭发笔者的错误，还因此一举成名。这种情况已经发生在了一些比笔者更聪明、更有名、更有天赋的知识分子身上，发生在了我们在本书中讨论过的许多人的身上。现代思想市场中，有太多人终将有意识或无意识地走上这条路。

笔者的第二个结局是哈维·丹特从来没有思考过的：持续性。如果笔者相信自己在书中提出的论点是正确的，那么日后应当适度减少写作，多阅读、多思考。可持续的知识分子乐于自省，他们会主动寻找并且理解对自己的批评，同时不让自己被批评麻痹。他们学着维持故弄玄虚和抱朴含真这一对动力之间的平衡。短期看来，这条道路确实不怎么吸引人。但是随着越来越多的学者、智库成员以及私立部门的分析师了解到思想产业的现状，他们或许也会放弃短期的巨星荣誉，转而选择长期的持续发展。这一选择既有利于他们自己的职业生涯，也有利于整个思想市场。

为紧迫之事牺牲重要之事的诱惑，不是只有政策制定者会遇到，它也潜藏在野心勃勃的知识分子的内心。

笔者不确定自己的故事会走向哪个结局，但是笔者确实有个不错的思想。

参考文献

[1] Abelson, Donald. 2009. *Do Think Tanks Matter? Assessing the Impact of Public Policy Institutes*. Montreal: McGill-Queens Press.

[2] Abelson, Donald. 2014. "Old World, New World: The Evolution and Influence of Foreign Affairs Think-Tanks." *International Affairs* 90 (January 2014): 125–142.

[3] Achen, Christopher, and Larry Bartels. 2016. *Democracy for Realists*. Princeton, NJ: Princeton University Press.

[4] Alterman, Eric. 1992. *Sound and Fury: The Washington Punditocracy and the Collapse of American Politics*. New York: Harper Collins.

[5] American Political Science Association. 2014. *Improving Public Perceptions of Political Science's Value*. Washington, DC: APSA.

[6] Andrew, Edward G. 2006. *Patrons of Enlightenment.* Toronto: University of Toronto Press.

[7] Avey, Paul C., and Michael C. Desch. 2014. "What Do Policymakers Want from Us? Results of a Survey of Current and Former Senior National Security Decision Makers." *International Studies Quarterly* 58 (December): 227–246.

[8] Bacevich, Andrew. 2016. "American Public Intellectuals and the Early Cold War, or, Mad about Henry Wallace." In *Public Intellectuals in the Global Arena*, edited by Michael Desch. South Bend, IN: University of Notre Dame Press.

[9] Bafumi, Joseph, and Michael C. Herron. 2010. "Leapfrog Representation and Extremism: A Study of American Voters and Their Members in Congress." *American Political Science Review* 104 (September): 519–542.

[10] Barnett, Michael, and Raymond Duvall. 2005. "Power in International Politics." *International Organization* 59 (January): 39–75.

[11] Barber, Benjamin. 2001. *The Truth of Power*. New York: W. W. Norton.

[12] Barber, Michael, and Nolan McCarty. 2013. "Causes and Consequences of Polarization." In *Negotiating Agreement in Politics*, edited by Jane Mansbridge and Cathie Jo Martin. Washington, DC: APSA.

[13] Beard, Charles. 1927. "Time, Technology, and the Creative Spirit in Political Science." *American Political Science Review* 21 (February): 1–11.

[14] Bennett, Andrew, and G. John Ikenberry. 2006. "The *Review's* Evolving Relevance for US Foreign Policy 1906–2006." *American Political Science Review* 100 (November): 651–658.

[15] Berlin, Isaiah. 2013. *The Hedgehog and the Fox: An Essay on Tolstoy's View of History*. Princeton, NJ: Princeton University Press.

[16] Berry, Jeffery. 2016. "Negative Returns: The Impact of Impact Investing on Empowerment and Advocacy." *PS: Political Science and Politics* 49 (July): 437–441.

[17] Bishop, Matthew, and Michael Green. 2008. *Philanthrocapitalism: How the Rich Can Save the World*. New York: Bloomsbury Press.

[18] Blanchard, Olivier. 2008. "The State of Macro." NBER Working Paper 14259.

[19] Blinder, Alan. 1988. *Hard Heads, Soft Hearts*. Boston: Addison-Wesley.

[20] Blyth, Mark. 2002. *Great Transformations: Economic Ideas and Institutional Change in the Twentieth Century*. New York: Cambridge University Press.

[21] Blyth, Mark. 2013. *Austerity: The History of a Dangerous Idea*. New York: Oxford University Press.

[22] Bock, Sebastian. 2014. "Politicized Expertise—An Analysis of the Political Dimensions of Consultants' Policy Recommendations to Developing Countries with a Case Study of McKinsey's Advice on REDD+ Policies." *Innovation: The European Journal of Social Science Research* 27 (December): 379–397.

[23] Boudreau, Cheryl. 2015 "Read but Not Heard? Engaging Junior Scholars in Efforts to Make Political Science Relevant." *PS: Political Science and Politics* 48 (September): 51–54.

[24] Brest, Paul, and Hal Harvey. 2008. *Money Well Spent*. New York: Bloomberg Press.

[25] Brooks, David. 2000. *Bobos in Paradise*. New York: Simon and Schuster.

[26] Brouwer, Daniel, and Catherine Squires. 2003. "Public Intellectuals, Public Life, and the University." *Argument and Advocacy* 39 (Winter): 201–213.

[27] Brown, Michael, Sean Lynn-Jones, and Steven Miller, eds. 1996. *Debating the Democratic Peace*. Cambridge, MA: MIT Press.

[28] Busby, Joshua W., and Jonathan Monten. 2008. "Without Heirs? Assessing the Decline of Establishment Internationalism in US Foreign Policy." *Perspectives on Politics* 6 (September): 451–472.

[29] Busby, Joshua W., and Jonathan Monten. 2012. "Republican Elites and Foreign Policy Attitudes." *Political Science Quarterly* 127 (Spring): 105–142.

[30] Burgin, Angus. 2012. *The Great Persuasion: Reinventing Free Markets since the Depression*. Cambridge, MA: Harvard University Press.

[31] Burns, Jennifer. 2008. *Goddess of the Market: Ayn Rand and the American Right*. New York: Oxford University Press.

[32] Byman, Daniel, and Matthew Kroenig. 2016. "Reaching beyond the Ivory Tower: A How To Manual," *Security Studies* 25 (May): 289–319.

[33] Caplan, Bryan, Eric Crampton, Wayne Grove, and Ilya Somin. 2013. "Systemically Biased Beliefs about Political Influence." *PS: Political Science and Politics* 46 (October): 760–767.

[34] Carmines, Edward, Michael Ensley, and Michael Wagner. 2012. "Who Fits the Left-Right Divide? Partisan Polarization in the American Electorate." *American Behavioral Scientist* 56 (October): 1631–1653.

[35] Carnegie, Andrew. 1889. "Wealth." *North American Review* 148 (June): 653–664.

[36] Carpenter, Charli. 2012. "'You Talk of Terrible Things So Matter-of-Factly in This Language of Science': Constructing Human Rights in the Academy." *Perspectives on Politics* 10 (June): 363–383.

[37] Carpenter, Charli, and Daniel W. Drezner. 2010. "International Relations 2.0: The Implications of New Media for an Old Profession." *International Studies Perspectives* 11 (August): 255–272.

[38] Carrick-Hagenbarth, Jessica, and Gerald A. Epstein. 2012. "Dangerous Interconnectedness: Economists' Conflicts of Interest, Ideology and Financial Crisis." *Cambridge Journal of Economics* 36 (January): 43–63.

[39] Chilton, Adam S., and Eric A. Posner. 2014. "An Empirical Study of Political Bias in Legal Scholarship." Coase-Sandor Institute for Law and Economics Research Paper no.696, University of Chicago.

[40] Chipman, John. 2016. "Why Your Company Needs a Foreign Policy." *Harvard Business Review* 94 (September): 36–45.

[41] Chollet, Derek. 2016. *The Long Game*. New York: PublicAffairs.

[42] Christensen, Clayton. 1997. *The Innovator's Dilemma*. Cambridge, MA: Harvard Business School Press.

[43] Christensen, Clayton, and Michael Raynor. 2003. *The Innovator's Solution*. Cambridge, MA: Harvard Business School Press.

[44] Christensen, Clayton, and Derek Van Bever. 2014. "The Capitalist's Dilemma." *Harvard Business Review* 92 (June): 60–68.

[45] Christensen, Clayton, Dina Wang, and Derek van Bever. 2013. "Consulting on the Cusp of Disruption." *Harvard Business Review* 91 (October): 106–114.

[46] Christensen, Clayton, Michael Raynor, and Rory McDonald. 2015. "What Is Disruptive Innovation?" *Harvard Business Review* (December), 44–53.

[47] Cohen, Jared. 2015. "Digital Counterinsurgency." *Foreign Affairs* 94 (November/December): 53–58.

[48] Colander, David. 2015. "Intellectual Incest on the Charles: Why Economists Are a Little Bit Off." *Eastern Economic Journal* 41 (January): 155–159.

[49] Cook, Fay Lomax, Benjamin I. Page, and Rachel Moskowitz. 2014. "Political Engagement by Wealthy Americans." *Political Science Quarterly* 129 (Fall): 381–398.

[50] Côté, Stéphane, Julian Hose, and Robb Willer. 2015. "High Economic Inequality Leads Higher-Income Individuals to Be Less Generous." *Proceedings of the National Academy of Science* 112 (November): 15838–15843.

[51] David, Robert J., Wesley D. Sine, and Heather A. Haveman. 2013. "Seizing Opportunity in Emerging Fields: How Institutional Entrepreneurs Legitimated the Professional Form of Management Consulting." *Organization Science* 24 (March/April): 356–377.

[52] Deaton, Angus. 2013. *The Great Escape: Health, Wealth, and the Origins of*

Inequality. Princeton, NJ: Princeton University Press.

[53] Del Rosso, Steven. 2015. "Our New Three Rs: Rigor, Relevance, and Readability." *Governance* 28 (April): 127–130.

[54] Deresiewicz, William. 2014. *Excellent Sheep: The Miseducation of the American Elite and the Way to a Meaningful Life*. New York: Simon and Schuster.

[55] Desch, Michael. 2015. "Technique Trumps Relevance: The Professionalization of Political Science and the Marginalization of Security Studies." *Perspectives on Politics* 13 (June):377–393.

[56] Desch, Michael. 2017. *The Relevance Question: Social Science's Inconstant Embrace of Security Studies*. Ithaca, NY: Cornell University Press.

[57] Dobbs, Richard, James Manyika, and Jonathan Woetzel. 2015. *No Ordinary Disruption*. New York: PublicAffairs.

[58] Dobbs, Richard, Sree Ramaswamy, Elizabeth Stephenson, and Patrick Viguerie. 2014. "Management Intuition for the Next 50 Years." *McKinsey Quarterly* (September).

[59] Drezner, Daniel W. 1998. "Globalizers of the World, Unite!" *The Washington Quarterly* 21 (Winter): 207–225.

[60] Drezner, Daniel W. 2007. "Foreign Policy Goes Glam." *The National Interest* 92 (November/December): 22–29.

[61] Drezner, Daniel W. 2007. *All Politics Is Global: Explaining International Regulatory Regimes*. Princeton, NJ: Princeton University Press.

[62] Drezner, Daniel W. 2008. "The Realist Tradition in American Public Opinion." *Perspectives on Politics* 6 (March): 51–70

[63] Drezner, Daniel W., ed. 2009. *Avoiding Trivia: The Role of Strategic*

Planning in American Foreign Policy. Washington, DC: Brookings Institution Press.

[64] Drezner, Daniel W. 2014. *The System Worked: How the World Stopped Another Great Depression*. New York: Oxford University Press.

[65] Duarte, José L., et al. 2015. "Political Diversity Will Improve Social Psychological Science." *Behavioral and Brain Science* 38 (January): 130.

[66] Easterly, William. 2013. *The Tyranny of Experts*. New York: Basic Books.

[67] Easton, David. 1951. "The Decline of Modern Political Theory." *Journal of Politics* 13 (February): 36–58.

[68] Eichengreen, Barry. 1998. "Dental Hygiene and Nuclear War: How International Relations Looks from Economics." *International Organization* 52 (October): 993–1061.

[69] Etzioni, Amitai, and Alyssa Bowditch, eds., 2006. *Public Intellectuals: An Endangered Species?* New York: Rowman and Littlefield.

[70] Evans, Eliza, Charles Gomez, and Daniel McFarland. 2016. "Measuring Paradigmaticness of Disciplines Using Text." *Sociological Science* 3 (August): 757–778.

[71] Fairbrother, Malcolm, and Issac W. Martin. 2013. "Does Inequality Erode Social Trust? Results from Multilevel Models of US States and Counties." *Social Science Research* 42 (March): 347–360.

[72] Fazal, Tanisha. 2016. "An Occult of Irrelevance? Multimethod Research and Engagement with the Policy World." *Security Studies* 25 (January): 34–41.

[73] Fettweis, Christopher. 2004. "Evaluating IR's Crystal Balls: How Predictions of the Future Have Withstood Fourteen Years of Unipolarity." *International Studies Review* 6 (Winter): 79–104.

[74] Ferguson, Niall. 2010. "Complexity and Collapse." *Foreign Affairs* 89 (March/April): 18–32.

[75] Foa, Roberto Stefan, and Yascha Mounk. 2016. "The democratic disconnect." *Journal of Democracy* 27 (June 2016): 5–17.

[76] Foa, Roberto Stefan, and Yascha Mounk. 2017. "The Signs of Deconsolidation." *Journal of Democracy* 28 (June 2016): 5–15.

[77] Fourcade, Marion, Etienne Ollion, and Yann Algan. 2015. "The Superiority of Economists." *Journal of Economic Perspectives* 29 (January):13–43.

[78] Freeland, Chrystia. 2012. *Plutocrats: The Rise of the New Global Super-Rich and the Fall of Everyone Else.* New York: Penguin.

[79] Friedman, Thomas. 2005. *The World Is Flat: A Brief History of the Twenty-First Century.* New York: Farrar Strauss Giroux.

[80] Frum, David. 2008. "Foggy Bloggom." *The National Interest* 93 (January/February): 46–52.

[81] Fukuyama, Francis. 1989. "The End of History?" *The National Interest* 16 (Summer): 3–18.

[82] Fukuyama, Francis. 1992. *The End of History and the Last Man.* New York: Free Press.

[83] Fukuyama, Francis. 2006. *America at the Crossroads: Democracy, Power and the Neoconservative Legacy.* New Haven, CT: Yale University Press.

[84] Fukuyama, Francis. 2014. *Political Order and Political Decay.* New York: Farrar Strauss Giroux.

[85] Gaddis, John Lewis. 1992/93. "International Relations Theory and the End of the Cold War." *International Security* 17 (Winter): 5–58.

[86] Galbraith, John Kenneth. 1973. "Power and the Useful Economist." *American*

Economic Review 63 (March): 1–11.

[87] Gallo, Carmine. 2014. *Talk Like TED: The Public-Speaking Secrets of the World's Top Minds*. New York: St. Martin's Press.

[88] Gans, Joshua. 2016. "Keep Calm and Manage Disruption." *MIT Sloan Management Review* 57 (Spring): 83–90.

[89] Garner, Andrew, and Harvey Palmer. 2011. "Polarization and Issue Consistency over Time." *Political Behavior* 33 (June): 225–246.

[90] Gauchat, Gordon. 2012. "Politicization of Science in the Public Sphere: A Study of Public Trust in the United States, 1974 to 2010." *American Sociological Review* 77 (April): 167–187.

[91] Gauchat, Gordon. 2015. "The Political Context of Science in the United States: Public Acceptance of Evidence-Based Policy and Science Funding." *Social Forces* (February): 1–24.

[92] George, Alexander. 2013. *Bridging the Gap*. Washington, DC: US Institute for Peace.

[93] Ginsberg, Benjamin. 2011. *The Fall of the Faculty: The Rise of the All-Administrative University and Why it Matters*. New York: Oxford University Press.

[94] Goldeiger, James, and Derek Chollet. 2006. "The Truman Standard." *The American Interest* 1 (Summer): 107–111

[95] Goldstein, Judith, and Robert Keohane, eds. 1993. *Ideas and Foreign Policy*. Ithaca, NY: Cornell University Press.

[96] Goss, Kristin. 2016. "Policy Plutocrats: How America's Wealthy Seek to Influence Governance." *PS: Political Science and Politics* 49 (July): 442–448.

[97] Gross, Andrew, and Jozef Poor. 2008. "The Global Management Consulting Sector." *Business and Economics* 43 (October): 59–68.

[98] Guisinger, Alexandra, and Elizabeth Saunders. 2016. "Mapping the Boundaries of Elite Cues: How Elites Shape Mass Opinion Across International Issues." Working paper, George Washington University, April.

[99] Haas, Peter. 1992. "Banning Chlorofluorocarbons: Epistemic Community Efforts to Protect Stratospheric Ozone." *International Organization* (Winter): 187–224.

[100] Haass, Richard. 2005. *The Opportunity.* New York: PublicAffairs.

[101] Hacker, Jacob, and Paul Pierson. 2005. *Off Center: The Republican Revolution and the Erosion of American Democracy.* New Haven, CT: Yale University Press.

[102] Halberstam, David. 2001. *War in a Time of Peace.* New York: Scribner.

[103] Hall, Peter. 1993. "Policy Paradigms, Social Learning, and the State: The Case of Economic Policymaking in Britain." *Comparative Politics* 25 (April): 275–296.

[104] Halper, Stefan, and Jonathan Clarke. 2007. *The Silence of the Rational Center.* New York: Basic Books.

[105] Hamid, Shadi. 2015. "What is Policy Research For? Reflections on the United States' Failures in Syria." *Middle East Law and Governance* 7 (Summer): 373–386.

[106] Harris-Perry, Melissa, and Steve Friess. 2015. "An Interview with Melissa Harris-Perry." *PS: Political Science and Politics* 48 (September): 26–30.

[107] von Hayek, Friedrich A. 1949. "The Intellectuals and Socialism." *University of Chicago Law Review* 16 (Spring): 417–433.

[108] Hayes, Christopher. 2012. *Twilight of the Elites: America after Meritocracy*. New York: Crown Books.

[109] Helpman, Elhannan. 2004. *The Mystery of Economic Growth*. Cambridge, MA: Belknap Press.

[110] Hetherington, Marc J. 2001. "Resurgent Mass Partisanship: The Role of Elite Polarization." *American Political Science Review* 95 (September): 619–631.

[111] Heilbrunn, Jacob. 2008. "Rank Breakers: Anatomy of an Industry." *World Affairs* 170 (Spring): 36–46.

[112] Heilbrunn, Jacob. 2008. *They Knew They Were Right: The Rise of the Neocons*. New York: Doubleday.

[113] Heilbrunn, Jacob. 2016. "The GOP's New Foreign Policy Populism." *The National Interest* (March/April).

[114] Herken, Gregg. 1985. *Counsels of War*. New York: Knopf.

[115] Herken, Gregg. 2014. *The Georgetown Set: Friends and Rivals in Cold War Washington*. New York: Knopf.

[116] Hill, Seth J., and Chris Tausanovitch. 2015. "A Disconnect in Representation? Comparison of Trends in Congressional and Public Polarization." *Journal of Politics* 77 (December): 1058–1075.

[117] Hirschman, Daniel. 2016. "Stylized Facts in the Social Sciences." *Sociological Science* 3 (July): 604–626.

[118] Hofstadter, Richard. 1962. *Anti-Intellectualism in American Life*. New York: Knopf.

[119] Howe, Irving. 1954. "This Age of Conformity." *Partisan Review* 21 (January): 1–33.

[120] Howell, Llewellyn D. 2014. "Evaluating Political Risk Forecasting Models: What Works?" *Thunderbird International Business Review* 56 (July/August): 305-316.

[121] Huntington, Samuel. 1981. *Americna Politics: The Promise of Disharmony*. Cambridge: Belknap.

[122] Huntington, Samuel. 1993. "The Clash of Civilizations?" *Foreign Affairs* 72 (Summer):22-49.

[123] Huntington, Samuel. 1996. *The Clash of Civilizations and the Remaking of World Order*. New York: Simon and Schuster.

[124] Ikenberry, G. John. 2003. "Is American Multilateralism in Decline?" *Perspectives on Politics* 1 (September): 533-550.

[125] Ikenberry, G. John, and Anne-Marie Slaughter. 2006. *Forging a World of Liberty under Law: U.S. National Security in the 21st Century*. Princeton, NJ: Princeton Project for National Security.

[126] Isaac, Jeffrey. 2015. "For a More *Public* Political Science." *Perspectives on Politics* 13 (June): 269-283.

[127] Iyengar, Shanto, Gaurav Sood, and Yphtach Lelkes. 2012. "Affect, not Ideology: A Social Identity Perspective on Polarization." *Public Opinion Quarterly* 76 (Fall): 405-431.

[128] Iyengar Shanto, and Sean Westwood. 2015. "Fear and Loathing across Party Lines: New Evidence on Group Polarization." *American Journal of Political Science* 59 (July): 690-707.

[129] Jackson, Patrick Thaddeus, and Stuart J. Kaufman. 2007. "Security Scholars for a Sensible Foreign Policy: A Study in Weberian Activism." *Perspectives on Politics* 5 (March): 95-103.

[130] Jacoby, Russell. 1987. *The Last Intellectuals: American Culture in the Age of Academe.* New York: Basic Books.

[131] Jacoby, Susan. 2008. *The Age of American Unreason.* New York: Vintage Books.

[132] Jacobs, Lawrence, and Benjamin Page. 2005. "Who Influences U. S. Foreign Policy?" *American Political Science Review* 99 (February): 107–123.

[133] James, Aaron. 2012. *Assholes: A Theory.* New York: Anchor Books.

[134] Jentleson, Bruce W., and Ely Ratner. 2011. "Bridging the Beltway-Ivory Tower Gap." *International Studies Review* 13 (March): 6–11.

[135] Jervis, Robert. 2004. "Security Studies: Ideas, Policy, and Politics," in Edward Mansfield and Richard Sisson, eds. *The Evolution of Political Knowledge: Democracy, Autonomy and Conflict in Comparative and International Politics.* Columbus: Ohio State University Press.

[136] Jervis, Robert. 2008. "Bridges, Barriers, and Gaps: Research and Policy." *Political Psychology* 29 (Summer): 571–592.

[137] Johnson, Paul. 1989. *Intellectuals.* New York: Harper and Row.

[138] Jones, Bruce. 2014. *Still Ours to Lead: America, the Rising Powers, and the Myths of the Coming Disorder.* Washington, DC: Brookings Institution Press.

[139] Kagan, Robert. 2002. "Power and Weakness." *Policy Review* 113 (June/July): 3–28.

[140] Kaplan, Fred. 1983. *The Wizards of Armageddon.* New York: Simon and Schuster.

[141] Kaplan, Fred. 2014. *The Insurgents: David Petraeus and the Plot to Change the American Way of War.* New York: Simon and Schuster.

[142] Karger, Howard Jacob, and Marie Theresa Hernández. 2004. "The Decline of the Public Intellectual in Social Work." *Journal of Sociology and Social Welfare* 31 (September): 51–68.

[143] Kaufmann, Chaim. 2004. "Threat Inflation and the Failure of Marketplace of Ideas: The Selling of the Iraq War." *International Security* 29 (Summer): 5–48.

[144] Kelley, Judith, and Beth Simmons. 2015. "Politics by Number: Indicators as Social Pressure in International Relations." *American Journal of Political Science* 59 (January): 55–70.

[145] Khanna, Parag. 2008. *The Second World*. New York: Random House.

[146] Khanna, Parag. 2016. *Connectivity*. New York: Random House.

[147] Kiechel, Walter. 2010. *The Lords of Strategy: The Secret Intellectual History of the New Corporate World*. Cambridge, MA: Harvard Business Press.

[148] King, Andrew, and Christopher Tucci. 2002. "Incumbent Entry into New Market Niches: The Role of Experience and Managerial Choice in the Creation of Dynamic Capabilities." *Management Science* 48 (February): 171–186.

[149] King, Andrew, and Baljir Baatartogtokh. 2015. "How Useful Is the Theory of Disruptive Innovation?" *MIT Sloan Management Review* 57 (Fall): 77–90.

[150] King, Charles. 2015. "The Decline of International Studies." *Foreign Affairs* 94 (July/August): 88–99.

[151] Klein, Daniel B., and Charlotta Stern. 2005. "Professors and Their Politics: The Policy Views of Social Scientists." *Critical Review* 17 (March): 257–303.

[152] Klein, Daniel B., and Charlotta Stern. 2006. "Economists' Policy Views and Voting." *Public Choice* 126 (March): 331–342.

[153] Krauthammer, Clarks. 1990/91. "The Unipolar Moment." *Foreign Affairs* 70 (Winter): 23–33.

[154] Krebs, Ronald. 2015. *Narrative and the Making of US National Security*. New York: Cambridge University Press.

[155] Kuklick, Bruce. 2006. *Blind Oracles: Intellectuals and War from Kennan to Kissinger*. Princeton, NJ: Princeton University Press.

[156] Kull, Stephen, and I. M. Destler. 1999. *Misreading the Public*. Washington, DC: Brookings Institution.

[157] Kuo, Dido, and Nolan McCarty. 2015. "Democracy in America, 2015." *Global Policy* 6 (June): 49–55.

[158] Kupchan, Charles A., and Peter L. Trubowitz. 2007. "Dead Center: The Demise of Liberal Internationalism in the United States." *International Security* 32 (Fall): 7–44.

[159] Lake, David A. 2011. "Why 'isms' Are Evil: Theory, Epistemology, and Academic Sects as Impediments to Understanding and Progress." *International Studies Quarterly* 55 (June): 465–480.

[160] Lamarche, Gara. 2014. "Democracy and the Donor Class." *Democracy* 34 (Fall): 48–59.

[161] Lapsley, Irvine, and Rosie Oldfield. 2001. "Transforming the Public Sector: Management Consultants as Agents of Change," *European Accounting Review* 10 (October): 523–543.

[162] Lilla, Mark. 2001. *The Reckless Mind: Intellectuals in Politics*. New York: New York Review Books.

[163] Lippmann, Walter. 1955. *The Public Philosophy*. Boston: Little, Brown.

[164] Lipset, Seymour Martin, and Richard Dobson. 1972. "The Intellectual as Critic and Rebel: Wish Special Reference to the United States and the Soviet Union." *Daedalus* 101 (Summer): 137-198.

[165] Lott, Eric. 2006. *The Disappearing Liberal Intellectual*. New York: Basic Books.

[166] Lowen, Rebecca. 1997. *Creating the Cold War University*. Los Angeles: University of California Press.

[167] Lucas, Robert E. 2003. "Macroeconomic Priorities." *American Economic Review* 93 (March): 1-14.

[168] Lynch, Marc. 2016. "Political Science in Real Time: Engaging the Middle East Policy Public." *Perspectives on Politics* 14 (March): 121-131.

[169] Lynd, Robert S. 1939. *Knowledge for What: The Place of Social Science in American Culture*. Princeton, NJ: Princeton University Press.

[170] Mahnken, Thomas. 2010. "Bridging the Gap between the Worlds of Ideas and Action." *Orbis* 54 (Winter): 4-13.

[171] Maliniak, Daniel, Amy Oakes, Susan Peterson, and Michael J. Tierney. 2011. "International Relations in the US Academy." *International Studies Quarterly* 55 (June): 437-464.

[172] Mann, Thomas, and Norman Ornstein. 2012. *It's Even Worse Than It Looks: How the American Constitutional System Collided with the New Politics of Extremism*. New York: Basic Books.

[173] Markides, Constantinos. 2006. "Disruptive Innovation: In Need of Better Theory." *Journal of Product Innovation Management* 23 (January): 19-25.

[174] Martin, Chris. 2016. "How Ideology Has Hindered Sociological Insight." *The*

American Sociologist 47 (March): 115–130.

[175] Mason, Lilliana. 2015. "'I Disrespectfully Agree': The Differential Effects of Partisan Sorting on Social and Issue Polarization." *American Journal of Political Science* 59 (January): 128–145.

[176] McCloskey, Deirdre. 2016. *Bourgeois Equality: How Ideas, Not Capital or Institutions, Enriched the World*. Chicago: University of Chicago Press.

[177] McCubbins, Mathew, and Thomas Schwartz. 1984. "Congressional Oversight Overlooked: Political Patrols versus Fire Alarms." *American Journal of Political Science* 28 (February): 165–179.

[178] McDermott, Rose. 2015. "Learning to Communicate Better with the Press and the Public." *PS: Political Science and Politics* 48 (September): 85–89.

[179] McDonald, Duff. 2013. *The Firm: The Inside Story of McKinsey*. London: OneWorld.

[180] McKenna, Christopher. 2006 *The World's Newest Profession: Management Consulting in the Twentieth Century*. New York: Cambridge University Press.

[181] Mead, Lawrence. 2010. "Scholasticism in Political Science." *Perspectives on Politics* 8 (June): 453–464.

[182] Mead, Walter Russell. 2010. *Special Providence: American Foreign Policy and How It Changed the World*. New York: Knopf.

[183] Mearsheimer, John. 1990. "Back to the Future: Instability in Europe after the Cold War." *International Security* 15 (Summer): 5–56.

[184] Mearsheimer, John. 2011. "Imperial by Design." *The National Interest* 111 (January/February): 16–34.

[185] Mearsheimer, John, and Stephen Walt. 2006. "The Isreal Lobby." *London*

Review of Books 28 (March): 3–12.

[186] Medvetz, Tom. 2012. *Think Tanks in America*. Chicago: University of Chicago Press.

[187] Menand, Louis. 2001. *The Metaphysical Club: A Story of Ideas in America*. New York: Farrar Strauss Giroux.

[188] Menand, Louis. 2010. *The Marketplace of Ideas*. New York: W. W. Norton.

[189] Merry, Robert. 1996. *Talking on the World: Joseph and Stewart Alsop, Guardians of the American Century*. New York: Viking.

[190] Mills, C. Wright. 1958. *The Power Elite*. New York: Oxford University Press.

[191] Milne, David. 2010. "America's 'Intellectual' Diplomacy." *International Affairs* 86 (January): 49–68.

[192] Milner, Helen V., and Dustin H. Tingley. 2011. "Who Supports Global Economic Engagement? The Sources of Preferences in American Foreign Economic Policy." *International Organization* 65 (January): 37–68.

[193] Milner, Helen V., and Dustin Tingley. 2016. *Sailing the Water's Edge: The Domestic Politics of American Foreign Policy*. Princeton, NJ: Princeton University Press.

[194] Momani, Bessma. 2013. "Management Consultants and the United States' Public Sector." *Business and Politics* 15 (October): 381–399.

[195] Morozov, Evgeny. 2013. *To Save Everything, Click Here*. New York: PublicAffairs.

[196] Mower, Joseph L., and Clayton Christensen. 1995. "Disruptive Technologies: Catching the Wave." *Harvard Business Review* 73 (January/February):

43‒53.

[197] Mukunda, Gautum. 2014. "The Price of Wall Street's Power." *Harvard Business Review* 92 (June): 3‒10.

[198] Muller, Jan-Werner. 2016. *What is Populism?* Philadelphia, PA: University of Pennsylvania Press.

[199] Munk, Nina. 2013. *The Idealist: Jeffrey Sachs and the Quest to End Poverty*. New York: Signal.

[200] Nye, Joseph. 1990. *Bound to Lead: The Changing Nature of American Power*. New York: Basic Books.

[201] Nye, Joseph. 1990. "Soft Power." *Foreign Policy* 80 (Autumn): 153‒171.

[202] Nye, Joseph. 2004. "The Decline of America's Soft Power." *Foreign Affairs* 83 (May/June): 16‒21.

[203] Nyhan, Brendan, and Josan Reifler. 2010. "When Corrections Fail: The Persistence of Political Misperceptions." *Political Behavior* 32 (June): 303‒330.

[204] Obama, Barack. 2007. "Renewing American Leadership." *Foreign Affairs* 86 (July / August): 2‒16.

[205] O'Mahoney, Joe, and Andrew Sturdy. 2016. "Power and the Diffusion of Management Ideas: The Case of McKinsey & Co." *Management Learning* 47 (July): 247‒265.

[206] Orwell, George. 1984. "Politics and the English Language." In *Why I Write*. New York: Penguin Books.

[207] Page, Benjamin, and Marshall Bouton. 2006. *The Foreign Policy Disconnect*. Chicago: University of Chicago Press.

[208] Page, Benjamin, Larry M. Bartels, and Jason Seawright. 2013. "Democracy

and the Policy Preference of Wealthy Americans." *Perspectives on Politics* 11 (March): 51-73.

[209] Page, Benjamin, Jason Seawright, and Matthew LaCombe. 2015. "Stealth Politics by U.S. Billionaires." Paper presented at the annual meeting at the American Political Science Association, San Francisco, CA.

[210] Pepinsky, Tom. 2012. "The Global Economic Crisis and the Politics of Non-Transitions." *Government and Opposition* 47 (April): 135-161.

[211] Piketty, Thomas. 2014. *Capital in the Twenty-First Century*. Cambridge, MA: Belknap Press.

[212] Polanyi, Michael. 1966. *The Tacit Dimension*. Chicago: University of Chicago Press.

[213] Porter, Patrick. 2011. "Beyond the American Century: Walter Lippmann and American Grand Strategy, 1943-1950," *Diplomacy and Statecraft* 22 (July): 557-577.

[214] Posner, Richard. 2001. *Public Intellectuals: A study of Decline*. Cambridge, MA: Harvard University Press.

[215] Poundstone, William. 1992. *Prisoner's Dilemma*. New York: Doubleday.

[216] Putnam, Robert. 2003. "The Public Role of Political Science." *Perspective on Politics* 1 (June): 249-255.

[217] Quiggin, John. 2012. *Zombie Economics*. Princeton, NJ: Princeton University Press.

[218] Ramdas, Kavita. 2011. "Philanthrocapitalism: Reflections on Politics and Policy Making." *Society* 48 (September): 393-396.

[219] Rathbun, Brain. 2012. "Politics and Paradigm Preferences: The Implicit Ideology of International Relations Scholars." *International Studies Quarterly*

56 (September): 607 – 622.

[220] Raynor, Michael. 2011. "Disruption Theory as a Predictor of Innovation Success/Failure." *Strategy and Leadership* 39 (July): 27 – 30.

[221] Rich, Andrew. 2004. *Think Tanks, Public Policy, and the Politics of Expertise*. Cambridge: Cambridge University Press.

[222] Rielly, John E., ed. 1999. *American Public Opinion and U. S. Foreign Policy 1999*. Chicago: Chicago Council on Foreign Relations.

[223] Rodgers, Daniel T. 2011. *Age of Fracture*. Cambridge, MA: Belknap.

[224] Rodrik, Dani. 2014. "When Ideas Trump Interests: Preferences, Worldviews, and Policy Innovations." *Journal of Economic Perspectives* 28 (January):189 – 208.

[225] Rodrik, Dani. 2015. *Economics Rules: The Rights and Wrongs of the Dismal Science*. New York: W. W. Norton.

[226] Rogers, Rubin. 2011. "Why Philanthro-Policymaking Matters." *Society* 48 (September): 376 – 381.

[227] Rogowski, Ronald. 2013. "Shooting (or Ignoring) the Messenger." *Political Studies* 11 (May): 216 – 221.

[228] Romer, Paul. 2015. "Mathiness in the Theory of Economic Growth." *American Economic Review* 105 (May): 89 – 93.

[229] Ronson, Jon. 2015. *So You've Been Publicly Shamed*. New York: Riverfront Books.

[230] Rosen, Sherwin. 1981. "The Economics of Superstars." *American Economic Review* 71 (December): 845 – 858.

[231] Rothkopf, David. 2008. *Superclass*. New York: Farrar Strauss Giroux.

[232] Rothkopf, David. 2014. *National Insecurity: American Leadership in an Age*

of Fear. New York: PublicAffairs.

[233] Russett, Bruce. 2005. "Bushwhacking the Democratic Peace." *International Studies Perspectives* 6 (September): 395–408.

[234] Sachs, Jeffrey. 2005. *The End of Poverty: Economic Possibilities for Our Time*. New York: Penguin.

[235] Schmidt, Brian C., and Michael C. Williams. 2008. "The Bush Doctrine and the Iraq War: Neoconservatives Versus Realists." *Security Studies* 17 (June): 191–220.

[236] Schulz, Kathryn. 2010. *Being Wrong: Adventures in the Margin of Error*. New York: HarperCollins.

[237] Seabrooke, Leonard. 2014. "Epistemic Arbitrage: Transnational Professional Knowledge in Action." *Journal of Professions and Organization* 1 (January): 49–64.

[238] Selee, Andrew. 2013. *What Should Think Tanks Do? A Strategic Guide to Policy Impact*. Stanford: Stanford University Press.

[239] Shaw, Daron. 2012. "If Everyone Votes Their Party, Why Do Presidential Election Outcomes Vary So Much?" *The Forum* 10 (October).

[240] Shils, Edward. 1972. "Intellectuals, Tradition, and the Traditions of Intellectuals: Some Preliminary Considerations." *Daedalus* 101 (Spring): 21–34.

[241] Sides, John. 2011. "The Political Scientist as a Blogger," *PS: Political Science and Politics* 44 (April): 267–271.

[242] Silver, Nate. 2012. *The Signal and the Noise*. New York: Penguin.

[243] Skidmore, David. 2005. "Understanding the Unilateralist Turn in US Foreign Policy." *Foreign Policy Analysis* 1 (July): 207–228.

[244] Skocpol, Theda. 2014. "How the Scholars Strategy Network Helps Academics Gain Public Influence." *Perspectives on Politics* 12 (September): 695–703.

[245] Smeltz, Dina, and Ivo Daalder. 2014. *Foreign Policy in the Age of Retrenchment*. Chicago: Chicago Council on Global Affairs.

[246] Smeltz, Dina, Ivo Daalder, Karl Friedhoff, and Craig Kafura. 2015. *America Divided: Political Partisanship and US Foreign Policy*. Chicago: Chicago Council on Global Affairs.

[247] Smith, James A. 1991. *The Idea Brokers*. New York: Free Press.

[248] Smith, Rogers. 2015. "Political Science and the Public Sphere Today." *Perspectives on Politics* 13 (June): 366–376.

[249] Snyder, Jack. 2003. "Imperial Temptations," *The National Interest* 71 (Spring): 29–40.

[250] Sowell, Thomas. 2009. *Intellectuals and Society*. New York: Basic Books.

[251] Steel, Ronald. 1980. *Walter Lippmann and the American Century*. Boston: Little, Brown.

[252] Sunstein, Cass. 2009. *Republic.com.2.0*. Princeton, NJ: Princeton University Press.

[253] Tai, Zixue, and Tsan-Kuo Chanfe. 2002. "The Global News and the Pictures in their Heads." *Gazette: The International Journal for Communications Studies* 64 (June): 251–265.

[254] Teles, Stephen. 2008. *The Rise of the Conservative Legal Movement*. Princeton, NJ: Princeton University Press.

[255] Teles, Steven. 2016. "Foundations, Organizational Maintenance, and Partisan Asymmetry." *PS: Political Science and Politics* 49 (July):

455 – 460.

[256] Teles, Steven, Heather Hurlburt, and Mark Schmitt. 2014. "Philanthropy in a Time of Polarization." *Stanford Social Innovation Review* 12 (Summer).

[257] Tetlock, Philip. 2009. "Reading Tarot on K Street." *The National Interest* 103 (September/October): 57 – 67.

[258] Tetlock, Philip, and Dan Gardner. 2015. *Superforecasters: The Art and Science of Prediction*. New York: Crown Books.

[259] Thaler, Richard H. 2015. *Misbehaving: The Making of Behavioral Economics*. New York: W. W. Norton.

[260] Timberg, Craig. 2015. *Culture Crash: The Killing of the Creative Class*. New Haven, CT: Yale University Press.

[261] Troy, Tevi. 2012. "Devaluing the Think Tank." *National Affairs* 10 (Winter): 75 – 90.

[262] Vavreck, Lynn, and Steve Friess. 2015. "An Interview with Lynn Vavreck." *PS: Political Science and Politics* 48 (September): 43 – 46.

[263] Walt, Stephen M. 2005. "The Relationship between Theory and Policy in International Relations." *Annual Review of Political Science* 8: 23 – 48.

[264] Walt, Stephen M. 2012. "Theory and Policy in International Relations: Some Personal Reflections." *Yale Journal of International Affairs* 7 (September): 33 – 43.

[265] Waltz, Kenneth. 1979. *Theory of International Politics*. New York: McGraw Hill.

[266] West, Darrell. 2014. *Billionaires: Reflections on the Upper Crust*. Washington, DC: Brookings Institution Press.

[267] Wilson, Ernest J. 2007. "Is There Really a Scholar-Practitioner Gap? An

Institutional Analysis." *PS: Political Science and Politics* 40 (January): 147–151.

[268] Yarhi-Milo, Keren. 2014. *Knowing the Adversary: Leaders, Intelligence, and Assessment of Intentions in International Relations*. Princeton, NJ: Princeton University Press.

[269] Zakaria, Fareed. 1997. "The Rise of Illiberal Democracy." *Foreign Affairs* 76 (November/December): 22–43.

[270] Zakaria, Fareed. 2003. *The Future of Freedom: Illiberal Democracy at Home and Abroad*. New York: W.W. Norton.

索引

注：页码中带有 n, f 或 t 字母的分别指书中注释、图和表的内容。

（索引中的页码为原著页码，检索时请查本书边码）

Abelson, Donald 唐纳德·埃布尔森 134

academic fraud, see plagiarism scandals 学术造假, 见剽窃丑闻

Accenture 埃森哲管理咨询公司 155, 156t, 202

Acheson, Dean 迪安·艾奇逊 120

action intellectuals (White) 行动知识分子（怀特） 79

Adelson, Sheldon 谢尔登·阿德尔森 140

A. D. Little A. D. 利特尔 152

AfD party, Germany 德国选择党 58

Age of American Unreason, The (S. Jacoby)《美国非理性时代》(S. 雅各比) 30, 115

"Age of Conformity, The" (Howe)《顺从的时代》（豪）79-80

Airbnb 爱彼迎 198

Alesina, Alberto 艾伯托·阿莱西纳 109

Allison, Graham 格雷厄姆·艾利森 178-179

Almond-Lippmann consensus 阿尔蒙德-李普曼共识 175

Alsop, Joseph 约瑟夫·艾尔索普 174, 178

Alterman, Eric 埃里克·奥尔特曼 183

alt-right 另类右翼 230-231

Ambrose, Stephen 斯蒂芬·安布鲁斯 95

American Anthropological Association 美国人类学学会 84

American Enterprise Institute (AEI) 美国企业研究所（AEI）132, 133, 135, 137, 139, 141, 166f, 167

American Israel Public Affairs Committee 美国以色列公共事务委员会 27

American Physical Society 美国物理协会 114

American Political Science Association 美国政治科学协会 107,108,118

American Political Science Review《美国政治科学评论》80,113-114

Americans for Prosperity 繁荣美国（组织）142

Andreessen, Marc 马克·安德森 199,207

"Andy Grove's Big Thinker"（*Forbes*）《安迪·格罗夫的大思想家》（《福布斯》）199

Antifragile（Taleb）《反脆弱》（塔勒布）229

Anti-Intellectualism in American Life（Hofstadter）《美国生活中的反智主义》（霍夫施塔特）15,30

Apple 苹果（公司）197-199

Applebaum, Anne 安妮·阿佩尔鲍姆 40

Ardagna, Silvia 西尔维娅·阿尔达尼亚 109

Armstrong, Hamilton Fish 汉密尔顿·菲什·阿姆斯特朗 178

Around the Cragged Hill（Kennan）《崎岖山路：个人与政治哲学》（凯南）40

Arthur Andersen 亚瑟·安德森 151-152

Aspen Ideas Festival 阿斯彭思想节 11,66

Assange, Julian 朱利安·阿桑奇 164

asset bubble analogy, *see* disruptive innovation and asset bubbles, in Ideas Industry 资产泡沫类比，见思想的产业之颠覆性创新与资产泡沫

Association of Consulting Management Engineers（ACME）美国咨询管理工程师协会 152-153

A. T. Kearney Global Business Policy Council A. T. 科尔尼全球商业政策委员会 152,155,156t

Atlantic, The《大西洋月刊》11,59,222-223

Atlantic Council 大西洋理事会 139,140

Avey, Paul 保罗·埃维 105

Baatartogtokh, Baljir 巴尔吉尔·巴塔托格托克 208-209

Bacevich, Andrew 安德鲁·巴切维奇 179

BAE Systems 英国宇航系统公司 139

Bain & Company 贝恩公司 153

balkanization of media 巴尔干化的媒体世界 56-57

bandwagoning 随大流 219-220

Bank of England 英格兰银行 159

"Baptist-Burqua" networks "Baptist-Burqua"网络 58

Barney, Rachel 雷切尔·巴尼 230

Barron's《巴伦周刊》160-161

Bartels, Larry 拉里·巴特尔斯 63,66

Barton, Dominic 多米尼克·巴顿 154

Beard, Charles 查尔斯·比尔德 103,104

behavioral revolution 行为主义革命 79

Being Wrong(Schulz)《我们为什么会犯错?》(舒尔茨) 248

Bell, Daniel 丹尼尔·贝尔 41

benefactor class 捐助者群体 12, 63-65, 67-69, 99-100, 101, 119, 140-143, 169, 241

see also plutocrats and economic inequality 参见财阀与经济不平等

Benioff, Marc 马克·贝尼奥夫 185

Berger, Sandy 桑迪·伯杰 15,29

Berlin, Isaiah 以赛亚·伯林 9,10

Best and the Brightest, The(Halberstam)《出类拔萃之辈》(哈伯斯塔姆) 41

"Be the Disruptor, not the Disrupted"(Accenture)"做颠覆者,拒绝被颠覆"(埃森哲管理咨询公司) 202

Big History Project(B. Gates)大历史项目(B. 盖茨) 64

"Big Idea" events "大思想"活动 11, 12, 16, 66

Big Push theory of economic development 经济发展的大推动理论 32-33

billionaires, doubling of 亿万富翁数量翻倍 62

see also benefactor class; plutocrats and economic inequality 参见捐助者群体;财阀与经济不平等

Birdsall, Nancy 南希·伯索尔 22

Black Swan, The(Taleb)《黑天鹅》(塔勒布) 229

Blanchard, Olivier 奥利维尔·布兰查

德 108

Blinder, Alan 艾伦·布林德 110

Blob, The, use of term "变形怪体" 4–5

Blodget, Henry 亨利·布洛杰特 201

blogosphere 博客圈 26–27, 87–88, 90, 93, 216

   see also online publications and discourse; *specific blogs* 参见网络出版物与话语；特定的博客

Bloom, Allan 艾伦·布卢姆 30, 94

Bloomberg, Michael 迈克尔·布隆伯格 199

Boao Forum for Asia 博鳌亚洲论坛 11

Bobos in Paradise（Brooks）《天堂里的布波族》（布鲁克斯）193, 246

Bono 波诺 21

Boot, Max 马克斯·布特 7

Booz, Edwin 埃德温·博思 152

Booz Allen 博思艾伦咨询公司 152, 153–154

Boston Consulting Group（BCG）波士顿咨询公司（BCG）153, 155, 156t, 158

Boudreau, Cheryl 谢里尔·布德罗 89,

91–92

Bouie, Jamelle 贾梅尔·鲍伊 239

Bower, Marvin 马文·鲍尔 152

Bowman, Karlyn 卡琳·鲍曼 135

Bradbury, Steven 斯蒂芬·布拉德伯里 126

branding 声誉 12

   see also intellectual brands, thought leaders vs. public intellectuals 参见知识分子品牌、思想领袖 vs. 公共知识分子

Brazil 巴西 147

Bremmer, Ian 伊恩·布雷默 162

Brexit referendum 脱欧公投 50–51, 57

BRICS initiatives 金砖国家倡议 147–150

Broockman, David 大卫·布鲁克曼 227

Brookings Institution 布鲁金斯学会 128, 132, 133, 141, 144

   annual revenues of 年度收入 137

   Corporate Council 企业理事会 138

   corporate sponsorship programs 企业赞助方案 138–140

   elite confidence in（survey）精英

对……的信任度（调查）166-167, 166f

publication of Bradbury on surveillance programs 布拉德伯里关于监督方案的出版物 126

Saban Center for Middle East Policy 萨本中东政策中心 140

Brooks, David 大卫·布鲁克斯 193, 246, 247

on 1950s intellectuals 20 世纪 50 年代的知识分子 10, 254n45

on capitalistic intellectuals 资本主义知识分子 43

M. Friedman eulogy by 为米尔顿·弗里德曼写的悼文 31

nonsupportive of Trump 反对特朗普 6-7

on party affiliation likened to ethnic identity 将党派身份同种族认同相比 56

on thought leaders 思想领袖 9

Brooks, Rosa 罗莎·布鲁克斯 40

Bruenig, Matt 马特·布鲁尼格 230

Brzezinski, Zbigniew 兹比格涅夫·布热津斯基 79, 180t

Buckley, William F. Jr. 小威廉·F. 巴克利 31, 39, 94, 225

Bush, George W. 乔治·沃克·布什 15, 25, 29, 34

see also Iraq War 参见伊拉克战争

BuzzFeed 美国聚合新闻网站 202, 239

Byers, Dylan 迪伦·拜尔斯 188

campaign contributions, by wealthy 富人的竞选献金 63

Capital in the Twenty-First Century (Piketty)《二十一世纪资本论》（皮凯蒂）107

Carafano, James Jay 詹姆斯·杰伊·卡拉法诺 128, 138

Carnegie Corporation 卡耐基公司 137, 241-42

Bridging the Gap Initiative 弥合差距倡议 92, 106

Carnegie Endowment for International Peace 卡耐基国际和平基金会 132, 133, 137, 143

Carr, David 大卫·卡尔 194

Cassidy, John 约翰·卡西迪 189

Cato Institute 卡托研究所 133, 142

Center for American Progress（CAP） 美国进步中心（CAP） 133,137, 143,166f,167

Center for American Progress Action Fund 美国进步行动基金中心 134

Center for International Policy 国际政策中心 139

Center for New American Security 新美国安全中心 137,138

Center for Strategic and Budgetary Assessments 战略与预算评估中心 138

Center for Strategic and International Studies（CSIS） 美国国际战略研究中心（CSIS） 128-129,137,138, 139,140,166-167,166f

Center for the National Interest 国家利益中心 143

Center for Threat Awareness 威胁感知中心 144

Chait, Jonathan 乔纳森·蔡特 191

chartism 宪章运动 165

Cheney, Dick 迪克·切尼 206

Chenoweth, Erica 埃丽卡·切诺韦斯 77

Chicago Council on Global Affairs 芝加哥全球事务委员会 27,29,37,129

China 中国 110,147,148,168-169

Chomsky, Noam 诺姆·乔姆斯基 80

Christensen, Clayton 克莱顿·克里斯坦森

 Lepore's critique of 莱波雷的批评 202,206-8,210,212,213,308n56

 on sustaining vs. disruptive innovations 持续性创新 vs. 颠覆性创新 197-210,212-214

 writings of 作品 198,199,200-201, 207,208-209

Christensen Institute 克里斯坦森研究所 201

Chronicle of Higher Education 《高等教育纪事报》 89,102-103,200

Chui, Michael 迈克尔·催 157

Civilization（Ferguson）《文明》（弗格森） 183

clash of civilizations 文明的冲突 81,82

climate change 气候变化 61

Clinton, Bill 比尔·克林顿 29

Clinton, Hillary 希拉里·克林顿 4, 29,205,211

 see also presidential campaign (2016)

| 索 引 |

参见总统竞选(2016)

Closing of the American Mind，*The*（Bloom）《美国思想的终结》（布卢姆）30, 94

CNN 美国有线电视新闻网 176, 182, 187, 192, 224, 246

Coates, Ta-Nehisi 塔那西斯·科茨 222 - 223, 235

Coburn, Tom 汤姆·科伯恩 126

Cohen, Eliot 埃利奥特·科恩 36, 40

Cogen, Jared 贾里德·科根 163 - 164, 203, 205, 211 - 212

Cohen, Joshua 乔舒亚·科恩 218

Cold War, *The* (Lippmann)《冷战》（李普曼）175

Cold War consensus 冷战共识 178 - 179

Columbia University, Earth Institute 哥伦比亚大学地球研究所 21 - 24

Common Core curriculum 通用核心课程运动 64

Competitive Enterprise Institute 竞争企业协会 134

Connectography (Khanna)《超级版图》（康纳）203 - 204

conservatives 保守派

within academia 学术界 97*f*

alt-right 另类右翼 63, 230 - 231

"Baptist-Burqua" networks "Baptist-Burqua"网络 58

confidence in social sciences (survey) 对社会科学的信任度（调查）53 - 54, 54*f*

discrediting of political science 政治科学的质疑 118

distrust of mainstream media outlets 对主流媒体的不信任 56 - 57

economists among 经济学家 117

media platforms catering to 媒体平台迎合 56

neoclassical economics and 新古典经济学 116

rejection of D'Souza's theses 对德索萨论点的否定 59

War on College views 大学的战争 94

see also specific individuals and organizations 参见特定的个人和组织

containment doctrine 遏制政策 31 - 32, 81, 174, 175

contingent writing 写作中（偶发）的犯错情况 248

Cook, Fay Lomax 费伊·洛马克斯·库克 63

Coors, Joseph 约瑟夫·库尔斯 133

Corker, Bob 鲍勃·科克 7

correct politicalness (Ferguson) 政治正确性（弗格森）190

Coulters, Ann 安·库尔特斯 31

Council on Foreign Relations (CFR) 外交关系协会（CFR）129, 132, 133, 137, 138, 140, 144, 164

Cowen, Tyler 泰勒·考恩 108

Crane, Ed 埃德·克兰 123, 142

creative destruction (Schumpeter) 创造性破坏（熊彼特）197

Credit Suisse 瑞士信贷 62, 156, 167

Croly, Herbert 赫伯特·克罗利 235

Cruz, Ted 特德·科鲁兹 125

Daily Signal, The "每日信号"（网站）125

Dark Knight, The (Nolan)《黑暗骑士》（诺兰）244-245

dead dogma (Mill) 僵死的教条（米尔）52, 240

death of expertise (Nichols) 专家之死（尼古拉斯）51-52

defeatist argument, and marketplace of ideas 失败主义者的论点，思想市场 24, 26-28, 35-37, 41

defense contractors 国防承包商 139

Defense One "防务一号"网站 87

Deloitte 德勒 155, 156, 156t, 157

DeLong, Brad 布拉德·德朗 216

DeMint, Jim 吉姆·德敏特 34-35, 123, 124-125, 126, 127, 131, 144

democracy, decline of faith in 对民主政体的信任消减 50

Democratic Party 民主党

political polarization in US Congress 美国国会中的政治极化 54-56, 55f

see also liberals; presidential campaign (2016) 参见自由主义者；总统竞选（2016）

democratic peace 民主和平论 15, 81, 82

democratic values and technocracy 民主观念与技术官僚主义 117, 283n90

Demos 狄莫斯智库 142, 230

DeMuth, Christopher 克里斯托弗·德穆斯 130

Deresiewicz, William 威廉·德雷谢维奇 30,95

Desch, Michael 迈克尔·德施 103,105

development economics, see Sachs, Jeffery 发展经济学,见杰弗里·萨克斯

"Digital Disruption, The" (Schmidt and J. Cohen) "数字化颠覆"(施密特和J.科恩) 203

Diplomat, The《外交官》杂志 37,87

"Disruption Hell" (Christensen) "颠覆的地狱"(克里斯坦森) 200

Disruption Dilemma, The (Gans)《颠覆的困境》(甘斯) 198

Disruptive Growth Fund 颠覆性增长基金 200

disruptive innovation and asset bubbles, in Ideas Industry 思想的产业之颠覆性创新与资产泡沫 196-214

 asset bubble analogy 资产泡沫类比 214

 Christensen on sustaining vs. disruptive innovations 克里斯坦森论持续性创新 vs 颠覆性创新 197-210, 212-214

 critiques of disruptive innovation concept 对颠覆性创新概念的批评 206-212

 disruption discourse in international relations 国际关系中的干扰话语 203-212

 roles of public intellectuals vs. thought leaders 公共知识分子与思想领袖的角色比较 213-214

 summary conclusion 结论概要 212-214

 T. Friedman on the Great Inflection T.弗里德曼论伟大的转折 204

Disruptor Foundation 颠覆者基金会

 Disruption Foundation Fellows 颠覆者基金会成员组织 201

 Disruptor Cup competition "颠覆者杯"竞争 201

Doerr, John 约翰·多尔 185

Douthat, Ross 罗斯·多赛特 7,40,94

Drezner, Daniel W. 丹尼尔·W.德雷兹内

 background and writings of 背景与作

品 16-17,88-89,129,151,216,222-223,244-246,256n63,259n54,270n5

Fletcher School team on academy and policy 弗莱彻学院,学院与政策团队 241-242

PSR and online postings about "政治学传闻"网站及其在线帖子 218-219,226,246-248

D'Souza, Dinesh 迪内希·德索萨 58-60

Duflo, Esther 埃斯特·迪弗洛 22

Dulles, Jonh Foster 约翰·福斯特·杜勒斯 81

Durbin, Dick 迪克·德宾 128

Easterbrook, Gregg 格雷格·伊斯特布鲁克 53

Easterly, William 威廉·伊斯特利 22

Easton, David 大卫·伊斯顿 103

economic globalization 经济全球化 159

economic inequality globally 全球经济不平等 62-63

economic inequality, in US, *see* plutocrats and economic inequality 美国的经济不平等,参见财阀与经济不平等

economic research, reliability of 经济研究,可靠性 96

Economics Rules (Rodrik)《经济学规则》(罗德里克) 113,115

economics vs. political science in Ideas Industry 思想产业中的经济学 vs. 政治学 102-222

critique of finance economics 金融经济批评 109-110

critique of structuralist arguments 结构主义观点批评 119-121

economists as thought leaders 经济学家作为思想领袖 109,115-116

ecnomics vs. political science, in Ideas Industy (*Cont.*) 思想产业中的经济学 vs. 政治学

elite confidence in social science disciplines (survey) 精英对社会科学学科的信任度(调查) 111,112*f*

erosion of trust in authority/expertise 对权威/专家的信任坍塌 117

history of critiques of political science 政治学批评史 103-104

impact of 2008 financial crisis 2008 金

融危机的影响 108–110,112

internalization of irrelevance of political science discourse 政治学话语的无关紧要性的内化 107–108

normative consensus and 规范共识 116–117

open economy politics paradigm and 开放经济政治学范式 120

partisan bias and 党派偏见 117–119,284n101

perception of importance of economic literature 经济学文献重要性的理解 105–108,106f,114–115

plutocrats and 财阀 120–121

policymakers and 决策者 120–121

political science predictions 政治学预测 111

Posner's list of top intellectuals and 波斯纳的高级知识分子名单 107

predictive accuracy standards 预测准确性标准 109

research mothodologies and 研究方法论 102–103,112–115,122

self-confidence of economists 经济学家的自信 113–114,122

summary conclusion 结论概要 121–122

Economist Intelligence Unit (EIU) 经济学人智库 6,156t,160

Democracy Index 民主指数 161–162

Edelman Trust Barometer 爱德曼信任度晴雨表 50

efficient markets hypothesis 有效市场假设 108

Eichengreen, Barry 巴里·艾肯格林 110

Eisenhower, Dwight 德怀特·艾森豪威尔 153,174

"End of History, The" (fukuyama)《历史的终结》(福山) 181

End of History and the Last Man, The (fukuyama)《历史的终结与最后之人》(福山) 41,81

End of Ideology, The (Bell)《意识形态的终结》(贝尔) 41

End of Poverty, The (Sachs)《贫穷的终结》(萨克斯) 20,21,32–33

End of Racism, The (D'Souza)《种族主义的终结》(德索萨) 59

Engler, Mark 马克·恩格勒 191

epistemic closure（Sanchez）认知闭合（桑切斯）57

Ernst & Young 安永会计师事务所 155,156*t*

Eurasia Group 欧亚集团 150,156*t*,160,162,166,166*f*,167

Europe, political extremism in 欧洲的政治极端主义 57–58,159

Excellent Sheep（Deresiewicz）《优秀的绵羊》（德雷谢维奇）30,95

Facebook 脸书 35–36,216,224

Faculty Lounges, The（Riley）《教师休息室》（赖利）94

Fallows, James 詹姆斯·法洛斯 40

Fareed Zakaria GPS（TV show）法里德·扎卡利亚的环球公共广场（电视节目）176

Fearon, James 詹姆斯·费伦 93

FedEx 联邦快递 139

Ferenstein, Greg 格雷格·弗兰斯坦 67

Ferguson, Niall 尼尔·弗格森 40,179,181

 branding of 品牌 12

 critique of 批评 188–191

 influence of 影响 180*t*

 as superstar intellectual 作为明星知识分子 184

 as thought leader 作为思想领袖 185–186,187,192,193–194,243

 on Twitter 推特 222

 writings of 作品 183

Feulner, Edwin 埃德温·福伊尔纳 123,124,127

financial economics 金融经济学 109–110,117

Financial Times《金融时报》159,161

first principles 基本原则 69–70,117,225–226

Five-Star Movement, Italy 意大利，五星运动 58

FiveThirtyEight "五三八"（网站）87,179,239

Foer, Franklin 富兰克林·弗尔 236,238

Fooled By Randomness（Taleb）《随机散步的傻瓜》（塔勒布）229

Ford, Henry 亨利·福特 64

Ford Foundation 福特基金会 65,132

| 索 引 |

Foreign Affairs《外交事务》
　as CFR publication 美国联邦法规出版物 132
　"Digital Counterinsurgency"《数字化反叛乱》211-212
　on disruptive innovation 论颠覆性创新 202-205
　Drezner's article on offshore outsourcing 德雷兹内关于离岸外包的论文 88
　Rose's leadership of 罗斯的领导力 27
　Zakaria on illiberal democracy 扎卡里亚论非自由民主 177
Foreign Language Assistance Program 外语援助计划 82
Foreign Policy《外交政策》
　contributors to 贡献者 102,107
　decrease in academic articles 学术论文减少 76,207n5
　on development aid and corruption 发展援助与腐败 20-21
　on disruptive innovation 论颠覆性创新 202-203,205
　as FP Group publication 外交政策集团出版物 43
　online outlets for 在线商店 36-37
　top hundred global thinkers list 全球百大思想者名单 10
Foreign Policy Initiative 外交政策倡议 137
foreign policy intellectuals (ranking) 外交政策知识分子（排名）180-181t
Foreign Policy Interrupted 外交政策中断 242
for-profit think tanks, see private-sector supply of thought leaders; *specific think tanks* 营利型智库，参见私营行业的思想领袖；特定的智库
Foundation for Individual Rights in Education (FIRE) 个人教育权利基金会 94
Foundation for the Defense of Democracies 捍卫民主基金会 27,127-128,140
foundations 基金会 64,83,242
Fourcade, Marion 马里恩·富尔卡德 104,112
Fox, Justin 贾斯廷·福克斯 188,194
foxes and hedgehogs analogy 狐狸和刺猬的比喻 9,10f,121-122,198,209

Fox News 福克斯新闻 56-57

Freakonomics (Leavitt)《魔鬼经济学》（莱维特）107

Freeland, Chrystia 克里斯蒂娅·弗里兰 66, 116

Freeman, Richard 理查德·弗里曼 102

free trade concept 自由贸易的概念 33-34, 37, 110

frictionless world (Packer) 无摩擦的世界（帕克）67, 70, 121

Friedman, George 乔治·弗里德曼 162

Friedman, Milton 米尔顿·弗里德曼 31, 39

Friedman, Thomas 托马斯·弗里德曼 194

    branding of 品牌 182-183, 219-220

    critique of 批评 231

    on disruptive innovation 论颠覆性创新 205

    influence of 影响 176, 180t

    as superstar intellectual 明星知识分子 183-184

    writings of 作品 179, 183-185, 204, 231

Friedman Forum 弗里德曼论坛 185

Frum, David 大卫·弗拉姆 26, 67

Fukuyama, Francis 弗朗西斯·福山 40, 81, 179, 246

    critique of 批评 82

    influence of 影响 180t

    mention economy and 提名经济 220

    writings of 作品 41, 81, 181

Future of Freedom, The (Zakaria)《自由的未来》（扎卡利亚）177

Gaddis, John Lewis 约翰·刘易斯·加迪斯 29, 40

Galbraith, John Kenneth 约翰·肯尼思·加尔布雷思 31, 39, 91, 92, 104

Gallup 盖洛普

    confidence in institutions (survey) 对机构的信任度（调查）46f, 48-49

    on free trade 论自由贸易 37

    monthly poll on America's direction 对美国走向的月度民调 63

    trust in federal government (survey) 对联邦政府信任度（调查）47-48, 47f

Gans, Joshua 乔舒亚·甘斯 198, 212 – 213

Gardner, Dan 丹·加德纳 13

Gates, Bill 比尔·盖茨 23 – 24, 64, 99

Gates, Robert 罗伯特·盖茨 3 – 4, 83, 137 – 138

Gates Foundation 盖茨基金会 64, 163

General Dynamics 通用动力公司 139

General Social Survey 综合社会调查 48, 49

geopolitical risk, see political risk consultancy 地缘政治风险，见政治风险咨询

Ghonim, Wael 瓦伊尔·高尼姆 223

Gingrich, Newt 纽特·金里奇 59

Gini coefficient 基尼系数 62

Gladwell, Malcolm 马尔科姆·格拉德韦尔 158

Glass-Steagall Act (1933)《格拉斯-斯蒂格尔法案(1933)》151 – 152

global prosperity index (Legatum Institute) 全球繁荣指数(列格坦研究所) 157

God and Man at Yale (Buckley)《耶鲁大学里的神与人》(巴克利) 94

Godwin's law 高德温法则 221 – 222

Goldberg, Jeffrey 杰弗里·戈德堡 5, 180*t*

Goldgeier, James 詹姆斯·戈德盖尔 40

Goldman, Samuel 塞缪尔·戈德曼 76

Goldman, Sachs 萨克斯·戈德曼 148, 149 – 150, 151, 157, 168

Goldstein, Evan 埃文·戈尔茨坦 200

Goodfellow, Bill 比尔·古德费洛 139

Goodwin, Doris Kearns 多丽丝·卡恩斯·古德温 95

Google 谷歌 150

Google Ideas, see Jigsaw (Google Ideas) 谷歌智库，见 Jigsaw (Google Indeas)

Google.org 谷歌(网址) 163

Google Shield 谷歌盾牌 164

Gordon, David 大卫·戈登 159

Gordon, Robert 罗伯特·戈登 197

Gove, Michael 迈克尔·戈夫 50 – 51

"Great Inflection, the" (T. Friedman) "大转折"(T. 弗里德曼) 204

"Great Man" theory of events "伟人"理论 100

Great Recession 大萧条 108-110,112, 137,157,159,168-169,188-189, 243

Green, Don 唐·格林 226-228

Greenmantle 格林曼特 185-186

Greenwald, Glenn 格伦·格林沃尔德 32,230

Gregory, Alice 艾丽斯·格雷戈里 231-232

Gresham's law 格雷欣法则 223

Group of 7（G-7）七国集团(G-7) 148

Group of 20（G-20）二十国集团(G-20) 148

groupthink 集体思维 130

Grove, Andy 安迪·格罗夫 199

Grunwald, Michael 迈克尔·格伦沃尔德 8

Guardian《卫报》161

Guisinger, Alexandra 亚历山德拉·盖辛格 61

Haass, Richard 理查德·哈斯 40,76, 180*t*

Haberman, Maggie 玛吉·哈伯曼 7

Hacker, Jacob 雅各布·哈克 105

Haidt, Jonathan 乔纳森·海特 94,95

Halberstam, David 大卫·哈伯斯塔姆 31,41

Harman, Jane 简·哈曼 141

Harper's《哈泼斯》杂志 95

Harris-Perry, Melissa 梅利莎·哈里斯-佩里 12,106,111

Harvard Business Review《哈佛商业评论》209

Harvard University, Business School, Forum for Growth and Innovation 哈佛大学商学院增长与创新论坛 200

Hatch, Orrin 奥林·哈奇 126

Hayek, Friedrich A. von 弗里德里克·A.冯·海耶克 8-9,254n40

Hayes, Chris 克里斯·海斯 51

hedgehogs analogy, *see* foxes and hedgehogs analogy 刺猬的比喻，见狐狸和刺猬的比喻

hedging, in scholarly writing 学术写作中的语言藩篱 86

Heilbrunn, Jacob 雅各布·海尔布伦 26,259n47

| 索引 |

Heller, Nathan 内森·赫勒 70

Hennessy, Keith 基思·亨尼西 126

Henri-Lévy, Bernard 伯纳德·亨利-利维 248

Heritage Action 美国遗产行动（组织） 125,126,127-128,144

Heritage Foundation 美国传统基金会

    Center for Dada Analysis 数据分析中心 123-124

    DeMint's leadship of 德敏特的领导力 34-35,123-128,131,144

    donor base for 捐赠者基金会 138,141-142

    clite confidence in（survey）精英对……的信任度（调查）166-167, 166f

    as ideological think tank 意识形态的智库 133-134

    Index of Economic Freedom 经济自由度指数 123

    Mandate for Leadership《领导授权》135

    Take Back America candidate forum 夺回美国候选人论坛 128

Herzberg, Hendrik 亨德里克·赫茨伯格 235

heuristic punch 启发式的力量 36,167

higher-ed bubble 高等教育泡沫 94

Higher Education Act（1965）《高等教育法》(1965) 78

Higher Education Research Institute（UCLA）高等教育研究中心（UCLA）96-97

Hilfiger, Tommy 汤米·希尔菲杰 22

Hill, Andrew 安德鲁·希尔 207-208

Hirsi Ali, Ayaan 阿雅安·希尔西·阿里 12,222

Hitchens, Christopher 克里斯托弗·希钦斯 53

"Hit the Road, Barack"（Ferguson）《上路吧，奥巴马》（弗格森）189

Hochschild, Jennifer 珍妮弗·霍克希尔德 119

Hofstadter, Richard 理查德·霍夫施塔特 15,30,37,38,68,244

homeshoring 居家外包（支付员工在家办公费用而不是在办公室）166

Hoover Institute 胡佛研究所 191

Howe, Irving 欧文·豪 79-80

HSBC 汇丰银行 156

Huffington Post《赫芬顿邮报》37

Hughes, Chris 克里斯·休斯 234-239

Huntington, Samuel 塞缪尔·亨廷顿 81,82,176,192

Hurlburt, Heather 希瑟·赫尔伯特 51

Hybrid Reality (Khanna and Khanna)《混合现实》(康纳夫妇) 203,210-211

ideas as hooks 思想如钩 25

Ideas Industry, systemic forces shaping 塑造思想产业的系统性力量 43-71

benefits of 益处 13-14

Ideas Industry, systemic forces shaping (Cont.) 塑造思想产业的系统性力量

erosion of trust in authority/expertise 对权威/专家的信任消减 46-53, 46f-48f,50f

impact on thought leaders vs. public intellectuals 思想领袖与公共知识分子影响比较 46,53,58,68,69-70

liberal internationalist consensus and 自由国际主义共识 60-61

plutocrats and economic inequality 财阀与经济不平等 12,61-69,62f, 70,216,268n103

polarization and partisanship 极化与党派之争 53-61,54f-55f

D'Souza as partisan intellectual 德索萨作为党派知识分子 58-60

summary conclusion 结论概要 68-70

trends and emergence of 趋势和显现 10-13

see also specific systemic forces 参见特定的系统性力量

Ideas Industry, trends and recommendations 思想产业的趋势与建议 233-249

decline of policy magazines 政策性杂志的衰落 239

ethnic and gender diversity 种族和性别差异 242

improvement of Ideas Industry 思想产业的改进 240-249

increase in endowment of universities/think tanks 高校/智库捐助增加 241-242

| 索 引 |

The New Republic profile《新共和》
简介 234-240

popular ideas likened to asset bubbles
流行思想与资产泡沫类比 234

recommendations 建议 244-49

thought leaders vs. public intellectuals
思想领袖 vs. 公共知识分子 233-
234,237-238,240-242

value of constructive criticism 建设性
批评的价值 243,248

ideological extremes, *see* political
polarization 思想的极端,见政治
极化

Ignatius, David 大卫・伊格内修斯
179,180t

Ikenberry, John 约翰・伊肯伯里 40

Illiberal Education（D'Souza）《非自由
的教育》（德索萨）59-60

immigration reform 移民政策改革 37,
125-26

India 印度 147,148

inequality, *see* economic inequality,
globally; plutocrats and economic
inequality 不平等,见全球经济不平
等;财阀与经济不平等

informational sources 信息来源 56-57

Innosight 创新洞察管理咨询公司 200

innovation, *see* disruptive innovation and
asset bubbles, in Ideas Industry 创
新,见思想的产业之颠覆性创新与
资产泡沫

Innovator's Dilemma, The（Christensen）
《创新者的窘境》（克里斯坦森）
198,200-201,207,208-209

Innovator's Solution, The（Christensen）
《创新者的解答》（克里斯坦森）
199,208-209

Inequality, The 不平等 173

Institute for Government Research 政府
研究所 132

Institure for the Study of War 战争研究
所 135,139

intellectual brands, thought leaders vs.
public intellectuals 公共知识分子
品牌、思想领袖 vs. 公共知识分子
173-195

competitive Ideas Industry and 竞争
性的思想产业 179-188

faulty data and misstatements 错误数
据和错误言论 188-191

Lippmann profile 李普曼简介 173-179

maintenance of status 状态的维持 183-187

management of subordinates 下属管理 186-187

most influential foreign policy intellectuals (ranking) 最具影响力的外交政策知识分子(排名) 179, 180-181t, 181

plagiarism scandals and 剽窃丑闻 177, 187-188, 191-192

summary conclusion 结论概要 193-195

superstar economic incentives 对超级明星的经济激励 181-185, 193-195

 see also Christensen, Clayton; Ferguson, Niall; Friedman, Thomas; Zakaria, Fareed 参见克莱顿·克里斯坦森；尼尔·弗格森；托马斯·弗里德曼；法里德·扎卡利亚

Intellectuals and Society (Sowell)《知识分子与社会》(索厄尔) 30

Intercept, The《窃听》杂志 64, 230

International Monetary Fund (IMF) 国际货币基金组织(IMF) 109, 147

international relations scholars 国际关系学者

 attempts to impact US foreign policy 影响美国外交政策的尝试 105

 engagement of public sphere 公共领域的参与 93

 impact of post-Cold War on 后冷战时期的影响 32, 82-83

 internalization of irrelevance of discourse 话语的无关紧要性的内化 107-108

 jargon of 行话 85-86

 partisan bias and 党派偏见 118-120

 policymakers and 决策者 111

 proximity to power 接近权力 16

 publishing by 出版 36-37, 88

 social media outlets for 社交媒体平台 87-88

 use of quantitative methodologies 定量方法的使用 114

Internet, *see* blogosphere; online publications and discourse; social

| 索 引 |

media; specific websites 互联网，
见博客圈；网络出版物与话语，社交
媒体；特定的网站

interstitial field（Medvetz）间隙领域
（麦德韦兹）129,145

Ioffe, Julia 朱莉娅·约飞 40

Iran 伊朗 27,58,118-119

Iraq War 伊拉克战争 52
    defense policy intellectuals and 国防政策知识分子 34,135
    Democrats'support for invasion 民主党支持入侵 287n42
    foreign policy intellectuals opposing 外交政策知识分子反对 83,111,243,248

Isaccson, Walter 沃尔特·艾萨克森 41

Islamic State（ISIS）"伊斯兰国"（ISIS）211-212

Israel Lobby, The（Walt）《以色列游说集团》（沃尔特）107

Jacobin（magazine）《雅各宾》（杂志）230

Jacobs, Lawrence 劳伦斯·雅各布斯 52

Jacoby, Russell 拉塞尔·雅各比 78,80,81,254n40

Jacoby, Susan 苏珊·雅各比 30,115

James, Aaron 艾伦·詹姆士 247-248

jargon 行话 85-86,87

Jentleson, Bruce 布鲁斯·詹特森 106

Jervis, Robert 罗伯特·杰维斯 118

Jigsaw（Google Ideas）谷歌智库 156t,163-165,205,211-212
    Against Violent Extremism（AVE）network 反暴力极端主义（AVE）网络 163-164

Jobs, Steve 史蒂夫·乔布斯 99,199

Johnson, Lyndon 林登·约翰逊 174

Jolie, Angelina 安吉利娜·朱莉 22

JPMorgan Chase 摩根大通 139,155,168

JPMorgan Chase Institute 摩根大通研究所 155,168

Kagan, Robert 罗伯特·卡根 6-7,40,179,180t,181

Kane, Tim 蒂姆·凯恩 126

Kaplan, Robert D. 罗伯特·D.卡普兰 40,180t

Kaufmann, Chaim 凯姆·考夫曼 38,83

Keane, Jack 杰克·基恩 139

Kellaway, Lucy 露西·凯拉韦 158

Kennan, George 乔治·凯南 31–32, 40, 175, 178

Kennedy, John F. 约翰·F.肯尼迪 79, 174, 175

Keynes, John Maynard 约翰·梅纳德·凯恩斯 34, 189–190

Keynesianism 凯恩斯主义 109, 111–112, 115

Khanna, Ayesh 爱伊莎·康纳 203, 210–211

Khanna, Parag 帕拉格·康纳 182, 203–204, 210–211, 212

Khrushchev, Nikita 尼基塔·赫鲁晓夫 81

Kiechel, Walter 沃尔特·基希勒 152

King, Andrew 安德鲁·金 208–209, 213

Kinsley, Michael 迈克尔·金斯利 188

Kissinger, Henry 亨利·基辛格 7, 79, 159, 176, 177, 179, 180t

Kissinger Associates 基辛格事务所 156t, 159, 160

KKR Global Institute 科尔伯格·克莱维斯·罗伯特公司（KKR）全球学会 155

Klein, Daniel 丹尼尔·克莱因 117

Klein, Ezra 埃兹拉·克莱因 31, 93, 119, 124, 179, 239

Koch, Charles 查尔斯·科克 64, 133, 142

Koch, David 大卫·科克 142

Kohlberg Kravis Roberts 科尔伯格·克拉维斯·罗伯茨 155

KPMG 毕马威 156

Krasner, Stephen D. 斯蒂芬·D.克拉斯纳 107

Krauthammer, Charles 查尔斯·克劳萨默 7, 179, 180t

Kristof, Nicholas 尼古拉斯·克里斯托夫

  critique of 批评 76, 77, 88, 92, 93, 104

  influence of 影响 180t

  on Standard Indictment against academy 对学术机构的常规批判 75–76, 96, 102, 112

  see also Standard Indictment against the academy 参见对学术

| 索 引 |

机构的常规批判

Kristol, William 威廉·克里斯托尔 99, 124, 180*t*

Krugman, Paul 保罗·克鲁格曼 40, 179

   on 2008 financial crisis 论 2008 年金融危机 109, 110

   branding of 品牌 57

   epistemic closure and 认知闭合 12

   fact-checking of Ferguson's article on Obama 弗格森文章中对奥巴马的事实审核 189

   influence of 影响 180*t*

   as liberal 作为自由主义者 117

   mention economy and 提名经济 220

   preference for intellectual vs. political power 在思想影响力和政治权力之间做出选择 34, 35

   on state use of market forces 国家对于市场力量的使用 115

   writings of 作品 103–104

Kupchan, Charles 查尔斯·库普钱 61

LaCour, Michael 迈克尔·拉库尔 226–228

Lake, Eli 伊莱·莱克 225

Last Intellectuals, The (R. Jacoby)《最后的知识分子》(R. 雅各比) 78, 254*n*40

Law and Justice party, Poland 波兰, 法律与公正党 58

Leavitt, Steven 史蒂文·莱维特 107

Lee, Timothy B. 蒂莫西·B. 李 207–208

Leffler, Melvyn 梅尔文·莱弗勒 40

Legatum 列格坦 155

Legatum Institute 列格坦研究所 155, 157

Lehrer, Jonah 乔纳·莱勒 223

Lepore, Jill 吉尔·莱波雷

   critique of Christensen's disruptive innovation 对克里斯坦森颠覆性创新的批评 202, 206–208, 210, 212, 213, 308*n*56

   Zakaria's use of unattributed text from 扎卡利亚对其文章内容的"剽窃" 187

Levin, Yuval 尤瓦尔·莱文 51

liberal internationalist consensus 自由国际主义共识 60–61

liberals 自由主义者
　within academia 学界 96-98, 97f
　distrust of Fox News 对福克斯新闻的不信任 57
　economists among 经济学家 117
　liberal internationalism and 自由国际主义 231
　media platforms catering to 迎合……的媒体平台 56
　neoclassical economics and 新古典主义经济学 116
　political scientists among 政治学者 118
　War on College Views 大学的战争 94-95
　　see also specific individuals and organizations 参见特定的个人和组织

libertarians 自由派
　confidence in social sciences (survey) 对社会科学的信任度（调查）53-54, 54f
　wealthy among 富人 66

Lilla, Mark 马克·里拉 233

Lincoln, Abraham 亚伯拉罕·林肯 34

Lippmann, Walter 沃尔特·李普曼 173-179

Litan, Robert 罗伯特·利坦 139-140

Little, A. D. A. D. 利特尔 152

Lizza, Ryan 瑞安·利扎 237

lobbying 游说 139, 146

Lowrey, Annie 安妮·劳里 224

Lucas, Robert 罗伯特·卢卡斯 108

Luce, Edward 爱德华·卢斯 223

Lukianoff, Greg 格雷格·卢基亚诺夫 94, 95

Lupia, Arthur 亚瑟·卢皮亚 283n90

Lynch, Marc 马克·林奇 228-229

Lynd, Robert S. 罗伯特·S. 林德 103

MacArthur, John D. 约翰·D. 麦克阿瑟 64

MacArthur Foundation 麦克阿瑟基金会 76, 137

macroeconomics 宏观经济学 108-109, 117

Mailer, Norman 诺曼·梅勒 31

management consultancy, *see* private-sector supply of thought leaders 管理咨询，见私营行业的思想领袖

| 索 引 |

Manhattan Institute 曼哈顿研究所 140

Marche, Stephen 斯蒂芬·马奇 173, 184

Marcus, Bernard 伯纳德·马库斯 140

Marginal Revolution（blog）边际革命（博客）239

marketplace of foreign policy ideas, introduction 外交政策思想市，引言 3-19

 emergence of Ideas Industry 思想产业的出现 10-13

 need for debate 争论的必要 14

 Obama's policies and 奥巴马政策 3-6

 political strategic abuse of 政治战略滥用 15-16

 public intellectuals vs. thought leaders 公共知识分子 vs. 思想领袖 9-14, 10t

 research method 研究方法 16-17

 Trump's campaign rhetoric and 特朗普的竞选辞令 6-8, 253n32

marketplace of ideas, defined 思想的市场，被定义的 8, 13, 254n39

marketplace of ideas, importance of 思想市场，重要性 20-42

 defeatist argument 失败主义者的论点/观点 24, 26-28, 35-37, 41

 materialist argument 现实主义论点/观点 24, 25-26, 33-35, 41

 nostalgic argument 怀旧主义论点/观点 24, 30-33, 39-41

 populist argument 民粹主义论点/观点 24, 28-30, 37-39, 41

 Sachs parable "杰弗里·萨克斯的故事" 20-24, 26, 30, 32-33, 35, 37, 39, 41

Marshall, Josh 乔希·马歇尔 76, 179

Marshall, Will 威尔·马歇尔 123

materialist argument, and marketplace of ideas 现实主义论点/观点，思想市场 24, 25-26, 33-35, 41

Matthews, Jessica Tuckman 杰茜卡·塔克曼·马修斯 36

McArdle, Megan 梅根·麦克阿德 239

McCormack, Win 温·麦科马克 239

McGann, James 詹姆斯·麦甘 131, 142

McKenna, Christopher 克里斯托弗·麦克纳 151

McKinsey 麦肯锡 150,157,159,168
  elite confidence in (survey) 精英对……的信任度(调查) 166f
  epistemic arbitrage and 知识套利 158
  McKinsey Quarterly 《麦肯锡季刊》 155,158
  policymakers and 政策制定者；决策人 205
  for-profit advantage of 营利性的优点 167
  thought leadership strategy of 思想领袖战略 152-155
McKinsey, James 詹姆斯·麦肯锡 152
McKinsey Center for Government 麦肯锡政府中心 154
McKinsey Global Institute (MGI) 麦肯锡国际研究院 155,157,166,166f,168,298n110
Mead, Lawrence 劳伦斯·米德 114
Mead, Walter Russell 沃尔特·拉塞尔·米德 40,177,180t
Mearsheimer, John 约翰·米尔斯海默 40,81,82,181t
media cocooning 媒体作茧效应 56-57
Medvetz, Tom 汤姆·麦德维茨 129

mention economy 提名经济 220
meritocratic achievement 精英治理的成就 28,66-68,116
Microsoft PowerPoint 微软公司演示文稿软件 129
Middle East discourse 中东话语 228
Milken Institute, Global Conference 米尔肯研究所，全球会议 11
Mill, John Stuart 约翰·斯图尔特·米尔 52,214,225-226,240
millennial generation pessimism 千禧代悲观主义 48
Millennium Challenge Corporation 千禧挑战公司 123
Millennium Villages Project (MVP) 千禧村计划(MVP) 22-24,26
Mills, C. Wright 查尔斯·赖特·米尔斯 78-79
Mischiefs of Faction (blog) 党派斗争(博客) 88
Mishra, Pankaj 斑卡吉·米什拉 20
MIT Sloan Management Review 《麻省理工斯隆管理评论》 208
Monkey Cage, The (blog) "猴子笼"(博客) 87,88,108

| 索 引 |

Morgan Stanley 摩根士丹利 151

Morgenthau, Hans 汉斯·摩根索 196

Morozov, Evgeny 叶夫根尼·莫罗佐夫 210-211, 212, 213

Moskowitz, Rachel 雷切尔·莫斯科维茨 63

Moynihan, Daniel Patrick 丹尼尔·帕特里克·莫伊尼汉 69

Moynihan, Michael 迈克尔·莫伊尼汉 223

Mukunda, Gautam 高塔姆·穆昆达 65

Munger, Michael 迈克尔·芒格 218, 227-228

Munk, Nina 尼娜·芒克 21, 24

Murray, Charles 查尔斯·默里 30

Musk, Elon 埃隆·马斯克 66

National Academy of Science 美国国家科学院 113

National Bureau of Economic Research (NBER) 美国国家经济研究局 (NBER) 109

National Education Act (1958) 美国1958年《国防教育法》78

National Front party, France 法国国民阵线党 58

National Intelligence Council 美国国家情报委员会 182

National Interest, The 《国家利益》杂志 36-37, 52

National Review 《国家评论》杂志 6-7, 117

National Science Foundation 美国国家科学基金会 113-114, 117, 118

National Security Education Program 美国国家安全教育计划 82

nativism 本土主义 57-58

NATO (North Atlantic Treaty Organization) 北大西洋公约组织 40

Nature 《自然》杂志 113, 117

neoclassical ecomonics 新古典主义经济学 115-116

neoliberialism 新自由主义 95

Netanyahu, Benjamin 本雅明·内塔尼亚胡 143

Netflix 奈飞(公司) 197-198

New America Foundation 新美国基金会 136, 182

New Development Bank 新发展银行 147

New Ditagal Age, *The* (J. Cohen)《新数字时代》(贾里德·科恩) 212

New Elite 新精英阶层 30

New Republic, *The*《新共和》杂志 34, 59, 173, 174, 234-240

New Republic Fund 新共和基金 237

New York Times《纽约时报》89, 95-96, 106

  2014 Innovation Report《纽约时报创新报告(2014)》202

  The Upshot "结局"(政治新闻博客) 87, 239

Nexon, Daniel 丹尼尔·内克松 218

Nichols, Tom 汤姆·尼科尔斯 51-52

Nolan, Christopher 克里斯托弗·诺兰 244

Noonan, Peggy 佩姬·努南 40, 220

No Ordinary Disruption (Dobbs, Manyika, and Woetzel)《麦肯锡说,未来20年大机遇》(多布斯,马尼卡,华强森) 202, 298n110

North Korea 朝鲜 164

Northwestern University 美国西北大学 152

nostalgic argument, and marketplace of ideas 怀旧主义论点/观点,思想市场 24, 30-33, 39-41, 173

Nye, Joseph 约瑟夫·奈 40, 76, 81, 179, 180t, 181

Obama, Barack 贝拉克·奥巴马
  administration views on think tanks 政府对智库的看法 131, 135
  constraints during presidency 总统任期中的限制 15
  foreign policy mantra 外交政策格言/准则 4, 29
  frustrations with markatplace of foreign policy ideas 外交政策思想市场的挫败 3-6, 253n2
  interactions with Zakaria 与扎卡利亚之间的纠缠 177
  policies on Syria 叙利亚政策 5
  as public intellectual 作为公共知识分子 9

Occupy movement 占领运动 58, 63

offshore outsourcing 离岸外包 88, 153, 165-166

Ogletree, Charles 查尔斯·奥格莱特里 95

Olen, Helaine 赫莱茵·奥伦 140

Omidyar Network 奥米迪亚网络投资公司 64

O'Neill, Jim 吉姆·奥尼尔 148-150

"One Percent Doctrine"（Cheney）"百分之一主义"（切尼）206

On Liberty（Mill）《论自由》（约翰·斯图尔特·穆勒）214

online communication and emotion 在线交流与情绪 220-221

online publications and discourse 网络出版物与话语 215-232

    anonymity and 匿名 217-218, 223

    bandwagoning and 随大流 219-220

    comments sections 评论区 222-223

    degradation of online debate on 在线辩论的衰败/落寞 216

    dismissal of online criticism 不理会网络批评 224-26, 228-29

    Godwin's law 高德温法则 221

    Gresham's law 格雷欣法则 223

    Mill on virtue of debate 穆勒论辩论的益处 225-226

    online criticism as methodological terrorism 网络批评如方法论的恐怖主义 228

    political polarization and 政治极化 216, 228, 229-231

    Political Science Rumors（PSR）profile "政治学传闻"网站 216-219, 221, 224, 226-28

    reporting of abusive users 举报语言不文明的用户 224

    takedowns （网络）抨击 220-221, 223, 231-232

    trolls and trolling of 语言不文明的人和不文明话语（喷子，喷人）224-226, 228-230

OPEC 石油输出国组织（欧佩克）158-159

Op-Ed Project, The "专栏项目" 92, 242

Open Democracy《开放民主》37

open economy politics paradigm 开放经济政治学范式 120

O'Reilly, Bill 比尔·奥赖利 31

Oremus, Will 维尔·奥雷姆斯 207-208

O'Rourke, P. J. 帕特里克·杰克·奥罗克 28

Orwell, George 乔治·奥威尔 87

Our Bad Media "我们的坏媒体"网站 188

overfitting 过拟合 165

Overton window "奥弗顿之窗" 130

Oxford Analytica 牛津分析咨询公司 156*t*, 160

Pacific Standard 《太平洋标准》杂志 37

Packer, George 乔治·帕克 67

Page, Benjamin 本杰明·佩奇 52, 63, 66

Pajamas Media's PJ 媒体博客 179

Pareene, Alex 亚历克斯·派尔尼 231

Parker, Sean 肖恩·帕克 64

Partisan Review 《党派评论》杂志 10

partisanship, *see* political polarization 党派性，参见政治极化

partisan sorting 政党选择 55–56

Peek, Katie 凯蒂·皮克 183

Peretz, Marty 马蒂·佩雷茨 235, 239

pessimism, *see* Ideas Industry, systemic forces shaping 悲观主义，参见塑造思想产业的系统性力量

Peters, Justin 贾斯廷·彼得斯 222, 223

Peterson Institute for International Economics 彼得森国际经济研究所 137, 144

Patraeus, David 戴维·帕特里厄斯 155

Pew, J. Howard 约翰·霍华德·皮尤 64

Pew Research Center 皮尤研究中心
　on distrust of media outlets 对媒体的不信任 56–57
　on free trade 关于自由贸易 37
　on Iranian nuclear deal 关于伊朗核协议 27
　polarization and partisanship (survey) 极化和党派性（调查）55
　public trust in government (survey) 公众对政府的信任度（调查）46–47, 46*f*

Pfleiderer, Paul 保罗·弗莱德雷尔 109

philanthrocapitalism 慈善资本主义 64–67, 98–100, 121, 141–142, 241
　see also benefactor class; plutocrats

and economic inequality 参见捐助者群体;财阀与经济不平等

Piccone, Ted 特德·皮肯 143

Piketty, Thomas 托马斯·皮凯蒂 107,116

plagiarism scandals 剽窃丑闻 95-96, 177, 187-188, 191-192, 223, 224, 228

plutocrats and economic inequality 财阀与经济不平等 61-69

  degradation of online debate and 在线辩论的衰败 216

  meritocratic achievement and 精英管理的成就 66-68,116

  policy aims of foundations 基金会的政策目标 64,268n103

  policy views differ from citizens 政策观点与普通民众不同 65-66

  rise of benefactor class 捐助人群体的崛起 12, 63-65, 67-69

  Silicon Valley elites on frictionless world 硅谷精英关于无摩擦的世界的观点 67, 70

  top1 percent in US 美国人中最富有的1% 61-62, 62f

  wealth inequality in US (1913-2012), 美国财富不均(1913—2012) 62f

  see also benefactor class; philanthrocapitalism 参见捐助人群体;慈善资本主义

Podemos party, Spain 西班牙"我们能"党 58

Podhoretz, John 约翰·波德霍雷茨 124

Polanyi, Michael 迈克尔·波兰尼 17

polarization, see political polarization 极化,参见政治极化

political correctness 政治正确性 94, 95

political decay (Fukuyama) 政治衰败（弗朗西斯·福山）82

political polarization 政治极化

  within academia 学界内 96-98, 97f

  of American society 美国社会 11-12, 53-61, 54f-55f

  degradation of online debate and 在线辩论的衰败 216, 228, 229-231

  in economics vs. political science 经济学 vs. 政治学 117-120,284n101

  globally 全球地 50-51, 57-58

  ideologically homogenous thought

leaders and 意识形态同质化的思想领袖 58，61

within political science 政治学范围内 117

private-sector thought leaders and 私营行业的思想领袖 169

think tanks and 智库 133-136，141，143

Twitter/tweeting and 推特/推文 229-230

in US Congress 美国国会 54-55，55f

political risk consultancy, see private-sector supply of thought leaders 政治风险咨询公司，参见私营行业的思想领袖

Political Risk Services 政治风险服务 162

political science 政治学

conservative discrediting of 保守派对……的诋毁 118

ideological shifts 意识形态转变 54-55，55f

Klein on rise of 克莱因关于政治科学兴起的观点 93

materialist argument and 现实主义论点/观点 25

public engagement 参与公共领域 89-92

see also economics vs. political science, in Ideas Industry 参见思想产业之经济学 vs. 政治学

Political Science Rumors（PSR）"政治学传闻"网站 216-219，221，224，226-228

Political Violence at a Glance（blog）"一瞥政治暴力"博客 88

Politico "政客新闻网" 37，202

Pollack, Kenneth 肯尼思·波拉克 287n42

Ponnuru, Ramesh 拉姆士·彭努如 239

Poor Economics（Duflo and Amerjee）《贫困经济学》（埃斯特·迪弗洛和阿比吉特·班纳吉）22

pop intellectualism（Rothkopf）流行理智主义（罗特科普夫）43-44

Pop Tech 流行科技大会 66

populist argument, and marketplace of ideas 民粹主义论点/观点，思想市

| 索 引 |

场 24,28-30,37-39,41

Posen, Barry 巴里·波森 40

Posner, Richard 理查德·波斯纳 39, 107,146-147,254n40

Post-American World, *The*（Zakaria）《后美国世界》（法里德·扎卡利亚）177

posthumanists（Wieseltier）后人本主义（维瑟提尔）239

power 权力

    ability to define the given 对权力的界定 33

    proximity to 接近权力 15-16

Power, Inc.（Rothkopf）《权力公司》（罗特科普夫）43

Power, Samantha 萨曼莎·鲍尔 40, 180t

Power Elite, *The*（Mills）《权力精英》（米尔斯）78-79

presidential campaign（2016）总统竞选（2016年）53,63,111,128,205, 226,274n59

PricewaterhouseCoopers 普华永道会计师事务所 153-154,155,156,156t

Princeton University, Project on National Security 普林斯顿大学，国家安全计划 32

private-sector supply of thought leaders 私营行业的思想领袖 146-170

    BRICS initiatives and Goldman Sachs 金砖国家倡议和高盛集团 147-150

    comparison to academia 与学术机构的比较 151,154,155-156,169

    conflicts of interest 利益冲突 165-166,168

    development of ranking indices 排名索引的发展 157,161-162

    elite confidence in think tanks（survey）精英对智库的信任程度（调查）166-167,166f

    heuristic punch of ideas 思想的启发式力量 167

    management consultancy and 管理咨询公司 151-158,165-170

    political risk consultancy 政治风险咨询公司 158-162,167-170

    for-profit think tanks 营利型智库 155-169,156t

    speed of results 成果产出的速度

168－169

summary conclusion 结论概要 165－170

technology and foreign policy 技术与外交政策 163－165,169

Privilege（Douthat）《特权》（多塞特）94

pro-Israel lobby 亲以色列游说团 25

Prospect《展望》杂志 10

public intellectuals 公共知识分子

 ability to argue from authority 倚仗权威论证的能力 53

 challenges of Ideas Industry trends for 思想产业趋势的挑战 46，53，58，61，68，69

 comparison to thought leaders 与思想领袖相比 9－14,10*t*,101,233－234

 defined 定义 8－9,254*n*40

 disruptive innovation and 颠覆性创新 213－214

 trends and recommendations 趋势和建议 233－234,237－238,240－242

  see also intellectual brands, thought leaders vs. Public intellectuals; *specific individuals* 参见知识分子品牌、思想领袖 vs. 公共知识分子；特定的个人

Public Intellectuals（Posner）《公共知识分子》（波斯纳）146

public opinion 公共舆论

 common sense principles from 常识原则 29

 on free trade 关于自由贸易 37

 on government corruption 关于政府腐败 47

 on illegal immigration 关于非法移民 37

 on Iranian nuclear deal 关于伊朗核协议 27

 on need for US domestic focus 将重心放在美国国内事务上的必要性 27

 as rationally ignorant of foreign affairs 对外交事务"理性无知" 39

 survey on importance of 调查……重要性 29

 on use of force 关于使用武力 118－119

on US foreign aid 关于美国的对外援助 28，30

see also Gallup；Pew Research Center 参见盖洛普咨询公司；皮尤研究中心

Public Opinion（Lippmann）《公共舆论》（沃尔特·李普曼）175

Public Philosophy, The（Lippmann）《公共哲学》（沃尔特·李普曼）175

Putnam, Robert 罗伯特·帕特南 40，102

Rajan, Raghuram 拉格拉姆·拉扬 108

RAND Corporation 兰德公司 129，132，220-221

rational choice theory 理性选择理论 79

Ratner, Ely 埃利·拉特纳 106

Reagan, Ronald 罗纳德·里根 135

Reddit 红迪网 35-36

Reed, John 约翰·里德 174

re-framing of ideas（Cohen）重塑思想（科恩）36

Reinhart, Carmen 卡门·莱因哈特 109，113

Remnick, David 戴维·雷姆尼克 40

Republican Party 共和党

Heritage Foundation and 美国传统基金会 123，126-128

organized opposition to Trump within 有组织的反对特朗普 7，29

political polarization in US Congress 美国国会的政治极化 54-56，55*f*

populist forces 民粹主义的力量 241

see also conservatives；presidential campaign（2016）参见保守党；总统竞选（2016）

"Responsibility of Intellectuals, The"（Chomsky）《知识分子的责任》（乔姆斯基）80

resurgent neo-positivism 复兴的新实证主义 114

Retraction Watch（blog）"撤稿观察"博客 96

revolving door 旋转门 298*n*107

Reynolds, Glenn 格伦·雷诺兹 99，179

Rhodes, Ben 本·罗兹 4-5

Rice, Condoleezza 康多莉扎·赖斯 15

RiceHadleyGates 赖斯哈德利盖茨咨询公司 159

Rich, Andrew 安德鲁·里奇 133

Ricks, Tom 汤姆·里克斯 102

Riley, Naomi Schaefer 娜奥米·谢弗·赖利 94

Ritholz, Barry 巴里·雷索茨 109-110

Robin, Corey 科里·罗宾 76, 97-98

Rockefeller Foundation 洛克菲勒基金会 132

Rodrik, Dani 丹尼·罗德里克 40, 104, 113, 115, 121-122

Rogoff, Kenneth 肯尼思·罗戈夫 109, 113

Rogowski, Ronald 罗纳德·罗戈夫斯基 118

Romer, Paul 保罗·罗默 109, 110, 197

Roosevelt, Theodore 西奥多·罗斯福 174

Rose, Gideon 吉迪恩·罗斯 27

Rose Park Advisors 罗斯帕克投资咨询公司 200

Ross, Alec 亚力克·罗斯 205

Rostow, Walt 沃尔特·罗斯托 32-33, 79

Rothkopf, David 戴维·罗特科普夫 43-44, 65, 76, 131, 204

Rothman, Joshua 乔舒亚·罗思曼 77

Roubini, Nouriel 鲁里埃尔·罗比尼 40, 246

Rubio, Marco 马尔科·鲁比奥 126

rumor mill website 传闻工厂类网站 216-218

rupture talk (Morozov) "破裂之谈"(莫罗佐夫) 210-211

Russell, Bertrand 伯特兰·罗素 81

Russell Sage Foundation 拉塞尔塞奇基金会 132

Russia 俄罗斯 58, 61, 147, 148

Sachs, Jeffrey 杰弗里·萨克斯
arguments on anti-poverty initiatives of 关于扶贫举措的观点 20-24, 26, 28, 30, 32-33, 35, 37, 39, 41
as thought leader and public intellectual 作为思想领袖和公共知识分子 254n43

Salmon, Felix 菲利克斯·萨蒙 35

same-sex marriage 同性婚姻 34, 226-228

Sanchez, Julian 朱利安·桑切斯 57

Sanders, Bernie 伯尼·桑德斯 29

Sanger, David 戴维·桑格 7, 181t

Santayana, George 乔治·桑塔亚纳 173

Saudi Arabia 沙特阿拉伯 154

Saunders, Elizabeth 伊丽莎白·桑德斯 61

Saunders, George, Ⅲ 乔治·桑德斯三世 125

Scalzi, John 约翰·斯卡尔齐 218

Schelling, Thomas 托马斯·谢林 80

Schmidt, Eric 埃里克·施密特 163-164, 199, 203

Schmitt, Mark 马克·施密特 51

scholarly journals 学术期刊 81-82, 84-86, 273n51

Scholars Strategy Network, The 学者战略网络 92

Schulz, Kathryn 凯瑟琳·舒尔茨 248

Schumpeter, Joseph 约瑟夫·熊彼特 197

Science《科学》杂志 113

"Science as a Vocation" (Weber)《以学术为业》(韦伯) 100

Scott, Ben 本·斯科特 141

Scowcroft, Brent 布伦特·斯考克罗夫特 159

Scowcroft Group, The 斯考克罗夫特集团 159

Seawright, Jason 贾森·西赖特 63, 66

Second Gulf War, see Iraq War 第二次海湾战争, 参见伊拉克战争

Securities Act (1933) 美国1933年《证券法》151-152

security dilemma, use of term 安全困境, 使用术语 85-86

Security Scholars for a Sensible Foreign Policy petition "理智外交政策安全学者"团体 105

self-confidence, as stylistic element 自信, 作为一种风格要素 13, 69, 101, 112-114, 122

Sharma, Ruchir 拉奇尔·夏尔马 149

Silicon Valley Community Foundation 硅谷社区基金会 65

Silicon Valley elites 硅谷精英 67, 70, 207, 213

Silver, Nate 内特·西尔弗 165, 179

Signal, Jesse 杰西·西格奈尔 218

Singer, Paul 保罗·辛格 140

Singer, Peter 彼得·辛格 123

Skocpol, Theda 西达·斯考切波 92

Slaughter, Anne-Marie 安妮-玛丽·斯劳特 40, 136, 141, 144, 204–205

Smith, Adam 亚当·斯密 115, 197

Smith, Noah 诺亚·史密斯 109

Smith, Rogers 罗杰斯·史密斯 118

social media 社交媒体

    academia's embrace of 学术机构对……的接受 87–88, 90–91

    introduction of new ideas via 通过……介绍/引入新思想 35–37

    ISIS presence on "伊斯兰国"出现 211–212

    see also Facebooks; online publications and discourse, Twitter 参见脸书；网络出版物与话语，推特

social psychology 社会心理学 98

sociology 社会学 98

soft power 软实力 81, 82, 178, 181

Solow, Robert 罗伯特·索洛 197

Sontag, Susan 苏珊·桑塔格 31, 39

Soros, George 乔治·索罗斯 22, 140

South Africa 南非 147

South by Southwest 西南偏南大会 11

Sowell, Thomas 托马斯·索厄尔 30

Stages of Economic Growth, The (Rostow) 《经济成长的阶段》（罗斯托）32–33

Standard Indictment against the academy 对学术机构的常规批判 75–101

    bipartisan War on College 两党在大学的战争中不同的立场 94–95

    changes in norms 规范的改变 92–93

    commentary and critique on Kristof 对克里斯托夫的评论与批评 76, 77, 88, 92, 93, 104

    cmmunication through mainstream media 通过主流媒体交流 86–88

    efforts to describe post-Cold War world 描述后冷战世界所做的努力 81–82, 272n34

    engagement of public sphere and 参与公共领域 89–93, 274n65

    erosion of trust and 信任消减 93–96

    funding sources 资金来源 78, 82–83, 98–99

    hierarchies of prestige 声望等级制度 91

    history of universities, during Cold War 大学历史，在冷战期间 78–

81

international relations scholars against Iraq War 反对伊拉克战争的国际关系学者 83

Kristof profile 克里斯托夫的简介 75-76, 96, 102, 112

plagiarism scandals 剽窃丑闻 95-96

plutocrat class and 财阀阶层 98-100

political polarization and 政治极化 96-98, 97f

professionalization and peer acceptance 专业化与同行认可 88-92

professionalization and peer review 专业化与同行评审 84-86

replicable findings in journals 期刊中可复制情况的发现 96

retreat during Reagan Revolution 里根革命中的撤退 81

September 11 terrorist attacks and counterinsurgency doctrine "9·11"恐怖袭击和反叛乱主义 83-84

summary conclusion 结论概要 101

Thiel fellowships 蒂尔奖学金 99

Stapel, Diederik 迪德里克·斯特普尔 95-96

State Street 美国道富银行 168

Steel, Ronald 罗纳德·斯蒂尔 174

Stein, Janice Gross 贾尼丝·格罗斯·斯坦 16

Stephens, Bret 布雷特·斯蒂芬斯 181t

Stern, Charlotta 夏洛特·斯特恩 117

Steyer, Tom 汤姆·施泰尔 140

Stiglitz, Joseph 约瑟夫·施蒂格利茨 115, 117

Stonebridge International Group 斯通布里奇国际集团 159

Straight, Willard 威拉德·斯特雷特 235

Stratfor 斯特拉特福 156t, 160, 161, 162, 167

structuralist arguments 结构主义论点/观点/论据 119-121

student debt 学生贷款 94, 99

stylized facts concept "典型化事实" 69-70

Subramanian, Krithika 克里斯卡·苏布拉马尼亚 167

Sullivan, Andrew 安德鲁·沙利文 34,

59

Summers, Lawrence 劳伦斯·萨默斯 40, 108, 248

Sunstein, Cass 卡斯·桑斯坦 40, 53

Superclass (Rothkopf)《超富阶层》(罗特科普夫) 43

Superforecasting (Tetlock and Gardner)《超预测》(菲利普·泰洛克和丹·加德纳) 13

super-Pac funding 超级政治行动委员会资金 63

superstar ideas, *see* disruptive innovation and asset bubbles, in Ideas Industry 超级明星知识分子的思想,参见思想产业之颠覆性创新与资产泡沫

superstar intellectuals, *see* intellectual brands, thought leaders vs. public intellectuals; *specific individuals* 超级明星知识分子,参见知识分子品牌、思想领袖 vs. 公共知识分子,特定的个人

surveillance programs 监听计划 126

sustainable intellectuals 可持续发展的知识分子 249

sustaining vs. disruptive innovations

(Christensen) 持续性创新 vs. 颠覆性创新(克里斯坦森) 197-210, 212-214

Syriza party, Greece 希腊激进左翼联盟党 58

tacit knowledge (Polanyi) 隐性知识(波兰尼) 17, 158

Taibbi, Matt 马特·泰比 231

takedowns (网络)抨击 220-221, 223, 231-232

Taleb, Nassim 纳西姆·塔勒布 229

Talking Points Memo "谈点备忘录"新闻网 76, 179

Tanden, Neera 尼拉·坦敦 230

Tanenhaus, Sam 萨姆·塔嫩豪斯 31

Tanji, Michael 迈克尔·丹治 144

Teaching Company, Great Courses series 美国大学教育课程:《伟大的课程》系列 64

Tea Party 茶党 60

tech industry 科技产业 99-100

see also Silicon Valley elites; *specific companies and CEOs* 参见硅谷精英;特定公司与CEO

TEDx and TED Talks TEDx 和 TED 演讲 11,14,44-45,65,66,70,88,203

Teles, Steven 史蒂文·泰勒斯 51

Teneo 坦尼奥控股咨询公司 159-160

Tetlock, Philip 菲利普·泰洛克 13,162

Tett, Gillian 吉莉恩·泰特 150

Thaler, Richard 理查德·塞勒 108,111

Theory of International Politics（Waltz）《国际政治理论》（华尔兹）119-120

Theory of the Leisure Class（Veblen）《休闲阶级理论》（凡勃伦）30

Thiel, Peter 彼得·蒂尔 99,199

Thinkers 思想家 50,201

think tanks 智库

    bipartisan consensus among 两党共识 135

    contribution to marketplace of ideas 对思想市场的贡献 8

    elite confidence in（survey）精英对……的信任度（调查）166-167,166*f*

    emergence of ……的出现 81

    funding for 提供资金 12,241-242

    influence on public policy 对公共政策的影响 34-35

    Internal Revenue Service status of 美国国税局 285*n*14

    Obama administration views on 奥巴马政府的观点 131,135

    for-profit types and thought leaders 营利性和思想领袖 155-169,156*t*

    Trump's relationship with 特朗普与……的关系 7,127,128,131,135

    see also specific think tanks 参见特定的智库

think tanks, adaptation to Ideas Industry 智库,适应思想产业 13-14,123-145

    bipartisan consensus among 两党共识 135

    comparison to academia 相比于学术界 129-130,134,136,145

    concurrent private sector consulting and 多个私营行业咨询 139-140

    funding and commissioning of research 资助和委托调查 131,132,133,

137-144

corporate sponsorship and 企业赞助 138-140

from foreign government/entities 来自外国政府/实体 140

from wealthy individual benefactors 来自富有的个人捐助者 140-143

Heritage Foundation profile 美国传统基金会简介 123-128

history of early goals of 早期目标期间的历史 129-130

formation during 1960s-1970s 20世纪60—70年代形成期历史 133-134

during Progressive Era 进步时期历史 132,133

Second World War and 第二次世界大战历史 132-33

impact on recent US foreign policy 对近来美国外交政策的影响 135

polarization and partisanship 极化与党派性 133-36,141,143

public engagement 公众参与 136-37,144-145

purpose of 目的 129-130

summary conclusion 结论概要 143-145

see also specific tanks 参见特定的智库

Think Tanks in America（Medvetz）《美国智库》（麦德韦兹）129

This Time Is Different（Reinhart and Rogoff）《这次不一样》（莱因哈特和罗格夫）113

Thomas, Evan 埃文·托马斯 41

thought leaders 思想领袖

benefits of TED Talks for TED演讲的益处 70

bifurcation among foreign policy 外交政策中的分歧 70

comparison to public intellectuals 与公共知识分子相比 9-14,10t,101,233-234

defined 确定的；限定的 9

descriptions of post-Cold War world and 对后冷战世界的描述 81-82

economists as 经济学家 109,115-116

Ideas Industry trends favorable to 思想产有利于 46,53,58,68,69-

70

polarization and ideologically homogenous 极化与意识形态同质化 58，61

trends and recommendations 趋势和建议 233－234，237－238，240－242

wealthy benefactors of 富有的捐赠者 65，67－68

see also disruptive innovation and asset bubbles, in Ideas Industry; intellectual brands, thought leaders vs. public intellectuals; private-sector supply of thought leaders; specific individuals and organizations 参见思想的产业之颠覆性创新与资产泡沫；知识分子品牌、思想领袖 vs. 公共知识分子；私营行业的思想领袖；特定的个人和组织

Tobin Project, The 托宾项目 92

tone policing (Greenwald) "语气监管"（格林沃尔德）230

top1 percent, in USA 美国最富有的1%的人 61－62，62f

To Save Everything, Click Here (Morozov)《技术至死》（莫罗佐夫）210

Transparency International Corruption Perceptions Index 透明国际组织全球清廉指数 157

Tribe, Laurence 劳伦斯·特赖布 95

Troy, Tevi 特维·特洛伊 134，135

Trubowitz, Peter 彼得·特鲁波维茨 61

Truman National Security Project 杜鲁门国家安全计划（组织）140

Trump, Donald 唐纳德·特朗普 3，61

alt-right support of 另类右翼的支持 230

American First slogan "美国第一"口号 6

Heritage Action and 美国遗产行动（组织）128

opposition by GOP intellectual elite to 共和党知识分子精英的反对 7，29，226

presidential campaign (2016) 总统竞选（2016）6－8，205，253n32，274n59

think tanks and 智库 7，127，128，

131, 135

 as thought leader 作为思想领袖 9, 241

  see also presidential campaign (2016) 参见总统竞选（2016）

trust in authourity, erosion of academia and 对权威的信任，学术界信任的消减 93–96

 degradation of online debate and 在线辩论的衰败 216, 228

 elite confidence in social science research (survey) 精英对社会科学研究的信任度（调查）49–50, 50*f*

 during past fifty years 过去五十年间 11, 46–53, 46*f*–48*f*

 political science and 政治学 117

 private-sector thought leaders and 私营行业的思想领袖 169

 rebounding of 反弹 241

Tufekci, Zeynep 泽伊内普·图菲克 8

Tufts University, Fletcher School 塔夫茨大学，弗莱切学院 241–242

Tullock, Gordon 戈登·塔洛克 104

Twilight of the Elites, The（Hayes）《精英的黄昏》（海斯）51

Twitter 推特

 ability to block/mute abusive users 屏蔽/禁言语言不文明的用户的能力 224

 academia's embrace of 学术界对……的接受 88, 90, 91

 amplification of arguments 放大观点 35–36

 Ferguson on 弗格森 222

 Iranian protests and 伊朗的抗议 163

 political polarization and 政治极化 229–230

 sexism on 性别歧视 224

 Taleb on value of bellicosity 塔勒布对网络争论的看法 229

 Trust and Safety Council 信任与安全委员会 226

 Twitter mobs 推特暴民 223

 see also online publications and discourse 参见网络出版物和话语

Uber 优步 209

Über-citizen, in USA 美国的优等公民 63

UKIP (UK Independence Party) 英国独

立党(UKIP) 57, 58
Union of Concerned Scientists 忧思科学家联盟 114
"Unipolar Moment, The" (Krauthammer) 《单极时刻》(克劳萨默) 181
United Kingdom 英国
    Brexit referendum 英国脱欧公投 50-51, 57
    privatization of National Health Service 英国国民医疗服务私有化 158
United Nations, during post-Cold War era 联合国，在后冷战时代期间 33
United States 美国
    international relations scholars and foreign policy 国际关系学者和外交政策 105
    political instability in 政治不稳定/动荡 159
    think tank impact on recent foreign policy 智库对近期外交政策的影响 135
    top1 percent in 最富有的1% 61-62, 62f
    Über-citizen in 优等公民 63
    wealth inequality (1913-2012) 财富不平等(1913—2012) 62f
    see also specific federal agencies 参见特定的联邦机构
University of Chicago 芝加哥大学 152
University of Pennsylvania 宾夕法尼亚大学
    ranking of nonprofit think tanks 非营利型智库排名 127, 128
    ranking of for-profit think tanks 营利型智库排名 155, 156t
USAID 美国国际开发署 205
US Army 美国部队
    Human Terrian System 人类地域系统 84
US Congress 美国国会
    constitutional funding obligation 宪法准许的资金资助义务 283n90
    Heritage Action member scorecard 美国行动组织会员积分卡 125, 126, 127-128
    polarization and partisanship within 极化与党派性 54-55, 55f
    Republican attempts to limit National Science Foundation funding 共和党

人尝试限制美国国家科学基金会资助 113-114,117,118

US Defense Department 美国国防部 132,133,138

 Minerva program 米内尔娃计划 83,84

US Foreign Policy: Shield of the Republic (Lippmann)《美国外交政策:共和党的盾牌》(沃尔特·李普曼) 175

US National Intelligence Council 美国国家情报委员会 160

US State Department 美国国务院

 21st Century Statecraft initiative "21世纪治国方略"倡议 205

 Foreign Affairs Policy Board 外交事务委员会 83-84

Valdai Discussion Club 瓦尔代辩论俱乐部 11

Vanderberg, Arthur 阿瑟·范德伯格 174

Van Evera, Steven 史蒂夫·范·埃弗拉 103

Varadarajan, Tunku 通库·瓦拉达拉詹 183,186

Vavreck, Lynn 林恩·瓦莱克 85,89,90,114

Veblen, Thorstein 索尔斯坦·凡勃仑 30,75

venture philanthropists 创投慈善家 64-67

Verisk Maplecroft 维里斯科枫园公司 162

Vidal, Gore 戈尔·维达尔 31,225

Vidra, Guy 盖伊·维德拉 236-238

Vitenam War 越南战争 40,46,52,80-81,174

Voeten, Erik 埃里克·富滕 77

Volokh Conspiracy (club) "沃洛克阴谋"博客 87

Vox "沃克斯"新闻网 87,93,179,202

Walt, Stephen 史蒂芬·沃尔特 88,107,120,180t

Waltz, Kenneth 肯尼思·华尔兹 119-120

War on College concept, see Standard Indictment against the academy 大学的战争,参见对学术机构的常规

| 索 引 |

批判

War on the Rocks "战争困境"网站 37，87

Warren, Elizabeth 伊丽莎白·沃伦 139-140

Washington Post 《华盛顿邮报》 64，87，90，93

Watergate scandal 水门事件 46

wealth, *see* benefactor class; plutocrats and economic inequality 财富，参见捐助者群体；财阀与经济不平等

Wealth of Nations (Smith) 《国富论》（斯密） 197

Weber, Max 马克斯·韦伯 97，100

Weekly Standard, The, critique of D'Souza's article on Obama 《标准周刊》，批评德索萨关于奥巴马的文章 59

Weigel, David 戴维·韦格尔 60

Weisenthal, Joe 乔·维森索尔 189

West, Darrel 达雷尔·韦斯特 65-66，98-99

West, Rebecca 丽贝卡·韦斯特 239-240

Whitaker, Matthew 马修·惠特克 95

White, Theodore 西奥多·怀特 79

Wieseltier, Leon 里昂·维瑟提尔 236，238，239

WikiLeaks 维基解密 161

Wilkie, Wendell 温德尔·威尔基 174

Will, George 乔治·威尔 7，14

Wilson, Woodrow 伍德罗·威尔逊 174

Winfrey, Oprah 奥普拉·温弗瑞 45

Wise Men, The (Thomas and Issacson) 《智者：六个朋友和他们制造的世界》（托马斯和艾萨克森） 41

Wolfe, Alan 艾伦·沃尔夫 102-103

Wolfe, Tom 汤姆·沃尔夫 100

Wordsworth, William 威廉·华兹华斯 95

World Bank 世界银行 147

"World Disrupted, A" (*Foreign Policy*) 《被颠覆的世界》（《外交政策》） 203

World Economic Forum 世界经济论坛 11，45，66，162

Global Competitiveness Index 全球竞争力指数 157

World is Flat, The (T. Friedman) 《世界是平的》（托马斯·弗里德曼）

183-185, 204, 231

World Politics Review 《世界政治评论》 37

World's Newest Profession, The (McKenna) 《世界新兴职业》(麦克纳) 151

World Trade Organization 世界贸易组织/世贸组织 110

Zakaria, Farred 法里德·扎卡利亚 40
  branding of ……的品牌 183, 186-188
  nfluence of 影响 175-178, 180t
  negative online feedback for 线上的负面回应 221-222
  plagiarism scandals and 剽窃丑闻 190, 191-193, 224, 228
  as superstar intellectual 作为超级明星知识分子 184, 185
  writings of 作品 53, 194

Zakheim, Roger 罗杰·扎赫姆 139

Zingales, Luigi 路易吉·津盖尔思 109

Zuckerberg, Mark 马克·扎克伯格 64, 99

图书在版编目(CIP)数据

思想产业：悲观主义者、党派分子及财阀如何改变思想市场／（美）丹尼尔·W.德雷兹内著；李刚等译. ——南京：南京大学出版社，2019.1(2020.1重印)
（南大智库文丛／李刚主编）
ISBN 978-7-305-21059-4

Ⅰ.①思… Ⅱ.①丹… ②李… Ⅲ.①美国对外政策—研究 Ⅳ.①D871.20

中国版本图书馆 CIP 数据核字(2018)第 234919 号

© Oxford University Press 2017
The Ideas Industry: How Pessimists, Partisans, and Plutocrats Are Transforming the Marketplace of Ideas was originally published in English in 2017.
This translation is published by arrangement with Oxford University Press.
Nanjing University Press is solely responsible for this translation from the original work and Oxford University Press shall have no liability for any errors, omissions or inaccuracies or ambiguities in such translation or for any losses caused by reliance thereon.
All rights reserved.

江苏省版权局著作权合同登记 图字：10-2018-138 号

出版发行	南京大学出版社
社　　址	南京市汉口路 22 号　邮　编　210093
出 版 人	金鑫荣
丛 书 名	南大智库文丛
丛书主编	李　刚
书　　名	思想产业：悲观主义者、党派分子及财阀如何改变思想市场
著　　者	［美］丹尼尔·W.德雷兹内
译　　者	李　刚　邹婧雅　谢馥兰　等
责任编辑	徐　媛
照　　排	南京南琳图文制作有限公司
印　　刷	江苏凤凰通达印刷有限公司
开　　本	718×1000　1/16　印张 24.75　字数 370.8 千
版　　次	2019 年 1 月第 1 版　2020 年 1 月第 2 次印刷
ISBN	978-7-305-21059-4
定　　价	75.00 元

网　　址：http://www.njupco.com
官方微博：http://weibo.com/njupco
官方微信：njupress
销售咨询：(025)83594756

* 版权所有，侵权必究
* 凡购买南大版图书，如有印装质量问题，请与所购
　图书销售部门联系调换